TESI GREGORIANA
Serie Diritto Canonico

——— **84** ———

CARLOS A. CEREZUELA GARCÍA

EL CONTENIDO ESENCIAL DEL *BONUM PROLIS*

Estudio histórico-jurídico
de Doctrina y Jurisprudencia

EDITRICE PONTIFICIA UNIVERSITÀ GREGORIANA
Roma 2009

Vidimus et approbamus ad normam Statutorum Universitatis

Romae, ex Pontificia Universitate Gregoriana
Die 16 mensis decembris anni 2008

R.P. Prof. JANUSZ PIOTR KOWAL, S.J.

R.P. MICHAEL P. HILBERT

© 2009 Gregorian & Biblical Press
Piazza della Pilotta, 35 00187 - Roma
books@biblicum.com

ISBN 978-88-7839-**147**-5

Finito di stampare nel mese di novembre 2009
presso Mediagraf S.p.A. Stab. di Roma So.Gra.Ro.

«Varón y mujer los creó».
Y les quedó el don que Dios les diera.
Tomaron en sí –a la medida humana- esta donación mutua que hay en Él.

[…]

Y cuando se vuelvan «un solo cuerpo»
-admirable unión-
detrás de su horizonte se revela
la paternidad y la maternidad.
Alcanzan entonces las fuentes de la vida que hay en ellos.
Alcanzan el Principio.
Adán conoció a su mujer
y ella concibió y dió a luz.
¡Saben que pasaron el umbral de la más grande responsabilidad!

JUAN PABLO II, *Tríptico Romano*, II, 3, Presacramento.

INTRODUCCIÓN

La meditación de Juan Pablo II ante los frescos de la Capilla Sixtina nos ofrece, como introducción a este trabajo de investigación, las claves fundamentales del mismo. El designio de Dios Creador sobre el hombre y la mujer, creados a su imagen y semejanza, encuentra en el mandato divino de crecer y multiplicarse su máxima expresión. La creación del hombre y la mujer lleva consigo la vocación a la paternidad y la maternidad, las fuentes de la vida que hay en ellos, que son como un presacramento, un signo de la presencia viva de Dios en medio de todo lo creado.

Esta vocación, inseparable de la creación del ser humano, tiene una presencia permanente a lo largo de la Tradición teológica y canónica de la Iglesia. La procreación y educación de los hijos se presenta, por tanto, como una realidad fundamental, imprescindible, de la vida de toda persona. No todos ejercerán la paternidad o maternidad de modo efectivo, pero nadie se puede sustraer al hecho de haber sido procreado y educado, esto último con mayor o menor éxito.

El interés por el tema que ocupa esta investigación surge de la inquietud por comprender cómo la vocación originaria de la transmisión de la vida puede ser vivida hoy en día en toda su plenitud, cuando las posibilidades técnicas de la procreación han adquirido un desarrollo hasta ahora desconocido, y cuando la autonomía e independencia de la persona con respecto a cualquier sistema obligacional que no sea el de la propia libertad, son reclamadas con más fuerza que nunca.

Este trabajo, que se sitúa dentro de la investigación canónica sobre el sacramento del matrimonio, pretende clarificar cuál debe ser la voluntad de las partes, en el momento de celebrar el matrimonio, con respecto a la procreación y educación de los hijos para que éste no se vea afectado por un defecto de consentimiento y adquiera todos sus efectos, tanto salvíficos como jurídicos.

El trabajo se divide en dos partes, que en conjunto contienen ocho capítulos. La primera parte consiste en un estudio histórico que recoge los datos más importantes de la tradición canónica respecto al *bonum prolis*. El período estudiado abarca desde los orígenes de la Iglesia hasta la redacción del actual Código de Derecho canónico promulgado en 1983, y se estructura en cinco capítulos que siguen un estudio diacrónico. El primero de ellos es el más amplio y recoge tanto la tradición bíblica del Antiguo y Nuevo Testamento, como las tradiciones judía, romana y germánica en las cuales se desarrollan los primeros siglos de la vida de la Iglesia, hasta llegar a la época anterior a la reforma canónica de los siglos XII y XIII. De modo especial se tratan en este capítulo las aportaciones más significativas de los Padres de la Iglesia.

El segundo capítulo se centra en la época de la reforma canónica. En primer lugar se aborda la reflexión teológica de los autores más significativos de la época escolástica. A continuación el interés se centra en el *Decretum* de Graciano y las *Decretales* de Gregorio IX, así como el resto de obras que forman el *Corpus Iuris Canonici*.

El capítulo tercero recoge, en primer lugar, aportaciones teológicas y canónicas previas al Concilio de Trento. A continuación se centra en éste y en las referencias doctrinales más significativas de la llamada *Segunda escolástica*, hasta llegar al momento inmediatamente anterior al Código Pío-Benedictino de 1917.

En el capítulo cuarto se estudia el texto codicial, así como el Magisterio Pontificio durante la vigencia del Código hasta el Concilio Vaticano II, la Doctrina canónica y la Jurisprudencia de estos años.

El quinto capítulo, último de la parte histórica, tiene como ejes fundamentales el Concilio Vaticano II, el Código de 1983, el Magisterio Pontificio y la Doctrina canónica y la Jurisprudencia que van de uno a otro.

La segunda parte consiste en una reflexión sistemática, a la luz de la historia, de la Doctrina canónica y la Jurisprudencia actuales, cuya finalidad es la de señalar cuál es el contenido esencial del *bonum prolis*. Es decir, qué elementos relativos a la procreación y educación de los hijos no pueden faltar en la voluntad de las partes en el momento de prestar el consentimiento matrimonial para que éste sea válido.

El capítulo sexto aborda este bien del matrimonio en su doble vertiente de elemento esencial y fin del mismo, llegando a las primeras conclusiones sobre el contenido esencial del *bonum prolis*.

El capítulo siguiente es el que se centra con mayor detalle en los elementos esenciales del bien de la procreación y educación de los hijos. De especial interés será el estudio de las técnicas de reproducción artificial y asistida, el ejercicio de la paternidad responsable, la educación de los hijos y la influencia que algunas enfermedades pueden tener sobre el consentimiento matrimonial, en relación al *bonum prolis*. En concreto nuestra atención se centrará en el Sida, que por su especial gravedad, podría ser adoptado como paradigma de cómo otras enfermedades o afecciones pueden influir en el consentimiento matrimonial con respecto al *bonum prolis*.

Finalmente en el octavo capítulo se trata el concepto canónico de exclusión o simulación, así como de los elementos necesarios para la prueba procesal de la exclusión del *bonum prolis*, cuya consecuencia es la declaración de nulidad del matrimonio.

La amplitud del tema tratado queda manifestada en el desarrollo de los distintos capítulos. En concreto, la amplitud de la parte histórica ha motivado que, especialmente en los capítulos cuarto y quinto, nos hayamos ceñido a aquellos estudios monográficos que mejor presentaban una visión de conjunto sobre la problemática tratada, sin poder entrar a valorar directamente la aportación de la gran variedad de autores existente.

En la parte sistemática nuestra atención se fija especialmente en señalar los elementos del contenido esencial del *bonum prolis*. Por ello, es el capítulo séptimo el que ofrece mayor detalle en la exposición y reflexión del tema. Por causa también de la gran cantidad de referencias jurisprudenciales al respecto, tan sólo nos centraremos en las Sentencias que la propia Rota Romana ha publicado en su colección oficial.

Una breve Conclusión general y las Conclusiones ofrecidas en cada uno de los capítulos, completan el conjunto de esta investigación, que esperamos pueda ofrecer una contribución a la interpretación doctrinal y a la recta aplicación jurisprudencial de los capítulos de nulidad relativos al *bonum prolis*.

PARTE PRIMERA

EL *BONUM PROLIS* EN LA TRADICIÓN CANÓNICA

Capítulo I

La Tradición apostólica y patrística (siglos I-XI)

La generación y educación de los hijos es una realidad antropológica que como tal, entra de lleno en el misterio de la Iglesia, porque «los hombres que siguen y se adhieren a la llamada de Dios Padre en su Hijo Jesucristo por el Espíritu Santo, lo hacen con todo su ser humano, sin dejar fuera nada de su integridad antropológica»[1]. Esta primera afirmación nos permite hacer una segunda que, a su vez, nos ayudará a centrar el tema que estamos comenzando a investigar. Los elementos que conforman esta compleja realidad de la procreación los encontramos en distintos grados de comprensión en las distintas culturas a lo largo de la historia. Por otro lado, la procreación siempre se presenta, en esta variedad histórica de culturas, unida a otro elemento más amplio y connatural al ser humano que es el matrimonio.

Por tanto, nuestra investigación sobre los elementos constitutivos del *bonum prolis* se centra sobre tres aspectos que forman parte de la vida del cristiano, a saber: el matrimonio, la generación y educación de los hijos dentro del mismo y la concepción cristiana de uno y otro como fruto de la revelación de Dios en Jesucristo y su vivencia cotidiana dentro de la Iglesia.

Necesariamente, el punto de atención fundamental es el de la generación y educación de los hijos como elemento constitutivo del matrimo-

---

[1] A.M. Rouco Varela, *Teología y Derecho*, 283. El autor continúa diciendo: «De esta forma lo antropológico-social penetra en la construcción de la Iglesia como unión cristológica de las relaciones interpersonales, a saber, como un factor que influye en su constitución y ordenamiento, que la puede frenar o promover. Es cierto que la Iglesia es "Iglesia" no por factores socio-antropológicos sino por la eterna voluntad de Dios Padre por Jesucristo en el Espíritu Santo, pero tampoco lo es sin estos factores».

nio, con la intención de ver cómo los distintos elementos que lo forman aparecen a lo largo de la historia. Así, en concreto, iremos viendo cómo se contemplan en las distintas épocas tanto la realización del acto conyugal, como el derecho de los esposos sobre el cuerpo del otro cónyuge, o el cuidado y educación de los hijos fruto de la relación conyugal. También veremos cómo los distintos autores van diferenciando entre el *bonum prolis* como elemento constitutivo de la voluntad consensual y su carácter teleológico, que es origen mismo del matrimonio.

En este primer capítulo abarcaremos un período largo de tiempo que comprende los pasos iniciales de la Iglesia, con las enseñanzas de Nuestro Señor y la predicación de los Apóstoles, hasta llegar a las primeras colecciones jurídicas, previas a la llamada época clásica de la canonística, que empieza a partir del siglo XII[2].

Al crecer la Iglesia dentro del Imperio romano y continuar después de su caída, dentro de la cultura germánica, también veremos cómo se concebía en estas culturas el matrimonio y la generación de los hijos. Desde el punto de vista eclesial, nuestra mirada se centrará en los Padres de la Iglesia, pues van a ser el referente normativo de estos primeros siglos. Sin embargo, sólo nos pararemos en aquello que o bien nos permita conocer el marco general del matrimonio, o bien nos indique dónde y cómo aparecen los elementos constitutivos del *bonum prolis* que acabamos de señalar.

1. El comienzo de la Iglesia

1.1 *Las fuentes del Derecho*

Una primera distinción que debemos tener presente en el estudio de esta época es la que se refiere a las fuentes del Derecho. En primer lugar, nos encontramos con el Derecho Divino, que a su vez, se contiene tanto en la Sagrada Escritura como en la Tradición. No en vano, ambas son los dos medios por los cuales se nos transmite la revelación[3]. En lo referente a las fuentes de derecho humano, no aparecen en los orígenes de la Iglesia leyes como tales sobre el matrimonio que se puedan considerar como derecho no divino. En efecto, la Iglesia no desarrolló, en sus comienzos, un sistema normativo matrimonial propio, sino que utilizó la normativa ya existente, tanto judía como romana en la medida en que le servían, es decir, que no fuera contradictoria con la fe cristiana[4].

---

[2] Cf. C. FANTAPPIÈ, *Introduzione storica*, 79-80.
[3] Cf. A. GARCÍA Y GARCÍA, *Historia del Derecho Canónico*, 1, 33.
[4] Cf. A. GARCÍA Y GARCÍA, *Historia del Derecho Canónico*, 1, 131.

Pero, por otro lado, sí que era capaz de exigir a sus miembros un comportamiento determinado con respecto al matrimonio[5]. En realidad, la Iglesia no se apropió del matrimonio como algo propio o exclusivo de ella, sino que reconocía su preexistencia a ella misma[6], pero lo que sí hizo fue darle el sentido cristiano, reconocido a la luz de la fe en Cristo, a medida que la Iglesia alcanzó una posición de influencia temporal dentro del Imperio Romano[7].

1.2 *El marco jurídico romano*

Antes de entrar a estudiar la normativa romana conviene subrayar que la influencia del Derecho Romano sobre el matrimonio canónico hay que entenderla dentro del nivel de expresión técnica que la ley humana hace de este elemento del derecho natural y divino positivo que es el matrimonio. Es decir, por un lado está la estructura esencial de derecho natural y divino positivo del matrimonio; por otro, la expresión técnica de esta estructura; y, por otro, la ley humana que disciplina el matrimonio[8]. Según Navarrete, el influjo del Derecho Romano en el matrimonio canónico se desarrolla en tres aspectos: «1) la definición misma de matrimonio como *coniunctio, consortium, consuetudo omnis vitae*; 2) el principio *consensus facit nupcias* para explicar la causa eficiente del mismo; 3) el concepto y conjunto de leyes inhabilitantes, y, por tanto, los llamados *impedimentos dirimentes*»[9].

---

[5] Cf. W.M. PLÖCHL, *Storia del Diritto Canonico*, I, 84. En la misma línea que el autor anterior, resume: «La caratteristica di questo periodo (33-324) è che la Chiesa completò determinati principi giuridici contenuti nel Vangelo o nelle Lettere degli Apostoli, senza per altro creare un proprio sistematico diritto matrimoniale. Il diritto statale trovava il pieno riconoscimento dei cristiani, in quanto non fosse in contrasto con i principi ecclesiastici. D'altra parte il diritto matrimoniale ecclesiastico non era ancora suficientemente robusto, per rendere inefficace il diritto statale nei casi in cui questo veniva a trovarse in collisione con la dottrina della Chiesa. Tuttavia essa riuscì direttamente o indirettamente a persuadere i cristiani ad attenersi ai suoi principi, in via diretta istituendo alcuni precetti e divieti, ed in via indiretta con l'applicazione di norme costrittive, quali la scomunica e l'irrogazione di una penitenza».

[6] Cf. R.C. GEREST, «Mistero e problemi del matrimonio», 19: «Il matrimonio preesisteva al cristianesimo: così i cristiani nei primi secoli della Chiesa non si sono preocupati di dare al matrimonio una definizione ben netta, né se lo sono appropriato come loro bene esclusivo. Piuttosto hanno considerato l'unione matrimoniale nell'ordine delle regole giuridiche della loro epoca come un dato di natura».

[7] Cf. R.C. GEREST, «Mistero e problemi del matrimonio», 21.

[8] Cf. U. NAVARRETE, «Influsso del diritto romano», 199.

[9] U. NAVARRETE, «Influsso del diritto romano», 300: «a me sembra che i settori più fondamentali nei quali il diritto romano ha esercitato il suo influsso sul diritto

En nuestro estudio, nos centraremos tan sólo en los dos primeros, puesto que los impedimentos dirimentes no refieren al *bonum prolis*, ni en su conjunto ni en los elementos que lo forman. Veamos, a continuación, cómo se estructuraba el matrimonio en el Derecho Romano.

En el Derecho Romano, encontramos dos definiciones de matrimonio atribuidas a la jurisprudencia romana[10], en concreto la primera de Ulpiano y la segunda de Modestino, que dicen:

> Nuptiae autem sive matrimonium est viri et mulieris coniunctio, individuam consuetudinem vitae continens[11].

> Nuptiae sunt coniunctio maris et feminae et consortium omnis vitae, divini et humani iuris communicatio[12].

Estas dos definiciones no aluden la causa eficiente del matrimonio, por lo que no hablan del consentimiento, ni tampoco de su causa final, la procreación de los hijos. Tan sólo señalan el estado de vida matrimonial señalado como la *coniunctio maris et feminae*.

Pero, ¿en virtud de qué nacía el matrimonio? El carácter contractual del matrimonio en el derecho romano fue una cuestión debatida en la doctrina, hasta que, como veremos, fue aceptado. Por un lado, podemos decir que la concepción romana no distinguía entre el momento constitutivo del contrato matrimonial y su desarrollo en el tiempo, sino que se entendía el matrimonio como un estado que contenía dos elementos esenciales: el consentimiento y el cumplimiento de lo consensuado. Esto lo podemos deducir tanto de las definiciones antes expuestas como de lo que afirman algunos autores. Dice Bonfante:

> El matrimonio romano es la cohabitación del hombre y de la mujer con la intención de ser marido y mujer, o sea de procrear y educar hijos y de constituir además entre los cónyuges una sociedad perpetua e íntima bajo todos los conceptos. Tal intención es llamada por los romanos *affectio maritalis*[13].

---

canonico matrimoniale sono tre: 1) la definizione stessa di matrimonio quale *coniunctio, consortium, consuetudo omnis vitae*; 2) il principio *consenso facit nuptias* per esprimere la causa efficiente di esso; 3) il concetto e parecchie delle leggi inabilitanti, e cioè i così detti *impedimenti dirimenti*». La traducción de las citas de este estudio es siempre nuestra, salvo indicación expresa en otro sentido.

[10] Cf. O. ROBLEDA, *El matrimonio en Derecho Romano*, 59 y ss.
[11] Inst. 1, 9, 1.
[12] D. 23, 2, 1.
[13] P. BONFANTE, *Instituzioni di diritto romano*, 180.

Más adelante, cuando hablemos del *consensus*, retomaremos esta identificación entre la intención de ser marido y mujer con la voluntad de procrear y educar hijos[14].

Abundando en esta teoría, Ojetti dice que el matrimonio era un estado de hecho carente de carácter jurídico. Esto explicaría que no se exigiera ninguna formalidad en su celebración[15]. En este mismo sentido se manifiesta Iglesias cuando afirma que:

> A diferencia del matrimonio moderno, el romano no surge por el consentimiento *inicial*, sino que es preciso el *continuo o duradero*. Además, no está sujeto a formalidades de ninguna especie, cuales serían la celebración ante una autoridad o la redacción de un documento[16].

Sin embargo, otros estudiosos han revalorizado la concepción del consenso matrimonial, puesto que por un lado se manifestaba el consentimiento y por otro son las nupcias las que ponen de manifiesto la publicidad del mismo. Para alguno de estos autores hay que distinguir entre el período clásico y el postclásico. Este último sería el período en el cual «el matrimonio surgía en virtud del solo consentimiento mutuo inicial, sin que se precisara de la continuidad del mismo en orden a la permanencia del matrimonio. Esto equivale a decir que el consentimiento matrimonial era considerado contractual»[17].

Esta afirmación se sustenta en otras definiciones de matrimonio posteriores a las antes citadas, presentes en el derecho romano justinianeo: «Nuptias non concubitus, sed consensus facit»[18]; «Non coitus matrimonium facit, sed maritalis affectio»[19].

La existencia de estos dos tipos de definiciones ha sido interpretada como un cambio producido dentro del derecho romano, según el cual la evolución de la época clásica a la postclásica tuvo como resultado la mayor importancia dada al consentimiento inicial. Así, por ejemplo, Volterra afirma que en el período postclásico el matrimonio nace por la voluntad de las partes, pero continúa existiendo independientemente de

---

[14] Cf. *Infra*, p.20, nt. 28.

[15] «Il matrimonio non era che uno status, che un factum, che poteva pur cessare un giorno: non era dunque un rapporto giuridico, che sorgeva da un contratto di mutuo consenso. Ciò spiega la ragione per cui non si richiedeva, alla sua validità, una qualche forma di celebrazione, sanzionata dall'intervento della publica autorità». G. OJETTI, «Il pensiero tradizionale della Chiesa», 73.

[16] J. IGLESIAS, *Derecho romano*, 548.

[17] J.M. SOTO, *El matrimonio* in fieri, 93.

[18] D. 35, 1, 15.

[19] D. 24, 1, 32, 13.

la persistencia de la misma[20]. También Robleda afirma que la existencia del divorcio tanto en el período clásico como en el postclásico, como una voluntad posterior de disolver el matrimonio, demuestra que el divorcio no consistía sólo en la cesación de la voluntad matrimonial, sino en otra voluntad distinta negativa y contraria al matrimonio ya existente. Según esto, no estaría tan clara la diferencia entre el período clásico y el postclásico sobre el carácter contractual del matrimonio en Derecho Romano[21].

En este mismo sentido se pronuncia Navarrete cuando al hablar del consenso necesario para la validez del matrimonio, sostiene que es una doctrina común y pacífica el hecho de que dicho consenso no es una voluntad permanente de ser marido y mujer, sino un acto de voluntad de índole pacticia que produce su efecto en el momento del intercambio legítimo y que subsiste en su realidad jurídica y teológica independientemente de cualquier elemento subjetivo[22].

Esta teoría es confirmada por Huber, quien, hablando también del divorcio sostiene que la Iglesia adoptó el sistema contractual romano, pero aplicó la ley divina de la indisolubilidad, como disciplina vinculante para sus miembros, por lo que se puede decir que la Iglesia aceptó una ley humana en cuanto al consentimiento inicial que forma el matrimonio, pero en cuanto a la disciplina por la que se rige el matrimonio ya constituído, tenía validez sólo lo establecido por la ley divina, es decir, la indisolubilidad del vínculo[23]. Pero el hecho de admitir el sis-

---

[20] «In diritto postclassico la volontà dei contraenti, una volta inizialmente manifestata, fa sorgere il matrimonio che continua ad esistere come rapporto giuridico con gli effetti ad esso collegati, indipendentemente dalla persistenza di questa reciproca volontà». E. VOLTERRA, «Matrimonio», 785.

[21] «Ut etiam supra declaratur fuit, nec merus defectus consortii seu uniones facticae corporis, ut ita dicam, coniugum, nec mera cessatio amoris aut voluntatis quoad matrimonium, efficiebant nostro iudicio divortium, sed actus voluntatis contrariae, destruentis sive rescindentis obligationem seu vinculum acto quoddam initiali inductum». O. ROBLEDA, «Divortium», 413.

[22] Cf. U. NAVARRETE, «Influsso del diritto romano», 307.

[23] J. HUBER, «De structura consensus», 474-475: «Apud Romanos libertatem divortii exstitisse, auctores, quos novimus, non negant. Quam libertatem Imperatores sub influxu Christianismi fortiter restrinxerunt, sed minime abstulerunt. Imperator Iustinianus, ut describamus ultimum gresum evolutionis iuris Romani, concessit divortium bona gratia ob tres causas et divortium ob culpam alterius partis, et quidem quintuplicem in favorem mulieris et sextuplicem in favores mariti, insuper concessit divortium communi consensu ob castitatis concupiscentiam. Ecclesia autem divortium numquam admissit. Quid fecit? Induxitne mutationem structurae consensus? Negative respondendum est. Ecclesia nihil aliud fecit quam impedire quominus voluntas actum validum, quo matrimonium destruitur, ponat. Estne hoc mutatio consensus? Non

tema contractual romano indica que el consentimiento exigido por la ley romana era acorde con la concepción cristiana del matrimonio. Dicho de otro modo, no existe diferencia alguna entre el consenso exigido por la ley romana y la divina, pero sí que hay diferencia entre la ley que permite el divorcio y la que lo prohíbe[24]. Por tanto, el consentimiento que daba origen al matrimonio era de naturaleza pacticia, por lo que seguía teniendo validez aún cuando las partes cambiaran de parecer. Desde el punto de vista del ordenamiento romano era necesaria, entonces, una nueva voluntad de disolver, que es, justamente, la que la Iglesia, basándose en la ley divina, siempre prohibió.

Esta prohibición de la Iglesia tuvo algún influjo en la legislación romana sobre el divorcio pues llevó a que se restringiera su práctica, pero nunca se llegó a prohibir del todo[25]. En este mismo sentido algún autor señala la influencia cristiana, sobre todo las enseñanzas de los Santos Padres, en la legislación romana[26].

Un segundo punto de atención son los requisitos para la validez del matrimonio en el derecho romano. Iglesias señala cuatro requisitos para que haya matrimonio válido: 1) capacidad natural; 2) capacidad jurídica; 3) consentimiento de los esposos; 4) consentimiento del *paterfamilias*[27]. De estos cuatro requisitos ya hemos hablado del consentimiento de los esposos, aunque sólo desde el aspecto formal y no de su contenido, por lo que a continuación nos centraremos en ello. Después, sólo nos fijaremos en el primero, la capacidad natural, porque de modo indirecto refiere a la capacidad para procrear. No entraremos en los requisi-

---

mutatur consensus, sed disciplina. Apud paganos libertas divortiandi remanet, non sic apud Christianos, qui aliis legibus oboediunt».

[24] Cf. J. HUBER, «De structura consensus», 475. El Autor lo sostiene citando a san Ambrosio: «Ambrosius non dicit Romanos aliam conceptionem matrimonii ac Christianos habuisse. Non contradicit conceptioni matrimonii, sed divortio. Romani uxorem dimittere possunt quasi iure, sine crimine. Non sic Christiani. Differentia non consistit in diversa conceptione, sed in diversa lege. Alia est lex humana, divortium permittens, alia est lex divina, divortium prohibens. Ad mentem igitur S. Ambrosii Christianismus non mutavit conceptionem, sed legem». Y señala la cita del texto de Ambrosio *Ex Ev. Sec. Luc.* 8, 5 (cf. *PL* 15, 1767; *CSEL* 32, 4, 394).

[25] Cf. J. HUBER, «De structura consensus», 474. J. IGLESIAS, *Derecho romano*, 561: «La reacción del nuevo espíritu cristiano no llega a borrar el concepto romano del matrimonio y del divorcio. En ciertos casos el divorcio es considerado ilícito, pero nunca se declara su invalidez».

[26] J.M. SOTO, *El matrimonio* in fieri, 94, nt. 278: «Aún admitiendo que la Iglesia es más bien tributaria que transformadora del Derecho Romano del Bajo Imperio, no se puede poner en duda la influencia de sus ideales morales en ciertos terrenos y, sobre todo, en el terreno del derecho de familia».

[27] Cf. J. IGLESIAS, *Derecho romano*, 550-551.

tos de capacidad jurídica ni de consentimiento del *paterfamilias* por exceder del contenido de nuestro estudio.

Con respecto al consentimiento de los esposos, Volterra afirma que se trata de una recíproca voluntad cuyo objeto debe ser la constitución de una unión monogámica y duradera con la finalidad de crear una sociedad doméstica dirigida a la procreación y educación de los hijos. De hecho, lo que va a determinar el carácter matrimonial de la relación entre un hombre y una mujer va a ser, precisamente, la *procreandorum liberorum causa*[28], es decir, la voluntad de tener hijos legítimos.

Por lo que se refiere a la capacidad natural, consiste en la edad mínima para contraer matrimonio, pero también en el hecho de ser eunuco o no. Así lo explica Iglesias: «No pueden contraer matrimonio los impúberes, es decir, los varones y las mujeres cuya edad, respectivamente, es inferior a los catorce y los doce años. Tampoco los eunucos, según el Derecho justinianeo»[29]. Esta edad mínima exigida, fue pacífica en su determinación con respecto a la mujer. En efecto, la edad para la mujer se fijaba, con seguridad, en los doce años. Así Pomponio afirma: «Minorem annis duodecim nuptam tum legitimam uxorem fore, cum apud virum explesset duodecim annos».[30] Por lo que, en lo referente a la mujer, es indistinto afirmar la edad mínima de doce años que la pubertad.

---

[28] Además, el autor identifica la voluntad recíproca de las partes con el *consensus*, la *affectio maritalis* y la *mens coeuntium*: «L'oggetto di questa (reciproca volontà) deve essere la costituzione di un'unione monogamica per la durata della vita dei coniugi avente lo scopo di far sorgere una società domestica fondata sulla comunanza di vita dell'uomo e della donna con la partecipazione di questa al rango sociale del marito, su rapporti reciproci di protezione ed assistenza e directa alla procreazione e all'educazione dei figli. L'elemento infatti che in vari testi giuridici e letterari viene assunto come criterio per caratterizzare il matrimonio legitimo e pertanto la volontà di costituirlo e diferenciarlo da altre unioni temporanee o occasionali fra un uomo e una donna è precisamente la *procreandorum liberorum causa*». E. VOLTERRA, «Matrimonio», 738. Y más adelante, después de señalar que no se requiere ningún elemento formal para manifestar el consentimiento insiste en que, según sea el comportamiento público de los esposos, se comprobará la existencia del matrimonio. Dentro de ese comportamiento, mención especial tiene la voluntad de procrear y educar a los hijos: «Da questo comportamento può desumersi infatti l'esistenza della volontà dei coniugi di voler essere uniti reciprocamente e durevolmente in matrimonio: l'elemento il quale serve a determinare se ci si trovi di fronte ad un'unione stabile oppure ad una semplice unione temporanea è l'intenzione dei coniugi di costituire una comunanza di vita *liberorum procreandorum causa*, cioè diretta a far sorgere una società domestica». *Ibid.*, 739.

[29] J. IGLESIAS, *Derecho romano*, 550.

[30] D. 23, 2, 4.

Sin embargo, más complejo fue el caso de los varones. Existía divergencia de opinión entre sabinianos y proculeyanos sobre el momento en que el varón alcanza la pubertad. Los primeros, exigían la inspección física de cada uno para determinar su capacidad para el matrimonio y, los otros, defendían que era suficiente con la edad mínima de catorce años. Al final, en el derecho justinianeo se zanja la cuestión con la edad mínima señalada[31].

Por último y para finalizar esta breve incursión en el derecho romano, nos fijamos en uno de los efectos del matrimonio, que nos parece interesante por señalar elementos que podemos considerar dentro del *bonum prolis*. Se trata de la legitimación de los hijos. Del matrimonio válido se seguía que los hijos de él nacidos obtenían la condición jurídica de legítimos. No era una declaración de filiación, sino que la legitimidad la da el efectivo nacimiento de justo y verdadero matrimonio[32]. Consecuencia de esta legitimación eran una serie de derechos y deberes para el padre y el hijo. No entramos en ellos, sino que nos limitamos a señalar que son tres en concreto: la obtención del *status civitatis* del padre al tiempo de la concepción (y no ya del nacimiento); la obtención por parte del padre de la *patria potestas* sobre el hijo; y la atribución del nombre del padre. Estos tres elementos tienen detrás la convicción de que el hijo ya concebido tenía el derecho de seguir la suerte de su padre y el padre la obligación de ejercer sobre él un cuidado de su persona que se concretaba en la capacidad de decisión sobre el hijo.

Como resumen de todo lo anterior, tan sólo quisiéramos recordar que la generación y educación de los hijos constituye un elemento funda-

---

[31] «Giustiniano in C. 5, 60, 3 conferma che il sistema sabiniano dell'ispezione fisica per stabilire la pubertà degli uomini era usato per determinare la fine della tutela e vieta decisamente questa che chiama *inhonesta indagatio*, dichiarando che l'età della pubertà è di dodici anni per le donne, di quatordici per gli uomini». E. VOLTERRA, «Matrimonio», 736. También Robleda lo explica del siguiente modo: «Sabemos que sobre el tiempo de la pubertad de los varones se disputaba entre los jurisprudentes; señalando los proculeyanos la edad de 14 años; prefiriendo, en cambio, los sabinianos no fijar una edad para todos, sino atender al tiempo en que se daba en cada uno la *capacitas generandi*. Siendo incluso de notar que aun esa señalación absoluta de los 14 años, que hacían los proculeyanos, igualmente que la relativa, de la *capacitas generandi*, en cada caso, hecha por los sabinianos, se refería de suyo, más que al tiempo apto para el matrimonio, al de la cesación de la tutela. Siendo esto así, no habría habido antes de Justiniano una edad absoluta cierta y fija en orden a la celebración válida del matrimonio de los varones». O. ROBLEDA, *El matrimonio en Derecho Romano*, 146-147.

[32] Cf. O. ROBLEDA, *El matrimonio en Derecho Romano*, 224-225.

mental e identificativo de la existencia de la *affectio maritalis*, es decir, de una verdadera voluntad matrimonial, como así ha quedado expuesto.

1.3 *La tradición veterotestamentaria y la enseñanza de Cristo*

La experiencia de la resurrección de Jesucristo llevó a los discípulos a congregarse entorno a los Doce, bajo la guía de Pedro. La predicación de la salvación realizada por Nuestro Señor, empezó a calar en el pueblo y fue iluminando la vida de todos los que escuchaban la predicación apostólica.

Sobre el matrimonio, la predicación de los Doce era deudora, necesariamente, de la tradición veterotestamentaria. Pero en esta época, el matrimonio se regía por costumbres inalteradas durante siglos y no será hasta el s. II d. C. cuando aparecen por escrito las fuentes del derecho matrimonial judaico[33]. En la tradición consuetudinaria aparece, en primer lugar, el designio de Dios sobre la unión del hombre y la mujer con una finalidad: «creced y multiplicaos» (Gn 1, 28). Es, por tanto, una norma de derecho divino que aparece en el origen de la vida del hombre. Este mandato del Señor, viene íntimamente unido al proyecto de Dios sobre el hombre y la mujer: «Por esta razón deja el hombre a su padre y a su madre y se une a su mujer, y los dos se hacen uno sólo» (Gn 2, 24). Diversos autores afirman que se puede decir que el matrimonio fue instituido antes del pecado original[34]. Según esto, el matrimonio forma parte del plan de Dios para el hombre. De modo concreto, esto lo podemos afirmar también del «creced y multiplicaos».

A lo largo del Antiguo Testamento no aparecen referencias relevantes sobre la generación y educación de los hijos, salvo el hecho de que se reconocen con igual legitimidad los hijos de mujeres distintas, se entiende que engendrados de concubinas y, por tanto, en tiempo en que vivía la legítima esposa (Gn 21, 12; 25, 6. 9; Dt 21, 15-17)[35].

---

[33] Cf. G.B. FERRATA, «Brevi note sull'oggetto del consenso», 234.

[34] G.B. FERRATA, «Brevi note sull'oggetto del consenso», 232. En concreto el autor afirma: «Come ricordano giustamente tutti i Padri e Dottori della Chiesa (ad esempio s. Bonaventura, *Serm.* I, Dom. 24 post Pentec.) il matrimonio fu istituito da Dio prima ancora che fosse commesso il "peccato originale"».

[35] G.B. FERRATA, «Brevi note sull'oggetto del consenso», 235-236. Este autor, centrando su estudio sobre el objeto del consenso matrimonial, afirma al concluir esta parte veterotestamentaria: «noi non troviamo insegnamenti espliciti che confermino l'oggetto immediato del consenso matrimoniale, quale si può dedurre dai primi capitoli della Genesi. Questo probabilmente perchè tale insegnamenti erano superflui, in quanto che la Genesi era ben nota a tutti gli Ebrei. Ma abbiamo precetti e giudizi, che almeno indirettamente confermano come l'essenza del matrimonio fosse, nella legi-

Pero lo que sí que podemos afirmar es que en esa tradición están contenidas las siguientes características esenciales del matrimonio: 1) el matrimonio tiene a Dios por autor, por lo que la unión libre entre el hombre y la mujer supone una degradación de la dignidad humana y del amor[36]; 2) su fin principal es la transmisión de la vida[37]; 3) es un contrato santo por su naturaleza[38]; 4) y por su naturaleza es indisoluble[39].

En los evangelios, las referencias que Cristo hace sobre el matrimonio se centran en la indisolubilidad y unidad del mismo. Tanto en Mt 5, 27 y 31-32 como en Mt 19, 1-9 (y las mismas palabras en Mc 10, 1-12), el Señor explica cómo el designio de Dios es el de que un hombre y una mujer se unan y sean una sola carne y que lo que Dios ha unido, que no lo separe el hombre.

1.4 *La predicación de los Apóstoles*

La tradición apostólica sí que nos va a dejar, en San Pablo, alusiones más explícitas sobre la generación y educación de los hijos. Así en 1 Cor 7, 1-5 afirma el Apóstol:

> En cuanto a lo que me preguntabais por escrito, está bien que el hombre renuncie al matrimonio. Sin embargo, para evitar la lujuria, que cada hombre tenga su mujer, y cada mujer su marido. Que el marido cumpla su obligación conyugal con la mujer, e igualmente la mujer con el marido. La mujer ya no es dueña de su cuerpo, sino su marido; como tampoco el marido es dueño de su cuerpo, sino la mujer. No os privéis el uno del otro, a no ser de común acuerdo y por cierto tiempo, para dedicaros a la oración. Y volved de nuevo a la vida conyugal, no sea que Satanás os induzca al pecado al no poder conteneros.

Estas afirmaciones de Pablo nos permiten ver cómo en el tiempo más primitivo de la Iglesia existía la conciencia de lo que, después, la tradición canónica ha llamado *remedium concupiscentiae*; la unidad del

---

slazione ebraica ed in quella precedente, qualche cosa che superava lo ius, sia pure perpetuum, ad coniugales actus».

[36] Cf. L. GODEFROY, «Mariage, I», 2046.

[37] Cf. L. GODEFROY, «Mariage, I», 2047.

[38] L. GODEFROY, «Mariage, I», 2047, afirma: «Le mariage suppose à son origine un véritable contrat par lequel les époux se donnent et s'acceptent, et s'engagent aux devoirs nouveaux qui leer sont imposés. Adam accepte ainsi la femme que Dieu lui présente: "Celle-ci est os de mes os et chair de ma chair". Mais c'est un contrat d'une nature diferente des autres contrats, tant par son objet qui est le don total de soi, que par son but qui est la propagation de l'espèce humaine».

[39] Cf. L. GODEFROY, «Mariage, I», 2048.

matrimonio; el *ius ad actus coniugales*, el *ius in corpus*; y la distinción entre el *ius* y el *usus iuris*. Menos el *remedium concupiscentiae* y la unidad del matrimonio, todos los demás son elementos que hoy se reconocen como pertenecientes al *bonum prolis*. A estas afirmaciones del Apóstol hay que añadir también la referencia a la educación de los hijos «tal como lo haría el Señor» (Ga 6, 4) como algo propio del *bonum prolis*[40]. Existen otras afirmaciones apostólicas sobre el matrimonio pero que, al no tener relación con el *bonum prolis*, exceden los límites de nuestro estudio.

Merece la pena que profundicemos un poco más en estas afirmaciones del Apóstol. En primer lugar, la atribución al otro cónyuge del derecho sobre el propio cuerpo. En el fondo, lo que Pablo está afirmando es que los esposos «santifican su vida usando del cuerpo según el mandamiento del Señor. A ambos cónyuges, el matrimonio les sustrae el dominio sobre el propio cuerpo para otorgárselo a la otra parte. Por tanto, el cónyuge no puede disponer de modo autónomo, como sucede en el adulterio y la fornicación»[41].

En este sentido se puede afirmar que entre los esposos existe una igualdad de derechos y deberes, que se resumen en la pertenencia al otro o, en palabras del Apóstol, «ya no es dueño de sí mismo». Así lo considera también Godefroy[42], referido especialmente a los actos conyugales.

---

[40] G.B. FERRATA, «Brevi note sull'oggetto del consenso», 236: «l'insegnamento apostolico nei riguardi dell'essenza del matrimonio e dell'amore coniugale, rispecchia l'insegnamento biblico, perchè mette in primo piano la consuetudo vitale, perchè insiste sull'amore coniugale, e non antepone a questi concetti la procreatio prolis, anzi non ne fa una menzione esspresa». No obstante esta afirmación, como hemos afirmado arriba, creemos que sí que están en germen elementos esenciales del *bonum prolis*, identificados posteriormente por la doctrina canónica.

[41] «(Gli sposi) santificano la loro vita usando del corpo secondo il comandamento del Signore. A entrambi i coniugi il matrimonio sottrae il dominio del proprio corpo per trasferirlo alla comparte; il coniuge quindi non ne può disporre in modo autonomo, come avviene nell'adulterio e nella fornicazione». Cf. B. PRETE, *Matrimonio e continenza*, 97-98.

[42] En concreto dice: «La femme n'est plus la chose de l'homme, son esclave, mais sa compagne: elle lui est égale dans tous les droits Essentials, il a envers elle les mêmes devoirs qu'elle a envers lui, et cela en vertu de la donation irrévocable qui les unit l'un l'autre. Chacun d'eux ne s'appartient plus à lui-même, il appartient à celui à qui il s'est donné. Ce principe est affirmé par l'Apôtre à propos des rapports conjugaux. Les deux époux ont les mêmes droits d'en user ou de les demander, les mêmes devoirs de ne pas les refuser, à tel point que l'un d'entre eux ne peut même alléguer un motif religieux pour s'en dispenser, sans le consentement de son conjoint». L. GODEFROY, «Mariage, I», 2075-2076.

Por lo que se refiere a la continencia periódica el Apóstol señala como motivo la oración y explica tres condiciones que se deben cumplir para ejercerla: de común acuerdo; por tiempo limitado; y con la voluntad de volver a la vida conyugal. El común acuerdo es obligado porque el cónyuge no puede disponer autónomamente sobre sí mismo, sino que debe contar con la otra parte[43]. El tiempo limitado lo comprende San Pablo desde la preocupación «de proponer una visión correcta de la naturaleza del matrimonio que consiste en la convivencia y la unión de los cónyuges, evitando que dicha visión del matrimonio se vea alterada por concepciones e ideales de ascetismo conyugal, como las adoptadas por la comunidad de Corinto»[44].

Por último, la voluntad de volver a la vida conyugal es acorde con la realidad del matrimonio como convivencia y unión de los cónyuges, además de evitar el posible pecado, fruto de una continencia excesivamente larga y no propia del matrimonio, aprovechada por Satanás para alejar a los esposos de la vida de santidad.

Es interesante señalar que, en esta época, estas primeras normas de la Iglesia naciente no son reconocidas por la ley civil. Incluso, a veces, son contrarias a la misma, pero eso no impedía que la Iglesia determinara las penas correspondientes a las infracciones que sus miembros cometían contra lo que Dios había establecido sobre el matrimonio[45].

Por estas referencias implícitas, creo que lo afirmado hasta aquí se puede considerar como Tradición inhesiva, es decir, se trata de una materia contenida claramente en la Sagrada Escritura, o según otra cla-

---

[43] Cf. B. PRETE, *Matrimonio e continenza*, 104.

[44] «(preocupazione) di proporre una visione corretta della natura del matrimonio che consiste nella convivenza e nell'unione dei coniugi, evitando che tale visione del matrimonio venga alterata da concezioni e da ideali di ascetismo coniugale, come quelli accolti dalla comunità di Corinto». B. PRETE, *Matrimonio e continenza*, 104-105.

[45] B. KURTSCHEID, *Historia iuris canonici*, 77: «Postquam Christus Dominus matrimonii unitatem et indissolubilitatem restituit (Mt. 5, 31 s.; 19, 3 ss., Mc 10, 11; Lc 16, 18) et Apostolus Paulus eandem legem cum exceptione pro conversis ad fidem (privilegium Paulinum) praedicavit (Rom. 7, 2; I Cor. 7, 2 ss.; Eph. 5, 22 ss.), ecclesia primorum seaculorum praefatas leges fidelibus inculcabat et etiam contra vigentes leges civiles urgebat. Quamvis non posset abrogare leges civiles evangelio contrarias, tamen sua disciplina invigilabat ne fideles contra leges divinas matrimonium inierint, et transgresores gravi poena plectebantur. Primum huius jurisdictionis ecclesiasticae exemplum praebet S. Paulus Apost. Relate ad Chorintium incestuosum (I Cor. 5, 1-13). Pro gravitate delicti reus excludebatur a communione fidelium, quam non nisi poenitentia peracta recuperabat; secus plene ab ecclesia exterminabatur».

sificación, dominica y apostólica[46], al ser posterior a la ascensión de Cristo y revelada por el Espíritu Santo al Apóstol[47].

2. La aportación de los Padres sobre el matrimonio

Antes de ver la evolución histórica de la enseñanza sobre el matrimonio, parece conveniente resumir las claves desde las cuales los Padres de la Iglesia afrontan esta realidad. En primer lugar hay que decir que los Padres no se ocupan del matrimonio como instituto de derecho natural sino solamente del matrimonio cristiano. Sólo contemplan el matrimonio como realidad sobrenatural, instituida y santificada por Dios Creador.

Además, lo afrontan desde un punto de vista más práctico que teórico. Hecho comprensible dado que eran más pastores que teólogos. Su finalidad es la de instruir a los fieles, pues estos necesitan conocer la verdad para orientar su conducta. Desde este mismo punto de vista práctico se ocupan del matrimonio como sacramento. Aunque traten de la forma de celebrar el matrimonio, su mayor interés está en lo que el matrimonio aporta a la salvación de las almas como signo de la unión de Cristo con la Iglesia, y cómo vivir esta fuente de gracia. Por eso, también, la preocupación por señalar las penas de los pecados concretos contra el vínculo matrimonial[48].

2.1 *Los Padres de la Iglesia en los tres primeros siglos*

Si bien la predicación apostólica, como hemos visto, tiene una visión positiva del matrimonio, y dentro de él, de aquello que hace referencia más directa a lo que en la tradición canónica se ha entendido como *bonum prolis*, no es menos cierto que desde el principio la espiritualidad cristiana valoró mucho la virginidad y la ascesis sexual. Por este motivo, los escritos de los padres se centran, desde el principio, en ensalzar la bondad de la virginidad. Esto se debía a que creció la concepción de que la resurrección, anticipada por el bautismo, obligaba a vivir como se esperaba en la vida futura, restando valor al matrimonio o, incluso, viéndolo negativamente[49].

---

[46] Cf. A. GARCÍA Y GARCÍA, *Historia del Derecho Canónico*, 1, 35.
[47] Cf. A.M. STICKLER, *Historia iuris canonici*, 12.
[48] Cf. L. GODEFROY, «Mariage, II», 2113-2114.
[49] P.F. BEATRICE, «Continenza e matrimonio», 15. Dice el autor: «Noi sappiamo, per la verità, che nel cristianesimo primitivo si era sviluppata una concezione spirituale per la quale la resurrezione del cristiano, realizzatasi nel battesimo, esige già in

Además, esto hay que comprenderlo dentro del contexto espiritual en que se desarrollan los primeros momentos de la fe cristiana. Junto a lo ya afirmado, hay que señalar el ímpetu misionero en el que lo importante es anunciar el Evangelio llegando incluso a dar la vida por él, perdiendo valor los elementos cotidianos de la vida como lo es el matrimonio[50]. Por esta razón las alusiones directas a la generación y educación de los hijos en los escritos patrísticos de los siglos I y II son muy escasas, aunque no por ello dejan de ser significativos y positivos sobre el matrimonio. Veamos algunos de estos escritos.

La primera referencia la encontramos en la *Didaché*, datada en torno al año 70[51], en cuyo capítulo II se lee: «no matarás al niño mediante aborto, ni le darás muerte una vez que ha nacido»[52] y más adelante añade: «No dejarás de la mano a tu hijo o a tu hija sino que desde la juventud les enseñarás el temor de Dios»[53]. En términos muy parecidos se expresa la «Doctrina de los Apóstoles»[54]. Posteriormente, en la llamada «Epístola del Pseudo-Bernabé», escrita entre los años 70 y 130[55], encontramos que los dos textos anteriores aparecen unidos del modo siguiente: «No matarás al niño mediante aborto, ni le darás muerte una vez que ha nacido. No dejarás de la mano a tu hijo o a tu hija, sino que les enseñarás desde la juventud el temor de Dios»[56]. Es significativo que en esta obra se presente unido el respeto de la vida del niño nacido o no, con la educación en el temor de Dios desde la juventud. Preciosa es, además, la expresión «no dejar de la mano» para explicar esta obligación paterna con respecto a los hijos. Dada la temprana composición de estas obras y su carácter catequético-moral[57] y, por tanto, regulador de la vida de las primitivas comunidades cristianas, creemos que estas referencias que acabamos de presentar pueden ser consideradas como los primeros textos de carácter normativo que encontramos sobre el *bonum prolis*.

---

questo mondo l'assoluta ripulsa di ogni legame carnale, sull'esempio degli angeli che sono nei cielo».

[50] Cf. P.F. BEATRICE, «Continenza e matrimonio», 64.
[51] Cf. J.J. AYÁN CALVO, ed, «Didaché», 70.
[52] *Didaché*, II, 2.
[53] *Didaché*, IV, 9.
[54] «no matarás al niño mediante aborto ni darás muerte al nacido». *Doctrina de los Apóstoles*, II, 2.
[55] Cf. J.J. AYÁN CALVO, «Epístola», 141.
[56] PSEUDO-BERNABÉ, «Epístola», XIX, 5.
[57] Cf. J.J. AYÁN CALVO, ed., «Didaché», 31.

De mediados del siglo II es la «Apología I» de san Justino[58], y en ella afirma que «nosotros o nos casamos desde el principio por el sólo fin de la generación de los hijos, o, de renunciar al matrimonio, permanecemos absolutamente castos»[59].

De finales de este mismo siglo es la «Legación a favor de los cristianos» de Atenágoras[60]. En ella el autor afirma que el matrimonio tiene como finalidad la procreación de los hijos y que «la medida del deseo es la procreación de los hijos»[61].

De finales, también, del siglo II es el «Octavio» de Minucio Félix[62]. Con un estilo deudor de Cicerón, este abogado romano hace una preciosa defensa de la fe cristiana frente a los ataques recibidos en su época. En la parte dedicada a las costumbres de los cristianos rechaza el aborto y habla del matrimonio monogámico y con la finalidad de engendrar hijos[63].

---

[58] «La Apología debió componerse hacia el 155». D. RUIZ BUENO, ed., *Padres Apostólicos*, 1011.

[59] JUSTINO, *Apología I*, 29, in D. RUIZ BUENO, ed., *Padres Apostólicos*, 1040.

[60] En concreto, en torno al año 177. Cf. D. RUIZ BUENO, ed., *Padres Apostólicos*, 1341.

[61] «Como tengamos, pues, esperanza de la vida eterna, despreciamos las cosas de la presente y aún los placeres del alma, teniendo cada uno de nosotros por mujer la que tomó conforme a las leyes que por nosotros han sido establecidas, y ésta con miras a la procreación de los hijos. Porque al modo que el labrador, echada la semilla en la tierra, espera a la siega y no sigue sembrando, así, para nosotros, la medida del deseo es la procreación de los hijos». ATENÁGORAS, *Legación a favor de los cristianos*, 33, en D. RUIZ BUENO, ed., *Padres Apostólicos*, 1385.

[62] Cf. E. MOLINÉ, *Los Padres de la Iglesia*, 211. En concreto el autor la sitúa en el año 197.

[63] Cf. E. MOLINÉ, *Los Padres de la Iglesia*, 211. El texto concreto dice: «¿Piensas que puede suceder que un cuerpo tan delicado y tan pequeño reciba esos golpes mortales? ¿Qué haya alguien capaz de golpear, derramar y beber la sangre fresca de un ser jovencísimo, apenas humano? Sólo quien puede atreverse a hacerlo es capaz de creerlo. Veo, en efecto, que vosotros a los hijos que habéis engendrado los exponéis a las fieras y a las aves, o los estranguláis, sometiéndolos a un género de muerte deplorable; hay incluso mujeres que, mediante la ingestión de brebajes, destruyen en sus mismas entrañas el origen del futuro ser humano, cometiendo un parricidio antes de dar a luz. Y también estas cosas tienen su origen en el modo de comportarse de vuestros dioses. […] Desgraciados, incluso sin saberlo podéis precipitaros hacia las cosas ilícitas: ya que os dedicáis a esparcir el amor con total promiscuidad, a engendrar hijos por doquier, a dejar no raras veces a los nacidos en vuestro hogar a merced de la misericordia ajena, es inevitable que os encontréis por azar con vuestros propios hijos. […] Nosotros, en cambio, mostramos el pudor no en el rostro, sino en el alma: de buena gana permanecemos unidos con el vínculo de un único matrimonio y ejercemos el deseo de engendrar con una sola mujer, o con ninguna». MINUCIO FÉLIX, *Octavio*, 30, 1-3; 31, 4-5.

En el anónimo «Discurso a Diogneto», entre los siglos II y III, hablando de la vida de los cristianos, dice su autor que: «(los cristianos) se casan como todos; como todos engendran hijos, pero no exponen los que les nacen»[64].

También de finales del siglo II y comienzos del III es la obra de Clemente de Alejandría «El Pedagogo» en la cual, señala Clemente el objetivo y fin del matrimonio: «Nos queda por examinar cuál es el momento oportuno para las relaciones conyugales, exclusivas de los que han contraído matrimonio: su objetivo, es la procreación; su fin, tener buenos hijos»[65]. Y más adelante dice: «porque Dios ha dicho: *Multiplicaos*; y es preciso obedecerle. Y por eso el hombre llega a ser imagen de Dios, en cuanto que el hombre coopera al nacimiento del hombre»[66]. La procreación de los hijos entra dentro de la dignidad del ser humano, en cuanto colaborador de Dios Creador. Por eso, el matrimonio y la procreación de los hijos dentro de él, es algo que afecta a esta dignidad humana.

En otra de sus obras, en las «Stromata», encontramos pasajes muy interesantes dedicados al matrimonio con referencias concretas a la procreación. Una primera referencia la encontramos en la parte dedicada a las virtudes en la que dice: «que se tengan relaciones matrimoniales tan sólo con miras a la procreación de los hijos»[67]. Más adelante, se refiere al cuidado de los hijos en los siguientes términos: «Mas ¿la exposición del niño qué causa tiene? Por el contrario, sería mejor, en principio, que nadie se casara, si no se desea tener hijos, antes de convertirse en infanticida por intemperancia del placer»[68].

Además, Clemente dedica un apartado amplio al matrimonio en el que la primera referencia es esta definición del mismo: «Matrimonio es unión de un hombre y una mujer en un principio conforme a la Ley, para la procreación de hijos legítimos»[69]. Después, Clemente pasa a considerar la conveniencia o no del matrimonio, pero no desde el punto de vista objetivo, es decir, de su bondad objetiva, que ya quedó clara en

---

[64] *Discurso a Diogneto*, V, 6. El editor afirma en la introducción al texto, que este escrito se puede identificar con la *Apología*, cuyo autor sería el Obispo Cuadrato, situándola entre los siglos II y III. Cf. D. RUIZ BUENO, ed., *Padres Apostólicos*, 626-627.
[65] CLEMENTE DE ALEJANDRÍA, «El Pedagogo», II, 83. 1.
[66] CLEMENTE DE ALEJANDRÍA, «El Pedagogo», II, 83, 2.
[67] CLEMENTE DE ALEJANDRÍA, «Stromata», II, 88, 4.
[68] CLEMENTE DE ALEJANDRÍA, «Stromata», II, 93, 1.
[69] CLEMENTE DE ALEJANDRÍA, «Stromata», II, 137, 1.

la cita de «El Pedagogo», sino desde el punto de vista del sujeto y de las circunstancias. Así dice:

> ¿Quién debe casarse y en qué circunstancias? ¿Qué mujer puede casarse y en qué condiciones? Porque no se debe casar cualquiera, ni en cualquier momento, sino en el tiempo conveniente, hay una situación personal para casarse y una edad límite antes de la cual es conveniente hacerlo. Tampoco cualquiera debe casarse con cualquier mujer o en cualquier circunstancia, ni tampoco de cualquier modo y a ciegas; por el contrario, debe casarse quien posee determinadas condiciones, con la mujer que debe y cuando debe; y para tener hijos[70].

Posteriormente Clemente empieza a recorrer la historia, citando numerosos escritos de filosofos y poetas griegos que tratan del matrimonio y la procreación. No entramos en ellos, sin embargo, recogemos una última afirmación sobre la bondad del matrimonio relacionada con la procreación. Después de recordar que Platón prescribía castigo para los solteros, dice:

> Este comportamiento es impío, como de gente que desea destruir la generación divina. Y ya es una prueba de vileza y debilidad huir de la convivencia con una mujer y con niños. Además, cuando la pérdida es un mal, generalmente la adquisición de lo perdido es un bien. Esto vale para todas las cosas. La pérdida de los hijos es ciertamente uno de los mayores males, como se suele decir. Por tanto, tenerlos es un bien; y por ello el matrimonio es también un bien[71].

Los siglos siguientes se caracterizan por una misión eclesial menos marcada por la itinerancia, lo cual permitió que creciera el valor otorgado a la virginidad, apareciendo sectas que privaban de valor alguno al matrimonio, como la de los Encratitas, entre otras. Será bueno, por tanto, que antes de conocer lo que dicen los Padres, conozcamos qué es lo que decían los errores que los Padres combatieron.

2.2 *Los errores rigoristas*

Los Encratitas se basan en distintas interpretaciones de las cartas de San Pablo, así como en apócrifos atribuidos al Apóstol, que atribuyen al mismo una exaltación de la castidad y la continencia, de ahí el nombre con el que son conocidos. Su pretensión es la de que todo cristiano, no sólo unos pocos, debe ser un asceta y guardar la continencia, por lo

---

[70] CLEMENTE DE ALEJANDRÍA, «Stromata», II, 137, 3-4.
[71] CLEMENTE DE ALEJANDRÍA, «Stromata», II, 142, 1-2.

que rechazan el matrimonio. Así mismo, hacen las mismas interpretaciones de apócrifos de Pedro, Andrés, Juan y Tomás[72].

Otra secta que resulto de gran importancia en la época es la de los Gnósticos. Íntimamente relacionados con los Encratitas, los Gnósticos tienen una concepción negativa de la materia, uniendo a una tendencia moral exagerada errores filosóficos y teológicos. Una consecuencia de esta visión negativa de la materia es la condena del matrimonio, que es obra de la carne y condición de la propagación de la carne. El representante más conocido de esta tendencia es Marción, contra quien escribirá Tertuliano[73].

Los Montanistas propugnaban un ascetismo riguroso hasta el punto de que sus adeptos rompieron sus vínculos matrimoniales para vivir la continencia y la independencia de los bienes materiales. El propio Tertuliano, de quien hablaremos más adelante, evolucionará hacia ellos a lo largo de su vida[74]. Con el mismo sello rigorista aparecen los Novacianos, como reacción a la indulgencia practicada en la Iglesia y el rechazo a que se perdone a los *lapsi*. En lo referente al matrimonio, condenarán las segundas nupcias[75].

La tendencia ascética estuvo presente desde épocas muy tempranas, pero tuvo su apogeo a partir del siglo III con los anacoretas de los desiertos de Egipto y Palestina. La urgencia de evitar la corrupción del mundo, les llevó a declarar obligatoria la vida ascética y continente para alcanzar la salvación. Los errores de Eustacio, uno de sus representantes más significaticos fueron condenados por el concilio de Gangres hacia el 340[76].

Por último, los Priscilianistas participaron también de esta aversión al matrimonio fruto de influencias gnósticas o maniqueas. Fueron con-

---

[72] Cf. L. GODEFROY, «Mariage, II», 2078-2079.
[73] Cf. L. GODEFROY, «Mariage, II», 2080.
[74] Cf. L. GODEFROY, «Mariage, II», 2081.
[75] Cf. L. GODEFROY, «Mariage, II», 2084.
[76] Cf. L. GODEFROY, «Mariage, II», 2084. En este mismo sentido afirma Gerest: «Già per l'avanti i vescovi orientali, nel concilio di Gangres (verso il 340), avevano espresso, sul matrimonio come sul celibato, degli elogi molto equilibrati in una presa di posizione contro il manicheismo latente di certi monaci. "Se qualcuno custodisce la continenza o la verginità non a causa della bellezza o della santità di questa virtù, ma perchè respinge il matrimonio come cosa abominevole, egli sia anatema". Afferma il canone 9: "Noi proviamo ammirazione per la verginità unita all'umiltà; lodiamo la continenza congiunta alla pietà; ma anche circondiamo di onore l'unione sacra del matrimonio"». R.C. GEREST, «Mistero e problemi del matrimonio», 31.

denados por el concilio de Toledo de 447, que señala la bondad del matrimonio por ser de intitución divina[77].

2.3 *Los errores laxistas*

No faltaron quienes se situaron en el extremo contrario que los anteriores, exaltando el matrimonio en detrimento de la virginidad. Hacia el final del siglo IV Helvidio había afirmado que la Virgen, después de dar a luz a Jesús, tuvo más hijos, argumentando en favor de ello con el único razonamiento de considerar más importante el matrimonio que la virginidad. San Jerónimo le respondió en su libro *De perpetua virginitate beatae Mariae adversus Helvidium* defendiendo las prerrogativas de la virginidad, en general, sobre el matrimonio[78]. Un segundo adversario de San Jerónimo fue Joviniano el cual argumenta que tanto los patriarcas del Antiguo Testamento como los Apóstoles, alcanzaron la santidad viviendo el matrimonio. Además, el mismo Jesús manifiesta su estima por el matrimonio al asistir a las bodas de Caná y, después, el mismo Pablo recomienda el matrimonio en distintas circunstancias y que la distinción de sexos sirve a la procreación por medio del matrimonio[79]. El error consiste en tomar todas estas realidades buenas como base para afirmar la maldad de la virginidad.

2.4 *Tertuliano*

Ya en el siglo III, nos detenemos en Tertuliano. Toda su doctrina viene marcada por la crítica a la herejía marcionita y su experiencia personal de adhesión al montanismo. Por un lado, Marción proclamaba el odio a la carne, la materia y el mundo[80]. Sin embargo, Tertuliano se opone a esta visión negativa presentando la carne como elemento constitutivo de la persona en el mismo nivel de importancia que el alma y el espíritu[81]. Por eso, contra la herejía marcionita Tertuliano va a afirmar

---

[77] Cf. L. GODEFROY, «Mariage, II», 2085.
[78] Cf. L. GODEFROY, «Mariage, II», 2085.
[79] Cf. L. GODEFROY, «Mariage, II», 2086.
[80] Cf. C. TIBILETTI, *Verginità e matrimonio*, 71.
[81] Cf. R. LÓPEZ MONTERO, *Totius hominis salus*, 493: «La carne, para nuestro autor, recibe un valor altamente positivo. En otras obras nos dirá que es *salutis cardo*. En primer lugar, el elemento sárquico es sujeto de mayor inocencia en el pecado. En efecto, ésta queda situada en un nivel distinto con respecto al alma, que recibe el protagonismo de la operatividad en el acto moral. La *caro*, definida en este sentido como *innocentior substantia*, se desentiende en el alma a la hora de actuar, convirtiéndose ésta en *auctrix operum carnis*. Y esto hasta tal punto que si no hubiese alma, la carne no sería pecadora. Por otro lado la carne, caracterizada sobre todo

que la procreación es algo querido por Dios[82], y que al hombre y la mujer los ha unido Dios, por lo que el matrimonio es una institución de origen divino[83].

Pero Tertuliano tampoco era contrario a la virginidad, sino que ve la castidad como la virtud que mejor asegura la santidad[84]. Por eso, el juicio que Tertuliano hace sobre el placer en el matrimonio es similar al ascetismo de Clemente de Alejandría y de Filón[85], justificando las relaciones matrimoniales entre cristianos sólo con vistas a la procreación, debiendo guiarse éstas por la moderación[86].

En todo caso, la postura de Tertuliano no es ajena al pensamiento escatológico propio de la época. Él piensa que la parusía está cerca por lo que toda realidad de este mundo es pasajera, provisional y quiere liberarse de ella.

Sin embargo, debemos hacer una distinción entre el pensamiento del Tertuliano católico y el del Tertuliano montanista. El pensamiento católico de Tertuliano sobre el matrimonio experimenta una evolución, en la que se hacen patentes algunas contradicciones, y que viene marcado por lo que acabamos de afirmar sobre la creencia del inminente fin del mundo, así como el desprecio a lo que él llamaba «las obras de la carne»[87]. Sin embargo, afirma claramente la bondad de la vida familiar y el matrimonio como algo bueno, lícito y sacro, establecido por el mismo Dios señalando el estado de felicidad que proporciona. De hecho Paris afirma, contra otros autores, que Tertuliano emplea en esta defensa del matrimonio un estilo inusual en él, por su dulzura, a la hora de hablar de la garan-

---

por los términos de *infirmitas* e *indignitas* y por eso mismo llamada a la salvación, se convierte en la protagonista de la cristología y, por tanto, en puente con ella. Cristo ha venido *in carne* y es Dios hecho carne. Su *caro* es el medio favorito para llevar a cabo los hechos de la salvación: Cristo actuó en su vida terrena *per carnem* y *corporaliter*». *Ibid.* 495: «El hombre que no ha participado aún del Bautismo es ya *homo*, aun sólo desde el punto de vista *natural*. Ahora bien, ya dijimos que lo genuinamente definitorio del hombre según el cartaginés era la creaturalidad llamada a la divinización. Ésa es la verdadera definición humana. Por otro lado, conviene afirmar que en Tertuliano aparece cierta benignidad a la hora de comprender al hombre con esquema dicotómico. La carne y el alma, imágenes naturales de Dios, están a un mismo nivel y este compuesto dual es el que recibe el Espíritu para la consecución de su último fin».

[82] Cf. TERTULIANO, *De anima* 27, 4, *CCL* 2, 823.
[83] Cf. TERTULIANO, *Adversus Marcionem* IV, 17, 5, *CCL* 1, 586.
[84] Cf. TERTULIANO, *De exhortatione Castitatis* 10, 1, *CCL* 2, 1029.
[85] Cf. C. TIBILETTI, *Verginità e matrimonio*, 77.
[86] Cf. TERTULIANO, *Ad uxorem* II, 3, 4, *CCL* 1, 388.
[87] M. PARIS, *La dottrina del matrimonio*, 23.

tía que Dios da a los esposos protegiéndoles en las adversidades[88]. En todo caso, la finalidad de Tertuliano es rebatir la herejía marcionita, por lo que hace afirmaciones claras sobre la bondad de todo lo creado por Dios, así como la finalidad que el mismo Dios ha impreso en la unión del hombre y la mujer, que es el incremento del genero humano. Y esto aún cuando dicha finalidad pueda ser objeto de abuso, como lo puedan ser otras realidades como el vestido o la comida[89].

Sobre la argumentación contra las teorías de Marción y su continua defensa del matrimonio, incluído en su etapa montanista, explica Godefroy que una vez que pasó al montanismo, las ideas de Tertuliano adquirieron un estilo más vehemente, aunque sin llegar a condenar el matrimonio, sino que vigoriza su defensa en contra de Marción y los gnósticos. Además, afirma la gran estima que tiene por la virginidad por ser un bien mejor que el matrimonio a la hora de la santidad, pero eso no quiere decir que el matrimonio sea algo malo[90].

---

[88] M. PARIS, *La dottrina del matrimonio*, 23. En concreto el autor señala su divergencia con otros autores que presentan a Tertuliano como enemigo del matrimonio. Afirma: «Il Guignebert dice in seguito che Tertulliano è andato oltre: s'è sforzato di porre il matrimonio tra le opere più basse dei bruti; a forza di intransigenza e di violenza ha esagerato il pudore cristiano. La posizione asunta dal Guignebert a noi non sembra esatta. Per giudicare serenamente, senza preconcetti, è necessario seguire il pensiero di Tertulliano di pari passo con la cronologia delle opere: così soltanto, come abbiamo detto nell'introduzione, si potrà cogliere l'evoluzione progresiva dei suoi concetti, non priva, certo, di contradizioni. Per innalzare la vita familiare a un nuovo e più alto livello di perfezione morale, il nostro autore ha dovuto riconoscere e insegnare che il matrimonio è una cosa buona, lecita, anzi, una cosa sacra, perchè è Dio stesso che stabilisce e ratifica l'unione tra l'uomo e la donna. Egli fa del matrimonio cristiano il più bello elogio: mostra nella protezione che Dio accorda agli sposi una garanzia contro la avversità; dà della felicità del matrimonio cristiano una quadro d'una dolcezza che contrasta con l'asprezza ordinaria del suo pensiero e del suo stile: "Unde sufficiamus ad enarrandam felicitatem eius matrimonii quod ecclesia conciliat et confirmat oblatio et obsignat benedictio; angeli renuntiant, Pater rato habet? [...] Quale iugum fidelium duorum unius spei, unius voti, unius disciplinae eiusdem servitutis! Ambo frates, ambo conservi; nulla spiritus carnisve discretio, atquin vere duo in una carne" (*Ad uxorem* II, 8, 6-7, *CCL* 1, 393)».

[89] Cf. M. PARIS, *La dottrina del matrimonio*, 27.

[90] L. GODEFROY, «Mariage, II», 2082: «Après son passage au montanisme, Tertullien, donnerà a ses idées une forme beaucoup plus véhémente et plus acerbe. Sans doute, il ne se range pas à la suite de ceux qui condamnent le mariage; au contraire il prend nettement sa défense contre Marción et les gnostiques. Dans son ouvrage contre Marción il exprime sa propre pensée dans une formule qui joint à la plus vigoureuse concision l'orthodoxie la plus parfaite: Nous préférons, dit-il, la virginitè au mariage "non ut malo bonum, sed ut bono melius. Non enim projicimus, sed deponimus nupcias; nec praescribimus, sed suademus sanctitatem". (*Adv. Marc.*, I, XXIX, *P. L.*, t. II, col. 280)».

3. Los siglos IV-VI

El siglo IV comienza con el reconocimiento de la fe cristiana, dentro del Imperio Romano, gracias al Edicto de Milán del Emperador Constantino (313 d. C.). A partir de ese momento, los cristianos ya no serán perseguidos y su influencia será grande en los distintos ámbitos de la vida imperial. En lo referente al matrimonio, la reflexión de los Padres se seguirá centrando en el inestimable valor de la virginidad y la conveniencia o no de las segundas nupcias. En este siglo IV hay dos figuras importantes cuyas reflexiones sobre el matrimonio son de capital importancia. Nos referimos a San Ambrosio y San Agustín, cuyas enseñanzas estudiaremos enseguida.

3.1 *La primera legislación eclesiástica sobre el matrimonio*

Antes de centrarnos en los autores mencionados, hacemos una breve referencia a las primeras leyes eclesiásticas sobre el matrimonio. Hasta este momento, lo único que nos hemos encontrado son las afirmaciones hechas por distintos Padres en defensa del matrimonio frente a las herejías surgidas en los primeros siglos. También hemos visto las afirmaciones en contra del aborto y de la exposición de los recién nacidos y la exigencia de educar a los hijos en el temor de Dios. Estas afirmaciones de los Padres continuaron durante más tiempo, pero lo que no había hasta el momento que nos ocupa, son declaraciones oficiales, con carácter normativo, sobre el matrimonio y el *bonum prolis*. Sin embargo, va a ser en esta época de progresiva pacificación para la Iglesia, dentro del Imperio, cómo poco a poco van a ir surgiendo normas al respecto.

La paz garantizada por el Emperador Constantino se adelantó en algunas zonas del Imperio y esto propició la celebración de distintos Concilios. La primera legislación eclesiástica sobre el matrimonio la encontramos en el Concilio de Elvira, celebrado en torno al año 300. En él se establecen distintas normas reguladoras del matrimonio, sobre todo, normas penalizadoras contra actos lesivos de la unión conyugal, sea su unidad, su indisolubilidad o su sacramentalidad. Estos actos son: abandono del marido; repudio de la mujer y nuevas nupcias; matrimonio entre creyente y pagano o hereje; impedimento de consanguinidad y pecado de incesto con la pena de excomunión[91].

---

[91] Cf. L. GODEFROY, «Mariage, II», 2111. El Concilio de Elvira prescribe en el c. 8: «Item faeminae, quae nulla praecedente causa relinquerint viros suos et alteris se copulaverint, nec in finem accipiat communionem». J. HARDOUIN, *Acta Conciliorum*, 251; c. 9: «Item faemina fidelis, quae adulterum maritum relinquerit fidelem et alterum ducit, prohibeatur ne ducat; si duxerit, non prius accipiat communionem, nisi

Posteriormente al edicto de Milán, se celebraron otros concilios que repiten y confirman lo ya dicho en el de Elvira, añadiendo alguna cosa más como, por ejemplo, la penitencia prevista para el caso de adulterio y la obligación de devolver a la joven prometida en matrimonio y que fue raptado por otro. Son los Concilios de Arlés (314)[92] y Ancira (314)[93].

Antes de continuar con la incipiente legislación eclesiástica nos centramos en los Padres de este período.

3.2 *San Ambrosio*

Participando de la mentalidad de la época, san Ambrosio considera que la virginidad permite alcanzar mejor a Dios, pero eso no significa que no valore positivamente el matrimonio[94]. Desde el punto de vista jurídico, San Ambrosio aporta en su pensamiento una visión técnico-jurídica sobre el matrimonio, si bien su principal preocupación es la del carácter contractual del matrimonio y la indisolubilidad del mismo.

Los ejes que vertebran el pensamiento de san Ambrosio sobre el matrimonio son, por un lado, el consentimiento y la consumación. En lo referente al consentimiento, éste tiene eficacia inicial. El matrimonio surge plenamente constituído en su ser a partir de su celebración, o sea, de la declaración de voluntad de las partes[95]. La eficacia de esta es irreversible, hasta el punto de que si después las partes cambian de opi-

---

(is) quem reliquit de saeculo exierit, nisi forsitan necessitas infirmitatis dare compulerit». *Ibid.*, 251; c. 10: «Si ea quam catechumenus relinquit, duxerit maritum, potest ad fontem lavacri admitti: hoc et circa faeminas cathecumenas erit observandum. Quod si fuerit fidelis quae ducitur ab eo qui uxorem inculpatam relinquit, et quum scierit illum habere uxorem, quam sine causa reliquit, placuit in finem hujusmodi dari comunionem». *Ibid.*, 251; c. 16: «Haeretici si se transferre noluerint ad Ecclesiam catholicam, nec ipsis catholicas dandas esse puellas; sed neque Judaeis neque haereticis dare (legari) placuit, eo quod nulla possit esse societas fideli cum infideli: si contra interdictum fecerint parentes, abstineri per quinquennium placet». *Ibid.*, 252; c. 66: «Si quis privignam suam duxerit uxorem, eo quod si incestus, placuit nec in finem dandam esse communionem». *Ibid.*, 257.

[92] CONCILIO DE ARLES, c. 10: «De his qui conjuges suas in adulterio deprehendunt, et iidem sunt adolescentes fideles et prohibentur nubere, placuit, ut in quantum possit consilium iis detur, ne viventibus uxoribus suis, licet adulteris, alias accipiant». MANSI, 2, 472.

[93] Cf. L. GODEFROY, «Mariage, II», 2111.

[94] Como afirma Godefroy: «Le marriage n'est pas un mal; si Saint Ambroise en détourne les fidèles, c'est qu'il est, non une faute, mais una charge, un lien qui empêche de s'elever à Dieu aussi librement». L. GODEFROY, «Mariage, II», 2090.

[95] Cf. J.M. SOTO, *El matrimonio* in fieri, 95.

nión, este cambio resulta sin efecto[96], por ello, el vínculo que nace del consentimiento tiene un carácter plenamente jurídico. De esta vinculación jurídica, fruto del consentimiento de las partes, nacen unos derechos y obligaciones donde hay que incluir la *potestas in corpus alterius*[97]. Esta es la única referencia a un elemento constititivo del *bonum prolis*, el *is in corpus*, que encontramos en el santo Obispo de Milán. En efecto, correspondería esta *potestas in corpus alterius* al *ius in corpus* formulado después por la tradición canónica.

Con respecto a la consumación del matrimonio, Ambrosio considera que no le añade ningún valor jurídico al consentimiento. Sin embargo, no siempre los textos de san Ambrosio se han interpretado de esta manera a lo largo de los siglos. En este sentido señala Giacchi cómo Graciano intenta demostrar que la consumación es un elemento constitutivo del matrimonio apoyándose en los Padres y para ello hace una interpretación tendenciosa de los escritos de Ambrosio. Así lo refiere Soto:

> O. Giacchi, (...) en su estudio: «La doctrina matrimoniale di S. Ambrosio nel Decreto di Graziano», combate la interpretación gracianea a los textos de San Ambrosio relativos al momento constitutivo del matrimonio. Graciano pretende demostrar que la cópula es el verdadero elemento constituttivo del matrimonio. Busca para ello el apoyo de los Santos Padres y en concreto el de San Ambrosio, cuyos textos interpreta tendenciosamente, vaciándolos con frecuencia de su verdadero contenido con ingeniosos esfuerzos de interpretación[98].

Sin embargo, hay que decir, también, que san Ambrosio tiene textos que se pueden interpretar de modos contrapuestos, que han originado

---

[96] «Multae enim in partus doloribus constitutae coniugio se renuntiare dicunt; multi etiam matrimonii onera non ferentes, alieno ab uxore avertuntur affectu. Et ideo Apostolus ante praemisit: Ligatus es uxori? Noli quaerere solutionem». AMBROSIO DE MILÁN, «De virginitate» 6, 32.

[97] «Neque enim mulier sui corporis potestatem habet, sed vir. Et ne forte tibi non coniugii videatur ista servitus esse, sed sexus: Similiter et vir sui corporis potestatem non habet, sed mulier. Quanta igitur coniugii necessitas, quae subjicit alteri etiam fortiorem. Mutuis enim necessitatibus ab utroque servitur. Nec temperanti licet iugo subducere caput, cum alterius intemperantiae serviendum sit». AMBROSIO DE MILÁN, «De viduis» 11, 69.

[98] «En particular, refiriéndose O. Giacchi al texto ambrosiano: "Nec moveat quod frequenter Scriptura coniugem dicit; non enim virginitatis ereptio sed coniugii testificatio, nuptiarum celebratio declaratur", en relación con su paralelo: "Non etiam defloratio virginitatis facit coniugium, sed pactio coniugalis", se expresa así: "Luogo assai notevole, non solo perchè vi è riaffermata la irrelevanza della consumazione, ma anche perchè è dato il primo posto, tra gli elementi costitutivi del matrimonio, alla forma"» J.M. SOTO, *El matrimonio* in fieri, 110-111.

dichas controversias. Un ejemplo es la defensa que hace de la validez del matrimonio entre la Virgen María y San José y, por otra parte, afirma que en realidad no son cónyuges y que María sólo fue desposada, pero no es verdadera mujer, en sentido marital propiamente dicho, pues permanece siempre virgen[99].

3.3 *San Agustín*

El obispo de Hipona es el primero en dar nombre a lo que hoy conocemos como *bonum prolis*, y que es el objeto de este estudio. Antes de él, no aparece la expresión *bonum prolis* como tal, sino que siempre hemos hecho referencia a lo que hoy reconocemos como elementos que lo componen, tal y como la han visto los distintos autores. San Agustín es el primero que lo nombra y se refiere explícitamente a sus elementos, pero su pensamiento no es jurídico sino teológico; su preocupación no es la de aclarar jurídicamente los elementos esenciales del *bonum prolis*, o del *bonum sacramentum*, o del *bonum fidei*, es decir, los *bona nuptiarum*. Su finalidad es la de aclarar la bondad del matrimonio y poner de relieve el bien que el matrimonio es para los esposos y para el ser humano, y así combatir distintas herejías, entre otras, la maniquea.

Así describe Agustín los bienes del matrimonio:

> Hoc autem (bonum nuptiarum) tripertitum est: fides, proles, sacramentum. In fide attenditur ne praeter vinculum coniugale, cum altera vel altero concumbatur; in prole, ut amanter suscipiatur, benigne nutriatur, religiose educetur; in sacramento autem, ut coniugum non separetur, et dimissus aut dimissa nec causa prolis alteri coniungatur[100].

Para comprender mejor lo que san Agustín entiende por *bonum prolis* y los tres elementos que lo componen, tenemos que comprender cuál es su visión sobre el matrimonio y la relación entre el hombre y la mujer, dentro de la vida cristiana y la finalidad que el Creador quiso atribuir al mismo. Para ello, es necesario que primero comprendamos en que consisten las controversias maniquea y pelagiana, en contra de las cuales Agustín defiende el matrimonio cristiano. En medio de estos dos extremos, el santo de Hipona mantiene el equilibrio que le proporciona

---

[99] AMBROSIO DE MILÁN, «Exhortatio virginitatis», 5, 31: «Nubem itaque Mariam dixit, quia carnem gerebat: levem, quia virgo erat, nullis oneribus gravata coniugii. Ipsa est virgo germinans florem, quia pura et ad Dominum libero corde directa virginitas, quae nullis in hoc saeculo curarum anfractibus reflectitur». Cf. J.M. SOTO, *El matrimonio* in fieri, 55-60.

[100] AGUSTÍN DE HIPONA, *De Genesi ad litteram*, IX, 7, 12, CSEL 28, 275-276.

la fe cristiana[101]. Por eso, es necesario que comprendamos ambas controversias y la enseñanza agustiniana sobre la concupiscencia y la procreatividad humana.

3.3.1 La argumentación contra los maniqueos

Los maniqueos tenían una visión dualista de la persona humana. El cuerpo y el alma se encontraban no en armonía sino en contraposición, siendo el cuerpo obra del demonio y, por tanto, todas sus obras intrínsecamente malas. La procreación del cuerpo supone, entonces, un mal en sí mismo y, con ello, todo lo que conduce a esa propagación[102].

Contra este error, Agustín afirma la bondad del matrimonio en la medida en que la procreación es un bien. Pero siempre dentro del mismo matrimonio. Esta necesidad de insistir en la bondad de la procreación ha tenido la consecuencia de que muchos autores han acusado a Agustín de no tener una visión personalista del matrimonio, pero esto es una visión superficial de los escritos agustinianos[103]. En efecto, hay diversos escritos en los que resalta la existencia de otros fines del matrimonio, así como la *ordo caritatis*, que significa el bien en sí que los esposos se prestan en el matrimonio, al margen de la procreación efectiva y del mero goce sexual[104].

3.3.2 La argumentación contra los pelagianos

La visión pelagiana del matrimonio es contraria a la fe cristiana por el extremo opuesto a la maniquea. Si los maniqueos tenían una visión negativa sobre el cuerpo y, por tanto también sobre la sexualidad, los

---

[101] «Once he (St Augustine) began to walk in the light of the faith, his vision of sexuality and marriage became more and more sharpened and refined by his efforts, in controversy, to keep a Catholic balance between the extremes of Manicheism, on the one hand, and Pelaginism, on the other». C. BURKE, «Saint Augustine and conjugal sexuality», 1.

[102] «El maniqueísmo es una religión de tipo gnóstico-dualista, fundada por Mani, o Manes (nacido el año 216 en Babilonia), bajo la influencia del mandeísmo primitivo, que propugna una separación radical de Dios (Espíritu) y la materia, del bien y del mal. [...] La primera pareja humana, engendrada por dos demonios, es de orígen demoníaco; únicamente el alma tiene una naturaleza luminosa. Mediante la generación se transmite el aprisionamiento del alma en el mal. Una liberación de ese estado sólo la promete la "iluminación" que aportan Buda, Zaratustra, Jesús y Manes». A. GANOCZY, «Maniqueísmo», 420.

[103] Cf. C. BURKE, «Saint Augustine and conjugal sexuality», 2.

[104] Por ejemplo, san Agustín afirma: «Nunc vero in bono liceo annoso coniugio, etsi emarcuit ardor aetatis inter masculum et feminam, viget tamen ordo caritatis inter maritum et uxorem». *De bono coniugali*, III, 3, *CSEL* 41, 190.

pelagianos veían con buenos ojos todo lo referente a la sexualidad, porque buena es toda la naturaleza del hombre, pero niegan que el pecado original sea hereditario y que, por tanto, esta naturaleza esté debilitada y sometida a la maldad de la concupiscencia[105]. Por ello, ésta es el núcleo de la argumentación agustiniana contra el pelagianismo.

Para Agustín la concupiscencia es consecuencia del pecado original y supone la autonomía de las pasiones con respecto a la razón. En sí, los apetitos no son malos, sino queridos y puesto por Dios en el hombre. Existían antes del pecado original, es decir, forman parte del hombre en estado de perfección. Sin embargo, un efecto del pecado original es la disociación de los apetitos con respecto a la razón. En realidad, esto es así, no como algo único y aislado de la persona, sino porque la persona queda alterada en su unidad interna, quedan divididas y confusas la realidad corporal y la espiritual. De esta manera, la concupiscencia supone la búsqueda del placer, al margen de la razón o la voluntad. Lo que antes se encontraba armonizado y jerarquizado, ahora está disociado[106].

Por tanto, san Agustín se sitúa entre los extremos maniqueos y pelagianos, para dar una visión del hombre, creado en gracia y perfección, pero necesitado de Jesucristo para volver a conseguir su estado originario. Con respecto al matrimonio, la práctica de la castidad, también dentro del matrimonio, permite alcanzar ese ideal. Junto a la concupis-

---

[105] «Éstas fueron las afirmaciones fundamentales de Pelagio sobre la teología de la gracia: por gracia Dios ha creado al hombre a su imagen y semejanza, dándole una naturaleza buena; un don especial de la gracia de la creación es la libertad, que da al hombre capacidad y fuerza para decidirse entre el bien y el mal. De ese modo el hombre tiene la posibilidad fundamental, otorgada por el Dios creador, de vivir sin pecado y de obtener la salvación por el mérito de las buenas obras. Tras la caída de Adán, y en virtud de su mal ejemplo, se da en los hombres una propensión al pecado, pero no un pecado hereditario». G. KRAUS, «Errores teológicos», 248.

[106] «It seems more accurate to describe concupiscence as "un manque de contrôle de la raison et de la volonté sur les mouvements des organes sexuels". [...] Man's passions form part of his nature, also in its original state. It is not passionate, but the uncontrolled, element that characterizes concupiscence». C. BURKE, «Saint Augustine and conjugal sexuality», 19, nt. 41. «El primero que analizó a fondo la conexión entre concupiscencia y pecado fue san Agustín. Siguiendo la filosofía de Plotino reconoció en la razón humana la instancia controladora de la concupiscencia. Pero la razón sólo puede ejercer la función susodicha cuando se orienta por la verdad y la bondad absolutas de Dios; en caso contrario sucumbe a las inclinaciones ciegas y corruptoras de la concupiscencia. Por la apostasía de Adán, que se apartó de Dios, todos los hombres han incurrido en la concupiscencia. Y como fruto de un malentendido de la doctrina agustiniana se entendió en el período siguiente la concupiscencia como mala en sí misma». G. LANGEMEYER, «Concupiscencia», 133.

cencia, la explicación de Agustín sobre el matrimonio se centra en la procreación. Esta aparece intrínsecamente unida al acto conyugal y lo dota de una dignidad genuina[107]. Pero para estudiar esta cuestión nos tenemos que centrar en la formulación de los tres *bona coniugalia* y su relación recíproca.

3.3.3 El *bonum prolis* y los demás bienes del matrimonio

Como ya hemos mencionado, san Agustín es el primero en describir los tres *bona nuptiarum*, descripción que repite en muchas de sus obras. Los tres indican la concepción que el santo tenía del matrimonio. La procreación ocupa un lugar importante dentro del matrimonio, como parte integrante del *bonum prolis*, por eso, dirgimos hacia él nuestra atención.

Para san Agustín el *bonum prolis* desarrolla dos funciones cuya bondad caracteriza el matrimonio. En primer lugar, es un bien por el cual la incontinencia juvenil se convierte en la honorable función de propagar la especie. Por otro lado, la paternidad y maternidad transforman la brutalidad de la concupiscencia en fecundidad, pero una fecundidad que es fértil no sólo al transmitir la vida sino también al transmitir y educar en los valores humanos y religiosos cristianos más nobles[108].

Sin embargo, en una visión conjunta sobre los tres *bona* se hace necesario profundizar en la jerarquía que el propio Agustín reconoce entre ellos. Esta es una cuestión controvertida entre los estudiosos que, sin embargo, han llegado a una base común. Para Samek Lodovici esta base común consiste en un fin del matrimonio, que es la generación de los hijos, o *bonum prolis*, y unos efectos secundarios que pueden variar, como son el *remedium concupiscentiae*, la comunión de vida entre el hombre y la mujer, la ayuda mutua si la generación al final no llega a producirse y la unión espiritual y social de los esposos[109].

---

[107] «The unitive function and meaning of conjugal intercourse consist precisely in this *sharing of reciprocal procreativity*; one can find nothing else in it makes it truly expressive of the *uniqueness* of the conjugal relationship». C. BURKE, «Saint Augustine and conjugal sexuality», 13.

[108] Cf. E. SAMEK LODOVICI, «Sessualità, matrimonio e concupiscenza», 216. Precisa el autor: «Ma il *bonum prolis* ha anche un'altra funzione: non solo la paternità e la maternità redimono l'istinto dalla brutalità (*malum*) della concupiscenza poichè lo rendono fecondo, bensì anche perchè lo rendono fertile di tradizione, di trasmissione di affetti pieni e di delicatezze, di educazione ai valori della religione cristiana».

[109] «la critica ha chiaramente distinto, nella posizione agustiniana, tra un fine, la generazione (il *bonum prolis*) ed un effetto secundario, di volta in volta identificato

Pero la relación existente entre los tres *bona* consiste en el reconocimiento de la universalidad del *bonum prolis* y del *bonum fidei*, mientras que el *bonum sacramentum* es algo específico del matrimonio cristiano y que, por lo tanto, no se da en el matrimonio entre no cristianos[110].

El *bonum prolis* resulta ser un elemento de derecho natural, común a toda la humanidad. Es decir, la generación y educación de los hijos es algo querido por Dios desde el comienzo de la creación, por tanto, antes de la caída en el pecado original. En efecto, afirma san Agustín:

> Nos autem nullo modo dubitamus secundum benedictionem Dei crescere et multiplicari et implere terram donum esse nuptiarum, quas Deus ante peccatum hominis ab initio constituit, creando masculum et feminam; qui sexus evidens utique in carne est. Nam cum Scriptura dixisset, «Masculum et feminam fecit eos»; continuo subdidit, «Et benedixit eos Deus dicens: Crescite, et multiplicamini, et implere terram, et dominamini eius» (Gen 1, 27), et caetera[111].

Por tanto, la diferencia sexual es un bien querido por Dios con vistas a la procreación de los hijos desde el mismo momento de la creación del hombre. Sin embargo, no toda generación de hijos, fruto de la unión de un hombre y una mujer, es buena en sí misma, sino que ésta debe realizarse dentro del matrimonio, que es instituído por Dios en el mismo momento de la creación del hombre y la mujer como imagen y semejanza de Dios. En caso contrario, quedarían equiparadas realidades tan diferentes como el matrimonio, la fornicación o el concubinato[112].

---

nel *remedium concupiscentiae*, nella comunanza di vita tra l'uomo e la donna, nel mutuo aiuto quando il fine della generazione vien meno, nell'unione spirituale e sociale degli sposi». E. SAMEK LODOVICI, «Sessualità, matrimonio e concupiscenza», 222.

[110] Cf. E. JOMBART, «Biens du mariage», 842: «Et il résume son enseignement: *Haec omnia bona sunt, propter quae nuptiae bonae sunt: proles, fides, sacramentum.* Dans le texte [...] le saint distingue les deux premiers biens, *causa generandi et fides castitatis*, qui sont pour tous les hommes, du troisième, indissolubilité parfaite, résultant de la sainteté du mariage, *quod ad populum Dei pertinet*». Cf. AGUSTÍN DE HIPONA, *De bono coniugali*, XXIV, 32, CSEL 41, 227.

[111] AGUSTÍN DE HIPONA, *De Civitate Dei*, XIV, 22, CSEL 40, 45-46.

[112] A. REUTER, *Sancti Aurelii Augustini doctrina*, 87: «Inde, si qualiscumque filiorum procreatio intenderetur, nulla iam esset ex hoc capite differentia inter veras et falsas nuptias, inter iustam et legitimam viri et mulieris coniunctionem, qua honestum matrimonium intelligi et definiri solet, et consortia illegitima et impudica, quae sane concubinatus nomine veri coniugii aliquando speciem imitantur et iura usurpant. [...] Praeterea, vaga et promiscua sive genitorum copulatio sive filiorum generatio neutrius partis bonum esse posset ex eo quod vel incerti vel saltem "non proprii" filii nascerentur, qui proinde "sine familia" crescerent, hoc est, sibi ipsis et miseriae relicti. Unde

CAP. I: LA TRADICIÓN APOSTÓLICA Y PATRÍSTICA (SIGLOS I-XI)

Por esa razón, el mismo Agustín señala lo que son elementos esenciales del *bonum prolis* y que recogemos en las tres siguientes citas:

> In nuptiis tamen bona nuptialia diligantur, proles fides, sacramentum. Sed proles, non ut nascantur tantum, verum etiam ut renascantur: nascitur namque ad poenam, nisi renascantur ad vitam[113].

> Habeant coniugia bonum suum, non quia filios procreant, sed quia honeste, quia licite, quia pudice, quia socialiter procreant, et procreatos pariter, salubriter, instanter educant[114].

> In prole (attenditur), ut amanter suscipiatur, benigne nutriatur, religiose educetur[115].

El *bonum prolis* no consiste sólo en la generación de los hijos, sino que ésta se debe realizar de un modo ordenado, no sólo por el correcto uso de la concupiscencia, como ya vimos, sino también por la educación y cuidado de los hijos, tanto humana como espiritual, para que puedan renacer a la vida.

Por otro lado, también hay que distinguir entre el *bonum prolis* como bien del matrimonio y como fin del mismo. A este respecto, san Agustín posee afirmaciones que permiten delimitar teóricamente los campos. Sobre el valor en sí de la procreatividad, consideramos que son suficientes las citas hasta ahora reseñadas, es decir, los hijos se han de generar, pero también educar y cuidar, dentro del matrimonio. La procreación, sin embargo, como fin del matrimonio, es presentada por Agustín como causa de la institución del mismo: «Propagatio itaque filiorum, ipsa est prima et naturalis et legitima cause nuptiarum»[116] y legitima las segundas nupcias[117]. Esta finalidad procreadora como causa originaria del matrimonio es algo común al género humano, no sólo del matrimonio cristiano, como ya afirmamos más arriba[118].

---

iterum non sufficit filios generavisse, sed requirirtur, ut nati suspiciantur et nutriantur ac sustententur, usque dum corpore validi ipsi providere possint».

[113] AGUSTÍN DE HIPONA, *De nuptiis et concupiscentia* I, 17, 19, *CSEL* 42, 231.

[114] AGUSTÍN DE HIPONA, *De sancta virginitate* 12, 12, *CSEL* 41, 244-245.

[115] AGUSTÍN DE HIPONA, *De Genesi ad litteram* IX, 7, 12, *CSEL* 28, 276.

[116] AGUSTÍN DE HIPONA, *De coniug. Adult.* II, 12, 12, *CSEL* 41, 396.

[117] AGUSTÍN DE HIPONA, *Contra adversarium legis et prophetarum* II, 11, 37, *CCL* 49, 125: «Ipse est enim et Prophetarum Deus, qui masculum et feminam propagandi generis causa nuptiali castitate coniunxit; et secundas nuptias, quae in Novo quoque Testamento permittuntur, licitas esse monstravit».

[118] Cf. AGUSTÍN DE HIPONA, *De bono coniugali* XXIV, 32, *CSEL* 41, 227. A. REUTER, *Sancti Aurelii Augustini doctrina*, 95: «Propterea ad ipsius sancti Doctores mentem addendum censuimus, quod hic finis procreationis est ipsius rei *causa essentialis*, hoc est, ratio, propter quam matrimonium institutum est, et quidem hac sua

En todo caso, en el trasfondo del pensamiento de Agustín, junto a la defensa de la procreación, hay una concepción escatológica del Reino de Dios que le hace llegar a afirmar que si de Abraham a Jesús era necesario engendrar hijos para el Reino de Dios, de Jesús al Reino no importa la generación de los hijos, porque el reino ya ha llegado[119].

Por último, hay que señalar que san Agustín no rechaza el fin unitivo del matrimonio, pero la necesidad de aclarar lo que, como consecuencia de las herejías maniquea y pelagiana, había quedado confuso, le lleva a centrarse sobremanera en la bondad del acto conyugal y la procreación.

Sobre esto último, parece interesante indicar la armonización entre los fines objetivos del matrimonio y los queridos por los contrayentes, porque al distinguir entre la finalidad subjetiva de estos y la objetiva del matrimonio, Samek Lodovici acaba afirmando que la admisión de la finalidad subjetiva, resumida en la *delectatio* o búsqueda de los contrayentes de satisfacer el deseo sexual, y que es admitida como buena por Agustín, afecta a la finalidad objetiva que, en concreto, representa el *bonum prolis*. La conformidad de ambas es la que señala la correcta vivencia de la sexualidad querida por el Creador[120].

---

forma hisque proprietatibus, quas diversae matrimonii definitiones declarant istarumque quasi exemplar modo clarissimo complectitur: "*Nuptiae sunt coniunctio maris et feminae et consortium omnis vitae, divini et humani iuris communicatio*" (D. 23, 2, 1). Ubi haud inutilis fuerit annotatio, sanctum Augustinum, qui breviorem imitatus definitionem antiquam, matrimonium identidem appellat "*coniunctionem maris et feminae*", concinno hoc loquendi modo nullatenus infitiari alios qui a propria eius ratione alieni non sunt matrimonii fines, quos proinde pleno iure paeter primum nostrum procreationis filiorum admittendos».

[119] Cf. E. SAMEK LODOVICI, «Sessualità, matrimonio e concupiscenza», 237. Y más adelante, añade el autor: «Il *bonum prolis* come fine prevalente a cui ridurre l'attività coniugale dipende ad un tempo, ed è giustificato, da una parte dalla teologia della storia che comanda di accelerare il numero predestinato degli eletti, dall'altra dalla vicinanza del Regno di Dio che, nell'esigenza che pone di una verginità indilazionabile sia per i celibi che per gli sposati, disattende qualunque concessione alla sessualità normale mantenendo indirettamente la preminenza del fine generativo». *Ibid.*, 242.

[120] «accanto alla chiara e ricorrente esaltazione dell'aspetto oggettivo del matrimonio (i *tria bona* per cui il matrimonio è buono), Agostino, seppur timidamente, e non senza titubanze, ammette l'intenzione soggettiva (è buono anche il motivo per cui ci si sposa). Si osservi però che l'intenzione soggettiva (la *delectatio*) è buona solo se essa e conforme all'ordine oggettivo. In altri termini, il rapporto tra intenzione soggettiva e fine oggettivo del matrimonio, per essere corretto deve essere questo: che l'intenzione soggettiva non escluda il fine oggettivo, non le sia contrario, non lo reprima. Questa conformità tra momento soggettivo e momento oggettivo è l'ordine conveniente e di ragione e solo rispettando questo si usa bene di quel male che è la

Por eso, si la concupiscencia consiste en el desorden de los apetitos, y aquí ha quedado claro cómo la intención subjetiva de los contrayentes (la *delectatio*), es considerada como buena por san Agustín, entonces ésta intención subjetiva es algo diferente de la concupiscencia, y siempre se debe acomodar al fin objetivo del matrimonio, es decir, la generación y educación de los hijos. Ademas, esa acomodación de lo subjetivo a lo objetivo, es lo que la ciencia canónica exige para la validez del matrimonio, siendo nulo el matrimonio por simulación si la voluntad interna de las partes es contraria a los fines objetivos de la institución matrimonial[121].

3.3.4 La vigencia de la doctrina agustiniana en la tradición canónica

San Agustín va a ser el gran referente dentro de la tradición canónica, precisamente por su formulación de los tres *bona nuptiarum*[122]. Antes que él los Padres habían afirmado la bondad del matrimonio porque garantiza la continuidad de la especie, además de remediar la concupiscenzia. La formulación agustiniana de los tres bienes del matrimonio aporta a la doctrina canónica un instrumento cuya validez ha resultado indiscutible por su continua referencia a lo largo de la historia. En concreto, sobre el *bonum prolis*, la distinción que hace san Agustín entre sus elementos y su condición de fin o causa originaria de la institución matrimonial, va a perdurar a lo largo de los siglos y, de modo especial, la consideración del mismo como fin primario del matrimonio, va a llegar hasta la codificación de 1917[123].

---

concupiscenza». E. SAMEK LODOVICI, «Sessualità, matrimonio e concupiscenza», 271.

[121] Cf. can. 1101§2/83.

[122] J. GAUDEMET, *Il matrimonio*, 39: «sulla base dei testi scritturistici, i Padri della Chiesa elaborano una nuova dottrina del'unione coniugale, che però non viene espressa in trattati sul matrimonio, ma si rintracia in frammenti di lettere, di sermoni, di commentari dell'Antico e del Nuovo Testamento […]. Al riguardo il contributo di Agostino viene al primo posto. In esso sono contenuti sia una teologia del matrimonio che la risposta a numerosi problemi pratici».

[123] J. GAUDEMET, *Il matrimonio*, 40: «Il *matrimonio è un bene* come riconosceva già Tertulliano. Non solo perchè, come insegnava Paolo è un "rimedio alla concupiscenza", ma anche perchè garantisce la continuità della specie. Identiche affermazioni in Ambrogio e Girolamo. Quest'ultimo tuttavia è più preoccupato di fare l'elogio della vedovanza o della verginità. Con Agostino l'idea dei "beni del matrimonio" si impone con forza in un'argomentazione che verrà ripresa nel corso dei secoli dalla dottrina canonica e dalle encicliche papali». *Ibid.*, 40: «La procreazione è presentata come primo fine del matrimonio. Dio ha istituito l'unione "in vista della generazione

De modo genérico, sobre la influencia de Agustín, señala Moliné:

> En occidente la obra de San Agustín influirá de manera eficaz y profunda en las concepciones filosóficas y teológicas, en el derecho y en la vida política y social; su influencia no iba a desaparecer ni siquiera con los grandes avances que produjo en la teología y en la filosofía la obra de Santo Tomás de Aquino, ya más de ochocientos años después. Agustín es uno de los grandes artífices de Europa, a través de su influencia en la cultura medieval y después[124].

3.4 *La caída del imperio occidental y la influencia germánica.*

A san Agustín le tocó vivir la decadencia y caída del Imperio romano. Poco menos de medio siglo después de su muerte (430), el Imperio occidental cae bajo la presión de los pueblos bárbaros. Desde 476, con la caída de Rómulo Augústulo, sólo quedará la parte oriental del Imperio, que sobrevivirá hasta la caída de Constantinopla en 1453.

Pero la caída del Imperio no fue un acontecimiento repentino sino que la influencia bárbara dentro del mismo había ido creciendo desde comienzos del siglo V. De este modo, cuando definitivamente desapareció el Imperio occidental, los imperios bárbaros que surgieron ya estaban muy influenciados por las estructuras administrativas y culturales romanas. La institución matrimonial va a experimentar en estos siglos un proceso de transformación en el que aparecen elementos tanto romanos como germánicos y los propios del cristianismo, cada vez más consciente de su propia competencia[125]. Este proceso va a asimilar ele-

---

e non del peccato". [...] Per questo diventa un dovere. In ciò Agostino ha l'appoggio della tradizione romana che faceva dichiarare agli sposi di sposarsi "per avere figli"».

[124] E. MOLINÉ, *Los Padres de la Iglesia*, 497.

[125] W.M. PLÖCHL, *Storia del Diritto Canonico*, I, 233-234: «Anche in questo periodo lo sviluppo del diritto matrimoniale ecclesiastico si trova ancora in pieno svolgimento. La posizione preminente del diritto romano si fece sentire chiaramente in questo campo del diritto matrimoniale, che rimase in vigore anche dopo Costantino (306-337) e fu, in genere adottato anche dalla Chiesa, in quanto non fosse in contrasto con la doctrina ecclesiastica. Il medesimo comportamento fu mantenuto dalla Chiesa nei confronti delle norme del diritto matrimoniale delle nuove legislazioni dei popoli. La tendenza iniziale era di cristianizzare lo spirito del diritto civile, cosa però che non riuscì completamente, né nei riguardi del diritto romano, né per quello degli altri popoli. Dal VI secolo ebbe perciò inizio una misura intensa una legislazione conciliare, che incominciò a regolare singole materie. A questo riguardo si deve mettere in evidenza che dallo sviluppo e dal riconoscimento generalmente tacito delle legislazione statali vigente nel campo del diritto matrimoniale non si può dedurre che la Chiesa non sia stata consapevole della propria competenza durante tutto questo periodo».

mentos de las tres culturas y se desarrolla a lo largo de varios siglos. Para mejor comprenderlo, repasamos la especificidad de cada concepción sobre el matrimonio, empezando por la romana, para después compararla con la canónica y la germánica.

3.4.1 La evolución del matrimonio romano

Sin extendernos demasiado, recordamos cómo el matrimonio romano pone el acento sobre el consentimiento de las partes. Ya dijimos que este consentimiento daba paso a una unión entre el hombre y la mujer, y que su carácter contractual era una cuestión que en la doctrina se había pacificado despues de largos debates. Esta unión se podía romper por voluntad de las partes mediante el divorcio, que estaba reconocido, si bien tuvo épocas en las que estuvo más restringido que en otras. Además, el consentimiento de las partes era absolutamente necesario para que el matrimonio tuviera validez legal y no bastaba el acuerdo entre los jefes de las dos familias[126].

Por influencia de la fe cristiana, en la última época del imperio se penalizó la bigamia y se establecieron normas para regular la libertad de elección de cónyuge, siendo éstas restrictivas en las capas altas de la sociedad y amplias para los esclavos. También las exigencias eclesiales en cuanto a la formalidad del consentimiento suponían un mínimo uniforme que consistía en la bendición del sacerdote, si bien el modo concreto en el que se realizaba ésta podía variar de unas regiones a otras del imperio. Así por ejemplo, en la Galia la bendición la impartía el sacerdote mientras la pareja permanecía en el lecho, mientras que en Italia la bendición se realizaba en la Iglesia[127]. En todo caso, en el matrimonio romano siempre tuvo vigor la máxima de Ulpiano: «Nuptias enim non concubitus sed consensus facit»[128].

a) *Semejanzas entre el matrimonio canónico y el romano*

Aún a sabiendas de que nos salimos del tiempo en que estamos centrados en este apartado, nos parece interesante tener una visión de las semejanzas y diferencias entre el matrimonio canónico y el romano. Para ello tomamos la realidad canónica tal y como es actualmente, pero ello no es óbice porque ya en la época romana el matrimonio cristiano

---

[126] Cf. L. ROJAS DONAT, «Para una historia del matrimonio occidental», 48.
[127] Cf. L. ROJAS DONAT, «Para una historia del matrimonio occidental», 49-50.
[128] D. 35, 1, 15.

contenía en germen lo que después la canonística ha ido desarrollando, al menos en lo que a los elementos esenciales se refiere.

De modo escueto, las semejanzas se pueden señalar en:

> La necesidad del consentimiento libre; la apreciación del estado matrimonial como un *consortium omnis vitae*; la madurez sexual y volitiva que se les exige a los cónyuges; el rechazo de la bigamia y la exclusividad del vínculo matrimonial[129].

Esta semejanza permitió que la Iglesia aceptara el sistema matrimonial romano, incluso ejerciendo una influencia sobre la legislación de tal modo que el propio derecho romano evolucionó hacia planteamientos más nítidos según las claves señaladas[130].

b) *Diferencias entre el matrimonio canónico y el romano*

Aquí nos centramos en las diferencias sobre la manifestación del consentimiento y sus efectos en ambos ordenamientos:

> El consorcio para toda la vida se entiende en el régimen canónico como manifestación de la indisolubilidad del vínculo matrimonial; esto significa la imposibilidad del divorcio canónico, mientras que el matrimonio romano contempla la disolución tanto por consenso como unilateral; la realidad sacramental del matrimonio canónico tiene su efecto en los fines del mismo puesto que por un lado están los objetivos (finis operis) y por otro los subjetivos (finis operantis). Al matrimonio romano sólo le interesan los segundos[131].

---

[129] A. CASTRO SÁENZ, «Consentimiento y consorcio», 4.

[130] Cf. U. NAVARRETE, «Matrimonio y culturas», 468: «la elaboración doctrinal de los juristas romanos sobre el instituto matrimonial es considerada por la Iglesia un instrumento científico fundamentalmente válido para expresar técnicamente la realidad objetiva del matrimonio, tal como ella lo concebía en su estructura creacional, elevada por Cristo a la dignidad de sacramento. En concreto: (1) Se consolida con la aportación de la doctrina evangélica el principio de la unidad del matrimonio, quedando absolutamente eliminada toda forma de poligamia. (2) Se afirma como doctrina definitivamente adquirida la función del consentimiento de las partes como causa eficiente única del pacto conyugal. (3) Se consolida el principio de la paridad de derechos fundamentales de los dos sexos en orden al matrimonio. (4) Se conquista definitivamente la plena libertad de los contrayentes en la celebración válida del pacto conyugal, contra toda presión [...] de quere imponer [...] el consentimiento de los padres como condición que afecte la validez del consentimiento de los menores. (5) Se reafirma que el derecho y la capacidad al matrimonio se adquiere al alcanzar la pubertad natural. La edad de catorce años para el varón y doce para la mujer es una mera presunción legal, que en cada caso cede a la verdad».

[131] Cf. A. CASTRO SÁENZ, «Consentimiento y consorcio», 5.

Quizás, las diferencias más significativas se sitúan en dos aspectos. El primero se refiere a la forma exigida para su celebración. Aquí la diferencia surge con el tiempo pues sólo en época tardía el Concilio de Trento impone la obligación de observar determinadas formalidades públicas para la validez del matrimonio[132].

La segunda diferencia radical entre el matrimonio cristiano y el romano es la del divorcio, que es excluido absolutamente una vez que el pacto conyugal se ha consolidado con la consumación. En el Derecho Romano, a pesar de muchas restricciones, nunca se abolió por completo. Sin embargo, la Iglesia elaboró, partiendo del llamado «privilegio paulino» la doctrina de los diversos grados de consolidación del matrimonio con respecto a su tendencia a la sacramentalidad[133]. En todo caso, esto no se puede confundir con el divorcio consensual o unilateral, al ser este privilegio una gracia que la autoridad eclesiástica puede conceder o no, por lo que no depende de la voluntad de las partes; y sólo en la medida en que el matrimonio que se disuelve no es sacramento por ser una de las partes no bautizada[134].

3.4.2 El matrimonio germánico

La característica principal del derecho germánico con respecto al matrimonio es la gran variedad de leyes y costumbres, puesto que cada pueblo tiene las suyas[135]. Sin embargo, es posible hacer una breve síntesis de los elementos comunes que caracterizan el matrimonio germánico.

En primer lugar, a diferencia del Derecho romano, que reconocía la igualdad del hombre y la mujer a la hora de contraer matrimonio, el Derecho germánico situaba a la mujer en inferioridad de condiciones al someterla a la tutela del marido[136]. La situación de la mujer se comprendía dentro de la figura del *mundium* que abarcaba todos los bienes y personas de la familia[137], sometidos a la tutela del varón, que recibe el

---

[132] Cf. U. NAVARRETE, «Matrimonio y culturas», 469.
[133] Cf. U. NAVARRETE, «Matrimonio y culturas», 469.
[134] Cf. can. 1143/83.
[135] Cf. A. RAVA, *Il requisito della rinnovazione del consenso*, 23.
[136] Cf. A. RAVA, *Il requisito della rinnovazione del consenso*, 23.
[137] Cf. H. BRUNNER – C. VON SCHWERIN, *Historia del Derecho*, 224: «Las relaciones jurídico-familiares están construídas sobre el *mundium* del cabeza de familia. Pero *mundium*, tutela, designa en general una relación de protección y representación, un concepto que rebasa los dominios del derecho de familia, a causa de que en él se incluyen, además, la relación del señor protector con el encomendado a su *defensio* y con los semilibres dependientes, la abogacía sobre los extranjeros, sobre las iglesias y

nombre de *mundoaldo*[138]. Con respecto a las personas, «la tutela familiar lo es por razón de la edad, o por razón de sexo, o tutela sobre locos y mentecatos»[139]. Esta peculiar dependencia de las personas y bienes que formaban parte de la familia también se ve reflejada en la forma de celebrar el matrimonio.

En efecto, el matrimonio germánico se producía de distintos modos, pero siempre existía una entrega de la mujer al marido. En la época antigua, llamada de incivilización, el rapto de la mujer era una práctica bastante frecuente[140]. Sin embargo, sí que se dintinguía entre el rapto de una extranjera y de una mujer perteneciente al mismo pueblo. En este último caso, al rapto debía seguir, necesariamente, un acuerdo con la familia de la mujer, mientras que en el caso de extranjera no se requería[141]. No obstante, Brunner afirma que el robo de la mujer no tenía fuerza para constituir el matrimonio, pero si la mujer consentía podía constituirse en barraganía e, incluso, por acuerdo posterior con el tutor de la mujer, en matrimonio con *mundium*[142].

Para este autor existen, en efecto, dos modos de contraer matrimonio: la barraganía y el matrimonio con *mundium* o legítimo[143]. La barraganía consiste en el acuerdo directo entre el hombre y la mujer[144] y se distinguía del matrimonio legítimo en que el marido carecía del poder

---

la representación procesal de personas capaces, en la medida que excepcionalmente se permitía».

[138] F. SCHUPFER, *Il diritto*, 309: «Il diritto domestico, o, se più vuolsi, il governo della casa, si riassume nel *mundio*: una parola, la cui radice non è dubbia, mentre poi si disputa sul significato di essa». *Ibid.*, 311: «Il mundio rappresentava una potente protezione ed una signoria, che quasi si confondeva col dominio: protezione al di fuori e signoria al di dentro, sulle persone e sulle cose, che la costume e la legge avevano riconosciuto fino ab antico nell'interesse superiore della famiglia e della casa. Il *mundio* si è svolto su questa base; e anche le fonti non mancano di accenarvi».

[139] H. BRUNNER – C. VON SCHWERIN, *Historia del Derecho*, 236. *Ibid.*, 237: «Bajo la tutela de sexo se encontraban las mujeres de por vida. Era tutor [...] de la mujer casada, el marido».

[140] F. SCHUPFER, *Il diritto*, 260: «Il Dargun, il Kohler, anche l'Heuser, ritengono che la forma normale di esso, come presso tutti i popoli nei primordi del'incivilimento, così del pari presso i Germani, fosse il *ratto*».

[141] Cf. F. SCHUPFER, *Il diritto*, 260.

[142] Cf. H. BRUNNER – C. VON SCHWERIN, *Historia del Derecho*, 225, nt. 1. Cf. L. ROJAS DONAT, «Para una historia del matrimonio occidental», 51. Incluso este autor llega a señalar que esta práctica fue perseguida por las leyes: «en las leyes de varias naciones pueden verse estas multas: en la ley sálica (3.12-3), en la ley ripuaria (38.1-3), en la ley lombarda (Rot. 186-7), en la ley burgunda (12.1-2), en la ley bávara (8.7.16), en la ley alemana (50.1-2; 51; 53.1-2)» *Ibid.*, 51, nt. 18.

[143] Cf. H. BRUNNER – C. VON SCHWERIN, *Historia del Derecho*, 225.

[144] Cf. H. BRUNNER – C. VON SCHWERIN, *Historia del Derecho*, 225.

del *mundium* sobre la mujer, que seguía bajo la tutela de su propia familia[145]. El matrimonio con *mundium* o legítimo era un «contrato entre el hombre y el tutor de la mujer que le transmitía el *mundium* sobre ésta»[146]. Se fijaba el precio del *mundium* de mutuo acuerdo, y después se producía el intercambio: el *mundoaldo* entregaba la mujer al hombre y este pagaba lo convenido[147].

Ya entre los siglos IV al VI, los esponsales o promesa de matrimonio no se distinguían del momento propio del matrimonio, sino que formaban un solo acto[148], si bien, a partir del siglo VII se distinguen dos momentos: la *desponsatio* (*Verbolung*), en la cual el pretendiente pagaba lo convenido; y la *traditio* (*Trauung*) o entrega de la mujer al marido[149]. Este acto de la *traditio* era el que perfeccionaba el matrimonio, pues sólo con ésta se transfería del tutor de la mujer al novio la potestad del *mundium*, sus efectos de representación de la mujer contra terceros[150] y la entrega de su patrimonio[151].

Por otra parte, la sociedad germánica permitía el concubinato, diferenciándose del matrimonio en que, en este último, existía la voluntad de unirse de modo permanente y tener hijos legítimos. Eso no quiere decir que no se tuvieran hijos con las concubinas, pero estos quedaban excluidos de la herencia[152]. La diferencia entre el concubinato y la barraganía estriba «en que la barragana tenía la condición de dueña de la

---

[145] Cf. H. BRUNNER – C. VON SCHWERIN, *Historia del Derecho*, 227.
[146] H. BRUNNER – C. VON SCHWERIN, *Historia del Derecho*, 225.
[147] Cf. A. RAVA, *Il requisito della rinnovazione del consenso*, 25; H. BRUNNER – C. VON SCHWERIN, *Historia del Derecho*, 226, nt. 2: «La prestación del novio no es precio de la novia como mercancía, sino precio del *mundium*. […] el *pretium* significa sólo que los visigodos consideraban el matrimonio como un contrato remuneratorio; en manera alguna que fuese para ellos la dote el precio real de la venta de la mujer, y ésta como mercancía».
[148] Cf. A. RAVA, *Il requisito della rinnovazione del consenso*, 25.
[149] Cf. A. RAVA, *Il requisito della rinnovazione del consenso*, 25; J. GAUDEMET, *Il matrimonio*, 72.
[150] Cf. H. BRUNNER – C. VON SCHWERIN, *Historia del Derecho*, 227.
[151] Cf. H. BRUNNER – C. VON SCHWERIN, *Historia del Derecho*, 229.
[152] Cf. L. ROJAS DONAT, «Para una historia del matrimonio occidental», 51. H. BRUNNER – C. VON SCHWERIN, *Historia del Derecho*, 234: «Los hijos extramatrimoniales tenían frente al padre un derecho sucesorio limitado o subsidiario. Sólo a partir de la influencia de la Iglesia se empeoró la condición de los hijos fuera del matrimonio hasta reducirles a la "carencia de hecho". Perdieron todo derecho hereditario paterno. Incluso según varios ordenamientos jurídicos, que extendieron a todos los hijos naturales la condición jurídica del bastardo nacido de mujer no libre, carecían también de derecho a la sucesión materna».

casa, sin ser sólo compañera de lecho del marido»[153]. Por tanto, la voluntad exigible a las partes consistía en su intención de permanencia y su finalidad procreativa, lo cual lo asemeja al matrimonio romano y al matrimonio en general, independientemente de la cultura y la época. Es más, estas dos notas de la permanencia y la procreatividad son elementos irrenunciables del matrimonio[154]. Sin embargo, el Derecho germánico, al igual que el romano, admitía el divorcio, bien por acuerdo de las partes, bien de modo unilateral, por parte del marido[155].

La finalidad del matrimonio en la cultura gemánica era también la de procrear hijos legítimos que continuasen la familia[156]. Pero en las culturas antiguas esta finalidad venía acompañada de rituales de expiación y sacrificiales para garantizar la herencia familiar. De este modo el recién nacido cumplía una función en beneficio de la familia. Con la llegada de la fe cristiana desaparecerán estos ritos, valorándose la procreación no en función del ente familiar sino por la generación en sí de una nueva vida[157].

---

[153] H. BRUNNER – C. VON SCHWERIN, *Historia del Derecho*, 227.

[154] Otra cosa es que la ley civil reconozca el divorcio. La voluntad de romper el vínculo matrimonial debe surgir después de su existencia, pero no como presupuesto inicial del mismo. Por otro lado, es evidente que las leyes civiles modernas que atribuyen el nombre de matrimonio a las uniones entre personas del mismo sexo excluyen necesariamente esta finalidad procreativa por mucho que se acompañen de permisos de adopción, sea de niños nacidos o de embriones para su gestación, porque en cualquiera de esos casos no existe el presupuesto de la potencia procreativa natural al no ser ésta posible entre dos hombres o dos mujeres, puesto que el acto conyugal es unión carnal entre un hombre y una mujer con la voluntad de procrear. Esta potencia procreativa natural entendemos que debe ser un presupuesto inicial del vínculo matrimonial, con independencia de la esterilidad concreta que alguno o los dos contrayentes puedan sufrir. Se trataría de un caso análogo al impedimento de impotencia. Ésta es, a nuestro parecer, una de las razones más claras del error que supone admitir la denominación de matrimonio para las uniones de personas del mismo sexo.

[155] Cf. H. BRUNNER – C. VON SCHWERIN, *Historia del Derecho*, 228; F. SCHUPFER, *Il diritto*, 291.

[156] Cf. F. SCHUPFER, *Il diritto*, 258.

[157] F. SCHUPFER, *Il diritto*, 259-260: «Il figliuolo non entrava nella vita che a patto di compiervi espiazioni e sacrifici; ed ecco perchè il neonato veniva immerso nell'acqua lustrale, o gli si faceva fare una libazione, bagnandoli la labbra con cibi puri e sacri. Che se non poteva averne di propri, l'uomo ad ogni modo vi provvedeva con l'adozione e anche con la sostituzione, di cui restano traccie nella legenda e nella tradizione. Ma tutto si è venuto alterando sotto la influenza del Cristianesimo. Certamente i nuovi popoli non consideravano più il matrimonio dal solo punto di vista della procreazione di un erede legitimo che continuasse la famiglia, rappresentando, onorando e redimendo i maggiori con le espiazioni e i sacrifici. Venuto meno l'obbligo di codeste espiazioni, cessò in pari tempo la base su cui poggiava la famiglia

3.4.3 La influencia cristiana en el matrimonio germánico

Al asumir la fe cristiana los pueblos germánicos comenzaron también a cambiar sus costumbres y leyes con respecto al matrimonio. Sin embargo, esta asimilación no fue fácil ni rápida, pues se trata de un proceso que durará varios siglos. Como resultado, el modelo matrimonial germánico, pasa a ser un «grupo unitario corresidencial formado por una pareja y sus descendientes directos»[158]. De un modelo familiar integrado no sólo por el grupo nuclear consanguíneo, sino también por otros miembros colaterales, se va a pasar un modelo que, aparecido en torno al siglo IX, va a perdurar hasta nuestros días y que se sustentaba en tres pilares: unidad de la familia nuclear (padre-madre-hijos); estructurada sobre el linaje paterno; y el factor emocional que une a todos sus miembros[159].

También la influencia eclesial tuvo como consecuencia el desarrollo de los impedimentos al matrimonio. El Derecho germánico conocía algunos, pero se añadieron algunos más, fruto del desarrollo de cuatro aspectos esenciales del matrimonio cristiano: la unidad del matrimonio; el consenso o voluntad de las partes de contraer matrimonio; la capacidad generativa; y la unión conyugal[160].

Con respecto a la capacidad generativa, ésta se exige necesariamente para la finalidad procreativa. No se conocía en los pueblos germánicos una pubertad legal, sino que tan sólo la consideraban de hecho, aunque tendían a retrasar el matrimonio hasta asegurarse de la fortaleza física de los contrayentes[161]. Sin embargo, también se daban abusos por el lado opuesto, realizándose matrimonios excesivamente precoces, tanto por parte del hombre como de la mujer, por lo que acabó establaciéndose la edad mínima de doce años para la mujer y catorce para el hombre[162].

3.5 *La legislación eclesiástica posterior al imperio*

Ya señalamos al comienzo del epígrafe las primeras normas sobre el matrimonio fruto de los Concilios de comienzos del siglo IV, que habían sido posibles gracias a la paz de Constantino. Ésta última época del

---

pagana; ma appunto il Cristianesimo s'incaricò di crearne un'altra, innalzando anche più il matrimonio e purificandolo».

[158] Cf. L. ROJAS DONAT, «Para una historia del matrimonio occidental», 52.
[159] Cf. L. ROJAS DONAT, «Para una historia del matrimonio occidental», 53.
[160] Cf. F. SCHUPFER, *Il diritto*, 278.
[161] Cf. F. SCHUPFER, *Il diritto*, 281.
[162] Cf. F. SCHUPFER, *Il diritto*, 281-282.

Imperio romano, ofrece a la Iglesia grandes posibilidades de expansión que no va a desaprovechar y, poco a poco, va a ir ejercitando sus derechos.

Pero todo esto, además, hay que entenderlo dentro del marco del Imperio, en el cual está inmersa la Iglesia. Ésta no reivindica una forma abstracta de poder, sino simplemente afirma su derecho y lo ejercita.

Con respecto al matrimonio, el creciente poder legislativo de la Iglesia no se limita a aplicar la ley de Cristo sobre la unidad e indisolubilidad, sino que va a añadir otras disposiciones, según se lo exigen las circunstancias. Además, tiene la conciencia de que este poder es suyo, no se lo requiere al emperador como gracia de éste, sino que actúa como sociedad independiente con fines propios[163].

Por último, este poder se extiende al matrimonio entero. No solo a su defensa, sino también a lo que lo hace nulo o inexistente. Pero no es ésta la época en la que se hable de la distinción entre validez e ilicitud ni de impedimentos dirimentes, sino que se habla de prohibiciones. Esta terminología surgirá con el tiempo, en épocas posteriores, fruto de la reflexión canónica[164].

No obstante todo lo anterior, no hay que olvidar que en los primeros siglos de la Iglesia no hay una legislación específica en materia matrimonial. Las distintas normativas que van surgiendo son respuestas a demandas que la iglesia debe afrontar. Lo que algunos Padres, como ya hemos visto, hacen en respuesta a las herejías, también lo hacen los Papas dentro de su ministerio magisterial[165].

De esta época datan la respuestas del Papa León Magno (440-461) a determinadas consultas, en dos epístolas relativas al matrimonio. Una sobre la indisolubilidad del matrimonio y otra sobre la necesidad del consentimiento matrimonial, diferenciando éste del concubinato por cuanto sólo el consentimiento y no la cópula hacen el matrimonio[166].

---

[163] B. KURTSCHEID, *Historia iuris canonici*, 186: «Ex altera parte ecclesia dubium competentiae propriae in matrimonia fidelium non reliquit, sed eam urgebat contra leges civiles, quoties agebatur de praeceptis divinis, sicut etiam independenter ab auctoritate civili impedimenta matrimonii statuit».

[164] Cf. L. GODEFROY, «Mariage, II», 2113.

[165] G. OJETTI, «Il pensiero tradizionale della Chiesa», 78: «Nei primi secoli della Chiesa non troviamo, com'è naturale né una perfetta legislazione in materia matrimoniale, né complete trattazioni intorno a tale argomento. Abbiamo tuttavia alcune risposte date dai Sommi Pontefici, le quali hanno un valore e un'importanza particolare».

[166] G. OJETTI, «Il pensiero tradizionale della Chiesa», 78-79. Recogemos el resumen del autor por ser claro y conciso: «Papa S. Leone Magno (461) chiamato a giudicare sulla validità di un matrimonio contratto nella presunzione, riconosciuta poi non

Después, en el siglo VI, san Gregorio Magno (590-604) intervino en defensa de la indisolubilidad. En concreto, frente a la pretensión de la ley civil de favorecer la consagración religiosa, y para ello, permitir romper el vínculo matrimonial si era con la intención de ingresar en un monasterio, san Gregorio reivindica la indisolubilidad del matrimonio. Si los esposos decidían, de mutuo acuerdo, observar la continencia, no se les podía impedir, pero si uno de los dos rechazaba abrazar la vida religiosa, el matrimonio no se puede romper. San Gregorio afirma también la licitud del acto conyugal porque Dios lo ha querido[167].

También en la obra de san Isidoro de Sevilla († 636) encontramos referencias sobre los requisitos para la validez del matrimonio y otras realidades anejas. Para él, el matrimonio nace por el consentimiento de las partes y no necesita de la consumación para considerarlo válido. Por otro lado, define la diferencia entre los términos *matrona* y *mater*. Ambos pueden ser traducidos como «esposa», «madre de familia», pero él señala que *matrona* es para la mujer desposada, la que ya ha celebrado el matrimonio y *mater* para la que ya ha generado[168].

---

vera, della morte del precedente marito, stabilisce l'indissolubilità del vincolo (*PL* 30, 727 *ad Nicetam* (458). Dello stesso Papa ancor più interessante la lettera CLXVII *ad Rusticum* (*PL* 54, 1204). Al Papa era statta fatta questa domanda: "Un uomo che ha preso per concubina una della sue schiave, può sposare una donna libera?". Il Papa risponde che una concubina non è una sposa, "*aliud est uxor, aliud concubina*", perchè nel caso l'uomo non aveva dato il consenso al matrimonio. Dal che risulta che, secondo S. Leone Magno, la copula non faceva sorgere da sola il vincolo coniugale. Potrebbe obiettarsi, però, che nel caso concreto non si aveva matrimonio, perchè si trattava di unione tra libero e schiava. Al che può rispondersi che già Callisto I (218-222) aveva riconosciuto come vero matrimonio l'unione di una donna di rango senatorio con uno schiavo».

[167] GREGORIO MAGNO, *In septem psalmos poenitentiales expositio, Psal. IV (L)*, 7: «Non ideo homines in peccatis concipiuntur quia peccatum sit conjugibus commisceri; hoc enim opus castum non habet culpam in conjuge. Deus enim copulam maritales instituit quando masculum et feminam in principio creavit» (*PL* 79, 586). Cf. L. GODEFROY, «Mariage, II», 2116-2117.

[168] ISIDORO DE SEVILLA, *Etimologías*, IX, 7, 9.13; *PL* 82, 365. Cf. B. PIVANO, «De essentia matrimonii», 212-213. Recogemos los dos textos y la explicación correspondiente del autor: «1) "Coniuges apellati propter iugum quod imponitur Matrimonio coniungendis. Jugo enim nubentes subici solent propter futuram concordiam ne separentur. Coniuges autem verius appellantur a prima desponsationis fide quamvis adhuc inter eos ignoratur coniugalis concubitus, sicut Maria Joseph coniux vocatur inter quos nec fuerat nec futura erat carnis nulla [sic] commixtio". Explicatio. Origo nominis Coniugis vel Coniugii a coniungere et a Jugo quae iam Ambrosio innuitur, et in Liturgia invenitur, affirmatur, Paulo post in eodem Cap. ab Isidoro recuditur. Forsan etiam alludit alicui caeremoniae, "subici solent". Secunda pars dicit: "Coniuges autem..." sumitur ex Augustino, ex L. I. De Nupt. et Conc. c. XI et quod Augustinus

Además, san Isidoro afirma tres razones por las cuales se contrae el matrimonio:

> Tribus autem ob causis ducitur uxor: prima est causa prolis, de qua legitur in *Genesi* (I, 28): Et benedixit eis, dicens: 'Crescite et multiplicamini'; secunda causa adiutorii, de qua ibi in *Genesi* dicitur (2, 18): 'Non est bonum esse hominem solum, faciamus ei adjutoriam simile'; tertia causa incontinentiae; unde dicit Apostolus ut (*1 Cor.* 7, 9): 'Qui se non continet, nubat'[169].

Estas tres causas son finales, por lo que estamos ante una formulación de los fines del matrimonio, pero no de sus elementos esenciales, que son los que san Agustín enuncia en los tres *bona* del matrimonio. El único elemento que coincide en ambas afirmaciones, como bien del matrimonio y como causa del mismo, es el de la prole. Qué significa la prole cómo elemento esencial del matrimonio, lo afirmó desde el principio Agustín: «in prole, ut amanter suscipiatur, benigne nutriatur, religiose educetur»[170]. Sin embargo, como causa final del matrimonio, Isidoro señala que es la primera y lo es para cumplir el mandato del Señor: «Crescite et multiplicamini».

En términos generales, la materia de la que va a tratar la normativa que se establece en esta época sobre el matrimonio, versa sobre la indisolubilidad del matrimonio (siempre en contraposición al derecho romano), los impedimentos de consanguinidad y afinidad, disparidad de culto y mixta religión, votos religiosos, orden sagrado, parentesco espiritual, ausencia del consentimiento paterno (tomado del derecho romano)[171]. Pero no aparecen referencias explícitas al *bonum prolis* o generación y educación de los hijos.

4. Los siglos VII-XI

Este período viene marcado por el apogeo del derecho germánico. Al igual que con el imperio romano, existirán dos ordenamientos: el civil y

---

dicit de appellatione Evangelica relate ad Joseph et Mariam, Isidorus omnibus coniugibus extendit, qui ita ex desponsatione vocantur, quin concubitus sit expectandus [...] 3) Matrona est quae iam nupsit et dicta matrona quasi mater nati vel quia iam mater fieri potest, unde et Matrimonium dictum. Matronae quia iam in matrimonium convenerunt; matres quia generunt. Explicatio: Verbum nubere, sicut in praecedenti nuptiae, non significat matrimonium in facto multoque minus copulam sed caeremonias nuptiarum, ut per se patet».

[169] Isidoro de Sevilla, *Etimologías*, IX, 7, 27, p. 790; *PL* 82, 367.
[170] Agustín de Hipona, *De Genesi ad litteram*, IX, 7, 12, CSEL 28, 276.
[171] Cf. B. Kurtscheid, *Historia iuris canonici*, 187-194.

el canónico, éste último, cada vez más prolijo en normas y con competencias propias. La Iglesia, además, es testigo de la formación de iglesias nacionales en occidente, fruto de la desmembración del imperio romano y de la unificación de distintas tribus germánicas, lo cual favoreció el fraccionamiento normativo. Esto quedará reflejado en la diversificación de las instituciones eclesiásticas y el desarrollo diferenciado de las respectivas liturgias[172]. Un freno a esta fractura fue la consolidación del imperio carolingio, sin embargo, esta unidad sólo durará los siglos IX y X y, después de ella, el fraccionamiento del poder será mucho mayor que antes[173].

También en este período, la Iglesia irá asumiendo bajo su autoridad las competencias de los tribunales civiles, quedando como la única jurisdicción en materia matrimonial. Sin embargo, esto no se producirá, en términos generales, hasta el siglo X[174] y aún habrá algunas competencias civiles en los siglos XI y XII en algunas zonas de Francia, Italia e Inglaterra[175].

Por lo que se refiere a la normativa eclesiástica sobre el matrimonio, se va a centrar en los distintos impedimentos matrimoniales, siguiendo la tendencia de épocas anteriores. También las distintas penas para los delitos relativos al matrimonio[176].

---

[172] Cf. C. FANTAPPIÈ, *Introduzione storica*, 61.

[173] Cf. J. GAUDEMET, *Il matrimonio*, 81.

[174] Cf. B. KURTSCHEID, *Historia iuris canonici*, 315-317. Ofrecemos varios fragmentos del resumen del autor: «Hac intima unione auctoritatis civilis et ecclesiasticae potestas externa episcoporum in causis matrimonialibus aucta est. Liceo hoc modo magis magisque praevaleret iurisdictio eclesiástica, tamen saec. IX nondum erat exclusiva; manebat iudicis civilis competentia, praesertim si agebatur de observancia legum civilium in matrimoniis contrahendis, necnon de gravioribus delictis: de adulterio, raptu, incestu, quae causa sufficiens divortii habebantur» (315); «Saeculo IX in finem vergente certe iurisdictio eclesiástica prevaluit» (316); «De facto igitur saec. X causae matrimoniales fere unice in foro ecclesiae agebantur. Hoc confirmatur decreto Burchardi Wormatiensis (1012) quod iam non amplius loquitur de competentia iudicis civilis, sed inquisitionem et punitionem violantium leges matrimoniales vel in synodali indicio vel in conciliis fieri vult» (317).

[175] G. LE BRAS, «Mariage, III», 2123-2124. Dice el autor: «Le triomphe des jurisdictions ecclésiastiques ne fut point accompli du même coup dans toutes les régions de France ou d'Italie. Encore au XIº siècle, le *Liber Papiensis* et l'*Expositio* nous sont témoins qu'en certains lieux, les affaires matrimoniales étaient jugées par les tribunaux laïques. (…) En Angleterre, où l'évolution politique ne présente pas exactement les mêmes caracteres que celle des États continentaux, le compétence exclusive des tribunaux ecclésiastiques paraît avoir été un peu plus tardivement admise: elle est incontestée au début du XIIº siècle». Cf. W.M. PLÖCHL, *Storia del Diritto Canonico*, I, 428.

[176] Cf. B. KURTSCHEID, *Historia iuris canonici*, 313.

Los impedimentos sobre los que se centra la normativa son: voto de castidad, consanguinidad, parentesco espiritual y crimen. Las penas más severas se establecen para los delitos siguientes: adulterio, incesto, rapto, forzar al matrimonio por parte del rey o príncipe, y consistían en penitencia, separación de los cónyuges y excomunión, aunque no siempre fuesen eficaces[177]. También la defensa de la indisolubilidad va a centrar gran parte de los esfuerzos normativos de este período[178].

4.1 *La preparación de la reforma canónica*

Como acabamos de ver, poco a poco la Iglesia va asumiendo todas las competencias jurisdiccionales, al menos en lo que se refiere al matrimonio. Junto a esto, la proliferación de normas en distintos lugares creó una situación de confusión jurídica grande, por lo que la tendencia reformadora supone un proceso de recopilación de normas. La primera compilación es el *Decreto* de Burchardo de Worms, datado a primeros del siglo XI[179]. Será el comienzo de un proceso largo que culminará con el *Decreto* de Graciano y las *Decretales* de Gregorio IX que estudiaremos en el siguiente capítulo. Tampoco en este período encontramos referencias directas sobre la generación y educación de los hijos, sino que, como veremos, ésta aparecerá de modo indirecto al tratar la indisolubilidad del matrimonio, y la exigencia para la misma de la cópula o no.

Así, por ejemplo, en una respuesta del Papa Nicolás I (858-867) a una consulta procedente de Bulgaria, el Pontífice afirma que los diversos pasos mediante los cuales se forma el vínculo matrimonial no incluyen la cópula, sino que consisten en la promesa de futuro matrimonio con el intercambio del consentimiento de las partes, la posterior entrega del anillo y la dote y la redacción de un documento escrito, y siempre delante de testigos[180]. De la misma época, sin embargo, es la

---

[177] Cf. B. KURTSCHEID, *Historia iuris canonici*, 314.

[178] Cf. B. KURTSCHEID, *Historia iuris canonici*, 313-314.

[179] Cf. P. FOURNIER – G. LE BRAS, *Histoire des collections canoniques*, 366. En concreto los autores lo sitúan entre los años 1008-1012.

[180] NICOLAS I: «Post sponsalia quae futurarum sunt nuptiarum promissa foedera, quaeque consensu eorum qui haec contrahunt, et eorum in quorum potestae sunt, celebrantur[…] ambo ad nuptialia foedera perducuntur […] Et ita festis nuptialibus celebratis ad ducendum individuam vitam Domino disponente de cetero diriguntur. Haec sunt iura nuptiarum, haec sunt praeter alia quae nunc ad memoriam non occurrunt, pacta coniugorum solemnia. Peccatum autem esse si haec cuncta in nuptiali foedere non interveniant non dicimus […] Ac per hoc sufficiat secundum legem solus eorum consensus de quorum coniunctionibus agitur. Qui consensus si solus in nuptiis

afirmación sobre la necesidad de la cópula, que hace el arzobispo Hincmar de Reims († 882). Consultado sobre la posibilidad de disolver el matrimonio entre Esteban y la hija de Raimundo, conde de Toulouse, por motivo de que, después de celebrada la boda, el marido alegó haber mantenido relaciones previas con una pariente de la esposa, por lo que la consumación habría supuesto la comisión del pecado de incesto, la respuesta de Hincmar fue la de permitir la disolución del mismo, pues al faltar la consumación no se había perfeccionado el matrimonio y, por tanto, no existía todavía el sacramento[181].

Esta controversia continúa aún en el siglo XI. Es entonces cuando san Pedro Damiani († 1072) defendiendo la teoría consensual y, por tanto, la validez del matrimonio sólo por el consenso de las partes, puesto que de lo contrario, todo pecado de la carne habría que considerarlo matrimonio[182], incluye la finalidad de la procreación como elemento constitutivo del consenso nupcial:

> Et huic intentioni propagandae videlicet sobolis adduntur et alia, cum propter coniugalis matrimonii Sacramentum, tum propter species honestatim conventos videlicet pro nuborum convivii celebris apparatus, dona sponsalia, tabularium dotarium instrumenta et si qua sunt alia. Quae videlicet omnia simul iuncta nuptiae vocantur. Et haec antiquitus, ut praedictum est, ad propagandam tantummodo sobolem[183].

Otras de sus afirmaciones son claras con respecto a la finalidad procreativa que de modo indudable poseen las nupcias. Dice en concreto: «Nuptiarum plane societas ab initio propter gignendam sobolem et propagandam posteritatem non ambigitur Instituta. Intentio nuptiarum est procreatio filiorum»[184].

Pensamos que estas afirmaciones explícitas sobre el *bonum prolis* están hechas con la finalidad de no negar la bondad de la cópula carnal

---

forte defuerit cetera omnia etiam cum ipso coitu celebrata frustrantur, Joanne Chrysostomo magno doctore testante: Matrimonium non facit coitus sed voluntas». *PL* 119, 980; D-H 643 (334). Cf. J. GAUDEMET, *Il matrimonio*, 87-88.

[181] HINCMAR DE REIMS, *Epistola* XXII: «Cum societas nuptiarum ita ab initio constituta sit ut praeter sexuum coniunctionem haberet in se Christi et Ecclesiae Sacramentum, dubium non est eam mulierem non pertinere ad matrimonium in qua docetur nuptiale non fuisse mysterium. Et nos e ragione hinc etiam ostendere possumus quia non omnes nuptiae coniugalem copulam faciunt quas non sequitur commixtio sexuum». *PL* 126, 137. Cf. J. GAUDEMET, *Il matrimonio*, 95-96.

[182] Cf. G. LE BRAS, «Mariage, III», 2132.

[183] PEDRO DAMIANI, *Opusculum XLI – De tempore celebrandi nuptias*, III, 686, *PL* 145, 663; Cf. G. OJETTI, «Il pensiero tradizionale della Chiesa», 81.

[184] PEDRO DAMIANI, *Opusculum XLI – De tempore celebrandi nuptias*, III, 686, *PL* 145, 662-663; Cf. B. PIVANO, «De essentia matrimonii», 149.

dentro del matrimonio, pero nos interesan precisamente por poner de manifiesto el trasfondo en el que se sitúa el *bonum prolis*, del que no encontramos, sin embargo, tratamiento específico, es decir, como elemento esencial del matrimonio, sino sólo como referencia a la finalidad del mismo.

Unos años más tarde, entre finales del siglo XI y comienzos del XII, Anselmo de Laón († 1117) ofrece una definición de matrimonio comentando un texto apócrifo de san Agustín según el cual, si bien el matrimonio existe desde que se ha manifestado el consenso, sólo el matrimonio consumado realiza la unión de Cristo con la Iglesia. Según Anselmo: «Coniugium est consensus masculi et femine, indiuidualem uite consuetudinem retinens, id est individualiter commanendi et carnaliter commiscendi absque prolis uitatione, legitimus, id est inter legitimas personas, legitime factus»[185].

Quizás la fórmula explícita «absque prolis uitatione» sea una de las afirmaciones más claras de esta época sobre la necesidad de la *intentio prolis* en el momento del consenso matrimonial, que es en lo que consiste, en esencia, el *bonum prolis*. Por tanto, la voluntad que debe estar presente en el consenso matrimonial abarca, además de la comunión de vida y la unión carnal, la explícita intención de no evitar la prole. Retomaremos en el próximo capítulo las enseñanzas de Anselmo de Laón.

4.2 *La Panormia de Yves de Chartres*

De finales del siglo XI, es la obra recopilatoria del obispo Yves de Chartres († 1114-1117), el cual ofrece tres colecciones, que son: *Tripartita*, *Decretum* y *Panormia*[186]. También él defiende que el matrimonio nace por el consentimiento de las partes, pero la cópula carnal realiza la unión de Cristo con la Iglesia[187]. Esto lo razona a la luz de los textos de los Padres y los Concilios[188].

En el Libro VI de la *Panormia*, dedicado al matrimonio, son varias las referencias al *bonum prolis*, de las cuales, la mayoría son citas tex-

---

[185] ANSELMO DE LAÓN, «Sentenzen», 140-141; Cf. G. OJETTI, «Il pensiero tradizionale della Chiesa», 84-85; G. LE BRAS, «Mariage, III», 2142.

[186] Cf. P. FOURNIER – G. LE BRAS, *Histoire des collections canoniques* II, 105. Los autores las sitúan entre los años 1094 y 1096.

[187] Cf. G. LE BRAS, «Mariage, III», 2138-2139.

[188] Cf. B. PIVANO, «De essentia matrimonii», 155. El autor resume la posición de Yves de Chartres: «Coniugium facit desponsatio, seu mutuus partium consensus. Quo praestito coniuges appellantur, et insolubiliter uniuntur. Ut autem Matrimonium habeatur, requiritur ulterius copula carnales. Haec omnia non rationibus intrinsecis sed per textus Patrum et Conciliorum probat».

tuales de san Agustín. Las referencias que toma resultan de gran interés puesto que nos indican la posición del *bonum prolis* dentro de la concepción del matrimonio de Agustín, pero que recogidas por el obispo de Chartres, señalan su plena vigencia siete siglos después. Recogemos a continuación las distintas temáticas.

4.2.1 Las segundas nupcias y la indisolubilidad del matrimonio

Las segundas nupcias son lícitas a causa de la procreación de la especie: «Deus qui masculum et feminam propagandi generis causa nuptiali castitate coniunxit, et secundas nuptias quae in unoquoque testamento permittuntur, licitas esse monstravit»[189]. Sin embargo, la indisolubilidad del vínculo es más importante que la procreación, por lo que ésta última no puede justificar la disolución del mismo: «Tantum valet sociale vinculum ut cum causa procreando colligitur, nec ipsa causa procreando solvatur»[190].

4.2.2 La voluntad necesaria en el consentimiento

La voluntad de las partes en el momento del consentimiento es la que hace nacer el matrimonio. Esta voluntad debe contemplar la fidelidad conyugal y la procreación y educación de los hijos, como queda afirmado en el c. 29, cuya fuente es un texto de la obra de san Agustín contra Juliano:

> Non in sola (ut deliras) commistione maris et feminae nuptiarum veritas est, quamvis sine illa commistione nuptiae filios propagare non possit. Sed alia sunt ad nuptias proprie pertinentia, quibus, ab adulteries nuptiae decernuntur. Sicuti est thori coniugalis fides et cura ordinate filios procreandi, et quae maxima diferentia est, bonus usus mali, hoc est bonus usus concupiscentiae carnis, quo bono adulteri utuntur male[191].

Para constituir el verdadero matrimonio, no es suficiente con la realización de la cópula, aún cuando sólo con esta es posible la generación

---

[189] YVES DE CHARTRES, *Panormia*, Lib. VI, c. 22, *PL* 161, 1248. Sin embargo en el c. 61 (1255) señala explícitamente: «quae in *Novo quoque Testamento* permittantur».
[190] YVES DE CHARTRES, *Panormia* Lib. VI, c. 28, *PL* 161, 1249. Y en el c. 105 (1271) completa: «Posset enim homo sterilem dimittere uxorem, et aliam ducere de qua filios habeat, et tamen non liceat. Item: Manet vinculum nuptiarum, etiamsi proles cujus causa initum est, manifesta sterilitate non subsequatur, ita ut jam scientibus conjugibus non se filios habituros separare se tamen vel ipsa causa filiorum atque aliis copulare non liceat».
[191] YVES DE CHARTRES, *Panormia* Lib. VI, c. 29, *PL* 161, 1249.

de la prole, sino que es necesaria la voluntad conyugal y, así, hacer un correcto uso de la concupiscencia.

4.2.3 Los bienes del matrimonio

A propósito de los bienes del matrimonio, Yves de Chartres vuelve a tomar un texto de san Agustín en el que describe cómo María y José vivieron los tres bienes del matrimonio:

> Omne itaque nuptiarum bonum impletum est in ipsis parentibus Christi, fides, proles, sacramentum. Prolem cognoscimus ipsum Dominum; fidem quia nullum adulterium; sacramentum, quia nullum divortium. Solus ibi nuptialis concubitus non fuit, quia in carne peccati fieri non potest sine pudenda concupiscentia carnis, quae accidit ex peccato, sine quo concipi voluit, quia futurus erat sine peccato[192].

De esta manera, queda claro que el matrimonio de la Virgen con san José puede ser considerado como verdadero matrimonio, al cumplir los tres bienes que caracterizan a todo matrimonio.

De todo lo anterior podemos concluir que lo ya formulado por Agustín mantuvo su vigencia a lo largo de los siglos hasta que, de modo sistemático, fue recogido por el santo obispo de Chartres. Gracias a él se pone de manifiesto que el *bonum prolis* es un elemento esencial del matrimonio, pero no se sitúa por encima de la indisolubilidad. Además, debe estar presente en la voluntad consensual constitutiva del matrimonio.

5. Conclusión

En este capítulo nuestra mirada se ha situado nada menos que en once siglos de la historia de la Iglesia, con la intención de descubrir el rastro del *bonum prolis*. No ha sido fácil hallar dichos rastros y más bien hay que decir que son escasos.

Comenzamos el estudio viendo cómo la Iglesia crece dentro de un orden jurídico ajeno a ella, pero con quien no le quedaba más remedio que convivir. Esto es algo esencial a la Iglesia misma, pues ella por sí sola no está llamada a sustituir la tarea que corresponde a los hombres de buena voluntad en la consecución del bien común. Por ello, convivió con el derecho romano y después con el germánico.

Esta convivencia se reflejó en la normativa propia del matrimonio. La Iglesia aceptó las estructuras normativas romana y germánica sobre el matrimonio, en la medida en que le permitían desarrollar la concep-

---

[192] YVES DE CHARTRES, *Panormia* Lib. VI, c. 30, *PL* 161, 1249.

ción cristiana de la realidad matrimonial, pero a su vez rechazó e intentó cambiar aquello que le era contrario. Obligación de la Iglesia era, y sigue siendo, establecer las bases irrenunciables sobre las que construir la sociedad conyugal de tal modo que posibilite, a quienes en ella entran, alcanzar el fin para el que ha sido instituida por el Creador. Frente a la mentalidad de las distintas épocas permisivas con la ruptura de la sociedad conyugal, la Iglesia centró sus esfuerzos en afirmar la indisolubilidad del vínculo matrimonial, fruto del carácter sacramental que Cristo le había conferido.

El camino de reconocimiento de lo que el matrimonio es según la revelación de Cristo, tuvo que ir acompañado de la reflexión sobre el camino para alcanzar la vida eterna e instaurar el Reino de Dios. Siendo los primeros siglos tiempo de prueba y persecución, urgía vivir no como este mundo reclama, sino como el mundo futuro promete. Por eso la insistencia en la virginidad y la mínima valoración de lo que significaba atender los reclamos de la realidad corporal del hombre.

La finalidad procreativa de la condición sexuada del ser humano quedaba en un segundo plano pues al mandato divino de «creced y multiplicaos» (Gn 1, 28), se superpone el de «buscad el Reino de Dios y su justicia» (Mt, 6, 33). Por eso, en los primeros siglos, hemos visto cómo esta preocupación y las herejías surgidas en el momento, hicieron que la atención se centrara en la espera de la parusía y la mayor importancia otorgada a la virginidad.

Será san Agustín quien por primera vez hable de *bonum prolis*, junto a los demás bienes del matrimonio, y su formulación alcanzará validez hasta nuestros días, hasta el punto que, en esta época que nos ocupa, no se dan distintas formulaciones del mismo, sino que se asume sin más la de Agustín. Así lo hemos comprobado al estudiar a Yves de Chartres.

A medida que van pasando los siglos, sin embargo, son muy pocas la referencias explícitas sobre la generación y educación de los hijos dentro del matrimonio. Tan sólo algunos autores se refieren a ello, pero de modo indirecto. Nos preguntamos el porqué.

Son varias las respuestas que podemos dar. En primer lugar, la Iglesia se va estructurando jurídicamente según las circunstancias le obligan a ello. Ni los Apóstoles, ni sus sucesores, los obispos, tienen clara desde el principio cómo organizar la comunidad humana que les ha tocado guiar. Es algo que van descubriendo desde la propia vivencia tanto de la fe como de la comunidad cristiana. A la luz de los acontecimientos, van estructurando las diversas figuras que se dan en esa misma experiencia. Con el matrimonio ocurre lo mismo. Hemos visto cómo, tanto en la cultura hebrea, como en la romana y germánica, el matrimonio tenía como finalidad la procreación de los hijos, mientras que la indisolubilidad por ser una enseñanza del Señor, resulta extraña a romanos y germanos.

En segundo lugar, con el desarrollo de la ciencia canónica, desde el punto de vista jurídico, la preocupación más importante es la de determinar cuándo se puede considerar que un matrimonio existe. Por ello, toda la discusión sobre la efectividad del consentimiento y la necesidad o no de la consumación para la indisolubilidad del vínculo matrimonial. Sin embargo, como señalamos más arriba, la finalidad procreativa del matrimonio sólo aparece como elemento esencial del mismo en las referencias que de san Agustín hace Yves de Chartres y explícitamente en la fórmula «absque prolis uitatione» de Anselmo de Laón. Veremos en los siglos siguientes cómo evoluciona ésto con las compilaciones canónicas clásicas.

Capítulo II

La reforma canónica (siglos XII y XIII)

1. Contexto histórico

Aunque en el capítulo anterior hemos adelantado algo de la parte sustantiva de la reforma gregoriana, conviene que ahora expliquemos brevemente su origen, circunstancias y alcance puesto que va a dar sus frutos a lo largo de estos dos siglos principalmente, y va a propiciar lo que se ha dado en llamar la época clásica de la canonística[1].

Tras once siglos de andadura y haber superado distintas herejías y haber sufrido el cisma de 1054, la Iglesia de finales del siglo XI se encuentra en una situación de necesidad de reformar sus costumbres y disciplina interna. La crisis moral e institucional que atravesaba tenía raíces estructurales, y desde las estructuras había que afrontarlas[2]. Entre los distintos síntomas que reclamaban una reforma se encuentran la confusión entre intereses mundanos y religiosos fruto de la época feudal; el dominio de determinadas familias privadas sobre el patrimonio y jurisdicción de la Iglesia; el relieve político alcanzado por abadías y obispados; y el escándalo del clero que vivía en concubinato, aún a pesar de la obligación de celibato, con sus consecuencias patrimoniales[3].

En esta situación, surge un movimiento de reforma que centra su punto de referencia en la abadía de Cluny, que destaca por su modelo

---

[1] J. GAUDEMET, *Il matrimonio*, 103: «il periodo di cinque secoli, che va dall'impero carolingio al Rinascimento e alla crisi della Riforma […] è l'epoca nella quale il diritto canonico raggiunge quell'alto grado di sviluppo e di perfezione, che talvolta fatto ravvisare in questo periodo la sua "età clasica"».

[2] Cf. C. FANTAPPIÈ, *Introduzione storica*, 81.

[3] Cf. C. FANTAPPIÈ, *Introduzione storica*, 82.

de rigor y disciplina moral por lo que va a ser ejemplo de independencia frente al poder laico[4]. En este modelo de gobierno se va a basar el Papa Gregorio VII (1073-1085), para afrontar la reforma tanto del clero como de la organización de la Iglesia[5].

Sobre la reforma de la organización eclesiástica, la finalidad del Papa es la de afirmar el primado pontificio, libre del poder laico y también del propio clero, situándose en absoluta primacía sobre ambos, pero, a la vez, estableciendo las normas de relación entre unos y otros. Así, aparecerán figuras como el consistorio o consejo papal para determinadas materias que le son reservadas[6]. Teológicamente, esta primacía del Obispo de Roma se sustenta en el hecho de que por alcanzar este obispado, al sucesor de Pedro le han sido conferidos todos esos poderes[7].

Esta nueva concepción del poder de gobierno eclesiástico tiene una inmediata consecuencia en lo jurídico pues necesariamente el Papa tenía el derecho absoluto de producir nuevas normas vinculantes para toda la Iglesia[8]. Por esa razón, el primer fruto de esta tendencia es la aparición de nuevas colecciones canónicas cuya finalidad es la de dinamizar la vida jurídica de la Iglesia, así como establecer una jerarquía de las normas y sus reglas de interpretación que posibiliten la seguridad jurídica[9]. Unos de los primeros y más importantes exponentes de esta

---

[4] Cf. C. FANTAPPIÈ, *Introduzione storica*, 83.
[5] Cf. C. FANTAPPIÈ, *Introduzione storica*, 83.
[6] Cf. C. FANTAPPIÈ, *Introduzione storica*, 84-85.
[7] Cf. C. FANTAPPIÈ, *Introduzione storica*, 85.
[8] Cf. C. FANTAPPIÈ, *Introduzione storica*, 89.
[9] Cf. C. FANTAPPIÈ, *Introduzione storica*, 89. P. ERDÖ, *Introducción*, 59-60: «En la vida de la sociedad y de la Iglesia durante los siglos X y XI ocuparon el lugar principal el movimiento de reforma y el intento de la restitución de la unidad político-cultural de Occidente. También las obras canónicas compuestas en esta época tuvieron como finalidad, con frecuencia, servir a la reforma de la Iglesia. Esta reforma que al comienzo fue promovida bajo la conducción de los emperadores conforme al sistema Otónico-Sálico del poder sacralizado del príncipe, reinante por la Gracia de Dios, en el tiempo de la reforma Gregoriana era dirigida solamente por el Romano Pontífice. El espíritu de la reforma que avanazaba se manifestó, principalmente, en la composición de colecciones de cánones y de escritos polémicos. Pero los conflictos en la Iglesia y, más aún, la reforma de la disciplina reclamaron un mejor conocimiento del derecho canónico, conceptos más claros y un método determinado para resolver los problemas de interpretación. Fue esta necesidad, junto con la evolución general de la cultura, principalmente en el siglo XII, lo que hizo que se cultivara con dedicación el desarrollo de la formación canónica, y el establecimiento de los principios para cultivar el derecho canónico en un nivel de excelencia».

tendencia son las colecciones del Obispo Yves de Chartres[10] que, en cuanto al contenido relativo al *bonum prolis*, hemos recogido en el capítulo anterior por razones de orden cronológico.

Además, en esta época clásica, hay una gran cantidad de reflexiones doctrinales sobre el matrimonio, especialmente desde la teología, el derecho romano y el derecho canónico[11]. Con la mirada puesta en el matrimonio, y dentro de éste en el *bonum prolis*, nos centraremos sólo en la teología y el derecho canónico de esta época de reforma.

2. La Teología sobre el matrimonio

Esta época de finales del siglo XI y comienzos de XII viene marcada por el cambio del horizonte cultural del hombre medieval. Este cambio se vio favorecido por el impulso dado en distintas escuelas promovidas por algunos obispos, al estudio de la medicina, las artes, la teología y el derecho[12]. En el campo teológico, la influencia de la filosofía va a dejarse sentir en gran medida. A su vez la teología va a influir en el derecho, sobre todo el recurso a las enseñananzas de Padres como Agustín, Ambrosio, Jerónimo y Gregorio Magno, cuya presencia en las colecciones canónicas va a marcar su perfil[13]. Veamos a continuación el pensamiento teológico sobre el matrimonio de algunos de los autores más relevantes.

2.1 *Anselmo de Laón († 1117)*

Ya vimos en el capítulo anterior la definición que el «Doctor de Doctores» ofreció del matrimonio, según la cual: «Coniugium est consensus masculi et femine, indiuidualem uite consuetudinem retinens, id est individualiter commanendi et carnaliter commiscendi absque prolis uitatione, legitimus, id est inter legitimas personas, legitime factus»[14]. También señalamos la importancia que nos merecía el hecho de que en ella incluyera la fórmula «absque prolis uitatione». Para poder calibrar en toda su hondura esta afirmación, se hace necesario, ahora, que comprendamos mejor su postura doctrinal. Por todo lo que afirmamos a continuación, nos parece que este autor es de gran importancia en la

---

[10] C. FANTAPPIÈ, *Introduzione storica*, 90: «Assai importanti per la divulgazione della riforma gregoriana e per la fondazione di una scienza del diritto canonico sono le collezioni di Ivo vescovo di Chartres».

[11] Cf. J. GAUDEMET, *Il matrimonio*, 109.

[12] Cf. C. FANTAPPIÈ, *Introduzione storica*, 91.

[13] Cf. C. FANTAPPIÈ, *Introduzione storica*, 91-92.

[14] ANSELMO DE LAON, «Sentenzen», 140-141.

comprensión sobre el *bonum prolis* que estamos intentando realizar en este estudio.

Para Anselmo de Laón, los fines, bienes, impedimentos y causas del matrimonio son siempre tres, como también lo son las causas de su nulidad. Los fines son: procrear, evitar la fornicación y multiplicar el amor. A estos tres fines corresponden tres bienes: la prole fruto de la fecundidad, la castidad de la unidad del vínculo y el signo sacramental, figura de la unión de Cristo con la Iglesia. El vinculo matrimonial es incompatible con algunas circunstancias de la persona, es decir, hay tres impedimentos: el voto, el orden sacerdotal y el parentesco. Y, por último, el matrimonio nace por tres causas: consentimiento actual de personas legítimas, amor a los niños e intención de fidelidad. A todo lo anterior añade Anselmo tres causas de nulidad: condición de presente o futuro, fornicación e impotencia, que a su vez puede tener tres causas: enfermedad, defecto de los miembros y frigidez[15].

Además, Anselmo afirma que el matrimonio fue creado antes del pecado original, pero reconoce dos momentos de la institución divina: una «de oficio», anterior al pecado con la finalidad de propagar la especie; la otra, posterior al pecado, para remediar la concupiscencia[16]. Por eso, los tres bienes nos son causas eficientes o finales del matrimonio, sino causas de su excelencia o dignidad, mientras que la causa eficiente del matrimonio es el consentimiento de las partes, es decir, el acuerdo de voluntades, si bien, para que sea perfecto es necesaria la cópula conyugal[17].

En lo que se refiere a nuestro estudio, es importante la afirmación de tener la intención de no evitar la prole. Así, al hablar del amor a los hijos dice: «amor prolis, ne malo vel voto vel opere evitetur etiamsi non

---

[15] G. LE BRAS, «Mariage, III», 2141. «puis trois buts: procréer, éviter la fornication, multiplier l'amour; trois biens: *proles fecunditatis, fides vinculum pudicitiae, sacramentum signum et figura conjunctionis Christi et Ecclesiae*; trois empêchements: voeu, ordre, parentè; trois causes: consentement de personnes légitimes et présentes (il faut noter e trait), amour des enfants *ne malo vel voto vel opere evitetur etsi non quaeretur*, intention d'être fidèle; trois causes de dissolution: *fides consensus quae est de praesenti, pactionis, quae de futuro*, fornication, impuissance, qui, elle-même, peut avoir trois causes: *infirmitas, defectus membrorum, frigiditas*». Cf. ANSELMO DE LAON, «Sentenzen», 112-113.

[16] ANSELMO DE LAON, «Sentenzen», 130: «Institutio coniugii duplex est: una ante peccatum ad officium, alia post peccatum ad remedium».

[17] Cf. G. LE BRAS, «Mariage, III», 2141-2142. ANSELMO DE LAON, «Sentenzen» 139-140: «Consensus enim facit coniugium, non coitus»; «Non est perfectum coniugium, ubi non sequitur commixtio sexuum».

quaeretur»[18]. Es decir, en Anselmo de Laón encontramos afirmado de modo implícito la distinción entre la prole *in se ipsa* y la prole *in suis principiis* que más tarde afirmará santo Tomás de Aquino. La prole fruto de la fecundidad (*proles fecunditatis*) sería la prole *in se ipsa*, es decir, la prole que de hecho nace como fruto del matrimonio concreto de que se trate. Eso es lo que el Doctor de Laón identifica como bien del matrimonio, pero que a la vez no identifica como causa eficiente, sino de la excelencia o dignidad del matrimonio. Mientras que la prole *in suis principiis*, es decir, la intención de tener hijos y no evitar ni su concepción ni su nacimiento una vez concebida, es lo que Anselmo afirma en el amor de los hijos («amor prolis, ne malo vel voto vel opere evitetur etiamsi non quaeretur»), que sitúa junto con el consentimiento actual de personas legítimas y la intención de fidelidad como causa eficiente del matrimonio. Dicho de otro modo, Anselmo de Laón reconoce que, para que el consentimiento de las partes dé lugar al nacimiento del matrimonio, tiene que incluir tanto la voluntad de tener hijos[19], como la voluntad de los contrayentes de ser fieles.

Sin embargo, cuando habla de las tres causas de disolución (condición de presente o futuro, fornicación e impotencia) la referencia explícita a la fornicación, que atentaría contra la fidelidad, no tiene su correspondencia explícita en la intencionalidad contraria a la prole, sino que quedaría dentro de la referencia genérica de la condición de presente o futuro.

2.2 *Pedro Abelardo († 1142)*

Pedro Abelardo, discípulo y adversario de Anselmo de Laón, distingue entre la *foederationem de conjugio contrahendo* y la *foederationem conjugii,* siendo la primera una mera promesa, mientras que la segunda constituiría el verdadero matrimonio al significar la entrega de la propia carne, en exclusiva, al otro cónyuge[20]. Además, afirma: «Trado me tibi ad usum carnis meae, ita ut, quandiu vixeris, non me alii conjugam»[21]. Esta afirmación contiene en sí lo que la doctrina ha llamado posterior-

---

[18] ANSELMO DE LAON, «Sentenzen», 113. Cf. G. LE BRAS, «Mariage, III», 2141.

[19] Creemos que esta interpretación nuestra está en consonancia con la definición que el autor da del matrimonio: «conjugium est consensus masculi et femine, individualem uite consuetudinem retinens, id est individualiter commanendi et carnaliter commiscendi *absque prolis uitatione*, legitimus, id est inter legitimas personas legitime factus». La cursiva es nuestra.

[20] Cf. PEDRO ABELARDO, *Epitome theologiae christiana*, c. 31, *PL* 178, 1745. Cf. G. LE BRAS, «Mariage, III», 2144.

[21] PEDRO ABELARDO, *Epitome theologiae christiana*, c. 31, *PL* 178, 1745.

mente *ius in corpus*, que en esta formulación queda tan sólo enunciado sin mayor concreción.

También es interesante señalar que, con la expresión «quandiu vixeris», se hace referencia a la fidelidad, que tiene mucho que ver con el *ius in corpus*. De hecho, esta misma expresión es la que utiliza un poco más adelante al hablar de los tres bienes del matrimonio, en referencia al *bonum fidei*[22]. Con respecto al *bonum prolis*, Pedro Abelardo afirma el elemento de la educación religiosa de los hijos quienes como fruto del matrimonio, recompensan el pecado de la carne[23].

2.3 *Hugo de San Víctor († 1141)*

Con este autor llegamos casi a la mitad del siglo, puesto que muere en 1141. Para él, el matrimonio es una sociedad que nace por el consentimiento espontáneo y legítimo por el cual el hombre y la mujer se obligan a un débito recíproco durante toda su vida[24]. Se trata de un consentimiento libre, actual y legítimo y, más allá de las formalidades legales, la consumación no es requerida para la validez. Pero también distingue el verdadero consentimiento matrimonial de la mera promesa de matrimonio o noviazgo jurado. Según esto, el matrimonio es válido y eficaz desde el mismo momento del consentimiento, por lo que el matrimonio no consumado representa ya la unión de Dios con el alma[25].

Por eso, distingue entre *sacramentum conjugii* y *sacramentum carnalis oficii*. El primero significa el amor espiritual entre Dios y el alma; el segundo, significa la unión entre Cristo y la Iglesia, por efecto de la Encarnación. Y por eso, también, de los tres bienes del matrimonio enumerados por san Agustín *fides, proles, sacramentum*, este último es propiamente el matrimonio, mientras que los dos primeros pertenecen al *officium conjugii*[26].

En realidad, Hugo de San Víctor afirma la excelencia de la realidad sacramental del matrimonio puesto que fue el único sacramento insti-

---

[22] Cf. PEDRO ABELARDO, *Epitome theologiae christiana*, c. 31, *PL* 178, 1747.

[23] PEDRO ABELARDO, *Epitome theologiae christiana*, c. 31, *PL* 178, 1747: «Tria sunt bona coniugii, fides, proles, sacramentum. Fides, non Catholica, sed pactio coniugalis, quod, quandiu vixerit, cum alia non commisceatur. Proles, ut susceptus filius religiose educetur, et est ad decorem, ut quod ibi per peccatum commissum est, filiorum fructu recompensetur. Sacramentum est Christi et Ecclesiae, quia sicut uxor unius viri et vir unius uxoris, sic Christus unius sponsae, id est Ecclesiae sponsus est et Ecclesia unius sponsi, id est Christi sponsa».

[24] G. LE BRAS, «Mariage, III», 2144.

[25] G. OJETTI, «Il pensiero tradizionale della Chiesa», 87.

[26] G. LE BRAS, «Mariage, III», 2146.

tuido antes del pecado original²⁷. Esta excelencia del matrimonio tiene su origen en el mismo Dios, que lo instituyó para la propagación del género humano: «Conjugii auctor Deus est. Ipse enim conjugium esse decrevit, quando mulierem ad propagationem generis humani homini in adjutorium fecit»²⁸. Esta misma excelencia es la razón por la cual el matrimonio ha sido instituido dos veces, antes y después del pecado, siendo la primera, como ya se ha dicho, por causa de la multiplicación de la especie²⁹.

Hugo de san Víctor también hace referencia específica a los tres bienes del matrimonio, según la formulación de san Agustín, pero al hablar de la prole introduce el termino *spes* que señala la realización futura de la misma, y con san Agustín exige el cuidado de la prole y su esmerada educación. En concreto afirma: «Tria sunt principaliter bona conjugii quae conjugium comitantur. Fides, spes prolis, sacramentum. [...] In spe prolis, attenditur ut devote exspectetur, amanter suscipiatur, religiose nutriatur»³⁰.

2.4 *Pedro Lombardo († 1160)*

Dentro de las colecciones de sentencias que surgen en esta época de reforma, las de Pedro Lombardo son las más importantes puesto que van a ser referencia en los estudios eclesiásticos durante varios siglos³¹. La colección de este Maestro lleva por título *Sententiarum libri quatuor*

---

²⁷ «Cum omnia sacramenta post peccatum et propter peccatum sumpserint exordium, solam conjugii sacramentum etiam ante peccatum legitur institutum; non tamen ad remedium sed ad officium». HUGO DE SAN VÍCTOR, *De sacramentis*, c. 1, *PL* 176, 479-480.

²⁸ HUGO DE SAN VÍCTOR, *De sacramentis*, c. 2, *PL* 176, 481.

²⁹ «Instituio conjugii duplex est: una ante peccatum ad officium; altera post peccatum ad remedium. Prima ut natura multiplicaretur; secunda ut natura exciperetur, et vitium cohiberetur». HUGO DE SAN VÍCTOR, *De sacramentis*, c. 3, *PL* 176, 481.

³⁰ HUGO DE SAN VÍCTOR, *De sacramentis*, c. 7, *PL* 176, 494.

³¹ S. VANNI ROVIGHI, «Pietro Lombardo», 534: «Le sue *Sentenze* sono l'esempio più perfetto, almeno dal punto di vista dell'equilibrio e della tecnica espositiva, di un genere letterario che si andò elaborando nel sec. XII. Si sentiva in quest'epoca l'esigenza di un'esposizione sistematica della dottrina cristiana, e le *Sententiae* rispondono a questa esigenza. Ce ne sono di varie scuole (che fanno capo rispettivamente ad Anselmo di Laon, Abelardo, Ugo di S. Vittore e Gilberto Porretano) e P. L. trae profitto dall'opera di questi suoi predecesori, ma specialmente da Anselmo e Ugo, più raramente da Abelardo». *Ibid.*, 535: «Le *Sentenze* di P. L. divennero libro di testo obbligatorio per l'insegnamento della teologia, e tali restarono fino al sec. XVI, sì che tutti i maggiori teologi medievali scrissero *Commenti alle Sentenze*».

y es en el libro IV, de las distinciones 26 a 42, donde trata el sacramento del matrimonio.

Sobre la institución del matrimonio, sigue a Hugo de San Víctor afirmando los dos instituciones, antes y después del pecado original[32]. Además, señala que: «ante peccatum dixit Deus Gen. 1: *Crescite et multiplicamini*»[33]. Es decir, el mandato de la procreación es anterior al pecado original y, por tanto, anterior también a la concesión del matrimonio como remedio de la concupiscencia. Dios instituyó el matrimonio al crear al hombre y la mujer con esta finalidad procreativa.

Con respecto a la definición y nacimiento del matrimonio, afirma que: «Sunt igitur nuptiae vel matrimonium, viri mulierisque coniunctio maritalis, inter legitimas personas, individuam vitae consuetudinem retinens»[34], y que la causa eficiente del mismo es el consentimiento, es decir, la manifestación de presente, no de futuro, de la voluntad de esposarse: «Efficiens autem causa matrimonii est consensus, non quilibet, sed per verba expressus; nec de futuro, sed de praesenti»[35].

Es en la distinción 31 donde se refiere específicamente a los tres bienes del matrimonio. En su formulación recoge literalmente la ya ofrecida por san Agustín[36], pero después explicita cada uno de ellos con detenimiento. Sin embargo, este desarrollo de los mismos lo hace para explicar una afirmación interesante según la cual: «Haec tria non adsunt omni conjugio»[37]. Pedro Lombardo considera que estos tres bienes no se dan en todos los matrimonios, si bien afirma que al ser bienes del matrimonio, excusan la realización del coito[38]. Es decir, el coito será un mal menor frente a los bienes de la fidelidad, la prole y la sacramentalidad. Sobre su presencia o no en el matrimono, piensa que pueden faltar la fidelidad y la prole, pero no puede faltar nunca la sacramentalidad[39]. Veamos su argumentación. Sobre la fidelidad dice que:

Deest enim fides ubi vir cum alia vel mulier cum alio coit. Hoc igitur bonum ita coniugio adhaeret, ut ex eo, si adsit, amplius commendetur coniugium; si non adsit, non inde adnihiletur. Quae enim adultera est, non ideo

---

[32] Cf. PEDRO LOMBARDO, *Sententiae*, IV, 26, 2, p. 417.
[33] PEDRO LOMBARDO, *Sententiae*, IV, 26, 2, p. 417.
[34] PEDRO LOMBARDO, *Sententiae*, IV, 27, 2, p. 422.
[35] PEDRO LOMBARDO, *Sententiae*, IV, 27, 3, p. 422.
[36] Cf. PEDRO LOMBARDO, *Sententiae*, IV, 31, 1, p. 442.
[37] PEDRO LOMBARDO, *Sententiae*, IV, 31, 2, p. 443.
[38] «Post haec de bonis coniugii, quae sint et qualiter coitum excusent, dicendum est». PEDRO LOMBARDO, *Sententiae*, IV, 31, 1, p. 442.
[39] Cf. PEDRO LOMBARDO, *Sententiae*, IV, 31, 2, p. 444.

coniux non est; immo si coniux non esset, adultera non foret. Quod cum fit, culpa committitur, sacramentum vero non cassatur[40].

Es decir, el matrimonio que ha comenzado a existir por el consentimiento de las partes, es un sacramento que no pierde nunca su carácter, aún cuando las partes no sean fieles entre sí. La infidelidad no anula el sacramento.

El *bonum prolis* también puede no darse en el matrimonio. Esto sucede cuando las partes hacen voto común de continencia o bien por imposibilidad debida a la edad de los cónyuges o que, por cualquier otro motivo, no pueden engendrar[41]. Sin embargo, el *Magister Sententiarum* explica la distinción entre la prole en sí misma o efectiva que tenga un matrimonio y lo que es el *bonum prolis*, de tal modo que un matrimonio puede tener hijos pero no gozar del bien de la prole. Estas son sus palabras:

> Nam bonum prolis dicitur non ipsa proles vel prolis spes quae ad religionem non refertur, immo ad hereditariam successionem: ut cum quis heredes terrenae possessionis habere desiderat; sed spes ac desiderium quo proles ad hoc quaeritur, ut religione informetur. Multi ergo prolem habent, qui tamen bono prolis carent; nec ideo tamen coniugium esse desinit[42].

Por tanto, una cosa es el deseo de la prole pero sólo con la intención de que herede los bienes que uno pueda adquirir a lo largo de su vida, y otra cosa es el bien de la prole que significa la generación de los hijos y su educación religiosa.

El sacramento, en cambio, subsiste mientras viven las partes y no desaparece ni siquiera a causa del divorcio motivado por fornicación[43].

Sólo la presencia de los tres bienes excusa la realización del coito. Sin embargo, Pedro Lombardo entiende, con san Agustín, que cuando dos personas se unen carnalmente, con el compromiso de no unirse con otras personas mientras vivan los dos y, si bien en su unión no busquen directamente la prole, al menos no la excluyen deseando que no nazcan hijos o incluso evitándola con prácticas reprobables, entonces esa unión

---

[40] PEDRO LOMBARDO, *Sententiae*, IV, 31, 2, p. 443-444.
[41] «Bonum quoque prolis non omnibus adest coniugibus. Quidam enim pari voto continentiam servant; alii pro aetatis defectu vel alterius rei causa generare non valent». PEDRO LOMBARDO, *Sententiae*, IV, 31, 2, p. 444.
[42] PEDRO LOMBARDO, *Sententiae*, IV, 31, 2, p. 444.
[43] «Sacramentum vero ita inseparabiliter coniugio haeret legitimarum personarum, ut sine illo coniugium non esse videatur, quia semper manet inter viventes vinculum coniugale, ut etiam interveniente divortio fornicationis causa, coniugalis vinculi firmitas non solvatur». PEDRO LOMBARDO, *Sententiae*, IV, 31, 2, p. 444.

se puede considerar matrimonio. Si, por el contrario, faltan el bien de la fidelidad o el de la prole, o uno solo de ellos, esa unión no se puede llamar matrimonio[44]. Por tanto, termina afirmando Pedro Lombardo: «Ecce coniuges dicuntur, qui solius concubitus causa conveniunt, si tamen prolis generationem aliquo malo dolo non vitent»[45].

Por ello, aunque Pedro Lombardo ha afirmado previamente la necesidad de la educación religiosa de la prole como elemento del *bonum prolis*, hay que entender que, al igual que los hijos no se deben evitar, tampoco esta educación se debe excluir, para considerar la existencia de este bien de la prole. Esta no exclusión de la educación religiosa de la prole pensamos que se cumple de modo suficiente con la voluntad mínima de confiarla, al menos, a otras personas. De lo contrario, resultaría más importante dentro del *bonum prolis* la educación religiosa de los hijos que la generación de los mismos, lo cual sería contradictorio pues no hay educación posible si no hay sujeto.

Conforme a estas afirmaciones, y siguiendo una vez más a san Agustín, cuando se procura la esterilidad no hay esposos sino fornicadores. Lo mismo sucede cuando se busca la eliminación del hijo concebido antes de que viva en el útero o si ya vive en él, antes de que nazca[46]. Por tanto, una cosa es la calificación moral que merezcan la esterilización y el aborto -y dentro de este las dos posibilidades que se concebían en la época[47]- y otra muy distinta es la jurídica, en la que

---

[44] «Quod vero coniugium sit inter eos qui coniugali affectu, non tamen gratia prolis, sed explendae libidinis conveniunt, nec fornicari sed coniuges appellentur, ostendit Augustinus inquiens: "[…] Et potest fortasse non absurde hoc appellari connubium, si usque ad mortem alicuius eorum id inter eos placuerit, et prolis generationem, quamvis non ea causa coniuncti sint, non tamen vitaverint: ut vel nolint sibi nasci filios, vel etiam opere malo aliquo agant ne nascantur. Ceterum si vel utrumque vel unum horum desit, non invenio quomodo has nuptias appellare possimus"». PEDRO LOMBARDO, *Sententiae*, IV, 31, 2, p. 444-445. Cf. AGUSTÍN DE HIPONA, *De bono coniugali*, V, 5, CSEL 41, 193.

[45] PEDRO LOMBARDO, *Sententiae*, IV, 31, 2, p. 445.

[46] «Qui vero venena sterilitatis procurant, non coniuges, sed fornicarii sunt. Unde Agustinus: "Aliquando eousque pervenit haec libidinosa crudelitas vel libido crudelis, ut etiam sterilitatis venena procuret; et si nihil valuerint, conceptos fetus intra viscera aliquo modo exstinguat vel fundat, volendo suam prolem prius interire quam vivere; aut si in utero vivebat, occidi antequam nasci. Prorsus, si ambo tales sint, coniuges non sunt; et si ab initio tales fuerunt, non sibi per connubium, sed per stuprum potius convenerunt». PEDRO LOMBARDO, *Sententiae*, IV, 31, 3, p. 445. Cf. AGUSTÍN DE HIPONA, *De nuptiis et concupiscentiis*, I, 15, 17, CSEL 42, 230.

[47] Esta distinción entre el hijo que todavía no vive en el útero y el que sí lo hace corresponde a la concepción de la época, expresada por el mismo Pedro Lombardo al hablar de la concepción de Jesucristo, según la cual es el semen el que se va des-

no existe distinción pues tanto la esterilización como el aborto tienen la misma motivación de evitar la prole y, por tanto, afectan de igual modo al *bonum prolis*, haciéndo nulo el matrimonio por razón de su exclusión.

Como ya señalamos con anterioridad, la importancia y difusión de las Sentencias de Pedro Lombardo llevó a distintos autores a hacer comentarios a las mismas. Veremos algunos de ellos a continuación.

2.5 *San Buenaventura († 1274)*

Este insigne maestro y cardenal, de la orden franciscana, se refiere al matrimonio y al *bonum prolis* en algunas de sus obras. En el *Breviloqium* tiene un pequeño apartado dedicado al sacramento del matrimonio en el que comienza afirmando que el matrimonio es: «coniunctio legitima maris et feminae, individuam vitae consuetudinem retinens»[48], es decir, toma la definición de matrimonio de Justiniano. Después pasa a señalar cuando y por qué fue instituído el matrimonio. Aquí sigue la teoria que hemos visto en los autores anteriores que hablan de la doble institución con una doble finalidad y un doble significado. En concreto, afirma la unión antes y después del pecado. Antes del pecado el matrimonio fue instituído como servicio o misión; después del pecado, además, como remedio del desorden del deseo[49]. El pecado obligó a una segunda institución que corrigiera sus efectos malignos, pero no anuló el servicio primigenio para el que fue instituido[50].

También el matrimonio tiene dos significados que coinciden con la anterioridad o posteridad al pecado. Antes del pecado, el matrimonio significaba la unión de Dios con el alma; después de la caída significa

---

arrollando y el que debe fructificar en el útero de la madre, existiendo un período de tiempo en el cual todavía no ha recibido el alma por ser informe. Esta falta de simultaneidad, tomada de san Agustín, es la que motivará la diferenciación entre el aborto como simple pecado o como homicidio al cual el mismo Pedro Lombardo se refiere y que santo Tomas señalará en su comentario a las sentencias del *Magister*. Cf. PEDRO LOMBARDO, *Sententiae*, III, 3, pp. 31-35. TOMÁS DE AQUINO, *Commento*, vol. 5, 235-243.

[48] Cf. BUENAVENTURA, «Breviloquium», VI, 13, 246.

[49] BUENAVENTURA, «Breviloquium», VI, 13, 246-247: «Haec autem coniunctio non solum fuit post peccatum, verum etiam ante peccatum; sed prius fuit institutum sacramentum coniugii in *officium*, nunc autem non solum in *officium*, verum etiam in *remedium* contra libidinis morbum».

[50] Este servicio no lo explica aquí, sino un poco más adelante, como en seguida veremos.

la unión de Cristo con la Iglesia y la dualidad de naturalezas en la unidad de persona[51].

Además, el matrimonio nace por el mutuo consentimiento libre de las partes, manifestado externamente por algún signo sensible y se consuma mediante la cópula carnal[52]. Por tanto, el matrimonio se inicia por una voluntad de futuro, se ratifica por la voluntad de presente y se consuma por la cópula carnal[53].

Con respecto a los bienes del matrimonio, san Buenaventura continúa su exposición afirmando que son tres, pero limitándose a enunciarlos, y enuncia también los doce impedimentos que dirimen el contrato matrimonial[54].

El servicio originario para el que fue instituído el matrimonio es el de la generación de la prole pero, por la caída en el pecado, esta función quedó alterada por la lujuria. El Verbo de Dios, en su Encarnación, nos trajo el remedio de la salvación y, en concreto, su unión con la naturaleza humana restaura el significado primitivo de la unión del hombre y la mujer. Si la propagación del género humano se tenía que realizar por la unión de un hombre con una mujer, que antes del pecado significaba la unión de Dios con el alma, después del pecado el significado cambia a la unión de Cristo con la Iglesia, pero no varía su finalidad procreativa, sino que esta queda redimida del pecado y por ello, el matrimonio queda excusado[55].

---

[51] BUENAVENTURA, «Breviloquium», VI, 13, 247: «Prius significabat coniunctionem Dei et animae, nunc autem praeter hoc significat coniunctionem Christi et Ecclesiae et duarum naturarum in unitate personae».

[52] BUENAVENTURA, «Breviloquium», VI, 13, 247: «*Introducitur* autem haec coniunctio in *esse* per liberum consensum animorum ex parte utriusque personae, exterius expressum in aliquo signo sensibili, *consummari* autem habet in copula carnali».

[53] BUENAVENTURA, «Breviloquium», VI, 13, 247: «Nam per verba de futuro dicitur matrimmonium *initiari*, per verba de praesenti *ratificari*, sed per carnalem copulam habet *consummari*». Hemos traducido por voluntad el término *verba* porque de esta manera pensamos que se entiende mejor el sentido en el que está hablando el autor, puesto que por las palabras de futuro y de presente se manifiesta la voluntad del contrayente.

[54] BUENAVENTURA, «Breviloquium», VI, 13, 247: «Huius autem Sacramenti tria sunt *bona*, "scilicet fides, proles et Sacramentum"; et duodecim *impedimenta*, quae impediunt contrahendum et dirimunt iam contractum, quae in his verbis continentur: error, conditio, votum, cognatio, crimen, cultus disparitas, vis, ordo, ligamen, honestas; si sis affinis, si forte coire nequibis; haec socianda vetant coniugia, iuncta retractant».

[55] BUENAVENTURA, «Breviloquium», VI, 13, 248: «hinc est, quod Deus ab initio instituit, ut propagatio fieret per coniunctionem maris et feminae *individuam* et *singularem*, quae significaret *ante* peccatum coniunctionem Dei et animae, seu Dei et sub-

En su *Comentario a los cuatro libros de Sentencias de Pedro Lombardo*, también encontramos las referencias correspondientes al matrimonio. En primer lugar afirma la doble institución que ya hemos referido en la obra anterior, señalando el oficio o misión anterior al pecado, al que se suma el remedio posterior al mismo[56].

El matrimonio nace por la manifestación del consenso y la cópula carnal no es necesaria para su existencia sino para su perfección[57]. Este consenso tiene que ser, además, de presente y sin límite de tiempo[58] y si se interpone una condición deshonesta o contraria a la esencia del matrimonio, por ejemplo, cuando se impone la condición de provocar la esterilidad, no nace el vínculo matrimonial. Si no es contra la esencia, se tiene por no puesta. Dice en concreto:

> Si autem est inhonesta (conditio), duplex est: aut est contra substantiam matrimonii, tunc nulla est obligatio, ut si dicat: contraham tecum, si procuraveris venena sterilitatis, vel aliquod huiusmodi. Si autem est inhonesta et non contra substantiam matrimonii, ut si dicatur: contraham tecum,

---

caelestis hierarchiae, *post* peccatum vero coniunctionem Dei et humanae naturae, seu Christi et Ecclesiae; […] libido, quae supervenit per peccatum, potius habet per matrimonium excusari, quam ipsum valeat vitiare».

[56] BUENAVENTURA, *Commentaria*, IV, dist. 26, a. I, q. I: «Matrimonii usus non tantum convenit infirmis, sed etim sanis; et ideo duplex fuit eius institutio: una ante lapsum in officium, et alia post lapsum in remedium».

[57] BUENAVENTURA, *Commentaria*, IV, dist. 26, a. II, q. I: «Et ex hoc patet responsio ad primum, quid sit hic signum, quia primo et principaliter est verbum, vel nutus, in quo exprimitur consensus; ut annexum est distinctio sexuum». *Ibid.*, dist. 27, a. I q. I: «Huiusmodi autem vinculum habet causam primam, et habet causam proximam; prima est divina institutio, proxima est humana pactio, quae est in convenientia consensuum duorum, scilicet maris et feminae. Et ideo dicendum, quod consensus est causa matrimonii, sed non tota, immo cum institutione divina; consensus autem non alterius, sed utriusque personae». *Ibid.*, dist. 26, a. II, q. III: «Integritas rei dupliciter accipitur, videlicet quantum ad esse necessitatis, vel quantum ad esse completionis sive plenitudinis. Si loquamur quantum ad esse necessitatis, verum est, quod Sacramentum matrimonii esse habet sine commixtione carnis; si autem quantum ad esse plenitudinis, sic est de eius integritate».

[58] BUENAVENTURA, *Commentaria*, IV, dist. 28, a. u., q. I: «Si enim exprimatur per verba de futuro, in veritate non est consensus tunc, sed promisio de consentiendo. Unde si dicat quis: ego consentiam in te; tunc quidem non consentit, sed se consesurum promittit. Et quia non est ibi consensu, ideo non est matrimonii contractio; quia vero est promissio, et ideo obligatio; propterea non matrimonium, sed sponsalia debent dici». *Ibid.*, dist. 28 a. u., q. II: «Ad hoc, quod sit matrimonium, necesse est, consensum esse et exprimi simpliciter unde dici debet: accipio te in meam; quodsi alio modo consentiat, non est consensus matrimonialis sive coniugalis sed adulterinus».

si furatus fueris, vel si Deus offenderis; talis conditio pro non adiecta habenda est[59].

Esta es una referencia explícita de san Buenaventura sobre el *bonum prolis* como elemento esencial del matrimonio, pero además, señala claramente la invalidez del matrimonio contraído bajo esta condición o voluntad contraria a la esencia del matrimonio. Sin embargo, si no existe esta voluntad previa, ni la búsqueda de la esterilidad posterior al matrimonio, ni la práctica del aborto de la prole concebida disuelven el vinculo matrimonial contraído[60].

Sobre los bienes del matrimonio afirma que cumplen una finalidad. Así, la fidelidad entra en la causa de lo honesto, la prole en el orden de lo conveniente y el sacramento en el orden de lo bueno, lo agradable. En concreto, el *bonum prolis* es conveniente para la conservación y perfección de la especie[61]. Además de cumplir una finalidad los tres bienes del matrimonio ponen de manifiesto tres propiedades de la unión entre Cristo y la Iglesia, que son la unidad, la generación de hijos y la no separación entre ellos[62].

2.6 *Santo Tomás de Aquino († 1274)*

La teología sobre el matrimonio de santo Tomás, se encuentra dispersa en varias de sus obras. Además, es sabido que al no culminar la *Summa Theologica* uno de los tratados que quedó sin realizar fue precisamente el del matrimonio, donde hubiéramos encontrado expuesta, con el orden propio del santo, la doctrina del matrimonio[63]. En la obra en la que más trata del matrimonio es la del *Comentario a las Senten-*

---

[59] BUENAVENTURA, *Commentaria*, IV, dist. 28, a. u., q. III.
[60] BUENAVENTURA, *Commentaria*, IV, dist. 31, a. I, q. III: «Sed alia duo bona (fides et proles) quodam modo sunt de esse, quodam modo de bene esse. Si enim loquamur quantum ad matrimonii usum, sic sunt de bene esse, quoniam usus matrimonii absque his esse potest, sicut tota die est; et non solum est absque his, sed etiam cum suis oppositis. Unde sterilitatis et abortus procuratio et fidei fractio non dissolvunt matrimoniale vinculum contractum».
[61] BUENAVENTURA, *Commentaria*, IV, dist. 31, art. I, q. I: «Fides est, quod suam cognoscat et non aliam; hoc est bonum moris de se ordinatum et cadit in genere honesti. Prolis vero bonum cadit in genere conferentis; confert enim prolis multiplicatio ad speciei conservationem et perfectionem numeri, sicut cibus ad conservationem individui. Bonum vero Sacramenti cadit in genere delectabilis, quia tanta est ibi unio, ut relinquat homo patrem et matrem, et sint duo in carne una».
[62] BUENAVENTURA, *Commentaria*, IV, dist. 31g, a. I, q. II: «Et haec tria significant triplicem proprietatem unionis Christi cum Ecclesia, quia scilicet unitur uni, et quia ex ea filios generat, et quia numquam separatur».
[63] Cf. F. BARBADO – S. RAMÍREZ, «Introducción», 157.

cias de Pedro Lombardo, que después el autor del *Suplemento* de la *Summa Theologica* tomará como base para confeccionar este tratado[64].

Sin embargo, la problemática relativa al matrimonio viene tratada en otras de sus obras, aunque no de un modo sistemático sino tratando sólo alguno de sus aspectos importantes, entre los cuales está el *bonum prolis*.

En la *Summa contra Gentiles*, encontramos una primera afirmación según la cual la indisolubilidad del matrimonio tiene mucho que ver con la educación de los hijos, puesto que la especificidad de la especie humana exige que aquella sea tarea tanto del hombre como de la mujer. En efecto, afirma santo Tomás: «Rursus considerandum est quod in specie humana proles non indiget solum nutritione quantum ad corpus, ut in aliis animalibus; sed etiam instructione quantum ad animam»[65].

En la *Summa Theologica* aparecen algunas referencias al matrimonio al tratar la lujuria, la virginidad y la continencia. En la 2-2, qq. 153-154 es donde santo Tomás habla de la lujuria. A raíz de ello tiene que hablar del rapto, el estupro, el adulterio y el incesto, entre otros pecados. Santo Tomás señala la gravedad de los mismos en la medida en que afectan a la unidad del matrimonio si consisten en adulterio, poligamia o poliandria. El pecado de incesto tiene su traducción jurídica en el impedimento de consanguinidad. Por último, el sacrilegio carnal o pecado de lujuria cometido, en concreto, con personas obligadas al voto de castidad, se traduce en el impedimento de voto[66].

Con respecto a la virginidad, el Aquinate afirma su bondad pero la enmarca dentro de una distinción que hace en referencia a las obligaciones que lo son de modo personal o colectivo, por el bien de la humanidad. Así, el precepto de alimentarse recae sobre cada persona, pero el de multiplicarse recae sobre la multitud, por lo que es suficiente con que algunos atiendan a dicha multiplicación de la especie mientras otros se dedican a la contemplación de las verdades divinas para mayor belleza y prosperidad de la humanidad[67]. De aquí podemos deducir que

---

[64] Cf. F. BARBADO – S. RAMÍREZ, «Introducción», 157.

[65] Cf. TOMÁS DE AQUINO, *Summa contra gentiles*, III, c. 122. Y continúa diciendo santo Tomás: «Nam alia animalia naturaliter habent suas prudentias, quibus sibi providere possunt: homo autem ratione vivit, quam per longi temporis experimentum ad prudentiam pervenire oportet; unde necesse est ut filii a parentibus, quasi iam expertis, instruantur».

[66] Cf. TOMÁS DE AQUINO, *Suma Teológica*, 2-2, q. 154, aa. 6-10.

[67] «Praeceptum igitur legis naturae homini datum de comestione, necesse est quod ab unoquoque impleatur: aliter einm individuum conservari non posset. Sed praeceptum datum de generatione respicit totam multitudinem hominum: cui necessarium est non solum quod multiplicetur corporaliter, sed etiam quod spiritualiter proficiat. Et

tanto el matrimonio como la virginidad son igualmente buenos desde el punto de vista de la función social que cumplen. Sin embargo, desde el punto de vista de la virtud, es mayor la virginidad que la castidad conyugal pues aquella mantiene la absoluta inmunidad del placer venéreo[68]. Esta distinción que observamos, nos parece muy interesante porque en el trasfondo está la función social que cumple el *bonum prolis* como elemento esencial del matrimonio, y que en este sentido de cumplimiento de un bien social ya no se opone a la virginidad, sino que se sitúa en un plano de igualdad, al revertir ésta también en un bien social.

En la tercera parte de la *Summa* se ocupa de los desposorios de la Madre del Señor. Dentro de esta cuestión aborda la veracidad del matrimonio entre María y José. En la respuesta que da santo Tomás encontramos diversas afirmaciones sobre la esencia y perfección del matrimonio, que se encuentran también en el matrimonio de María y José.

En primer lugar, afirma que la veracidad del matrimonio se entiende por su perfección, pero ésta puede ser doble: en la forma, según la cual se constituye, y por la consecución de su fin[69]. En este sentido, la primera perfección del matrimonio se da en el consentimiento mutuo de los esposos de guardarse fidelidad[70].

Después, santo Tomás afirma como fin del matrimonio la generación y educación de la prole, consiguiéndose esto de dos modos distintos: la cópula conyugal y los actos de alimentación y cuidado de la prole[71].

Estas distinciones del Aquinate le permiten pasar a afirmar la veracidad del matrimonio de María y José porque se dio el consentimiento de fidelidad mutua y, aunque la cópula conyugal quedaba excluída, sí que

---

ideo sufficienter providetur humanae multitudini si quidam carnali generationi operam dent: quidam vero, ab hac abstinentes, contemplationi diinorum vacetn, ad totius humani generis pulchritudinem et salutem». TOMÁS DE AQUINO, *Suma Teológica*, 2-2 q. 152, a. 2, 174.

[68] Cf. TOMÁS DE AQUINO, *Suma Teológica*, 2-2, q. 152, a. 4, 178.

[69] TOMÁS DE AQUINO, *Suma Teológica*, 3, q. 29, a. 2: «Respondeo dicendum quod matrimonium sive coniugium dicitur verum ex hoc quod suam perfectionem attingit. Duplex est autem rei perfectio: prima et secunda. Prima quidem perfectio in ipsa forma rei consistit, ex qua speciem sortitur; secunda vero perfectio consistit in operatione rei, per quam res aliqualiter suum finem attingit».

[70] TOMÁS DE AQUINO, *Suma Teológica*, 3, q. 29, a. 2: «Forma autem matrimonii consistit in quadam indivisibili coniunctione animorum, per quam unus coniugium indivisibiliter alteri fidem servare tenetur».

[71] TOMÁS DE AQUINO, *Suma Teológica*, 3, q. 29, a. 2: «Finis autem matrimonii est proles generanda et educanda: ad quorum primum pervenitur per concubitum coniugalem; ad secundum, per alia opera viri et uxoris, quibus sibi invicem obsequuntur ad prolem nutriendam».

se cumplió el fin de la prole en la persona de Nuestro Señor[72]. Por tanto, fue un matrimonio perfecto tanto por su origen consensual, como por la consecución de su fin, pues si bien esta segunda perfección no lo fue por la cópula conyugal, sí que lo fue por la educación de la prole[73]. Es decir, fue matrimonio rato y no consumado, pero perfecto en su origen y en sus fines[74].

Una afirmación interesante sobre el *bonum prolis* la encontramos en el *Comentario a las Epístolas de san Pablo*. En concreto, relaciona la generación y educación de los hijos con la fidelidad conyugal, pues esta también es necesaria para el óptimo crecimiento de la prole, que necesita la presencia del padre junto a la madre[75]. Además, sitúa el *bonum prolis* como bien del matrimonio por causa de orden natural, para la generación y educación de la prole, mientras que el remedio a la concupiscencia lo sitúa dentro del *bonum fidei*[76]. Por último, señala que el acto conyugal se realiza sin culpa cuando se ordena al *bonum prolis*[77].

Ya dijimos que el *Comentario a las Sentencias de Pedro Lombardo* es la base del tratado del matrimonio que aparece en el *Suplemento* de la *Summa Theologiae*. Por ello, para no repetir las citas tomamos sólo lo que aparece en el suplemento de la *Suma teológica*. Para santo Tomás de Aquino el matrimonio es de orden natural pues, como también afirmó en el comentario a 1 Cor, 7, posibilita que la prole no sólo sea

---

[72] Cf. TOMÁS DE AQUINO, *Suma Teológica*, 3, q. 29, a. 2.

[73] TOMÁS DE AQUINO, *Suma Teológica*, 3, q. 29, a. 2: «Habuit tamen illud matrimonium etiam secundam perfectionem quantum ad prolis educationem». Después cita literalmente a san Agustín en *De nuptiis et concupiscentia*, I, 14, para sostener su afirmación.

[74] Esta peculiaridad del matrimonio de la Virgen y san José entra en conflicto con el *ius ad actus coniugales modo naturali ponendos* como elemento esencial del *bonum prolis* que, en el desarrollo histórico de la doctrina canónica, deberemos mirar con atención.

[75] TOMÁS DE AQUINO, «Super primam epistolam», 296: «Maxime autem in specie humana masculus requiritur ad prolis educationem, quae non solum attenditur secundum corporis nutrimentum, sed magis secundum nutrimentum animae, […] et ideo ratio naturalis dictata quod in specie humana non sint vagi et incerti concubitus, quales sunt concubitus fornicarii, sed sint determinati viri ad determinatam foeminam, quae quidem determinatio fit per legem matrimonio».

[76] Cf. TOMÁS DE AQUINO, «Super primam epistolam», 296.

[77] TOMÁS DE AQUINO, «Super primam epistolam», 298: «Unde considerandum est quod actus coniugalis quandoque quidem est meritorius, et absque omni culpa mortali vel veniali, puta cum ordinatur ad bonum prolis procreandae et educanda ad cultum Dei: sic enim est actus religionis; vel cum fit causa reddendi debitum; sic enim est actus iustitiae».

generada, sino también educada, lo cual exige la presencia tanto del padre como de la madre[78].

Sobre los esponsales, merece la pena resaltar que presenta las cuatro clases de condiciones que pueden acompañar al consentimiento. En concreto, una que afecta al *bonum prolis*, es la condición que es calificada como contraria a los bienes del matrimonio, por lo que invalida el consentimiento. Hay que aclarar que esta afirmación la hace santo Tomás hablando de los esponsales como promesa de futuro. Los que resultarían inválidos en este caso serían los esponsales, por lo que nada impediría que posteriormenete se prestara un consentimiento válido, si desaparece la condición torpe[79].

También aborda santo Tomás el delicado tema de la simulación del consentimiento. En la solución al mismo afirma que si la expresión oral manifestada en el consentimiento no coincide con la voluntad interior, el matrimonio no es válido. Lo compara al hecho del que se bautiza sin la intención de recibir dicho sacramento sino por burla o engaño, por lo que no quedaría bautizado[80]. Además, esta nulidad del matrimonio contraído con simulación no queda subsanada por la cópula carnal, pues es necesario que primero exista el consentimiento válido[81].

El consenso matrimonial tiene como objeto implícito la cópula carnal, que junto a las demás cosas que corresponden a los consortes, se llama «cópula conyugal». En este sentido, el matrimonio no consiste sólo en la unión carnal, sino en una sociedad entre el hombre y la mujer en la cual se incluye dicha cópula[82]. Por esa misma razón, si en el consentimiento se niega al otro la realización de la cópula el matrimonio es nulo[83]. Sin embargo, la finalidad del matrimonio, o la causa a la cual se

---

[78] Cf. TOMÁS DE AQUINO, *Suma Teológica*, supl. q. 41, a. 2.

[79] TOMÁS DE AQUINO, *Suma Teológica*, supl. q. 43, a. 1: «Aut est dishonesta (conditio). Et hoc dupliciter. Quia aut est contraria bonis matrimonii, ut si dicam, "Accipiam te si venena sterilitatis procures": et tunc non contrahuntur sponsalia. Aut non est contraria bonis matrimonii, ut si dicam, "Accipiam te si furtis meis consentias": et tunc stat promissio, sed tollenda est conditio».

[80] Cf. TOMÁS DE AQUINO, *Suma Teológica*, supl. q. 45, a. 4.

[81] TOMÁS DE AQUINO, *Suma Teológica*, supl. q. 46, a. 2: «Et sic in rei veritate carnalis copula non habet quod perficiat matrimonium cuius sponsalia praecesserunt per verba de futuro, si consensus interior desit: quia verba de praesenti etiam consensum exprimentia, si consensus mentalis deese, non facerent matrimonium».

[82] Cf. TOMÁS DE AQUINO, *Suma Teológica*, supl. q. 48, a. 1.

[83] TOMÁS DE AQUINO, *Suma Teológica*, supl. q. 48, a. 1: «Ad tertium dicendum quod illa conditio explicita (Consentio in te, ut non cognoscas me) non solum actui, sed potestati contrariatur copulae carnalis. Et ideo est contraria matrimonio».

ordena, no es la cópula en sí misma, sino que es la de procrear hijos y evitar la fornicación[84].

Despues se centra santo Tomás en los bienes del matrimonio. El uso del matrimonio supone un daño a la inteligencia pues la vehemencia del deleite absorbe la razón, por ello, el matrimonio queda compensado por los bienes que, con su presencia, lo cohonestan[85]. Estos bienes son la prole, la fidelidad y el sacramento, y forman parte del matrimonio desde que fue instituído como deber y remedio, por lo que es útil y honesto[86]. Los dos primeros nacen del carácter natural del matrimonio, pero el tercero, por su carácter sobrenatural[87].

En el bien de la prole hay que entender no sólo su generación sino también su educación, para lo cual está ordenada la comunicación de bienes y obras entre los esposos[88]. La fidelidad consiste en la palabra que se dan los esposos de cumplir lo prometido en cuanto a la unión exclusiva del uno con el otro[89]. El sacramento supone la indisolubilidad y todo lo que significa la unión de Cristo con la Iglesia[90].

Es compleja la relación que existe entre los tres bienes. Por un lado, la prole es más importante en cuanto al fin, pero puede no lograrse,

---

[84] TOMÁS DE AQUINO, *Suma Teológica*, supl. q. 48, a. 2: «Per se quidem causa matrimonii est ad quam matrimonium est de se ordinatum: et haec semper bona est, scilicet procreatio prolis et vitatio fornicationis». Cf. G.B. FERRATA, «Brevi note sull'oggetto del consenso», 240: «Dunque è evidente che un fine disonesto rende nullo il consenso non soltanto quando esclude la procreatio prolis, ma anche quando esclude lo ius ad coniugales actus, quando esclude il bonum fidei, quando esclude il bonum sacramenti, ed anche quando esclude il matrimonium ipsum».

[85] Cf. TOMÁS DE AQUINO, *Suma Teológica*, supl. q. 49, a. 1.

[86] TOMÁS DE AQUINO, *Suma Teológica*, supl. q. 49, a. 1: «Ad tertium dicendum, quod matrimonium, ex hoc ipso quod est in officium vel remedium, habet rationem utilis et honesti: sed utrumque horum ei competit ex hoc quod huiusmodi bona habet, quibus fit et officiosum et remedium ad concupiscentiae adhibens».

[87] TOMÁS DE AQUINO, *Suma Teológica*, supl. q. 49, a. 2: «Respondeo dicendum quod matrimonium est in officium naturae, et est sacramentum Ecclesiae. Inquantum ergo est in officium naturae, duobus ordinatur, sicut et quilibet alius virtutis actus. Quonum unum exigitur ex parte ipsius agentis: et haec est intentio finis debiti. Et sic ponitur bonum matrimonii "proles". –Alliud exigitur ex parte ipsius actus, qui est bonus i genere ex hoc quod cadit supra debitam materiam. Et sic est "fides", per quam homo ad suam acedit et non ad aliam. – Sed ulterius habet aliquam bonitatem inquantum est sacramentum. Et hoc significatur ipso nomine "sacramenti"».

[88] TOMAS DE AQUINO, *Suma Teológica*, supl. q. 49, a. 2: «Ad primum ergo dicendum, quod in prole non solum intelligitur procreatio prolis, sed etiam educatio ipsius, ad quam sicut ad finem ordinatur tota communicatio operum quae est inter virum et uxorem, inquantum sunt matrimonio coniuncti».

[89] Cf. TOMÁS DE AQUINO, *Suma Teológica*, supl. q. 49, a. 2.

[90] Cf. TOMÁS DE AQUINO, *Suma Teológica*, supl. q. 49, a. 2.

mientras que el sacramento pertenece al matrimonio en sí mismo considerado, por lo que nunca se da un matrimonio sin indisolubilidad. En este sentido, el sacramento es más esencial al matrimonio que la fidelidad y los hijos. Sin embargo, también se pueden considerar la prole y la fidelidad desde sus principios (*quod sunt in suis pricipiis*). En este sentido, la prole consiste en la intención de tener hijos y la fidelidad en la obligación de guardarla. Sin ellas no puede existir el matrimonio pues son parte del mismo contrato matrimonial. De hecho, si al prestar el consentimiento se estableciera algo en contra de aquellas, no habría verdadero matrimonio. Por tanto, la prole y la fidelidad son más esenciales que el sacramento, pero éste es más digno[91].

Además, la prole, en cuanto bien del matrimonio, es superior al bien natural que de por sí constituye, porque a la conservación de la especie se añade la ordenación a Dios de la misma. Por eso, en la realización del acto conyugal se ha de pretender no sólo la generación natural de los hijos, sino la prole como bien del matrimonio[92].

Por último, la búsqueda de la esterilidad y el aborto son, para santo Tomás, pecados de distinta gravedad, que por tanto, merecen distinta calificación moral. En todo caso, en cuanto a su relevancia con respecto al *bonum prolis* el Aquinate se limita a señalar la afirmación de Pedro Lombardo según la cual, quienes hayan procurado uno u otro no son esposos sino fornicadores[93]. Hemos señalado, más arriba, la diferencia entre la calificación moral y la jurídica que merece esta afirmación por lo que a ella nos remitimos[94].

---

[91] TOMÁS DE AQUINO, *Suma Teológica*, supl. q. 49, a. 3: «Indivisibilitas, quam "sacramentum" importat, pertinet ad ipsum matrimonium secundum se. [...] Alio modo possunt considerari fides et proles secundum quod sunt in suis principiis: ut pro "prole" accipiatur intentio prolis, et pro "fide" debitum servandi fidem. Sine quibus etiam matrimonium esse non potest: quia haec in hoc matrimonio ex ipsa pactione coniugali causantur; ita quod, si aliquid contrarium huius exprimeretur in consensu qui matrimonium facit, non esset verum matrimonium. Et sic accipiendo fidem et prolem, proles est essentialissimum in matrimonio, et secundo fides, et tertio sacramentum: sicut etiam homini est essentialius esse naturae quam esse gratiae, quamvis esse gratiae sit dignius».

[92] TOMAS DE AQUINO, *Suma Teológica*, supl. q. 49, a. 5: «Ad primum ergo dicendum quod proles prout est bonum sacramenti, addit supra prolem prout est bonum intentum a natura. Natura enim intendit prolem prout in ipsa salvatur bonum speciei: sed in prole secundum quod est bonum sacramenti matrimonii, ultra hoc intelligitur ut proles suscepta ulterius ordinetur in Deum».

[93] Cf. TOMÁS DE AQUINO, *Commento*, vol. 9, 398.

[94] Cf. *supra*, nt. 47.

2.7 *San Alberto Magno († 1280)*

Dentro de su Tratado *De Sacramentis* el tratado noveno es el dedicado específicamente al matrimonio. Para san Alberto el matrimonio nace por el consenso de los contrayentes expresado por palabras de presente[95], cuyo objeto consiste en la conjunción marital. Ésta exige la entrega del débito conyugal en tiempo y lugar oportuno y la voluntad de conservar la fidelidad mutua[96]. Por otro lado, el matrimonio no es que sea causa de la conjunción marital, sino que consiste en la misma conjunción[97].

Con respecto a los bienes del matrimonio, señala los tres referidos por san Agustín[98] y, distingue entre cuál de ellos es más esencial y cuál de ellos es mejor. Sobre la esencialidad distingue, a su vez, entre ella misma y lo que los bienes son en sí. El matrimonio es causa de los tres bienes, pero si alguno no se da en acto, no es por causa de la institución matrimonial, sino por las personas unidas en matrimonio, como por ejemplo ocurre en el matrimonio de los estériles o ancianos, en los que no se da la prole[99].

Con respecto a cuál de ellos es mejor, distingue entre la intención de quien instituyó el matrimonio, la comparación entre los mismos bienes y la eficacia en cuanto a la consecución de la santidad. Según esta distinción cada uno de los bienes es mejor que los otros. Así en el primer caso el mejor es el *bonum prolis*, en el segundo, la fidelidad y en el tercero el sacramento[100].

Sobre en qué consiste el *bonum prolis*, adopta la distinción ya vista entre la prole en sí misma y en sus principios. En este sentido afirma que lo que es el *bonum prolis* sólo se da en el matrimonio, mientras que fuera del mismo puede haber igualmente prole[101]. No explicita, en cambio, cuál es el contenido del mismo.

---

[95] Cf. ALBERTO MAGNO, *De Sacramentis*, IX, q. 1, a. 5.
[96] Cf. ALBERTO MAGNO, *De Sacramentis*, IX, q. 1, a. 5.
[97] «Matrimonio enim non est causa coniunctionis, sed est ipsa coniunctio» ALBERTO MAGNO, *De Sacramentis*, IX, q. 1, art. 1.
[98] Cf. ALBERTO MAGNO, *De Sacramentis*, IX, q. 2, a. 1.
[99] Cf. ALBERTO MAGNO, *De Sacramentis*, IX, q. 2. a. 3.
[100] «Si enim sumatur comparatio boni in genere boni matrimonii in comparatione ad intentionem instituentis matrimonium, sic bonum prolis maximum est bonum, secundum quod bonum dicitur utile. Si autem sumatur comparatio boni extra genus et simpliciter comparetur unum ad aliud, sic erit maximum bonum fidei in ratione, que bonum dicitur honestum. Si vero sumatur comparatio boni secundum rationem utilis dirigentis intellectum in beatitudinem, sic maximum erit bonum sacramenti». ALBERTO MAGNO, *De Sacramentis*, IX, q. 2, a. 4.
[101] «Ad id quod quaeritur prole, dicendum, quod aliud est habere prolem et aliud bonam prolem et aliud bonum prolis. Prima duo possunt haberi etiam non per matri-

2.8 *Beato Juan Duns Scoto († 1308)*

El último de los autores que estudiamos en este período, que destacará, como veremos más adelante, por su defensa de la distinción entre el matrimonio como contrato y como sacramento, aporta la siguiente definición de matrimonio: «certa et determinata obligatio et coniunctio determinati maris ad determinatam foeminam in specie humana, ordinata ad procreandam prolem et religiose educandam»[102]. Más adelante afirma claramente que la obligación matrimonial nacida del contrato consiste en la mutua entrega de la potestad sobre los cuerpos del macho y la hembra de la especia humana, para la procreación de la prole, su esmerada educación y el aumento del culto de Dios[103].

Esta obligación matrimonial tiene su perfección intrínseca en la indisolubilidad[104] y sus fines subordinados son la procreación de la prole, como fin principal y la cópula carnal, como fin menos principal. En esta perfección intrínseca y sus dos fines subordinados sitúa el autor los tres bienes del matrimonio, cuya relación mutua explica de la siguiente manera: «et ita sunt tria bona matrimonii, indissolubilitas vinculi pro forma et bono Sacramenti, usus illius vinculi, qui consistit in bono fidei, et fructus talis usus, qui est bonum prolis»[105]. El *bonum prolis*, por tanto, es fruto del vínculo indisoluble entre el hombre y la mujer, por el cual se otorgan la potestad exclusiva de sus respectivos cuerpos para la realización de la cópula carnal. Es decir, el *bonum prolis* no es la mera realización de la cópula carnal, sino la realización

---

monium, tertium autem non nisi per matrimonium. Et huius ratio patet ex supra dictis, quia hoc non de necessitate ponit actum, sed potentiam». ALBERTO MAGNO, *De Sacramentis*, IX, q. 2, a. 5.

[102] Cf. JUAN DUNS SCOTO, *Reportata parisiensia*, IV, 28, un. 18.

[103] «Mutua datio potestatis corporum maris et foeminae in specie humana, ad procreandam prolem religiose educandam, et ad cultum Dei augmentandum. [...] matrimonium esset "quodam obligatio coniugum innacens ex contractu mutuae donationis potestatis corporum ex mutuo consensu perseverans ad habendam ius mutuum in suis corporibus ad procreandam prolem». JUAN DUNS SCOTO, *Reportata parisiensia*, IV, 28, un. 30; cf. *Ibid.*, IV, 31, un. 13.

[104] Cf. JUAN DUNS SCOTO, *Reportata parisiensia*, IV, 31, un. 14.

[105] JUAN DUNS SCOTO, *Reportata parisiensia*, IV, 31, un. 15. «Iste actus ordinatur ad procreandum prolem, debite vel religiose educandam; ergo proles religiose educanda, si sequatur, est bonum extrinsecum matrimonii, tanquam finis principalis». *Id.*, IV, 31, un. 14. «Sic ergo pate quomodo Sacramentum, ut hic accipiatur, est bonum matrimonii primum et intrinsecum et forma; fides, id est, fidelitas in iuste reddendo actum debitum, est bonum eius, ut finis proximus, sed minus principalis; bonum prolis est eius bonum extrinsecum, ut finis ultimus, sed principalis». *Ibid.* un. 15.

de ésta posteriormente al establecimiento del vínculo indisoluble por el que el hombre y la mujer se entregan la potestad exclusiva sobre sus cuerpos.

Esta afirmación concuerda con lo ya visto en santo Tomás sobre la prole *in se ipsa* y la prole *in suis principiis*. De hecho, el mismo Duns Scoto reconoce que puede no darse la prole en un matrimonio «quia potest esse copula carnalis inter coniuges sine prole generata»[106]. Sin embargo, esta ausencia de prole tiene que ser natural, no fruto de causas ilegítimas que impidan la misma, las cuales afectarían a la validez del matrimonio[107].

3. La canonística clásica

La sociedad europea de los siglos XI a XIII sufre unas profundas transformaciones a las cuales no es ajena la vida de la Iglesia. Estas transformaciones afectan a los distintos ámbitos de la sociedad, de modo especial a las ciencias y las artes. De esta manera cambia el horizonte cultural de los hombres de la edad media[108]. Dentro de la Iglesia estos cambios se evidencian en la teología y en el derecho. El nuevo modo de hacer teología, con una mayor base racional, lleva a los juristas a buscar instrumentos legales que regulen con mayor perfección la conducta humana[109]. Se recupera la tradición jurídica romana y se confronta con la canónica en la búsqueda de una concordancia entre ambas. Poco a poco el resultado de esta relectura de las fuentes jurídicas lleva a una mayor autonomía de la ciencia canónica[110]. Esta relectura de las fuentes romanas, con la utilización del método dialéctico, y la incorporación de los nuevos avances filosóficos y teológicos, propiciarán el desarrollo de la canonística y en especial la aparición de la obra de Graciano que veremos a continuación[111].

En lo referente al matrimonio la evolución de toda esta época pasa por la afirmación de la sola necesidad del consenso para la formación

---

[106] Juan Duns Scoto, *Reportata parisiensia*, IV, 31, un. 20.
[107] «Necessarium est tamen ad omne matrimonium, ad hoc quod sit verum, quod non impediatur, per venena, vel alias, causas illegitimas, si ex carnali commixtione seminum posset naturaliter provenire, aliter enim magis esset adulterium, cum ad illud bonum naturaliter ordinetur». Juan Duns Scoto, *Reportata parisiensia*, IV, 31, un. 37.
[108] Cf. C. Fantappiè, *Introduzione storica*, 90-91.
[109] Cf. C. Fantappiè, *Introduzione storica*, 91.
[110] Cf. C. Fantappiè, *Introduzione storica*, 91.
[111] Cf. C. Fantappiè, *Introduzione storica*, 95.

del vínculo matrimonial, pero también aparece, por primera vez, recogida en el *Decreto* de Graciano la terminología de matrimonio iniciado, rato consumado y perfecto[112]. Sin embargo, esta terminología tuvo que ser también aclarada por parte de algunas *Decretales* y comentarios teológicos a las *Sentencias* de Pedro Lombardo[113].

Por otra parte, la prevalencia del consenso sobre la *copula carnalis*, tuvo como consecuencia que la canonística se centrara en las condiciones en que se presta este consentimiento, reforzándose la elección libre de los contrayentes, regulándose el consentimiento entre los ausentes, se pone, también, la atención en el efecto de la condición sobre el consentimiento matrimonial y otras circunstancias que pueden afectarle, como la incapacidad, el temor y el error[114]. De este modo, se avanzó hacia la concepción del matrimonio como contrato, si bien es un contrato especial pues tiene origen divino y esto comporta algunas peculiaridades diferentes a otros contratos[115].

Por último, en lo que se refiere a la técnica jurídica, el instrumento que va a permitir a los Papas ejercer su jurisdicción va a ser el de las *Decretales*, que van a proporcionar la unidad de procedimiento legislativo y administrativo dentro de la Iglesia[116]. Vemos a continuación los dos referentes de la canonística clásica por excelencia: el *Decreto* de Graciano y las *Decretales* de Gregorio IX.

---

[112] Cf. J. GAUDEMET, *Il matrimonio*, 130-131.
[113] Cf. J. GAUDEMET, *Il matrimonio*, 132.
[114] Cf. J. GAUDEMET, *Il matrimonio*, 132-138.
[115] J. GAUDEMET, *Il matrimonio*, 145: «Canonisti e più ancora teologi vanno oltre questi concetti presi a prestito e, adottando la tecnica dei giuristi romani, analizzano il consenso generatore del contratto. Su cosa verte? Qual è il suo oggetto? È l'associazione coniugale o il potere riconosciuto a ciascun coniuge sul corpo dell'altro (il che non comporta necessariamente l'esercizio dell'atto autorizzato da tale potere)? Le qualità del consenso vengono messe in evidenza. Il consenso debe essere "attuale", il che lo differenzia dal fidanzamento. Può essere dato soto condizione. Debe essere "reale", cioè non simulato. L'analisi psicologica in questo caso conta più delle categorie giuridiche. Infine il consenso non debe essere viziato. Ma i dottori medievali, pur inquadrando il matrimonio nelle categorie giuridiche dell'antico diritto romano, non possono non riconoscerne la specificità. L'istituzione matrimoniale è di origine divina e Dio è attento ad ogni matrimonio in particolare. La legge divina ha conferito al matrimonio una irrevocabilità che nessun altro impegno puramente umano conosce».
[116] Cf. C. FANTAPPIÈ, *Introduzione storica*, 106.

4. El *Decreto* de Graciano

4.1 *La finalidad de la obra de Graciano*

Para comprender la importancia que tiene el *Decreto* de Graciano[117] dentro de la tradición canónica, es necesario que lo enmarquemos en su momento histórico. Como ya hemos avanzado anteriormente, la potestad de la Iglesia en el ámbito matrimonial canónico fue absoluta desde el siglo XI. Pero esto no era un hecho aislado. La jurisdicción universal del Papa se basaba en la conciencia del ministerio petrino, otorgado por Cristo. Esta conciencia fue en aumento a lo largo de los siglos desde la aceptación de la Iglesia dentro del imperio romano y en el tiempo posterior al mismo. Llegados a estos siglos XI y XII, el reclamo de la jurisdicción papal se ve acompañada por la legislación centralizada en el sucesor de Pedro. Es decir, para hacer efectivo este ministerio del sucesor de Pedro, se requería que también las normas fueran competencia suya, como garantía de unidad dentro de toda la Iglesia.

La aparición del *Decreto* tiene un valor decisivo en la ciencia canónica, porque propiamente supone el nacimiento de la canonística como ciencia separada de la teología[118]. Frente a otras compilaciones anteriores, el Decreto de Graciano se presenta como la primera colección que incorpora tanto normas papales anteriores, como normas de la escritura, los Padres y concilios; además, recoge normas del Derecho Romano, de reinos seculares posteriores al Imperio y otras[119]. Por primera vez separa la materia canónica de la teológica, tomando como ejemplo la Pandectas Justinianea[120], sistematizando todo el material que conforma el conjunto de fuentes canónicas conocidas en esa época, formando así un verdadero tratado de ciencia canónica[121].

La importancia de esta obra no sólo reside en su contenido, sino también en su aceptación y, por tanto, el uso que recibió desde un princi-

---

[117] Titulada por su autor *Discordantium Canonum Concordia*, y conocida en la tradición como *Decretum*.
[118] Cf. P. ERDÖ, *Introducción*, 67.
[119] Cf. C. DUGGAN, «Papal Judges Delegate», 173.
[120] Cf. F. SCALA, *Saggio storico*, 3.
[121] Cf. A. VILLIEN, «Gratien», 1728. P. ERDÖ, *Introducción*, 68: «No se trata, entonces, simplemente, de una recopilación sistemática de textos que están divididos en títulos y libros, sino "de una serie de tratados en los cuales el Maestro propone alguna materia, o algún problema, que trata de explicar (o resolver) con el auxilio de las fuentes, que son traídas como argumento con fuerza de autoridad (auctoritates)" y son explicadas de modo dialéctico, según los principios de interpretación ya enunciados por los antecesores».

pio. Compuesto en Bolonia en torno a 1140, el Decreto fue desde un principio tomado como base de la jurisprudencia y escolástica canónica en toda la Iglesia occidental[122]. De modo especial fue usado en la Universidad de Bolonia y de ahí pasó al resto de universidades europeas[123]. Como tal compilación nunca tuvo fuerza de ley alguna[124], sin embargo, su estudio es utilísimo para comprender la historia del Derecho Canónico, en concreto, la del siglo XII, así como su influencia en los siglos posteriores[125].

Sabemos que la obra de Graciano no es la primera en el tiempo y en su modalidad. De hecho, la intención de Graciano es la de corregir los errores que descubre en las obras anteriores, especialmente en el *Decreto* de Burchardo de Worms y la *Panormia* de Yves de Chartres. Estos errores son sobre todo lagunas en la compilación, bien por haber quedado anticuadas, bien porque contenían contradicciones o no estaban ordenadas con claridad[126].

---

[122] Cf. C. DUGGAN, «Papal Judges Delegate», 174-175. Y añade más adelante, en referencia sobre todo a la práctica judicial: «The universal reception of the *Decretum* and the adoption of Romano-canonical procedure by the papal chancery, the canonists, and judges delegate decisively shaped the exercise of judicial authority in the Church. Gratian established general principles of ecclesiastical law which could be applied universally, *mutatis mutandis*, throughout Christendom. The Romano-canonical process created new standards for the conduct of cases, the submission of evidence, and the interrogation of witnesses. Although local customs sometimes remained intact, the new law helped to break down regional barriers and establish a common law, the *ius commune* of the whole Church. Bishpos, archdeacons, and local officials could not ignore these developments, for their own local authority and jurisdiction were undermined and open to criticism and review of their subjects found them wanting in due process or in the law itself. But the judges delegate were not simply passive agents of papal authority. Their judgments helped to shape the law in their own regions; their questions to the *curia* elicited definitions on difficult or contentious points of law or procedure».

[123] F. SCALA, *Saggio storico*, 3.

[124] A. VILLIEN, «Gratien», 1730: «Quelle est l'autoritè du *Décret*? Il n'a comme tel, c'est-a-dire comme collection, aucune autorité legale. Cette autorité, il ne l'a reçue ni des papes ni de la coutume. Benoît XIV l'a dit avec sa précision accoutumée: *Gratiani decretum, quantumvis pluries rom. pontificum cura emendatum fuisse non ignoretur, vim ac pondus legis non habet, quin immo inter omnes receptum est, quidquid in ipso continetur, tantum auctoritatis habere, quantum ex se habuisset, si numquam in Gratiani collectione insertum foret. De synodo dioecesana*, 1. VII, c. XV, n. 6».

[125] Cf. P. TORQUEBIAU, «Corpus Iuris Canonici», 620.

[126] F. SCALA, *Saggio storico*, 6.

4.2 *Las disposiciones sobre el bonum prolis*

Nos centramos en el *bonum prolis*, que es lo que interesa nuestro estudio[127]. La primera referencia que encontramos es la que repite la cita de san Agustín recogida por Yves de Chartres en la *Panormia* sobre el cumplimiento de los tres bienes del matrimonio en el vínculo de la Virgen con san José[128]. Una segunda referencia aparece en la causa 32, dedicada a la distinción entre las verdaderas nupcias y la relación pecaminosa entre el hombre y la mujer. De hecho, si no se da la fidelidad y la sacramentalidad, no se pueden llamar cónyuges, sino adúlteros. Dice así: «Debet enim inter coniuges fides servari et sacramentum, que cum defuerint, non coniuges, sed adulteri appellantur», por lo que si bien la unión carnal es la única que permite la procreación, para que esta constituya verdadero matrimonio, debe ir acompañada de la voluntad de fidelidad del lecho conyugal, de la voluntad de cuidar y educar la prole y del buen uso de la concupiscencia[129].

En la cuestión siguiente trata de modo más claro lo referente a la procreación. En primer lugar, Graciano afirma que la causa de la institución del matrimonio es la de la propagación, no la del remedio a la concupiscencia, de tal modo que si se realiza la cópula por la única razón de saciar la lujuria, no son conyuges sino fornicarios[130]. Esta afirmación adquiere en esta formulación jurídica de Graciano el reconocimiento del valor normativo de Derecho divino que le corresponde. También añade, después, un matiz interesante al afirmar que la institución del matrimonio antes del pecado original lo fue «para que fuera inmaculado el lecho, honorables las nupcias, de las cuales sin pasión

---

[127] Para no repetir textos de los Padres que ya hemos visto, bien al tratar a cada uno de ellos, bien recogidos por autores posteriores, aquí traeremos sólo lo que el propio Graciano señala con respecto al *bonum prolis*, pues la referencia de los textos patrísticos, le sirve para argumentar sus afirmaciones que, sin embargo, son las que ahora se nos presentan llenas de interés. Sí que mostraremos las citas patrísticas que no hayamos presentado en pasajes anteriores.

[128] Cf. C. 27, q. 2, c. 10; YVES DE CHARTRES, *Panormia*, Lib. VI, c. 30, *PL* 161, 1249. Cf. *supra*, cap. I, nt. 191.

[129] C. 32, q. 1, c. 11, d. a. A continuación recoge la cita de Agustín contra Juliano, que ya había sido presentada por Yves de Chartres en la *Panormia*, Lib. VI, c. 29, *PL* 161, 1249. Cf. *supra*, cap. I, nt. 190.

[130] Cf. C. 32, q. 2, c. 1, d. a.: «Quod autem non sit uxor que sola causa incontinentia ducitur, hic videtur posse probari, quia coniugium propagationis, non explendae libidinis causa a Deo institutum est. Hec namque fuit benedictio coniugii: "Crescite et multiplicamini"». C. 32, q. 2, c. 2, d. a.: «Qui ergo non procreande causa sobolis, sed explendae libidinis sibi inuicem copulantur, non tam coniuges quam fornicarii uidentur».

concibieran y sin dolor parieran»[131]. Después del pecado original el matrimonio tiene la finalidad de remediar la concupiscencia, de tal modo que la observancia de la continencia no puede ser una decisión unilateral sino que tienen que estar de acuerdo los cónyuges. A este respecto, Graciano cita las palabras de san Pablo en 1 Cor. 7, 5 en las que advierte del peligro de las tentaciones que el maligno puede provocar si la continencia se prolonga en demasía o si no es hecha de común acuerdo[132], y a continuación, en el texto del capítulo, recoge la siguiente cita de san Agustín, del c. 6 del *de bono coniugali*:

> Debent ergo sibi coniugati non solum ipsius sexus sui conmiscendi fidem liberorum procreandorum causa (que prima est humani generis in ista mortalitate societas), uerum etiam infirmitatis inuicem excipiendae, ad illicitos concubitus euitandos, mutuam quodammodo seruitutem, ut, etsi alteri eorum continentia perpetua placeat, nisi ex alterius consensu non possit[133].

Los esposos tienen una obligación mutua de guardarse fidelidad no sólo con vistas a la generación de los hijos, sino también para evitar uniones ilícitas, por lo que la continencia perpetua sólo es posible si hay consentimiento mutuo.

Por otro lado, la realización del acto conyugal se ve privada de la presencia del Espíritu Santo puesto que el matrimonio legítimo excluye el pecado y como por sí solo ofrece el fruto de la generación, la presencia del Espíritu no es necesaria ni tampoco conveniente[134]. Sin embargo, la causa de la procreación no justifica la relación concubinaria, sino que no se puede separar de los demás bienes del matrimonio[135], pero sí

---

[131] Cf. C. 32, q. 2, c. 3, d. a.: «Prima institutio coniugii in paradyso facta est, ut esset inmaculatur thorus, et honorabiles nuptiae, ex quibus sine ardore conciperent, sine dolore parerent».

[132] Cf. C. 32, q. 2, c. 3, d. a. Palabras a las que el propio Graciano añade: «Qui ergo propter incontinentiam in naturalem usum redire monentur, patet, quod non propter filiorum procreationem tantum misceri iubentur».

[133] C. 32, q. 2, c.3.

[134] Cf. C. 32, q. 2, c. 4: «III Pars. Gratian. Non autem datur presentia S. Spiritus tempore, quo coniugales actus geruntur. Unde Ieronimus super Mattheum: [...] "Conubia legitima carent quidem peccato, nec tamen tempore illo, quo coniugales actus geruntur, presentia S. Spiritus dabitur, etsi propheta esse uideatur qui offitio generationis obsequitur. Sed et alia plura sunt, in quibus sufficit sibi sola uis humana, et neque res indiget, neque decet adesse presentiam S. Spiritus"».

[135] Cf. C. 32, q. 2, c. 5, d. a.: «Gratian. Sicut ergo talis concubitus non est fornicarius, sed propter bonum coniugii licitus: sic et coniunctio illa, de qua queritur, non est fornicaria, sed propter bonum coniugii licita. Item, sicut Augustinus ait in libro de coniugali, [c. 14]: Concubinae ad tempus adhibitae, nec etiamsi causa filiorum concumbat, iustum faciunt concubinatum suum». C. 32, q. 7, c. 27, d. a.: «VII. Pars.

que son cónyuges los que aún uniéndose para satisfacer la lujuria, se prometen fidelidad mutua de por vida y no evitan el nacimiento de los hijos, sea por recurso a métodos esterilizantes, sea por la práctica del aborto[136].

Graciano no dice si esta acción contraria a la prole hace inexistente el matrimonio por ser fruto de una voluntad de presente en el momento del intercambio del consenso, sino que se limita a recoger el texto de san Agustín al respecto.

5. Las *Sumas* canónicas posteriores al *Decreto*

En los años siguientes a la aparición del *Decreto* de Graciano aparecieron diversas obras que lo comentaban. Así, en la misma escuela de Bolonia, surgen los comentarios de Paucapalea[137], Rolando[138], Esteban de Tournay[139] y otros posteriores de finales de siglo y comienzos del siglo XIII[140].

De todas estas colecciones la más importante es la *Summa super decretum* de Hugucio († 1210)[141] por el profundo sentido jurídico de sus

---

Gratian. Ut ergo ex premissis colligitur, non licet huic dimissa uxore sua aliam ducere. Manet enim inter eos quoddam uinculim coniugale, quod nec ipsa separatione dissoluitur.Unde Augustinus ait in libro de bono coniugali, [cap. 7] […] Sterilem uxorem dimittere, et causa fecunditatis aliam ducere alicui non licet».

[136] Cf. C. 32, q. 2, c. 6, d. a.: «IV. Pars. Gratian. Sic econtrario datur intelligi de his qui coniugali affectu sibi copulantur, quod etsi non causa procreandorum filiorum, se dexplendae libidinis conveniunt, non ideo fornicarii, sed coniuges appellantur. Probatur hoc idem auctoritate Augustini in libro de bono coniugali, [cap. 5] Coniuges sunt qui causa solius incontinentiae sibi inuicem copulantur». C. 32, q. 2, c. 7: «Fornicari sunt, non coniuges, qui sterilitatis uenena procurant».

[137] Compuesta entre 1144 y 1148. Cf. P. ERDÖ, *Introducción*, 76.

[138] Profesor en Bolonia durante el sexto decenio del siglo XII. Cf. P. ERDÖ, *Introducción*, 76.

[139] Compuesta antes de 1160. Cf. P. ERDÖ, *Introducción*, 77.

[140] Suma Coloniense (1169-1170), Suma de Sicardo de Cremona (1179-1181), Suma de Tancredo (1210-1215), Suma de Bernardo de Pavía, (1191-1198), Penitencial de Roberto Flamesbury (1207-1215). Cf. P. ABELLÁN, *El fin y la significación sacramental del matrimonio*, 15-16.

[141] Si bien permanece inédita. N. DEL RE, *I codici vaticani*, 5-6: «La "Summa" di Ugaccione Pisano ci è conservata, ove intera, ove frammentaria, in parecchi codici distribuiti in più biblioteche d'Europa. La Città del Vaticano ne possiede quattro di cui tre custoditi nella Biblioteca Apostolica vaticana, che corrispondono alle segnature di Vat. lat. 2280, Vat. lat. 2491, Borgh. lat. 272 ed uno nell'Archivio capitolare di San Pietro segnato C. 114. […] la "Summa" di Ugaccione, non ostante la sua importanza, giace tuttora inedita».

comentarios[142], en los que recoge las aportaciones de las Sumas anteriores a él y las suyas personales. Así podemos fijarnos primero en la doctrina común de todas esas colecciones y después, en la propia del autor.

En lo que es doctrina común de todos estos comentaristas podemos destacar, en primer lugar, la doble institución del matrimonio. Antes del pecado con la conocida finalidad exclusiva de la multiplicación del género humano y, después del pecado, con la finalidad paliativa de la concupiscencia[143]. A estas finalidades principales se añaden otras secundarias sobre las que no se dice nada respecto de su moralidad, como son la hermosura de la mujer, las riquezas, la multiplicación de las amistades, etc. En menor medida se refiere al mutuo auxilio y al amor conyugal[144]. Con respecto a la sacramentalidad del matrimonio Hugucio señala la doble significación del mismo: antes de la consumación, significa la unión del alma fiel con Dios; después de la consumación, significa la unión indisoluble entre Cristo y la Iglesia. Además, es el mismo matrimonio consensuado y plenificado por la consumación el que alcanza esta significación sacramental indisoluble, por lo que incluso el matrimonio entre infieles adquiere esta altísima significación[145].

En cuanto a las aportaciones personales de Hugucio son dos las que destacan. La primera se refiere a la validez del matrimonio en el caso de imposibilidad de tener hijos y exclusión voluntaria de la prole. La segunda se refiere a la tendencia rigorista sobre el uso del matrimonio, que reduce en gran medida su función paliativa de la incontinencia[146]. Nos centramos solamente en la primera.

Para Hugucio el *bonum prolis* no es la prole en sí, sino la esperanza de tener hijos y la intención de procrearlos y educarlos en la fe y para el culto de Dios. Por eso, una vez contraído el matrimonio, éste sigue siendo válido aún cuando surja una voluntad contraria a los hijos, impi-

---

[142] Cf. P. ABELLÁN, *El fin y la significación sacramental del matrimonio*, 17. P. ERDÖ, *Introducción*, 77-78: «La Suma de Huguccione, redactada en el año 1188 o poco después, es la obra más seria de todas las de la escuela de Bolonia y probablemente de toda la decretística. Sobresale por la amplitud, pero aún más por la calidad, en el tratamiento de los problemas. A la acertada valoración de los hallazgos de sus predecesores, agrega la de la evolución de los cinco primeros decenios de decretística».

[143] Cf. P. ABELLÁN, *El fin y la significación sacramental del matrimonio*, 18.
[144] Cf. P. ABELLÁN, *El fin y la significación sacramental del matrimonio*, 19.
[145] Cf. P. ABELLÁN, *El fin y la significación sacramental del matrimonio*, 20.
[146] Cf. P. ABELLÁN, *El fin y la significación sacramental del matrimonio*, 20.

diendo su concepción o nacimiento[147]. El problema más complejo, por tanto, es el de la voluntad previa al matrimonio con respecto a los hijos. Hugucio trata este tema en relación al matrimonio de los ancianos, que pueden verse afectados de esterilidad e impotencia. Curada la esterilidad por remedios naturales o médicos, en el caso de darse en la pareja concreta, la voluntad que deben tener con respecto a la procreación de los hijos debe recaer sobre el consentimiento al acto conyugal, aunque se propongan no exigirlo. A esto se añade la voluntad de no evitar la prole, anque no la deseen[148]. Se trata, por tanto, de un mínimo de la voluntad. Si bien ésta no tiene que ser positiva a favor de los hijos, al menos no debe ser excluyente, por eso, la voluntad previa de impedir la concepción o de provocar el aborto atenta contra la naturaleza y substancia del matrimonio. Además, la voluntad contraria a la prole puede presentarse formulada como pacto o condición, pero, aún el caso de que no fuera así, no dejaría de ser voluntad contraria a la prole[149].

Por último, señalamos que de todas las aportaciones doctrinales de este período se puede resumir que el *bonum prolis* se enuncia de dos modos: *proles* y *spes prolis*. Sobre lo que éste significa para los distintos autores, se puede resumir así: es un bien del matrimonio porque señala la disposición de ánimo necesaria para recibir la descendencia[150], y también es el fin de la unión sexual e incluye la educación reli-

---

[147] «De tribus bonis coniugii de quibus habetur hic sermo, scilicet, prole, fide et sacramento, solet queri que sint et an sine eis possit existere coniugium vel contrahi. Et primum de prole non potest dici quod proles i. e. filius, sit illud bonum coniugii; qua ratione unus filiorum, et omnes, et sic videtur quod essent ibi XL bona si essent XL filii. Dico ergo quod proles, i. e. spes et intentio procreandi prolem et ad cultum et fidem Dei educandi est illud bonum, sive sequatur proles sive non». Ms. Vat. Lat. 2280. f. 261ra, in P. ABELLÁN, *El fin y la significación sacramental del matrimonio*, 20, nt. 98.

[148] «Si vero consentiant in carnalem copulam, et non habeant voluntatem vitandi prolem, quamvis forte eam non appetant, matrimonium est». Ms. Vat. Lat. 2280. f. 259va, in P. ABELLÁN, *El fin y la significación sacramental del matrimonio*, 22, nt. 101 *in fine*.

[149] «Tres casus ponuntur in hoc capite; quidam enim coniuges faciunt ut non excipiat; sed hoc non possunt vitare, faciunt ut post conceptum non animetur; si hoc non habet effectum, faciunt ut non exeant ad lucem; isti tales, si contrahendo talem habuerint intentionem, non fuit matrimonium inter eos [...] Si ab initio sunt tales, i. e. tali intentione coniuncti ut prolem extinguerent, vel vitarent, et ita fecerunt contra naturam matrimonii quia contra prolem; proles enim, id est intentio prolis, est quasi de substantia matrimonii». Ms. Vat. Lat. 2280. f. 281 rb. In P. ABELLÁN, *El fin y la significación sacramental del matrimonio*, 22.

[150] Que, a su vez, requeriere la posibilidad de procrear y la voluntad de hacerlo. Cf. P. ABELLÁN, *El fin y la significación sacramental del matrimonio*, 164.

giosa[151]. Sobre esto último, distintos autores señalan que los gentiles, aún teniendo prole, carecen del *bonum prolis*[152].

6. Las *Decretales* de Gregorio IX

Un siglo después del *Decretum* vuelve a ser necesaria una nueva compilación de normas. En una época de gran producción de las mismas, y de comentarios de carácter jurídico, como acabamos de ver, en seguida se volvió a dar la compleja situación de conocer qué normas estaban en vigor y, por tanto, eran aplicables a los casos concretos.

Siendo todavía cardenal, Ugolino de' Conti di Segni, sobrino del Papa Inocencio III (1198-1216), notó la necesidad de esta nueva compilación. Cuando alcanzó el Pontificado, a la edad de 82 años, adoptó el nombre de Gregorio IX (1227-1241) y desde el principio comenzó a producir nuevas Decretales, es decir, cartas de carácter normativo o respuestas a preguntas formuladas por distintos obispos sobre cuestiones concretas que debían resolver[153].

Ante la necesidad de poner orden en el conjunto normativo vigente, encargó a Raimundo de Peñafort († 1275), antiguo profesor español en Bolonia y Penitenciario del Sumo Pontífice, que realizara un primer esquema de la nueva compilación de las Decretales. En tres años, el futuro santo presentó al Papa su trabajo con el título de *Decretales Gregorii IX*, que entraron en vigor el 5 de septiembre de 1234 con la Bula *Rex pacificus* del mismo Pontífice. Esta Bula estaba dirigida a los maestros y estudiantes de la universidad de Bolonia y declaraba abrogadas las compilaciones anteriores a la misma. A pesar de su título, su contenido lo forman testimonios de Padres, Sagrada Escritura, cánones de concilios ecuménicos nacionales o provinciales, cartas decretales de romanos pontífices, derecho romano y germánico anteriores y no incluidos en el *Decretum*[154].

A diferencia del *Decretum*, las *Decretales* tiene fuerza de ley por deseo explícito del Pontífice expresado en la Bula de promulgación[155]. La

---

[151] Cf. P. ABELLÁN, *El fin y la significación sacramental del matrimonio*, 163.
[152] Cf. P. ABELLÁN, *El fin y la significación sacramental del matrimonio*, 164, nt. 92 y 93.
[153] «Le Decretali erano generalmente ordinate a risolvere casi singoli, e non a precisare la dottrina». G.B. FERRATA, «Brevi note sull'oggetto del consenso», 241.
[154] F. SCALA, *Saggio storico*, 74-76.
[155] A. VILLIEN, «Décrétales», 210: «On a dit plus haut que la collection avait une valeur de collection officielle. Les texts qu'elle contenait, quelle qu'en fût l'origine ou l'authenticitè historique, avaient, de par la volontè du pape, force de loi. Le législateur donnait ainsi une authenticitè à tout ce que contenaient les cinq livres. Même, on

validez de los textos ya no deriva de la autoridad personal que tuviera su autor, sino del hecho de estar incluído en las *Decretales* y, por tanto, se ha convertido en un texto legal con validez universal[156]. Su vigencia podemos decir que llega hasta el Código de 1917, puesto que nunca fueron abrogadas explícitamente en las cartas y encíclicas de los Papas posteriores hasta la codificación.

En el cuarto libro de las *Decretales*, dedicado al matrimonio, no encontramos en ninguna de las partes ni en ninguno de los títulos, referencias explícitas al *bonum prolis*. Sin embargo, sí que encontramos alguna referencia concreta en el desarrollo de los capítulos. Así, por ejemplo, en el título II *de desponsatione impuberum*, encontramos una referencia explícita, tomada de las *Etimologías* de san Isidoro de Sevilla, sobre la exigencia de la capacidad generativa, propia de la pubertad, para permitir el matrimonio:

> Puberes a pube sunt vocati, id est a pudentia corporis nuncupati: quia haec loca *tunc* primo lanuginem ducunt. Quidam tamen ex annis pubertatem existimant, id est, eum esse puberem, qui XIV. annos implevit, quamvis tardissime pubescat. Certum autem est, eum puberem esse, qui *et ex habitu* corporis pubertatem ostendit, et generare iam potest. Et puerpeare sunt, quae in annis puerilibus pariunt[157].

Por tanto, aunque se presupone que a la edad de 14 años se ha alcanzado la pubertad, en las *Decretales* aparece con claridad la exigencia de la capacidad efectiva de la persona para la realización de la cópula como criterio de validez del matrimonio. Así lo refiere también el título de esta *Decretal* que afirma: «Puberes sunt quoad matrimonium, qui ex habitu corporis concipere et generare possunt»[158]. Pero el resto de las *Decretales* que se refieren al matrimonio de los impúberes se centran en la discreción de juicio de los contrayentes, así como su carácter de

---

pouvait désormais invoquer comme lois non seulement le texte de chaque chapitre, mais celui des titres dont l'énoncé donnait un sens complet, ceux-ci par exemple: *Ut lite non contestata non procedatur ad testium receptionem vel ad sententiam definitivam*, 1. II, tit. VI».

[156] P. TORQUEBIAU, «Corpus Iuris Canonici», 630: «L'approbation de Grégoire IX faisat de cette collection un texte légal, authentique, universel; elle donnait á tous les documents qui y étaient reproduits, quelle que fût leur origine, force de loi pour l'Eglise universelle; leur autorité légale, ils la devaient non à leur auteur, mais au fait qu'ils se trovaient insérés dans la collection de Grégoire IX».

[157] X. 4, 2, 3.

[158] X. 4, 2, 3. Como hemos afirmado más arriba, el mismo título tiene carácter normativo, por lo que señalar la pubertad no con un criterio temporal sino de capacidad generativa, indica la esencialidad de la misma en el matrimonio.

esponsales de futuro, que se deberán confirmar en su momento o bien disolver si al alcanzarse la pubertad se rechaza tal unión[159].

Un poco más adelante, al final del título V, encontramos una *Decretal* en la que por primera vez aparecen las condiciones impuestas al consentimiento. En efecto, esta *Decretal*, que se ocupa *de conditionibus appositis in desponsatione vel in aliis contractibus*, y cuya autoría corresponde al propio Gregorio IX, dice:

> Si conditiones contra substantiam coniugii inserantur, puta, si aliter dicta alteri: «contraho tecum, si generationem prolis evites», vel: «donec inveniam aliam honore vel facultatibus digniorem», aut: «si pro quaestu adulterandam te tradas», matrimonialis contractus, quantumcumque sit favorabilis, caret effectu; licet aliae condiciones appositae in matrimonio, si turpes aut impossibiles fuerint, debeant propter eius favores pro non adiectis haberi[160].

De la literalidad del texto resulta clara la inclusión de la generación de los hijos dentro de la substancia del matrimonio, pero, además, del propio título del capítulo, se entiende que el matrimonio es nulo si tal voluntad contraria a la prole existía en los contrayentes al prestar el consentimiento: «Si in contractu matrimonii apponitur conditio turpis vel impossibilis, habetur pro non adiecta, nisi sit contra substantiam matrimonii, qui tunc vitiat contractum»[161]. Se trata, por tanto, de una referencia a la prole como elemento substancial del consentimiento matrimonial.

Según Vermiglioli las condiciónes puestas a las nupcias se pueden dividir en distintas clases[162]. En concreto, la exclusión de la prole sería condición deshonesta posible[163], cuyos efectos sobre el matrimonio

---

[159] P. VERMIGLIOLI, *Lezioni*, 36: «Gli impuberi, che avessero contratto gli sponsali avanti la pubertà non debbono separarsi, ma dopo la pubertà se contradicono gli sponsali, possono separarsi purchè non vi sia stata copula carnale. Se un impubere avesse contratto con un pubere né l'uno, né l'altro può ritirarsi ma è tenuto il pubere aspettare fino, che l'impubere è pervenuto alla pubertà, e sarà giunto alla età legittima; ma se questo non acconsentisse, o non volesse prestare il Consenso gli sponsali si sciolgono».
[160] X. 4, 5, 7.
[161] X. 4, 5, 7.
[162] P. VERMIGLIOLI, *Lezioni*, 48-52.
[163] P. VERMIGLIOLI, *Lezioni*, 49-50: «La condizione non *onesta* ma *possibile*, è quella, che in se contiene una tal qual turpitudine, nè alcuna difficoltà osta, o impossiblità nel adempirla, è questa però contro la sostanza del matrimonio per es. teco contraggo se ti presterai con altri, ti prometto se non troverò altra migliore, se meco non conviverai, se non avrai figli. Le quali condizioni si hanno come non apposte; si hanno come turpi contrari ai buoni costumi, contro i retti fini del matrimonio, e contro l'autorità del pubblico Diritto, e lo stesso de ve seguire ancorchè la condizione non fosse contro la sostanza del matrimonio per es. contraggo teco se ucciderai Tizio, se commettererai un

explica de la siguiente manera: «La condición deshonesta y posible, que es contraria a la sustancia del matrimonio, rompe los esponsales de tal modo que ni siquiera se confirma si se sigue de la cópula carnal, no existiendo consenso ni matrimonio»[164].

Por otra parte, ya en esta época se habla de simulación como defecto de la voluntad que vicia el consentimiento, siempre y cuando se pueda demostrar. En este sentido, cuanto más cercana en el tiempo a la celebración del matrimonio se manifieste la simulación, más fácil resultará su prueba, criterio que sigue estando vigente hoy en día[165].

Las dos referencias señaladas son las únicas citas sobre elementos relacionados con el *bonum prolis* que aparecen en las *Decretales* de Gregorio IX. También hemos constatado que no hay definición del matrimonio, ni se señalan ni explican cuales son sus bienes, como hasta ahora hemos comprobado que se hace desde la teología y en el *Decreto* de Graciano. Sí que hay un título dedicado a los hijos que se consideran legítimos, pero no podemos incluir esto como elemento del *bonum prolis*, puesto que es tratado como una consecuencia legal de la generación de la prole, pero no como un elemento de la voluntad sobre la misma. Es decir, los quince capítulos que forman este título VII no recogen ninguna alusión a la posible nulidad matrimonial en caso de no reconocimiento de los hijos, sino que se limita a determinar cuando se deben considerar legítimos y cuando no, por lo que no podemos deducir consecuencia jurídica alguna sobre el *bonum prolis*[166].

7. San Raimundo de Peñafort

Ya hemos dicho en el apartado anterior que san Raimundo fue el encargado de elaborar las *Decretales* de Gregorio IX. Dos años después de la publicación de las mismas, san Raimundo termina de confeccionar su propia *Summa de matrimonio*[167]. En ella encontramos afirmaciones similares a las *Decretales*, pero por la importancia del autor y por alguna especificidad, es interesante resaltar esta obra.

---

furto, o una rapina qual condizione non debe attendersi offendendo l'onestà, la pietà, la Religione, la fama, il costume, e sono di lesione enormissima alla società».

[164] P. VERMIGLIOLI, *Lezioni*, 51: «La *Condizione non onesta, e possibile* che è contro la sostanza del matrimonio scioglie gli sponsali, cosicchè neppure si conferma, se seguita fosse la copula carnale, non essendovi consenso ne matrimonio».

[165] Cf. W.M. PLÖCHL, *Storia del Diritto Canonico*, II, 294.

[166] Cf. X. 4, 5, 1-15.

[167] «Unde inferre possumus s. Raymundum de Pennaforte perfecisse *Summam de matrimonio* intra annos 1235-1236, post eius a Curia romana reditum in patriam». X. OCHOA – L. DÍEZ, ed., *S. Raimundus de Pennaforte*, CXXV.

Para describir el matrimonio san Raimundo recoge las definiciones del Derecho Romano, pero inisiste en la unidad e indisolubilidad del mismo. También señala el significado de la palabra matrimonio como el oficio de la maternidad[168]. El matrimonio nace por el intercambio del consentimiento realizado por palabras de presente y la cópula por sí sola no hace nacer el matrimonio[169].

El matrimonio fue instituido antes y después del pecado original. Antes del pecado, el matrimonio fue instituído en el Paraíso, pero las palabras por las que es instituído no son: «Creced y multiplicaos» sino: «Esta es hueso de mis huesos y carne de mi carne». Después del pecado y fuera del Paraíso, el matrimonio fue instituído como remedio al vicio de la carne[170]. En todo caso, tanto una institución como la otra señalan los dos fines principales del matrimonio: la generación de los hijos y el remedio de la concupiscencia[171].

San Raimundo trata también los tres bienes del matrimonio. En su formulación sigue a san Agustín, pero explicita en qué modo es necesaria la presencia de los tres para la validez del matrimonio. Con respecto al *bonum prolis* afirma que no es necesaria la prole en sí, sino la esperanza de la misma, es decir, que se quiera la prole y que sea educada en la religión[172].

---

[168] «Matrimonium est viri et mulieris coniunctio, individuam vitae consuetudinem retinens. Matrimonium est "viri et mulieris". Non dicit virorum et mulieris, nec viri et mulierum. [...] "Coniunctio", scilicet, animorum et matrimonialis. "Individuam vitae consuetudienm retinens", hoc est, quod neuter absque consensu alterius potest continentiam profiteri vel oratione vacare, et quod inter eos, dum vivunt, vinculum permanet coniugale. [...] Potest etiam aliter definiri. Matrimonium est: "maris et feminae coniunctio, consortium omnis vitae, divini et humani iuris communicatio". Dicitur "matrimonium", quasi "matris munium", id est, officium, quia dat mulieribus esse matres. Vel ideo deominatur magis a matre quam a patre, quoniam eius officium plus apparet in matrimonio quam officium viri». RAIMUNDO DE PEÑAFORT, *Summa de matrimonio*, II, 1.

[169] «Contrahitur autem solo consensu, qui solus si defuerit, cetera etiam cum ipso coitu celebrata frustrantur. Ex quo enim vir consentit per verba de praesenti in mulierem maritali affectu, et mulier in virum». *Summa de matrimonio*, II, 2. «Ex hoc consensu sive coniugali societate, oportet eos cohabitare et individuam vitae consuetudienm observare». RAIMUNDO DE PEÑAFORT, *Summa de matrimonio*, II, 3.

[170] «Quibus verbis fuerit institutum? Quidam dicunt quod illis: "Crescite et multiplicamini et replete terram" etc. Sed non credo esse verum. Fuerunt enim potius verba illa benedictio nubentium. Unde dicendum est quod verbis Adae ore prophetico prolatis, institutum fuit, primo ad officium cum dixit: "Hoc nunc os ex ossibus meis et caro de carne mea"». RAIMUNDO DE PEÑAFORT, *Summa de matrimonio*, II, 5.

[171] Cf. RAIMUNDO DE PEÑAFORT, *Summa de matrimonio*, II, 6.

[172] «Bona matrimonii principaliter sunt tria: fides proles et saramentum. Unde Agustinus: "[...] In prole, ut amanter suscipiatur et religiose educetur" [..]Item nota

También trata san Raimundo del impedimento de condición. En su explicación sigue la misma estructura de las *Decretales* de Gregorio IX, distinguiendo entre condición honesta y deshonesta. Dentro de las honestas distingue entre necesaria y voluntaria y dentro de las deshonestas distingue, a su vez, entre las que atentan contra la substancia del matrimonio y las que no. Al igual que en las *Decretales*, san Raimundo utiliza la exclusión de la generación de la prole como un ejemplo, entre otros, de condición deshonesta contraria a la substancia del matrimonio cuyo efecto es la nulidad del consentimiento, si bien san Raimundo emplea palabras diferentes para explicarlo:

> Conditio inhonesta et contra naturam seu substantiam matrimonii est, cum dicit: «contraho tecum, si generationem prolis evites», vel «donec inveniam aliam honore vel facultatibus digniorem», aut «si pro quaestu adulterandam te tradas». Haec, si apponatur, nihil agitur[173].

8. El Corpus Iuris Canonici

Con el *Decreto* de Graciano y las *Decretales* de Gregorio IX la Iglesia se vio dotada de los instrumentos jurídicos necesarios para desarrollar su misión con eficacia. La validez de estas últimas, en concreto, llega hasta la codificación de 1917, si bien aparecerán con el tiempo otras recopilaciones de *Decretales*[174].

A semejanza de lo realizado por Justiniano en el Derecho civil romano, la labor del Papa Gregorio IX supone el comienzo de la formación de un *Corpus* que va a ser de exclusivo uso en la práctica de los tribunales y de las universidades[175]. Sin embargo, no será hasta finales del siglo XVI cuando quede completado el *Corpus Iuris Canonici* por parte del Papa Gregorio XIII (1572-1585)[176]. El 1 de julio de 1580, el Papa

---

quod bonum prolis non dicitur ipsa proles, quae quandoque queritur propter hereditariam successionem, sed spes vel desiderium quo proles ad hoc quaeritur, ut religione informetur. Unde multi habent prolem qui non habent bonum prolis; nec ideo tamen desinit esse coniugium». RAIMUNDO DE PEÑAFORT, *Summa de matrimonio*, II, 12.

[173] RAIMUNDO DE PEÑAFORT, *Summa de matrimonio*, IV, 3. Como recogimos en el apartado anterior, las palabras que aparecen en las *Decretales* son: «Si in contractu matrimonii apponitur conditio turpis vel impossibilis, habetur pro non adiecta, nisi sit contra substantiam matrimonii, qui tunc vitiat contractum». Cf. X. 4, 5, 7. Las palabras utilizadas por san Raimundo, «nihil agitur», son la mejor descripción de lo que supone el vicio del contrato: éste no nace porque por el vicio nada cambia, nada se mueve o nada se realiza, es decir, persiste la situación previa al contrato.

[174] Cf. C. FANTAPPIÈ, *Introduzione storica*, 112.
[175] Cf. C. FANTAPPIÈ, *Introduzione storica*, 112.
[176] Cf. C. FANTAPPIÈ, *Introduzione storica*, 114.

aprobaba el texto revisado y corregido de los seis libros que forman el *Corpus Iuris Canonici*: *Decreto* de Graciano, *Decretales* de Gregorio IX, *Libro Sexto* de Bonifacio VIII, las *Clementinas*, las *Extravagantes* de Juan XXII y las *Extravagantes comunes*[177].

Bonifacio VIII (1294-1303), quiso recoger de un modo más conciso y organizado las *Decretales* de Gregorio IX, y le añadió nuevas *Decretales*[178]. El matrimonio aparece tratado en el libro IV, y sólo se abordan algunos problemas concretos del mismo como son: la pública honestidad, el matrimonio de los impúberes y el parentesco espiritual[179].

Algunos años más tarde, el Papa Juan XXII (1316-1334) promulga las Constituciones de su predecesor Clemente V (1305-1314), conocidas como *Clementinas*, para, una vez más, evitar la dispersión de normas, ayudar en la resolución de los problemas y reformar las costumbres[180]. También aquí el matrimonio es tratado en el Libro IV, sin embargo contiene un único título dedicado a los impedimentos de consanguinidad y afinidad.

Las dos últimas colecciones del *Corpus Iuris Canonici* son conocidas como *Extravagantes*, unas del mismo Juan XXII y las otras, llamadas *Comunes* por que se encuentran comúnmente en los manuscritos e incunables[181], y además pertenecen a diversos Pontífices de los siglos XIV y XV[182]. En ninguna de estas dos colecciones es tratado el matrimonio[183].

9. El matrimonio, contrato y sacramento

Es de obligado referimiento en este capítulo presentar una breve reseña de la evolución doctrinal sobre la realidad contractual y sacramental del matrimonio. Es en este período cuando los teólogos y canonistas comienzan a argumentar en favor o en contra de la inseparabilidad entre el contrato y el sacramento, si bien dicha controversia se va a des-

---

[177] Cf. P. TORQUEBIAU, «Corpus Iuris Canonici», 610.

[178] Cf. A.M. STICKLER, *Historia iuris canonici*, 258.

[179] Cf. BONIFACIO VIII, «Liber Sextus», lib. IV, 1065-1068.

[180] JUAN XXII, *Quoniam nulla*: «Necessaria est superioris auctoritas, ut tam per determinationis opportunae suffragium tollat ambigua, lites auferat, altercationes dirimat et obscura succidat, quam per cultoris providi sarculum exstirpet vitia, virtutes inserat, corrigat excessus moresque reformet». (In CLEMENTE V, *Constitutiones*, 1129).

[181] Cf. C. FANTAPPIÈ, *Introduzione storica*, 114.

[182] En concreto, desde Bonifacio VIII (1294-1303) a Sixto IV (1471-1484). Cf. A.M. STICKLER, *Historia iuris canonici*, 271.

[183] Cf. JUAN XXII, *Extravagantes*, 1205-1236; *Extravagantes communes*, 1237-1312.

CAP. II: LA REFORMA CANÓNICA (SIGLOS XII Y XIII)

arrollar principalmente en la época postridentina[184], que en su momento abordaremos. Ahora nos situamos en esta época final de la Edad Media y retomamos algo de lo ya dicho en el estudio de cada autor.

Desde la época patrística y a lo largo de su influencia en los siglos posteriores, el matrimonio es considerado como algo sagrado[185]. A partir del siglo XIII, a esta concepción sagrada del matrimonio se le añade la consideración contractual del mismo como consecuencia del influjo de los estudios romanísticos[186].

En este siglo ya hemos visto cómo resultan claras dos cuestiones relacionadas con el matrimonio: que es de institución divina y que es también principio de gracia. Sin embargo, las divergencias surgen cuando se precisa en qué consiste el matrimonio cristiano y qué es lo que lo hace indisoluble[187]. Por un lado los teólogos, agrupados en la escuela de París, defienden la teoría del consentimiento y los canonistas, o escuela de Bolonia, por otro, la de la cópula carnal[188]. Estas diferencias en la concepción de la causa eficiente del matrimonio se solucionan definitivamente con Alejandro III (1159-1181) y sus sucesores Inocencio III (1198-1216) y Gregorio IX (1227-1241), que adoptan la teoría consensualista, pero admiten la disolución del matrimonio no consumado[189].

---

[184] Cf. L.H. ACEVEDO QUIROZ, *Controversia*, 5.

[185] Cf. M. GERPE GERPE, *La potestad del Estado*, 4.

[186] G. LE BRAS, «Mariage, III», 2182: «Les commentateurs des lois romaines, dès avant la renaissance bolonaise, appelaient le mariage un contrat et l'assimilaient, dans leurs examples, aux contrats consensuels, la vente, la societè». J. GAUDEMET, *Il matrimonio*, 144: «La nozione di matrimonio contratto i canonisti la presero dai romanisti. […] Nei primi deceni del secolo XII, la *Summa Trecensis* sul codice di giustiniano presenta il matrimonio come una società. […] Questa assimilazione del matrimonio a una società, e, quindi, il suo inserimento tra i contratti, rispondeva a un diche. La terminologia classica ("contrerre matrimonio") e forse anche il posto del matrimonio nel *Digesto* en el codice, dopo i libri che trattano dei contratti, hanno forse giovato a questi accostamenti».

[187] Cf. L.H. ACEVEDO QUIROZ, *Controversia*, 5.

[188] Cf. L.H. ACEVEDO QUIROZ, *Controversia*, 6. D. BAUDOT, *L'inseparabilité*, 43: «On sait quel fut l'aboutissement des conceptions diverses des deux écoles de Bologne et de Paris. Celle de Bologne, avec come chef de file Gratien, reprenait la théorie réalistique inspirée du droit des peuples germains qui exige l'acte conjugal pour que le mairiage soit pleinement constitué. L'école de Paris, avec comme chef Pierre Lombard, reprenait la conception romaine («*nuptias non concubitus, sed consensus facit*») pour laquelle le mariage est constitué pleinement avec le consentement des parties».

[189] L.H. ACEVEDO QUIROZ, *Controversia*, 6: «La solución definitiva sólo se obtiene con el Papa Alejandro III y más tarde, con Inocencio III y Gregorio IX, quienes enseñan que el matrimonio es verdadero y válido sacramento con el mutuo consentimiento

Por otro lado, la consideración del matrimonio como sacramento es fruto de una reflexión teológico-jurídica en la que entran en juego el *consensus animarum* y el *consensus carnis*[190]. Ambos consensos entran de lleno tanto en lo contractual como en lo sacramental, pero la inseparabilidad entre uno y otro es algo que en esta época aún no se ha producido. De hecho, por ejemplo, nos encontramos con afirmaciones claras de la inseparabilidad entre contrato y sacramento en san Buenaventura y de la separabilidad en Duns Scoto[191].

Lo que a nosotros nos interesa con respecto al *bonum prolis* es el contenido del consentimiento que afecta tanto al contrato como al sacramento: ¿cuál es la intención que tienen que tener los contrayentes con respecto a los hijos? La determinación de la inseparabilidad afecta a la capacidad de modificar o no el contenido del matrimonio, según se trate de sacramento o de mero contrato, por ello, brevemente resumimos los argumentos en uno y otro sentido.

Como ya afirmamos más arriba, san Buenaventura concibe el contrato inseparable del sacramento. Para que sea posible su existencia, el consentimiento debe ser actual, libre y verdadero. Con respecto a la intención de los contrayentes, debe ser la intención de hacer lo que hace la Iglesia, lo cual supone la concordancia entre el consentimiento externo y el interno. De esta manera quedan excluídos de la formación del contrato-sacramento toda clase de simulación, error de persona o condición que atente contra la naturaleza del matrimonio[192]. Para Duns Scoto, en cambio, puede existir matrimonio válido como contrato pero no ser sacramento, por no poder los contrayentes realizar la forma sacramental exigida[193].

---

de las partes; pero, que dicho matrimonio puede disolverse cuando no ha sido consumado sexualmente». D. BAUDOT, *L'inseparabilité*, 43: «Les deux thèses opposées contribueront à un développement de l'argumentation et conduiront vers une synthèse à la fin du XIIIème siècle. Cette dernière emprunte ses pricipaux éléments à la thèse de l'ecole de paris mais ne la reçut pas tout entière. Cette synthèse que le pape Alexandre III fit définitivement entrer dans la législation contient donc un concept juridique désormais acquis». *Ibid.*, nota 14: «Le pape Alexandre III (1159-1181) et ses successeurs consacreront celle-ci par une série de Décrétales».

[190] Cf. L.H. ACEVEDO QUIROZ, *Controversia*, 6.

[191] Cf. L.H. ACEVEDO QUIROZ, *Controversia*, 9-24; M. GERPE GERPE, *La potestad del Estado*, 23-31.

[192] Cf. L.H. ACEVEDO QUIROZ, *Controversia*, 14-15; BUENAVENTURA, *Commentaria*, IV, dist. 26, a. 2, q. 1; dist. 27, a. 2, q. 2; dist. 30, a. u., q. 1; dist. 28, a. u., q. 2; dist. 31, a. 1, q. 3.

[193] Por ejemplo, en el caso de los mudos. Cf. L.H. ACEVEDO QUIROZ, *Controversia*, 17-24.

Con respecto al contenido del consentimiento, encontramos que tanto uno como otro coinciden en afirmar que el consenso que realiza el matrimonio consiste en la entrega de la mutua potestad sobre los cuerpos[194]. Por eso, sólo la consumación procura la plenitud del matrimonio y, si bien es por medio de ella como se procura el principal bien del matrimonio, la prole, ésta no añade nada a la perfección del vínculo ya conseguida por el consentimiento[195]. Y por eso, también, la intención de los contrayentes debe versar sobre la entrega mutua de los cuerpos para la realización de la cópula carnal, cuyo consecuencia natural es la procreación[196].

10. El uso del término matrimonio en los siglos XII-XIII

Después de haber visto la evolución teológica y jurídica de estos dos siglos, es conveniente que nos refiramos a lo que fruto de toda esa reflexión, se significa con la palabra matrimonio. Hasta la época que nos ocupa este capítulo, los términos utilizados para referirse al matrimonio eran cuatro: *connubium, coniugium, nuptiae, matrimonium*[197]. El término *desponsatio* había sido deshechado con anterioridad a esta época por llevar a confusión entre promesa de matrimonio y el matrimonio en sí[198], pero entre esos cuatro términos existía una sinonimia que se manifiesta incluso en el mismo *Decreto* de Graciano[199]. Esta sinonimia, fruto del uso exclusivamente etimológico de los términos[200], deja paso, ya en el siglo XIII, a un término que explique la causa, la esencia y el fin del matrimonio[201]. En este sentido, el término que va a ser más utiliza-

---

[194] Cf. G. LE BRAS, «Mariage, III», 2187; BUENAVENTURA, *Commentaria*, IV, dist. 28, a. u., q. 6.
[195] Cf. G. LE BRAS, «Mariage, III», 2187.
[196] Cf. G. LE BRAS, «Mariage, III», 2187.
[197] Cf. F. SALERNO, *La definizione del matrimonio canonico*, 9.
[198] Cf. F. SALERNO, *La definizione del matrimonio canonico*, 7.
[199] «La medesima sinonimia e conseguente fungibilità sembra essere suposta anche da Graziano e da quasi tutti gli autori che facendo uso della definizione romana del matrimonio indifferentemente la riferivano a *nuptiae, matrimonium, coniugium*, ripetendo l'identica espressione romana contenuta nella formula: "*nuptiae sive matrimonium*", "*nuptiae sive coniugium*". Invero c'erano canoni del Decreto in cui l'univocità dei quattro nomi appariva in modo indiscutibile». F. SALERNO, *La definizione del matrimonio canonico*, 10.
[200] Cf. F. SALERNO, *La definizione del matrimonio canonico*, 14.
[201] «La semplice precisazione etimologica del loro significato venne sostituita da una definizione che enucleava da ciascun termine l'essenza significata dal nome. [...] In conseguenza di ciò, l'iniziale funzione descrittiva dei termini veniva progressivamente sostituita dall'individuazione attraverso di essi della caratteristiche, che dove-

do es el de *matrimonium* porque es el que con más claridad señala la *ordinatio ad prolem*, que era considerada la finalidad intrínseca del matrimonio, tanto desde el punto de vista iusnaturalístico como institucional[202]. De hecho, es el término que más claramente alude a la función procreadora y ésta, en inseparable conexión con la madre[203].

Por tanto, la utilización del término matrimonio[204], asumiendo su significado justinianeo, frente al vocablo *nuptiae* o *coniugium*, tiene tras de sí la intención de mostrar en primer plano la finalidad procreativa de la institución[205]. En efecto, con el término matrimonio se hace referencia a la institución caracterizada por la diversidad sexual, cuya finalidad es la procreación y educación de la prole[206]. El término matrimonio explica mejor dicha finalidad que los términos *nuptiae*, que señala la *exceptio fornicationis*, y *coniugium*, que apunta a la indisolubilidad[207]. El uso del término matrimonio pone de manifiesto el carácter eminentemente iusnaturalístico de la finalidad y utilidad de la institución matrimonial, tal y como había sido querida por Dios al establecerla[208].

---

vano distinguere l'istituto matrimoniale canonico: la sua causa, la sua essenza, il suo fine». F. SALERNO, *La definizione del matrimonio canonico*, 14.

[202] Cf. F. SALERNO, *La definizione del matrimonio canonico*, 20-21.

[203] «Era opinione comune che il termine, in senso traslato, esprimesse la destinazione del matrimonio alla procreazione, per la più immediata connessione di questa con la madre; infatti, come sottolineava al riguardo Riccardo Fishacre, si era convinti che: "matrimonium dicitur multipliciter id est a multis, sed omnibus modis a matre"». F. SALERNO, *La definizione del matrimonio canonico*, 21.

[204] Sobre todo por parte de san Alberto Magno, san Buenaventura y santo Tomás de Aquino. «Infine *matrimonium* era usato per indicare l'effetto o la destinazione del vincolo coniugale, cioè la procreazione e l'educazione della prole». Cf. F. SALERNO, *La definizione del matrimonio canonico*, 15-16.

[205] Cf. F. SALERNO, *La definizione del matrimonio canonico*, 65.

[206] Cf. F. SALERNO, *La definizione del matrimonio canonico*, 65.

[207] Cf. F. SALERNO, *La definizione del matrimonio canonico*, 65.

[208] En este sentido, continúa diciendo el autor: «Si riteneva che Dio autore della natura potesse ordinare e disciplinare tutto ciò che aveva attinenza con essa. E come tipico esempio della manifestazione di tale potere di Dio era adotto il caso del matrimonio, perchè questo sarebbe stato voluto da Lui, quale utile strumento per la moltiplicazione del genere umano e per la diffusione del culto divino, e, per i particolari vincoli imposti ai due coniugi dalla loro condizione conseguente alle proprietà istituzionali del vincolo maritale, era pratticamente, ad un tempo, mezzo per la disciplina della procreazione e motivo di freno per la concupiscenza. Questi concetti sono già accennati nel significato, con cui la dottrina canonistico-teologica dei secoli che ci inetressano, faceva uso dell'ormai tradizionale terminologia romanistica». F. SALERNO, *La definizione del matrimonio canonico*, 66.

Esta finalidad procreativa del matrimonio, que ya se encontraba recogida en el concepto romano del mismo, se ve enriquecida por la integración en los actos procreativos de la obligación de la educación de la prole[209], que, además, sitúa a la madre en un lugar de igualdad con respecto al padre y es causa de la monogamia y la indisolubilidad[210].

11. Conclusión

Llegamos al final de este segundo capítulo en el que hemos podido ver cómo la ciencia canónica se ha ido abriendo paso dentro de la vida de la Iglesia. Las vicisitudes históricas de la Edad Media llevaron a la necesidad de dotar al sucesor de Pedro de los instrumentos necesarios para ejercer su potestad. Las distintas compilaciones de normas y la correspondiente promulgación de las mismas por parte de los Pontífices, permitió el conocimiento certero de las normas.

Por otra parte, en esta época todavía se ve la gran influencia patrística y teológica de las fuentes de los cuerpos normativos, si bien lo importante de ellos es la autoridad que los Papas les atribuyen como norma aplicable a la convivencia eclesial. Por esa razón, hemos dedicado gran parte del capítulo a la telogía del matrimonio, aunque parándonos tan sólo en los autores más relevantes de estos dos siglos. Hemos verificado, de esta manera, la estrecha vinculación entre la teología y el derecho, pero también su necesaria autonomía en este período de formación de la ciencia canónica.

Desde el punto de vista canónico, nos hemos acercado al *Corpus Iuris Canonici* haciendo una breve exposición histórica de su composición. Con respecto al matrimonio hemos encontrado referencias específicas, sobre todo, en el *Decreto* de Graciano y en las *Decretales* de Gregorio IX. A continuación resumimos tanto la teología como la normativa, sobre el matrimonio y el *bonum prolis*, más importante de este período.

En esta época se consolida la teoría consensualista del matrimonio. Las afirmaciones de la teología son constantes en exigir únicamente el

---

[209] Cf. F. SALERNO, *La definizione del matrimonio canonico*, 43-44.

[210] «Infatti, questa (l'educazione della prole) era ritenuta un compito naturale di entrambi i genitori, giacchè, secondo l'espresione aristotelica usata da molti autori, essi sarebbero investiti con il matrimonio dell'ufficio di dare alla loro prole "*esse, nutrimentum, disciplinam*". In realtà, come per la procreazione anche il compito di educare la prole era per i due coniugi l'espressione della loro *relatio aequiparantiae*, tanto che esso già da sè, [...] veniva invocato per dimostrare sotto un profilo puramente iusnaturalistico la monogamicità e la perpetuità del vincolo coniugale». F. SALERNO, *La definizione del matrimonio canonico*, 45-47.

consenso para considerar establecido el vínculo matrimonial exigiéndose la consumación sólo para la perfección del mismo. La canonística tomará, con la recuperación del Derecho romano, la teoría consensualista para explicar y exigir el efecto producido por la manifestación del consentimiento matrimonial. De esta manera se reconocen unos derechos y deberes que deben estar presentes en la voluntad de los contrayentes y, si bien se permite el matrimonio bajo condición, también se especifica cuando las condiciones que se interpongan vician o no el consentimiento.

Con respecto al *bonum prolis* son varias cosas las que merece la pena destacar. En primer lugar, las referencias teológicas son constantes en destacar la presencia del *bonum prolis* en la doble institución del matrimonio. En el estado de gracia originario el matrimonio fue instituído para la procreación de los hijos, lo cual supone el reconocimiento de una función natural y originaria del mismo. En su segunda institución, después del pecado original, el matrimonio cumple la función de remediar la concupiscencia, pero además, la generación y educación de los hijos supone un elemento esencial que hace honesto al mismo matrimonio que se ha visto marcado por la pecaminosidad fruto de la culpa originaria.

Este carácter esencial de la generación y educación de los hijos es determinante a la hora de distinguir las condiciones que se pueden incluir dentro del contrato matrimonial. Así, hemos comprobado cómo en una de las *Decretales* de Gregorio IX aparece, por primera vez de un modo preciso, la nulidad del matrimonio por la exclusión de la prole.

Por lo demás, sea por la capacidad mínima para obligarse contractualmente, sea por las exigencias que, de modo natural, son requeridas por la generación y educación de los hijos, en los textos normativos que hemos analizado se ve con claridad que los temas centrales de las normas sobre el matrimonio son los de la edad mínima para contraer y la posibilidad de los esponsales de futuro, así como su posible renuncia por parte del impúber al alcanzar la pubertad y los distintos impedimentos que hacen a la persona incapaz de contraer el matrimonio pretendido. La exclusión de la prole supone una condición que vicia el consentimiento, por ser una voluntad contraria a un elemento esencial del matrimonio. La utilización de sustancias que provocan la esterilidad o la práctica del aborto, serán causa de nulidad por exclusión del *bonum prolis* siempre y cuando sean el modo de puesta en práctica de dicha voluntad contraria al mismo, independientemente de la calificación moral que merezcan uno y otro, en especial el aborto, del que vimos se distinguía entre pecado y crimen, según la concepción de la época.

Por todo ello, podemos concluir que ya a finales del siglo XIII, tanto en la teología como en la canonística, encontramos bien delimitado el *bonum prolis* en cuanto a su carácter de elemento esencial del matrimonio y no sólo como fin del mismo. También aparece con claridad la certeza de que su exclusión impide nacer el vínculo matrimonial. De modo especial, es muy clarificadora la distinción que santo Tomás de Aquino hace entre la prole *in se ipsa* y la prole *in suis principiis*, siendo ésta última la que entra de lleno en la voluntad exigible en el consentimiento, mientras que la primera puede darse o no en el matrimonio concreto de que se trate. Esta misma teoría es la que, con anterioridad a santo Tomás, había afirmado Huguicio en su comentario al *Decreto* de Graciano al hablar de la *spes prolis*, si bien es el Aquinate quien le asigna el término de prole *in suis principiis*.

La prole considerada *in suis principiis*, como objeto de la voluntad consensual, se traduce en la mutua entrega de los cuerpos para la realización de la cópula conyugal, pues sólo mediante esta entrega es posible que se dé la consecuencia natural de la procreación o prole considerada *in se ipsa*. Esta entrega, además, vimos que apareció formulada como consecuencia de la necesidad de explicar el contenido del acto de voluntad que origina el matrimonio, sea éste considerado como un mero contrato o como un sacramento.

Por tanto, podemos decir que el primero de los derechos y obligaciones que forman el contenido esencial del *bonum prolis*, que deben estar presentes en la manifestación del consentimiento matrimonial, es la mutua entrega de los cuerpos, para la realización de la cópula conyugal, como presupuesto imprescindible de la prole *in suis pricipiis*. A esto hay que añadir la voluntad de no impedir la concepción de la prole mediante el recurso a sustancias u otros medios de conseguir la esterilidad, así como permitir el nacimiento de la prole concebida. No se exige una voluntad positiva de procrear hijos, sino que basta con que no se evite su concepción o impida su nacimiento, aunque no se deseen.

Por último, también hemos visto cómo la elección del término matrimonio frente a los otros usados en la tradición teológico-canónica, indica la concepción de la procreación y educación de los hijos como elemento esencial del matrimonio y finalidad del mismo. Aunque pueda parecer banal, esta precisión terminológica resulta de gran importancia hoy en día, cuando justamente el término matrimonio se enfrenta a una pérdida de su significado objetivo-procreativo en beneficio de un significado subjetivo-afectivo que puede resultar contrario a la procreación de los hijos.

CAPÍTULO III

**Doctrina, Magisterio y Legislación
hasta la Codificación de 1917**

1. Marco histórico hasta el Concilio de Trento

El comienzo del siglo XIV trajo a la Iglesia la amarga experiencia de la división. Tras la ausencia papal de Roma durante la mayor parte del siglo, a finales del mismo se recrudece la división coexistiendo dos Papas a la vez, el de Roma y el de Avignón. Esta situación se prolongará hasta bien entrado el siglo XV y supondrá la pérdida de la concepción del poder papal como poder absoluto[1]. Surgen, entonces, las tesis conciliaristas que pretenden reducir y limitar la potestad absoluta del Papa para someterlo a los poderes legislativo y judicial del concilio general[2].

Tras la convocatoria de diversos concilios y la elección de un único Papa, Martino V, en 1417 en el concilio de Constanza, las tesis conciliaristas llegan a su máximo apogeo en el concilio de Basilea (1431-

---

[1] «Sotto il profilo della storia della Chiesa e del diritto canonico, il periodo che va dall'epoca avignonense del papato (dal 1309 fino al 1377, salvo un breve intervalo) all'apertura del Concilio di Trento (1545), risulta in genere qualificato in termini di crisi e di decadenza. […] Non appena si conclude l'esilio avignonense, la Chiesa subisce la crisi del grande scisma d'Occidente dal 1378 al 1414. Esso prende le mosse dalla frattura del collegio cardinalizio in due collegi contrapposti, ognuno dei quali dal 1378 in poi procede all'elezione di un proprio papa, fino a quando il concilio di Pisa nel 1409 ne elegge addirittura un terzo. La Chiesa si divide, per lunghi decenni, in una duplice "obbedienza", romana e avignonese, che attraversa trasversalmente nazioni e comunità cristiana e vede in questo proliferari di papi, cardinali e corti pontificie crollare d'un tratto quella superiorità assoluta del potere papale –quasi a mezza strada tra cielo e terra- che era stata teorizzata da Gregorio VII fino a Bonifacio VIII». C. FANTAPPIÈ, *Introduzione storica*, 133-134.

[2] Cf. C. FANTAPPIÈ, *Introduzione storica*, 136.

1437). Sin embargo, será Eugenio IV (1431-1447) quien, con grandes concesiones en el terreno financiero y jurídico a los soberanos que le apoyaron, conseguirá recuperar su posición absoluta dentro de la Iglesia. Esas concesiones a los Estados modernos supusieron también su reconocimiento como sujetos de derecho internacional, por lo que las relaciones con el Papado serán, a partir de ahora, diferentes pues se arrogarán competencias para intervenir en cuestiones de competencia eclesiástica[3].

2. Los canonistas y teólogos de los siglos XIV y XV

En estos dos siglos nos encontramos también con las obras de distintos canonistas y teólogos sobre el matrimonio. Destacamos sólo aquello que refiere explícitamente al *bonum prolis*. Así Juan de Andrés († 1348), en su comentario a la decretal *Debitum* de Inocencio III, del año 1206, tras afirmar el significado sacramental del consenso matrimonial, su razonamiento deriva a las exigencias que se siguen de esto, que son: la unidad del matrimonio (un hombre y una mujer) y la indisolubilidad del mismo. Además, afirma que la *commixtio sexuum* es importante para dar pleno significado al matrimonio y determinar la existencia o no de la bigamia. Pero, además, es necesaria para lograr el *bonum prolis*[4].

Antonio de Butrio († 1408) exige la *conjunctio corporum* para la significación sacramental de la unión de Cristo con la Iglesia[5]. Y el Cardenal Zabarella († 1417) afirma que el matrimonio goza de la fuerza de la gracia cuya finalidad es la de remediar la concupiscencia que se opone a los tres bienes del matrimonio[6]. Por último, Baldo de Ubaldis (†

---

[3] Cf. C. FANTAPPIÈ, *Introduzione storica*, 138.

[4] «Licet quo ad substantiam matrimonii coitus nihil addent […] addit tamen quoad quaedam. Primo quo ad bigamiam, supra de bigamis debitum. Secundo quo ad significatum, de quo ibi habetur. Tertio ad impedimentum religionis ingressum, altero invito, vel ignorante […] Quarto quo ad bonum prolis […] Quinto: quia multis modis per ipsum firmatur matrimonium». JUAN DE ANDRÉS, *In quinque Decretalium libros novella commentaria*, lib. III, rub. *De conversione conjugatorum*, cap. 2, n. 3, ed. Venetiis 1581, reprod. fotomecanica Bottega d'Erasmo, Torino 1963, fol. 160, *in* E. TEJERO, *El matrimonio misterio y signo*, 26, nt. 20.

[5] Cf. ANTONIO DE BUTRIO, *Super tertio Decretalium commentarii*, rub. *De conversione conjugatorum*, cap. 2, n. 2, ed. Venetiis 1578, reprod. fotomecánica Bottega d'Erasmo, Torino 1967, fol. 141 a, *in* E. TEJERO, *El matrimonio misterio y signo*, 32, nt. 36.

[6] Cf. FRANCISCO DE ZABARELLA, *Super primo Decretalium*, lib. 1, rub. *De sacra unctione, Scire*, ed. Venetiis 1502, fol. 241 V°, *in* E. TEJERO, *El matrimonio misterio y signo*, 36, nt. 52.

1400) afirma que la cópula conyugal es la perfección del matrimonio, además de constituir el principio de la generación y perpetuación del género humano[7].

San Juan de Capistrano († 1456) señala que los elementos configuradores del signo matrimonial se hayan presentes en el mismo desde sus orígenes y relaciona la fecundidad en la fe de la Iglesia con la fecundidad del matrimonio, pero tan sólo señalando la ordenación del matrimonio a la misma, no haciéndolo depender de su efectividad[8].

Entre los teólogos encontramos a Tomás Netter, también llamado Tomás Walden, († 1430) quien «tratando de remediar el error de Wiclef, que hacía depender el ser del matrimonio de la real consecución de la prole, incurre en otra posición extrema» afirmando que el matrimonio no consumado es un sacramento más verdadero y santo[9].

Años más tarde, Erasmo de Rotterdam († 1536), entre los diversos errores en que incurre en sus tesis sobre el matrimonio, afirma que puesto que el matrimonio está ordenado a la generación y educación de la prole, el matrimonio de los ancianos y los estériles no es un verdadero matrimonio, aunque se consideren de segunda o tercera clase y admitidos por la Iglesia[10].

3. Los concilios de la época

Como consecuencia del cisma de occidente el magisterio eclesiástico se realizó mayoritariamente por medio de los concilios. En esta época, la insistencia magisterial va a versar sobre la sacramentalidad del matrimonio. Aún así encontramos alguna referencia expresa al *bonum prolis*. Así, por ejemplo, en el concilio de Londres de 1396 se afirma la

---

[7] Cf. BALDO DE UBALDIS, *Super Decretalibus commentaria*, rub. *De restitutione spollitorum, Ex transmissa*, n. 7, ed. Lugduni 1581, fol. 149 V°, *in* E. TEJERO, *El matrimonio misterio y signo*, 45, nt. 87.

[8] «Sicut ab origine mundi de latere viri, scilicet Adae, creata fuit mulier, scilicet Eva, et surrexit in carnalis matrimonii sacramentum ad procreandum prolis multitudienm copiosam, ita in redemptione ac renovatione mundi de latere Christi surrexit Ecclesia in spiritualis matrimonii sacramentum ad generandam fidelium multitudinem in salutem». SAN JUAN DE CAPISTRANO, *Super V Decretalium*, cap. *Sacramentum hoc magnum*, ed. Pesillus Doctorum in librum Decretalium, Venetiis 1588, fol. 351 V°, *in* E. TEJERO, *El matrimonio misterio y signo*, 185, nt. 200.

[9] Cf. TOMÁS WALDEN, *De sacramentis*, cap. 131, ed. salmanticae 1557, fol. 229, *in* E. TEJERO, *El matrimonio misterio y signo*, 98, nt. 238.

[10] Cf. ERASMO DE ROTTERDAM, *Matrimonii institutio*, *Opera Omnia*, vol. V, Lugduni Batavorum 1704, col. 618, *in* E. TEJERO, *El matrimonio misterio y signo*, 182, 192.

necesidad de que la cópula conyugal sea destinada a la consecución de la prole, independientemente de su consecución o no[11].

En el concilio ecuménico de Florencia (1431-1445), el cual presenta la doctrina católica en vista de la unión de los armenios, se afirma rotundamente la sacramentalidad del matrimonio, argumentándola conforme a la carta del apóstol san Pablo a los Efesios como signo de la unión entre Cristo y la Iglesia. Según el Concilio el matrimonio nace por el consentimiento que expresa la voluntad de presente de las partes, y goza de los tres bienes, explicando el *bonum prolis* en términos ya conocidos en la tradición canónica y teológica y señalando expresamente la educación de la prole en la fe[12].

4. La doctrina protestante sobre el matrimonio

La reforma iniciada por Lutero supone un enfrentamiento directo con la institución papal, fruto de una nueva concepción eclesiológica[13]. Sin entrar a analizar a fondo estas cuestiones eclesiológicas, por superar claramente los límites de este estudio, sí que es interesante que, al menos, veamos en qué afecta a la concepción de la disciplina canónica y, en concreto, lo que ésta afecta al matrimonio. Para Lutero, la Iglesia visible reformada está libre de sometimiento a la autoridad del Papa o de concilio alguno, sino que tiene como única ley la de la libre interpretación de la Escritura. En segundo lugar, elimina el principio jerárquico del ordenamiento eclesiástico, pues el único ministerio sacerdotal es el que nace del bautismo. Por último, rechaza el derecho canónico[14].

---

[11] Condenando las tesis de Wiclef dice el concilio: «Item quod antiqui, qui ex cupiditate temporalium, ex spe mutuorum juraminum, aut ex causa excusandae libidinis, licet desperent de prole, copulantur ad invicem, non vere matrimonialiter copulantur. Haeresis est». Concilio de Londres de 1396, J.D. MANSI, *Sacrorum Conciliorum*, vol. 26, col. 817. La misma formulación doctrinal es condenada por el Concilio de Constanza en 1415. Cf. J.D. MANSI, *Sacrorum Conciliorum*, vol. 27, col. 749; COD 423, n. 15, in E. TEJERO, *El matrimonio misterio y signo*, 100, nt. 241.

[12] «Septimum est sacramentum matrimonii, quod est signum conjunctionis Christi et Ecclesiae, secundum Apostolum dicentem: "Sacramentum hoc magnum est: ego autem dico in Christo et in Ecclesia". Causa efficiens matrimonii, regulariter est mutuus consensus per verba de praesenti expressus. Assignatur autem triplex bonum matrimonii. Primum est proles suscipienda et educanda ad cultum Dei. Secundum est fides, quam unus conjugum alteri servare debet. Tertium indissolubilitas matrimonii propter hoc quod significat indivisibilem conjunctionem Christi et Ecclesiae». CONCILIO DE FLORENCIA, COD, 550.

[13] Cf. C. FANTAPPIÈ, *Introduzione storica*, 141.

[14] Cf. C. FANTAPPIÈ, *Introduzione storica*, 143; J. GAUDEMET, *Il matrimonio*, 206.

Necesariamente este triple rechazo del ordenamiento de la Iglesia tenía que tener su reflejo sobre el matrimonio. A propósito de este último el propio Lutero escribe una serie de refutaciones de la doctrina vigente que él mismo reconoce haber confeccionado con prisas y sin mucha reflexión[15]. Entre las obras de algunos de sus seguidores encontramos también el desarrollo de las teorías contrarias a la concepción del matrimonio del derecho canónico clásico. En concreto, las teorias reformadoras sobre el matrimonio versan sobre el peligro de la clandestinidad, la transformación del noviazgo en matrimonio por medio de la cópula carnal, la excesiva extensión del impedimento de consanguinidad, y la interpretación demasiado rigurosa de la indisolubilidad[16]. Todo ello, además, partiendo de la postura de no considerar al matrimonio como sacramento[17]. En este sentido, Lutero hace una interpretación del texto de Ef. 5, 22-33 en el que atribuye el carácter sacramental a la unión de Cristo con la Iglesia, pero no que el matrimonio sea signo sacramental de ello, pues el sacramento es algo secreto y escondido[18]. Por su parte, Calvino señalará como escandalosa la consideración de la cópula conyugal como significante de la unión de Cristo con la Iglesia por la participación de una misma carne[19].

Sobre la formación del vínculo, se pretende asegurar la certeza de que existe la voluntad de contraer matrimonio, por lo que se establece la necesidad de oficializar el noviazgo, incluso obligando a indemnizar a la otra parte si, una vez hecha oficial la promesa de matrimonio, una de las partes la rompe[20]. Los reformadores también aceptan la necesidad del consentimiento paterno para contraer matrimonio si bien la consecuencia de la nulidad si éste falta no es aceptada de igual modo por luteranos y calvinistas[21].

---

[15] «Es interesante observar que el mismo Lutero confiesa en el *praeludium* de dicha obra (*De Captivitate Babilonica*) que su preparación doctrinal, para afrontar los temas que va a enjuiciar tan radicalmente, es más bien precipitada y lograda a caballo de las circunstancias azarosas, que han rodeado su vida en los dos años anteriores a esta publicación». «Velim, nolim, cogor in dies erudior fieri, tot tantisque magistris certatim me urgentibus». Martin Lutero, *De captivitate Babilonica Ecclesiae, Proemium*, Martin Luthers werke, Weimar 1888, vol. VI, 497, *in* E. TEJERO, *El matrimonio misterio y signo*, 223, nt. 1.

[16] Cf. J. GAUDEMET, *Il matrimonio*, 207.
[17] Cf. E. TEJERO, *El matrimonio misterio y signo*, 223.
[18] Cf. E. TEJERO, *El matrimonio misterio y signo*, 225.
[19] Cf. E. TEJERO, *El matrimonio misterio y signo*, 228.
[20] Cf. J. GAUDEMET, *Il matrimonio*, 208.
[21] Cf. J. GAUDEMET, *Il matrimonio*, 209.

Otro de los puntos de atención de los reformadores es la crítica a la doctrina de los impedimentos. En general, para los reformadores la presencia de los impedimentos no tiene tanta relevancia porque se admite el divorcio para disolver el matrimonio. Tan sólo señalamos, con referencia al único impedimento con mayor relación al *bonum prolis*, que los reformadores no tienen normas precisas sobe le impedimento de edad, si bien la promesa de los impúberes debe ser confirmada al alcanzar la pubertad[22].

Sobre la aceptación del divorcio hay posturas diversas dentro de la misma reforma. Así, por ejemplo, Lutero lo considera pecado, pero lo admite en caso de adulterio, impotencia sobrevenida, el rechazo del deber conyugal y el abandono de la esposa por parte del marido. Otros autores, como Bucero o Teodoro de Meza, aceptan con mayor facilidad la disolución del matrimonio[23].

5. La reacción católica anterior al Concilio de Trento

Son varios los autores y escuelas, tanto teológicas como canónicas, que reaccionan a los postulados de los reformadores para defender la concepción católica del matrimonio. Es llamativo que una de las primeras reacciones es la del rey inglés Enrique VIII, cuya defensa de la sacramentalidad del matrimonio en su obra *Assetio septem Sacramentorum* es de tal claridad que le valió al monarca el título de *Defensor Fidei*[24]. Resumiendo su postura doctrinal podemos decir que el monarca inglés afirma que «la pretensión del Apóstol es hacer ver que los deberes conyugales obedecen a un misterio profundo, que es la conexión de su vida con la unión misteriosa de Cristo y de su Iglesia»[25]. Y buscando argumentos escriturísticos sobre la capacidad del matrimonio de conferir la gracia, alude al texto de 1 Tim. 2, 15 para justificar que si la mujer

---

[22] Cf. J. GAUDEMET, *Il matrimonio*, 210.

[23] Cf. J. GAUDEMET, *Il matrimonio*, 212.

[24] Si bien algún autor atribuye su autoría a Juan Fisher. La obra, en concreto, es del año 1521, uno después de la publicación por parte de Lutero de su obra *De Captivitate Babilonica*. Cf. E. TEJERO, *El matrimonio misterio y signo*, 231.

[25] E. TEJERO, *El matrimonio misterio y signo*, 237. Y continúa diciendo el autor: «Esto es lo único que explica el que S. Pablo fundamente la existencia de unos deberes de los cónyuges, tan radicales en su estado, como son la capitalidad del varón en la sociedad conyugal, el amor mutuo y la unión de cuerpos, exclusivamente, en que su conducta conyugal no puede discurrir por cauces ajenos al modo como Cristo se comporta con su Iglesia».

se salvará por la generación de sus hijos, eso significa que el matrimonio posee un valor santificador propio[26].

Juan Eck († 1543) sigue las tesis del rey inglés y profundiza en uno de los puntos clave de la crítica de la reforma: la consideración del matrimonio de los infieles como sacramento. Los reformadores formulaban el problema del modo siguiente: «Si el matrimonio es una realidad sobrenatural desde su institución en el Paraíso, ¿cómo puede afirmarse que sea sacramento de la Nueva Ley?»[27]. A esto Eck responde afirmando que el matrimonio de los infieles no puede ser considerado como un sacramento en sentido estricto, sino como un semisacramento y, en concreto sobre el *bonum prolis* afirma que se realiza de forma imperfecta pues, si bien los infieles engendran hijos, no los educan en el verdadero culto y temor del Señor, sino en su infidelidad. También los otros dos bienes del matrimonio los viven de modo imperfecto. En todo caso, aunque no sea sacramento, no quiere decir que el matrimonio no sea verdadero[28].

6. El Concilio de Trento

Las heridas abiertas en la Iglesia después del cisma de Avignon y el propio cisma operado por las críticas de la reforma, propiciaron el ambiente necesario para la convocatoria de un concilio cuya finalidad medicinal sólo se podía conseguir por la clarificación de la postura doctrinal de la Iglesia católica. Sin embargo, esta necesidad medicinal del concilio no significó que éste se desarrollara con facilidad, sino todo lo contrario. El camino que hubo que recorrer fue tortuoso y complejo y, por ello, su duración se prolongó a lo largo de dos décadas[29].

Necesariamente, este mismo camino fue el recorrido por el Concilio en la elaboración de los documentos relativos al matrimonio[30]. Sobre la

---

[26] Cf. E. TEJERO, *El matrimonio misterio y signo*, 239. «Se salvará, sin embargo, por su condición de madre, siempre que persevere con modestia en la fe, el amor, la santidad». 1 Tim. 2, 15.

[27] E. TEJERO, El matrimonio misterio y signo, 244.

[28] Cf. E. TEJERO, *El matrimonio misterio y signo*, 245.

[29] En concreto, desde 1542 en que se convocó por primera vez, si bien no se reunió hasta tres años después, hasta el 4 de dicembre de 1563. Cf. C. FANTAPPIÈ, *Introduzione storica*, 141 ss; H. JEDIN, *Historia del Concilio de Trento*, 149 ss.

[30] De hecho, la primera afirmación sobre el matrimonio es la de su carácter sacramental, que fue realizada dentro del tratado general de sacramentos de la primera sesión que finalizó en 1548. Sin embargo, hasta el 11 de noviembre de 1563 no se aprobó el Decreto *Tametsi* de reforma del sacramento del matrimonio. Cf. J. GAUDEMET, *Il matrimonio*, 214; H. JEDIN, *Historia del Concilio de Trento*, 243-249.

temática tratada en el Concilio en lo referente al matrimonio, podemos distinguir cuatro aspectos: el sacramento, la indisolubilidad, la solemnidad de la manifestación del consentimiento y la función que desempeñan los progenitores en dicho consentimiento[31].

Sobre el carácter sacramental del matrimonio las afirmaciones del Concilio son claras. La primera la hizo en el tratado general de sacramentos en 1547, amenazando con anatema a quien niegue esa verdad[32]. Después, en la sesión XXIV, de 11 de noviembre de 1563 se trata expresamente del matrimonio y se vuelve a repetir con claridad, en el cánon primero, que: «Si quis dixerit, matrimonium non esse vere et proprie unum ex septem legis evangelicae sacramentis, a Christo Domino institutum, sed ab hominibus in ecclesia inventum, neque gratia conferre: anathema sit»[33].

En lo referente a la indisolubilidad del vínculo matrimonial se presentaba la dificultad de la admisión del divorcio por parte de los reformistas protestantes. Estos habían tomado por su literalidad la cita de Mt. 19, 9 sobre el repudio de la esposa adúltera, además, de que la práctica de la Iglesia oriental reconocía esta posibilidad de divorcio[34]. Por esta razón, el cánon 7 sobre el sacramento del matrimonio no afirma la indisolubilidad sino que condena a aquellos que afirman que la Iglesia se equivoca cuando enseña que el vínculo matrimonial no puede ser disuelto por adulterio de uno de los cónyuges[35].

La formación del vínculo matrimonial fue una de las grandes preocupaciones del Concilio pues se trataba de evitar los matrimonios clandestinos. Fue en el Decreto *Tametsi*, sobre la reforma del matrimo-

---

[31] Cf. J. GAUDEMET, *Il matrimonio*, 215.

[32] Fue el 3 de marzo de 1547 y se pronunció en estos términos: «Si quis dixerit, sacramenta novae Legis non fuisse omnia a Iesu Christo Domino instituta, aut esse plura vel pauciora, quam septem, videlicet baptismum, confirmationem, Eucharistiam, poenitentiam, extremam unctionem, ordinem et matrimonium, aut etiam aliquod horum septem non esse vere et proprie sacramentum: anathema sit». CONCILIO DE TRENTO, Sesión VII, can. 1 sobre sacramentos en general, *in* COD, 684.

[33] CONCILIO DE TRENTO, Sesión XXIV, 11 de noviembre de 1563, Canon 1 sobre el matrimonio, *in* COD, 754.

[34] Cf. J. GAUDEMET, *Il matrimonio*, 215.

[35] Cf. J. GAUDEMET, *Il matrimonio*, 216. «Siquis dixerit, ecclesiam errare, cum docuit et docet, iuxta evangelicam et apostolicam doctrinam, propter adulterium alterius coniugum matrimonii vinculum non posse dissolvi, et utrumque, ve etiam innocentem, quia causam adulterio non dedit, non posse, altero coniuge vivente, aliud matrimonium contrahere, moecharique eum, qui dimissa adultera aliam duxerit, et eam, quae dimisso adultero alii nupserit: anathema sit». CONCILIO DE TRENTO, Sesión XXIV, 11 de noviembre de 1563, Canon 7 sobr el sacramento del matrimonio, *in* COD, 754-755.

nio, donde se abordó la problemática de la publicidad de la celebración del matrimonio y el consentimiento de los progenitores para la validez del vínculo[36]. Según este Decreto, en su capítulo primero, la falta de consentimiento de los progenitores no hace nulo el matrimonio entre menores, y deja claro que la práctica de exigir el consentimiento de aquellos ha sido siempre reprobada por la Iglesia[37]. En cuanto a la publicidad de la celebración, se distinguen dos momentos. El primero es anterior a la misma, estableciéndose la necesidad de anunciar durante la misa de tres domingos la intención de los contrayentes[38]. El segundo es la propia celebración, en la que se va a exigir, para la validez, la presencia del párroco, u otro sacerdote autorizado por el obispo y dos testigos[39]. El resto de los capítulos del Decreto *Tametsi* abordan diversos impedimentos como la consanguinidad, pública honestidad y rapto, el matrimonio de los vagos, concubinarios y la prohibición de la celebración de las nupcias en algunas solemnidades[40].

7. La inseparabilidad entre el contrato y el sacramento del matrimonio

Ya nos referimos a esta problemática en el capítulo anterior. Si bien ya en aquella época había quedado resuelta la cuestión de la exigibilidad de la cópula en la formación del vínculo matrimonial, lo que no se había aclarado es la relación existente entre el matrimonio como contrato y como sacramento. Los distintos autores, dentro de la Iglesia, se suceden a lo largo de estos siglos de finales de la Edad Media y comienzos del Renacimiento, optando cada uno por las tesis de la inseparabilidad o de la separabilidad. Por otra parte, estas reflexiones no son ajenas a la nueva concepción de las relaciones entre la Iglesia y los nuevos Estados. Si el matrimonio es sólo un contrato, los Estados tienen potestad para legislarlo, pero si es un sacramento, sólo la Iglesia tiene jurisdicción sobre el mismo. Y si se consideran las dos realidades nos encontramos con que ambos, de un modo u otro tienen algo que

---

[36] Cf. J. GAUDEMET, *Il matrimonio*, 216. CONCILIO DE TRENTO, Sesión XXIV, Decreto *Tametsi*, in COD, 755-759.

[37] Cf. J. GAUDEMET, *Il matrimonio*, 217. CONCILIO DE TRENTO, Sesión XXIV, Decreto *Tametsi*, cap. 1, in COD, 755.

[38] Cf. J. GAUDEMET, *Il matrimonio*, 218. CONCILIO DE TRENTO, Sesión XXIV, Decreto *Tametsi*, cap. 1, in COD, 756.

[39] Cf. J. GAUDEMET, *Il matrimonio*, 219. CONCILIO DE TRENTO, Sesión XXIV, Decreto *Tametsi*, cap. 1, in COD, 756.

[40] Cf. CONCILIO DE TRENTO, Sesión XXIV, Decreto *Tametsi*, cap. 1, in COD, 757-759.

decir al respecto[41]. En todo caso, la opinión mayoritaria de teólogos y canonistas es la de la competencia exclusiva de la Iglesia, puesto que, en el peor de los casos, al tratarse de un contrato espiritual, sólo la Iglesia resulta competente[42]. Pero la propia disociación entre elemento humano y espiritual que confluyen en el matrimonio, permitió que las teorías de la Reforma hicieran mella en la aparente solidez de la enseñanza sobre la competencia eclesiástica en materia matrimonial, lo cual explica la fuerza que adquirieron las tesis antisacramentarias de Lutero sobre el matrimonio[43].

Uno de los mayores exponentes de la separabilidad entre contrato y sacramento que aparecen en esta época es Melchor Cano († 1560). Siguiendo a Scoto afirma que en el sacramento del matrimonio, la materia consiste en el contrato de los esposos cuyo objeto es la mutua entrega de los cuerpos, pero la forma consiste en la bendición del sacerdote, pues el sacramento es signo de la gracia y ésta sólo se confiere por la intervención de ministro sagrado. Por esa razón, puede haber matrimonios que siendo perfectos contratos matrimoniales, no sean sacramento por carecer de la intervención del sacerdote[44].

Por lo que se refiere a la aportación del Concilio de Trento, tenemos que fijarnos en el Dereto *Tametsi* que, como vimos, reforma la disciplina sobre el matrimonio. En este Decreto, no se aborda explícitamenete la relación contrato-sacramento, pero es evidente que, de modo indirecto, al hablar de la invalidez de los matrimonios clandestinos, está entrando en juego dicha relación[45].

El Concilio de Trento, como vimos, definió claramente el matrimonio como sacramento, tanto en la sesión VII de 3 de marzo de 1547, como en la XXIV de 11 de noviembre de 1563[46]. El decreto *Tametsi*, aprobado en esta misma sesión, establece la validez de los matrimonios clandestinos celebrados hasta ese momento, pero para el futuro se exige la observación de la forma prescrita so pena de nulidad, es decir, la celebración en la presencia de tres testigos, uno de ellos oficial, que es

---

[41] Así nos encontramos con autores como Guillermo de Ockam y Marsilio de Padua que con justicia defienden la competencia del Estado cuando se trata del matrimonio entre infieles. Cf. M. GERPE GERPE, *La potestad del Estado*, 31.
[42] Cf. M. GERPE GERPE, *La potestad del Estado*, 38.
[43] Cf. M. GERPE GERPE, *La potestad del Estado*, 38-39.
[44] Cf. L.H. ACEVEDO QUIROZ, *Controversia*, 25, 28. F.R. AZNAR GIL, *El nuevo derecho*, 58-59.
[45] Cf. L.H. ACEVEDO QUIROZ, *Controversia*, 31.
[46] Cf. COD 684 y 754.

el sacerdote como representante de la Iglesia[47]. Esta necesidad del testigo oficial va a propiciar la base conforme a la cual unos y otros van a argumentar sus tesis a favor y en contra de la inseparabilidad. Dicha exigencia marca la diferencia entre el contrato y el sacramento, pero a la vez, hace que el contrato se identifique con el sacramento. Por ello, podemos decir que el Decreto *Tametsi* no aclara la relación contrato-sacramento[48].

Uno de los argumentos a favor o no de la inseparabilidad se va a basar en la intencionalidad de los contrayentes. Unos defenderán que se puede pretender el contrato pero no el sacramento y otros que no se puede diferenciar la voluntad interna de la externa. Al final, la verficación de dicha voluntad, en relación a la validez o no del matrimonio, se basa en el razonamiento hecho por Gregorio IX en la Decretal *si condiciones* al hablar de las condiciones contra la substancia del matrimonio, que irritan el matrimonio, y las torpes, que se han de tener por no puestas[49]. La discusión aquí se centra en el problema de si el carácter sacramental del matrimonio entra dentro del sacramento como substancia del mismo o si esta se refiere sólo a la indisolubilidad[50].

Durante los dos siglos posteriores a Trento se suceden las aportaciones doctrinales de los teólogos de la llamada *Segunda escolástica*[51]. De entre los más importantes, algunos como T. de Vio († 1534), G. Vasquez († 1604) y F. Rebello († 1608), afirman el carácter accidental de la sacramentalidad[52], puesto que la realización del sacramento depende de la necesaria intención de los sujetos sobre el mismo de tal modo que, si los contrayentes no quieren recibir el sacramento, sólo existirá un contrato válido y firme de matrimonio[53]. Sin embargo, otros autores como T. Sánchez († 1610), F. Suárez († 1619) y R. Bellarmino († 1621) afirman claramente la inseparabilidad entre contrato y sacramento[54].

---

[47] Cf. L.H. ACEVEDO QUIROZ, *Controversia*, 33.
[48] Cf. L.H. ACEVEDO QUIROZ, *Controversia*, 40.
[49] X. 4, 5, 7.
[50] Cf. L.H. ACEVEDO QUIROZ, *Controversia*, 106-121.
[51] Cf. D. BAUDOT, *L'inseparabilité*, 46, ss.
[52] Cf. D. BAUDOT, *L'inseparabilité*, 46-47.
[53] Cf. F.R. AZNAR GIL, *El nuevo derecho*, 59.
[54] Este último, además, es quien formula la expresión conservada en el c. 1055 §2 CIC 83, según la cual el matrimonio legítimo entre bautizados es siempre sacramento, es decir, la identidad contrato-sacramento. Cf. D. BAUDOT, *L'inseparabilité*, 47. «R. Bellarmino precisamente basará la inseparabilidad de ambas realidades en el hecho de que teológicamente es imposible discernir para este sacramento una materia, una forma, un ministro que no sean los del contrato». F.R. AZNAR GIL, *El nuevo derecho*, 58.

Esta cuestión aparece como no resuelta aún durante el pontificado de Benedicto XIV (1740-1758)[55]. De hecho, en la respuesta a una consulta de un padre carmelita no resuelve la cuestión de la separabilidad o no, sino que se limita a dejar la cosas como están[56], «pero afirma que, aún suponiendo que pueda haber contrato matrimonial perfecto sin que alcance la dignidad de sacramento, tal contrato es inválido, si no se ajusta a la forma prescrita en Trento, allí donde el Decreto del Concilio fue promulgado y recibido, porque "Tridentina Synodus non sacramentum modo, sed contractum ipsum irritum disserte pronunciat"»[57].

La polémica de la inseparabilidad entre el contrato y el sacramento sólo quedó zanjada con la intervención de Pío IX (1846-1878) y León XIII (1878-1903). El primero en el *Syllabus*, condenó los errores de los que afirmaban dicha separabilidad, así como la no competencia de la Iglesia a la hora de establecer impedimentos dirimentes del matrimonio[58]. Por su parte, León XIII, en su encíclica *Arcanum*, expresa con rotundidad la inseparabilidad del contrato-sacramento en los matrimonios cristianos[59].

Por último, el can. 1012§2/17 establece la identidad entre el contrato y el sacramento en términos que son recogidos literalmete por el actual can. 1055§2: «Quare inter baptizatos nequit matrimonialis contractus validus consistere, quin sit eo ipso sacramentum». Algunas consecuencias de esto son que los contrayentes son ministros tanto del contrato como del sacramento, independientemente de la bendición y presencia del sacerdote o ministro sagrado; y que la existencia o no

---

[55] «C'est ainsi qu'au terme de deux siècles, après le Concile de Trente, la question ne semble pas dirimée: Benoît XIV (1740-1758) ne l'ignore pas». D. BAUDOT, *L'inseparabilité*, 51.

[56] «Quam Nos quidem nunc in medio relinquimus». BENEDICTO XIV, Ep. *Redditae sunt nobis*, 17 de septiembre de 1746, CICFontes, II, n. 372, *in* M. GERPE GERPE, *La potestad del Estado*, 61; D. BAUDOT, *L'inseparabilité*, 51.

[57] M. GERPE GERPE, *La potestad del Estado*, 61-62. BENEDICTO XIV, Ep. *Redditae sunt nobis*, 17 de septiembre de 1746, CICFontes, II, n. 372.

[58] Así, en el n° 66 del *Syllabus* condena a los que afirman que: «Matrimonii sacramentum non est nisi quid contractui accesorium ab eoque separabile, ipsumque sacramentum in una tantum nuptiali benedictione situm est». PIO IX, *Syllabus*, 8 de diciembre de 1864, n. 66, *in* D-H.2966 (1766); *ASS* 3 (1864), 175.

[59] «Etenim non potest huiusmodi distinctio, seu verius distractio, probari; cum exploratum sit in matrimonii christiano contractum a sacramento non esse dissociabilem; atque ideo non posse contractum verum et legitimum consistere, quin sit eo ipso sacramentum. [...] Itaque apparet, omne inter christianos iustum coniugium in se et per se esse sacramentum: nihilque magis abhorere a veritate, quam esse sacramentum decus quodam adiunctum, aut proprietatem allapsam extrinsecus, quae a contractu disiungi ac disparari hominum arbitratu queat». LEÓN XIII, Enc. *Arcanum*, 394.

del sacramento depende de la validez o invalidez del contrato natural del matrimonio[60].

El interés de presentar esta reseña histórica de la evolución de la doctrina sobre la inseparabilidad contrato-sacramento del matrimonio, estriba, justamente, en la consecuencia de considerar el matrimonio como sacramento. El *bonum prolis*, entonces, con su presupuesto del consentimiento sobre la entrega de los cuerpos para la realización de la cópula de cara a la procreación, entra de lleno en este carácter sacramental como elemento substantivo, que la Iglesia no puede sustraer del mismo[61]. Pero, teniendo en cuenta que el matrimonio canónico es un contrato *sui generis*[62], la inclusión del *bonum prolis* en el mismo como elemento esencial nunca debería peligrar, aún en el caso de que no llegara a ser sacramento, puesto que el legislador canónico no puede dejar de sentirse vinculado al Derecho divino formulado en la Escritura con el mandato «creced y multiplicáos» (Gn. 1, 28) y recogido, como vimos, a lo largo de la tradición canónica y teológica. Por ello, desde el punto de vista del *bonum prolis*, la identidad contrato-sacramento del matrimonio tiene consecuencias de carácter teológico-sacramentales más que jurídicas. Es decir, el carácter *sui generis* del contrato natural del matrimonio salvaguarda de modo suficiente la inclusión del *bonum prolis* como elemento esencial del mismo, que las partes no pueden eliminar sin riesgo de hacerlo nulo. Su identidad con el sacramento otorga al *bonum prolis* el ser signo eficaz del Amor de Dios Creador,

---

[60] Cf. F.R. AZNAR GIL, *El nuevo derecho*, 64.

[61] Además, si los ministros del sacramento son los propios contrayentes, creemos que aquí sería aplicable la exigencia de la intención de realizar lo que hace la Iglesia, por lo que no habría sacramento, y entonces tampoco contrato, si la voluntad de los ministros no es conforme a la de la Iglesia: «L'action des époux ne peut, en effet, être séparée de celle de l'Eglise. On peut ici se demander si, du fait que les époux par leur baptême sont intrinsèquement unis à l'Eglise et que leur action ministérielle est entièrement fondée sur le sacerdoce commun des fidèles, cette action est vraiment tout à fait séparée de celle de l'Eglise». D. BAUDOT, *L'inseparabilité*, 367. El autor está hablando de la voluntad sacramental de los contrayentes, pero creemos que es aplicable al *bonum prolis* por ser éste otro elemento esencial del sacramento del matrimonio.

[62] Es decir, nace por el mutuo consentimiento de las partes, pero éste tiene unas limitaciones impuestas por el legislador, que son las que distinguen el matrimonio de cualquier otra realidad jurídica: el consentimiento es exclusivamente bilateral y entre personas de distinto sexo, y versa sobre unos elementos y propiedades esenciales que las partes no pueden eliminar, sino que deben aceptar. Cf. F.R. AZNAR GIL, *El nuevo derecho*, 46-48. «Ce contrat est d'un genre particulier. C'est un contrat naturel. Les consentements requis pour sa formation ne peuvent être suppléés. Les droits qu'il fait naître sont immuables et ses effets essentiels ne dépendent point de la volonté arbitraire des parties». G. LE BRAS, «Mariage, III», 2293.

unido en alianza eterna, por Cristo, con su Iglesia, «ut vitam habeant, et abundantius habeant». (Jn, 10, 10).

8. La Segunda escolástica

Los decretos del Concilio de Trento innovaron y reformaron muchos puntos de la disciplina eclesiástica, pero la constitución confirmatoria del Concilio prohibió que se le agregaran comentarios, glosas o interpretaciones[63]. Por otro lado, se produce una jerarquización de las fuentes normativas que coincide con la jerarquía eclesiástica[64]. Además, la reserva de la interpretación de los decretos del Concilio a la propia Congregación del Concilio, provoca una positivización de las normas de la Iglesia, quedando la ley casi como única fuente del derecho y ampliando su jurisdicción sobre realidades que antes no estaban sometidas a ella[65].

Sin embargo, la centralización y positivización de las normas favoreció que en las distintas universidades se desarrollaran escuelas de pensamiento y comentario dc las leyes y demás normas emanadas de la Curia Romana, dando lugar a lo que se ha llamado la *Segunda escolástica*[66]. Esta nueva corriente de investigación del derecho canónico se desarrolló sobre todo en España, Bélgica y Alemania, mientras que en los países de influencia protestante y en Francia, la cátedra de derecho canónico fue, por lo general, suprimida, y en Italia se conservaron las antiguas tradiciones[67]. De modo especial, es la escuela española de la Universidad de Salamanca la que adquiere mayor importancia, debido a la preponderancia política y cultural del imperio español[68].

---

[63] Pio IV, Bula *Benedictus Deus*, 26 enero 1564, *in* D-H 1849. Cf. P. ERDÖ, *Introducción*, 135.

[64] Cf. C. FANTAPPIÈ, *Introduzione storica*, 158.

[65] Cf. C. FANTAPPIÈ, *Introduzione storica*, 159.

[66] P. ERDÖ, *Introducción*, 135: «Estos decretos conciliares ofrecieron a los comentadores nuevo material, y exigieron una nueva forma de tratar el derecho canónico. Los documentos y la praxis de las Sagradas Congregaciones de la Curia Romana constituyeron una nueva forma de producción jurídica. Las nuevas Bulas de los Pontífices comportaron una ulterior evolución de la legislación. También los concordatos y convenciones con las naciones resultaron un género especial de fuentes del derecho canónico». C. FANTAPPIÈ, *Introduzione storica*, 159-160: «Queste mutazione sono favorite dalle teorie della Seconda Scolastica, e del Suárez in specie, nel cui sistema conta solo la volontà positiva del legislatore e scompare del tutto il ruolo creativo della giurisprudenza».

[67] Cf. P. ERDÖ, *Introducción*, 135-136.

[68] C. FANTAPPIÈ, *Introduzione storica*, 168: «La corrente di pensiero usualmente denominata Seconda Scolastica rappresenta un ponte fondamentale tra la tradizione

En la *Segunda escolástica* destacan en el campo del matrimonio los siguientes autores: Tomás Sánchez, Basilio Ponce de León, Anacleto Reiffenstuel y Francisco Schmalzgrueber cuyo pensamiento estudiamos a continuación.

8.1 *Tomás Sánchez († 1610)*

Las obras de este autor son de especial importancia durante los años de la aplicación de los decretos del Concilio de Trento. En concreto, su obra *De sancto matrimonii sacramento* es la que se convierte en tratado de referencia para los especialistas de la época[69].

Después de tratar los esponsales, Sánchez analiza la definición de matrimonio, que coincide con aquella clásica: «(Matrimonium) est conjunctio maritalis, viri et feminae, inter legitimas personas, individuam vitae consuetudinem retinens»[70]. Por tanto, en el matrimonio se tienen que dar los siguientes elementos: consenso mutuo y externo de entregarse mutuamente los cuerpos, fruto del vínculo nacido en el contrato. Este derecho sobre el cuerpo del otro viene acompañado de la obligación de entregar el propio, en exclusiva, al otro cónyuge, para el uso y consumación del matrimonio[71]. Sin embargo, ni la consumación, ni el consenso, que es causa eficiente, ni la entrega de los cuerpos constituyen la naturaleza del matrimonio[72], sino que «consistit ergo essentia matrimonii, seu matrimonium ipsum in vincullo illo, quo formaliter sunt conjuges uniti, quod origitur ex mutua traditione»[73]. Es, por tanto, un contrato que exige la manifestación externa de la voluntad[74].

---

medievale e la scienza giuridica moderna che precede il *Codex* del 1917. In linea con la preponderanza politica, la Spagna occupa nel XVI secolo una posizione centrale nei diversi settori culturali (il cosidetto *siglo de Oro*). In quello teologico e giuridico un ruolo del tutto speciale, paragonabile a quello di Parigi nel XIII secolo, è svolto dall'Università di Salamanca».

[69] «Solo verso la fine del secolo XVI i decreti di Trento sulla dottrina e la disciplina matrimoniale provocano un rinnovamento nei trattati sul matrimonio. Tra il 1576 e il 1588, Bellarmino tiene un *Corso di controversie* che dedica ampio spazio al matrimonio. Nell 1593, sette di quelle controversie vennero pubblicate. L'anno precedente era apparso a Genova il *De sancti matrimonii sacramento disputationum Libri X* del gesuita Th. Sánchez. È il trattato sul matrimonio più importante dei tempi moderni». J. GAUDEMET, *Il matrimonio*, 225.

[70] T. SÁNCHEZ, *De sancto matrimonii sacramento*, l. 2, disp. 1, n. 1. p. 91.
[71] Cf. T. SÁNCHEZ, *De sancto matrimonii sacramento*, l. 2, disp. 1, n. 2, p. 91.
[72] Cf. T. SÁNCHEZ, *De sancto matrimonii sacramento*, l. 2, disp. 1, nn. 3-5, p. 91.
[73] Cf. T. SÁNCHEZ, *De sancto matrimonii sacramento*, l. 2, disp. 1, n. 6, p. 91.
[74] Cf. T. SÁNCHEZ, *De sancto matrimonii sacramento*, l. 2. disp. 1, n. 7, p. 91.

Por tanto, el matrimonio es el vínculo que nace de la mutua entrega hecha por un hombre y una mujer, con capacidad jurídica de hacerlo. Este vínculo es indisoluble por lo que persevera en el tiempo, no pudiendo finalizar por consenso en otro contrato[75].

El matrimonio fue instituído por Dios de dos modos: por inspiración sobre Adán que reconoció a Eva como «hueso de mis huesos»; y, especialmente, con el mandato expreso de «creced y multiplicaos». Con este mandato permitió Dios la mutua entrega de los cuerpos, a la vez que estableció la finalidad de la multiplicación de la especie como fin primario del matrimonio[76].

Un tema más complejo es el de las condiciones que se interponen al consentimiento. Ninguna condición contraria a la sustancia del matrimonio que se interponga después de manifestado el consentimiento afecta a su validez. Mucho menos, entonces, las que afectan a los bienes del matrimonio. Sin embargo, las que se ponen antes del consentimiento, lo vician[77].

Por otro lado, aunque los tres bienes del matrimonio no forman parte de su esencia, sino de su ejecución, sí que pertenece a la esencia el que los cónyuges se obliguen a la inseparable y perpetua vida matrimonial, así como a observar la fidelidad, otorgando el débito conyugal y negando la entrega del cuerpo a otros, y no sólo no impedir el nacimiento de la prole, sino también educarla. Por ello, las condiciones y pactos por las cuales los cónyuges se obligan a lo contrario de esto afectan a la sustancia del matrimonio[78]. Es decir, tanto la condición contraria a la sustancia del matrimonio, como a alguno de sus bienes, hacen nulo el

---

[75] «Ex his venit explicanda, matrimonii definito; dicitur, conjunctio, quia in hac consistit matrim. essentia; dicitur, maritalis, id est, orta ex mutua traditione, ut explicetur fundamentum; nam si sponsalibus est vinculum ortum ex promissione: et ad differentiam conjunctionis militum sub uno duce; dicitur, viri et foeminae, ut explicetur subjectum: inter legitimas personas, hoc est, non habentes impedimentum dirimens; dicitur individuum vitae consuetudinem retinens, id est, perseveranter ut explicetur finis matrimonii, qui est mutua habitatio, et non esse solubile, sicut alia vincula contractum quae mutuo consenso tolluntur». T. SÁNCHEZ, *De sancto matrimonii sacramento*, l. 2, disp. 1, n. 8, p. 91.

[76] Cf. T. SÁNCHEZ, *De sancto matrimonii sacramento*, l. 2, disp. 4, n. 2, p. 92.

[77] Cf. T. SÁNCHEZ, *De sancto matrimonii sacramento*, l. 5, disp. 9, n. 1, p. 313.

[78] «Praemittendum est, quamvis tria bona matrim. non sint de ejus essentia, quoad executione: esse tamen de essentia quoad obligationem: est enim de essentia, ut conjuges obligentur ad vitam perpetuam, et individuam, et ad fidem sibi servandam: reddendo debitu, negandoque corpus alii: prolemque non impediendam, sed educandam, si Deus ea dederit. [...] Unde conditiones, et pacta, per quae conjuges ad aliquid his contrarium obligantur, tollunt matrim. substantiam, et debitum consensum». T. SANCHEZ, *De sancto matrimonii sacramento*, l. 5, disp. 9, n. 2, p. 313.

matrimonio, porque sin sustancia no puede existir, y la sustancia incluye el consenso en la sociedad conyugal, la observancia de la mutua fidelidad y la generación de la prole[79].

Con respecto a la prole, el autor distingue entre la generación en sí y el cuidado y educación de la misma. La condición contraria a la generación afecta a la sustancia del matrimonio, pero la condición que consiste en no educar a los hijos sino encargar a otros de la misma, o no nutrirlos con la propia leche materna, por ejemplo, no es condición contraria al *bonum prolis*[80].

Otra cuestión que el autor considera necesario aclarar es si la condición contraria a los bienes del matrimonio lo hace nulo siempre o si aquella no es torpe, sino honesta, no afecta a la validez. El ejemplo más claro de esta condición es el de observar la castidad, a imitación de la Virgen María y san José. El autor presenta, por un lado, la teoría de la distinción entre la condición que excluye la transmisión de la potestad y dominio sobre el cuerpo y la que sólo restringe el uso del mismo. En este último caso la condición no invalida el matrimonio porque no afecta a su sustancia[81]. Sin embargo, Sánchez acepta como más clara la solución que afirma que no se puede separar la transmisión del dominio sobre el cuerpo sin transmitir también su uso. Aunque la condición sea honesta, la voluntad de permanecer siempre en castidad es contraria a la realización de la cópula y, por tanto, al derecho a la misma, obligándose a no pedirla ni prestarla, por lo que es contraria a la sustancia del matrimonio[82]. Por tanto, lo que irrita el matrimonio no es la honestidad o torpeza de la condición sino su oposición a la sustancia del matrimonio[83].

---

[79] Cf. T. SANCHEZ, *De sancto matrimonii sacramento*, l. 5, disp. 9, n. 3, p. 314.
[80] Cf. T. SANCHEZ, *De sancto matrimonii sacramento*, l. 5, disp. 9, n. 13, p. 314.
[81] Cf. T. SANCHEZ, *De sancto matrimonii sacramento*, l. 5, disp. 10, n. 1, p. 315.
[82] «Secunda tamen sententia multo probabilior, affirmat ejusmodi conditionem vitiare matrim. Pro cujus probatione suppono, quamvis non sit de essentia matrim. ut proles, et copula intendantur expreise, requiritatem, ne potentiae, seu possibilitati ad haec adjiciatur dissensus contrarius: cum jus, et potentia ad carnalem copulam sit substantialis. Matrim. enim […] essentiliter consistit in mutua corporum traditione, qua uterque constituituir dominus alterius corporis, ad quod dominium intrinsece consequitur jus, et potestas atendi illo corpore. Suppono, quando in ipso contractu matrimoniali apponitur conditio, ut uterque conjux maneat in perpetua castitate, non solum tolli copulam carnalem, sed etiam jus, et postetatem ad tamen copulam, nam obligantur ad non petendum, nec reddendum, qua obligatio efficaciter impedit, ne sequatur tale jus, et potestas quantum est ex parte sua. Probatur ergo haec sententia, illa conditio quamvis honesta sit repugnat intrinsecis, et necesariis ad matrim. ergo illud destruit». T. SÁNCHEZ, *De sancto matrimonii sacramento*, l. 5, disp. 10, n. 2, p. 315.
[83] T. SÁNCHEZ, *De sancto matrimonii sacramento*, l. 5, disp. 10, n. 2, p. 315.

Pero la condición puede no ser sólo de observar la castidad, sino que puede ser la condición de no exigir la realización de la cópula. En este caso, Sánchez afirma que también esta condición es contraria a la sustancia porque la total entrega de los cuerpos implica el mutuo e igual derecho al cuerpo del otro y por esta condición no se realiza una entrega total pues mientras uno adquiere el derecho de pedir y de otorgar, el otro sólo adquiere el derecho de otorgar, pero no el de pedir[84].

Otra condición que puede ser introducida por los contrayentes es el pacto de no cohabitar. Si el pacto es de no cohabitar temporalmente, el matrimonio es válido. Pero si se pretende no cohabitar nunca, entonces dicho pacto atenta contra la sustancia del matrimonio, a la cual pertenece la «individuam vitae consuetudinem retinens». Si, además, el pacto incluye la abstinencia de la cópula en determinados días o por un tiempo superior a dos meses, entonces el matrimonio es nulo al impedir la total entrega de los cuerpos[85].

El pacto de entrar en la vida religiosa después de la celebración del matrimonio, puede afectar de distinta manera a la sustancia del matrimonio. Si es un pacto de permitirlo después de la consumación, no anula el matrimonio. Si, en cambio, se trata de una condición de entrar en la vida religiosa, uno o ambos contrayentes, antes o después de la consumación, entonces es contraria a la sustancia del matrimonio porque es contraria a la mutua entrega de los cuerpos para la realización de la cópula[86]. Esta condición es una figura distinta de la del *bimestre ad deliberandum* por la cual se concedía a uno o los dos cónyuges la posibilidad de entrar en la vida religiosa, en un plazo de tiempo de dos me-

---

[84] «Insertur quid dicendum sit de pacto non exigendi, apposito in matrimonio? [...] Dicendum tamen est, ejusmodi pactum vitiare matrim. Quia de ratione matrim. est totalis corporum traditio, ex qua dimanet mutuum, et aequale jus ad corpus alterius, at hic non est totalis traditio: cum non tradatur jus petendi, nec est aequale jus in utroque ad corpus: cum alter jus petendi, et reddendi acquirat, alter vero solum jus reddendi». T. SÁNCHEZ, *De sancto matrimonii sacramento*, l. 5, disp. 10, n. 4, p. 315.

[85] Cf. T. SÁNCHEZ, *De sancto matrimonii sacramento*, l. 5, disp. 10, n. 5, p. 315.

[86] «Insertur, quid dicendum sit, de pacto apposito in matrim. contracto, ut liceat ingredi religionem ante consummationem matrim. De quo certum est non vitiare matrim. quia jure inest ea conditio. [...] Et ratio horum omnium est, quia ea conditio vere non est contra matrim. substantiam, nec apponitur alio modo quam inerat. Quare similiter non vitiabit matrim. si sit conditio, ut liceat utrique ex communi consensu post cosummatum matrim. religionem profiteri. Quia ea etiam conditio jure inest. [...] Si autem esset conditio, ut tenerentur vel ambo vel alter ingredi religionem, ante, vel post matrim. consummationem, non valeret matrim. Quia ea conditio est contra matrim. substantiam, nempe, contra mutuam corporum ad copulam traditionem». T. SANCHEZ, *De sancto matrimonii sacramento*, l. 5, disp. 10, n. 6, p. 316.

ses después de la celebración del matrimonio. Este plazo de tiempo era de reflexión para tomar dicha decisión y durante el mismo no se consumaba el matrimonio[87]. La condición de entrar en la vida religiosa antes o después de la consumación supone una voluntad clara en el momento del consentimiento de abrazar la vida religiosa, por tanto, incompatible con el matrimonio; mientras que el *bimestre ad deliberandum*, por su carácter de período de reflexión, indica una voluntad aún no determinada a favor de la vida religiosa, que por tanto, es compatible con el matrimonio, por lo que éste no queda viciado[88].

Uno de los temas que con respecto al *bimestre ad deliberandum* se planteaban los autores era el de la consumación del matrimonio realizada con violencia dentro de los dos meses de deliberación. Sánchez considera que un mínimo de libertad es exigible para la consumación, por lo que la violencia impediría considerar consumado el matrimonio, quedando la parte libre de decidir su entrada en la vida religiosa[89]. Sin embargo, si fruto de la consumación realizada con violencia se ha seguido la prole, en consideración a ella y su educación, se puede impedir a la madre abrazar la vida religiosa[90].

8.2 *Basilio Ponce de León († 1629)*

Por la importancia de su obra en la época que nos ocupa, recogemos el pensamiento de este teólogo agustino, experto en teología sacramentaria y canonista sobre el matrimonio[91]. Su obra se titula *De sacramento matrimonii tractatus* y hace referencias muy interesantes al *bonum prolis*. Pero veamos antes algunas afirmaciones significativas sobre el matrimonio.

En primer lugar, afirma la variedad de definiciones que ha recibido el vocablo matrimonio, como consecuencia de las distintas realidades que engloba dentro de sí. Así, por ejemplo, señala el contrato mismo, la

---

[87] Cf. L. GHISONI, *La rilevanza giuridica del metus*, 126.

[88] «È per tanto fuori dubbio il fatto che questa previsione sia sorta per sottolineare la superiorità della vita celibataria rispetto a quella matrimoniale e per assicurare la possibilità di percorrere quella via anche a chi avesse con incertezza optato per le nozze riservandosi la possibilità di decidere diversamente». L. GHISONI, *La rilevanza giuridica del metus*, 132.

[89] Cf. T. SÁNCHEZ, *De sancto matrimonii sacramento*, l. 2, disp. 22, n. 3, 109.

[90] «Poterit tamen per accidens foemina vi oppressa, impediri a religionis ingressu ratione damni prolis ex ea copula sequutae, quae absque matre commode educare nequit: secuus si possit». T. SÁNCHEZ, *De sancto matrimonii sacramento*, l.2, disp. 22, n. 7, 109.

[91] Cf. J.F. MUÑOZ GARCÍA, *El matrimonio, misterio y signo*, 126, n. 93.

acción de contraer, la mutua obligación de los cónyuges, el vínculo indisoluble que nace entre ellos y la potestad sobre el cuerpo del otro[92]. Después, recoge la definición adoptada por san Agustín y otros según la cual el matrimonio es la legitima sociedad entre el varón y la mujer, nacida del igual e irrevocable consentimiento manifestado por ambos, por el cual se obligan a la mutua entrega de los cuerpos para procrear debidamente la prole en la caridad[93].

Con respecto a la institución del matrimonio y a su institución como sacramento, Ponce difiere del resto de autores. Según Ponce, el matrimonio fue instituído una sola vez antes del pecado original, pues éste no disolvió el vínculo matrimonial entre ambos. La inclinación que antes del pecado se saciaba por oficio de la naturaleza, después de la caída lo hacía como remedio de la concupiscencia, pero el matrimonio seguía siendo el mismo[94].

Afirmar que el matrimonio es sacramento de la nueva ley significa decir, según Ponce, que antes de Cristo no otorgaba la gracia, sino sólo la significaba. Según las afirmaciones de los Concilios de Florencia y de Trento, el matrimonio es uno de los siete sacramentos de la Iglesia instituídos por Cristo, por lo que antes de la nueva ley no puede ser considerado sacramento propiamente dicho[95].

Sobre la materia y la forma del matrimonio como contrato y como sacramento el autor afirma que la materia son los cuerpos de los contrayentes y la forma es la manifestación del consentimiento. A esta afirmación añade una precisión según la cual no se descarta que en este sacramento no exista una materia *ex qua*, sin sólo *circa quam*, como ocurre, según algunos, con otros contratos[96].

---

[92] Cf. B. PONCE DE LEÓN, *De sacramento matrimonii*, l. 1, cap. 2, n. 1, p. 2.

[93] «Alii potissimum sua definitione respiciunt vinculum, et obligationem mutuam matrimonii. Unde Augustius non in un loco definit *esse legitimam societatem inter virum et foeminam, in qua de pari consensu semetipsum debet alteri*. Alii sic *est dominium mutuum corporum viri et mulieris irrevocabile, collatum ex mutus translatione corporum in se invicem facta, ad prolem in charitate, et debite procreandam*». B. PONCE DE LEÓN, *De sacramento matrimonii*, l. 1, cap. 2, n. 2, p. 2.

[94] Entre otros, el autor señala como defensores de la doble institución del matrimonio a Ioanes Baffolis, Almainus, Gratianus y Covarrubias y a continuación añade: «Primi namque parentes non bis, sed semel contraxere matrimonium, et post peccatum in matrimonio iam contracto permanere voluerunt, sed illud idem quod antea, quando nullus erat motus inordinatus deserviebat in officium naturae, postea defervit in remedium concupiscentiae». B. PONCE DE LEÓN, *De sacramento matrimonii*, l.1, cap. 3, n. 9, p. 6.

[95] Cf. B. PONCE DE LEÓN, *De sacramento matrimonii*, l. 1, cap. 5, nn. 1 y 2, p. 8.

[96] «Quamvis non est improbabile hoc sacramentum non habere materiam ex qua,

Sobre el *bonum prolis*, el autor se refiere a la necesidad o no de la cópula para la validez del matrimonio. Su afirmación es clara: «usus enim rei traditae in nullo contractu pertinet ad essentiam, vel integritatem contractus». Por tanto, se considere el matrimonio como contrato o como sacramento, la realización de la cópula no afecta a su esencia, verdad o perfección integral[97]. Consecuencia de esto es que el consentimiento de las partes no tiene que ser explícito sobre la cópula, sino que basta con que sea implícito[98].

Los fines del matrimonio son principalmente dos, a los cuales se añade un tercero. El primero es la procreación de la prole, que se llama *bonum prolis*. El segundo es la mutua ayuda y cooperación entre los esposos y el tercero, el remedio de la concupiscencia[99]. Por ello, cuando por alguna circunstancia, voluntaria o no, no se pueda realizar la entrega de los cuerpos, no se puede contraer. Del vínculo matrimonial nace la mutua obligación de prestar el débito conyugal[100], por lo que la intención virtual de los contrayentes tiene que ordenarse a la realización de la cópula. Dicho de otro modo, se debe contraer con intención contraria a la abstención de los actos conyugales[101].

También trata el autor el matrimonio condicionado. La condición contraria a la sustancia del matrimonio o contra cualquiera de sus bienes vicia el contrato matrimonial. En concreto, sobre el *bonum prolis* dice:

> Ex matrimonio namque consurgit ius et potestas in corpus coniugis ad procreationem liberorum, et obligatio illos alendi, et educandi [...]. Unde si res ita gesta sit, *accipio te in meam, si nullos mihi filios procreaveris, si venena sterilitatis sumas, generationem evites*, contra eius substantia est[102].

---

sed solum circa quam, sicut de aliis contractibus docent nonnulli». B. PONCE DE LEÓN, *De sacramento matrimonii*, l. I, cap. 7, n. 15, p. 15.

[97] Cf. B. PONCE DE LEÓN, *De sacramento matrimonii*, l. 1, cap. 16, n. 11, p. 34.

[98] «Conveniunt ergo Doctores omnes catholici non esse necessarium ad matrimonium consensum expressum in copulam ex parte contrahentis, sed sufficere implicitum». B. PONCE DE LEÓN, *De sacramento matrimonii*, l. 1, cap. 18, n. 3, p. 37.

[99] Cf. B. PONCE DE LEÓN, *De sacramento matrimonii*, l. 1, cap. 20, n. 1, p. 44.

[100] Cf. B. PONCE DE LEÓN, *De sacramento matrimonii*, l. 10, cap. 2, n. 1, p. 570.

[101] «Ut qui voto vel impotentia, vel fide prius data impeditus fuerit, cum dominium, et ea translatio corporum maneat impedita, non possit sic contrahere, quia matrimonium communi more contractum, non tantum ex fine operis, quod est ius in corpora ad copulam, sed ex intentioni virtuali etiam operantis, est in ordine ad copulam: sed debet contrahere cum intentione opposita abstinendi ab actibus coniugalibus». B. PONCE DE LEÓN, *De sacramento matrimonii*, l. 1, cap. 20, n. 5, p. 45.

[102] B. PONCE DE LEÓN, *De sacramento matrimonii*, l. 3, cap. 9, n. 1, p. 118.

Después, el autor aborda con detalle la condición contraria al *bonum prolis*. Esta condición se puede entender de tres modos distintos. En primer lugar, como condición resolutiva de tal manera que si no se acepta no nace el matrimonio. El autor la formula de la siguiente manera: «si generationem evites, et si non evitaveris, matrimonium sit infectum». Esta condición es, además, contratria a la perpetuidad del matrimonio[103].

El segundo modo en que se puede presentar la condición contraria al *bonum prolis* es con la condición de que para evitar la prole, no se realice la cópula conyugal. El tercer modo, es el que interpone una condición de realizar algo ilícito y contrario a la generación o bien de la prole[104].

Por tanto, cuando se contrae matrimonio, nace para los contrayentes la obligación de la cópula y de ocuparse de la generación, y no realizar nada que impida la prole. Por ello, la condición que exija algo contrario a esa obligación natural del matrimonio, vicia dicho matrimonio[105].

Los modos en que, ilícitamente, se evite la prole pueden ser variados. Primero, procurando la esterilidad. Es la conocida condición de tomar sustancias que provoquen la esterilidad. Sin embargo, no es lo mismo condicionar el matrimonio a la asunción de dichas sustancias, que a la condición de ser estéril. En el primer caso hay un movimiento de la voluntad de la persona que busca la esterilidad. En el segundo, la situación de esterilidad no es fruto de la voluntad del contrayente. Por eso, en el primer caso el matrimonio queda viciado y en el segundo no[106].

Otro modo ilícito de evitar la prole es mediante la eyaculación extra vaginal. La ilicitud viene del hecho de que de ese modo nunca se produciría la consumación del matrimonio[107]. Por último, un tercer modo ilícito es el de impedir el nacimiento de la prole concebida por medio del aborto o, si ya nació, matándola igualmente[108].

Si la condición consiste en exponer a la prole, es decir, abandonarla a su suerte, ciertamente no consiste en la acción directa de matarla, pero

---

[103] Cf. B. PONCE DE LEÓN, *De sacramento matrimonii*, l. 3, cap. 11, n. 1, p. 123.
[104] «Secundo modo potest ita intelligi: *si generationem prolis ita evitaveris, ut non nos invicem cognoscamus* […] Tertio modo intelligi potest de evitare prolis contrarie faciendo aliquid quod sit contrarium generationi prolis, et illicitum». B. PONCE DE LEÓN, *De sacramento matrimonii*, l. 3, cap. 11, n. 1, p. 123.
[105] Cf. B. PONCE DE LEÓN, *De sacramento matrimonii*, l. 3, cap. 11, n. 1, p. 123.
[106] Cf. B. PONCE DE LEÓN, *De sacramento matrimonii*, l. 3, cap. 11, n. 2, p. 124.
[107] Cf. B. PONCE DE LEÓN, *De sacramento matrimonii*, l. 3, cap. 11, n. 2, p. 124.
[108] Cf. B. PONCE DE LEÓN, *De sacramento matrimonii*, l. 3, cap. 11, n. 2, p. 124.

sí que afecta a su educación y ayuda necesaria, por lo que también afecta al *bonum prolis*[109].

Una cuestión más compleja es la de la condición de evitar la prole no por medio ilícito, sino por la licitud de observar la castidad cuya consecuencia es la no prestación del débito conyugal. Sobre este punto, el autor señala la división existente en la doctrina, a la vez que toma su propia postura al respecto[110]. Para Ponce, si la condición es posterior a que el matrimonio se haya contraído, el matrimonio no queda viciado[111]. El vicio del consentimiento sólo se produce cuando la condición de abstenerse del uso del matrimonio es anterior al mismo, porque hay dos voluntades incompatibles entre sí, que mutuamente se destruyen. La primera es la voluntad de contraer matrimonio, por la cual surge la obligación de prestar el débito conyugal; la segunda es la de contraer matrimonio con la obligación de no prestar el débito conyugal. La incompatibilidad de ambas voluntades es manifiesta[112].

Otra condición lícita es la de no cohabitar, sea temporal sea permanentemente. Ponce, sin embargo, distingue entre si la cohabitación se refiere sólo a la separación de lecho o a habitar en casas diferentes, para observar la castidad y evitar el peligro de faltar contra ella. En el caso de la separación sólo de lecho conyugal, el autor afirma la validez del matrimonio; en el segundo caso, la nulidad del consenso[113].

8.3 *Anacleto Reiffenstuel († 1703)*

La escuela germánica tuvo dos autores de especial importancia: Anacleto Reiffenstuel y Francisco Schmalzgrueber[114]. Reiffenstuel no ofre-

---

[109] Cf. B. PONCE DE LEÓN, *De sacramento matrimonii*, l. 3, cap. 11, n. 3, p. 124.

[110] Cf. B. PONCE DE LEÓN, *De sacramento matrimonii*, l. 3, cap. 11, nn. 4-10, pp. 124-125.

[111] Cf. B. PONCE DE LEÓN, *De sacramento matrimonii*, l. 3, cap. 11, nn. 6-7, p. 124.

[112] «Quia sunt duae repugnantes voluntates, quae se invicem destruunt. Prima est contrahendi matrimonium, ex quo consurgat obligatio reddendi debitum; altera est contrahendi matrimonium, ex quo consurgat obligatio non reddendi; quia inter se manifeste repugnant». B. PONCE DE LEÓN, *De sacramento matrimonii*, l. 3, cap. 11, n. 10, p. 125.

[113] Cf. B. PONCE DE LEÓN, *De sacramento matrimonii*, l. 3, cap. 11, n. 16, p. 126.

[114] «Le figure maggiormente rappresentative di tale stagione (Dillingen, Ingolstadt, Salisburgo e Frisinga) sono probabilmente i due bavaresi Reiffenstül e Schmalzgrüber: nelle loro opere, appoggiate sui teologi della Controriforma Tommaso De Vio detto il Caetano e Bellarmino, si compie il processo tridentino tendente a subordinare la funzione del concilio generale e l'esercizio della potestà episcopale al papa, a concentrare nelle sue mani la suprema autorità legislativa e a connettere al suo primato la risoluzione infallibile delle controversie dottrinali». C. FANTAPPIÈ, *Introduzione stori-*

ce ninguna definición de matrimonio ni comentario alguno sobre cual es la esencia del mismo. Tan solo aparecen referencias a los tres bienes del matrimonio y a su finalidad al hablar del impedimento de edad y de las condiciones interpuestas en el consentimiento.

Sobre el requisito de la pubertad de los contrayentes el autor recoge las edades mínimas para el varón y la mujer, en catorce y doce años, respectivamente puesto que la finalidad del matrimonio es la procreación de los hijos[115], pero también señala que si los contrayentes son capaces de procrear antes de dicha edad, el matrimonio es válido[116].

Sobre la validez del matrimonio condicionado el autor indica qué condiciones son contrarias a la sustancia del matrimonio y pone algunos ejemplos de condiciones contrarias a cada uno de los tres bienes. Con respecto al *bonum prolis*, señala la procuración de la esterilidad, el aborto, y evitar la concepción de la prole mediante la eyaculación fuera de la vagina[117]. Las dos primeras ya estaban presentes en la Decretal de Gregorio IX que señalamos en su momento, pero la última es nueva en su explicitación. Además, la eyaculación fuera de la vagina afecta también a la consumación si bien ésta de por sí no afecta a la validez del matrimonio.

8.4 *Francisco Schmalzgrueber († 1735)*

También este autor hace referencias interesantes sobre el tema que nos ocupa. El autor explica profusamente la definición de matrimo-

---

ca, 179-180. «Estos autores, en razón de la perfección de sus obras, la ortodoxia en la fe y la frecuente referencia a la nueva legislación y jurisprudencia de la Curia Romana en las causas matrimoniales, se contaban entre los *auctores probatos* ante la sacra Rota romana». P. ERDÖ, *Introducción*, 143.

[115] «Ad valorem matrimonii tam de Jure Civili, quam Canonico requiruntur et sufficiunt anni pubertatis, duodecim nempe in foeminis, et quatuordecim in masculis, nisi malitia suppleat aetatem. [...] ratio est; quia cum Matrimonii finis principalis sit prolis generatio, haec autem sine potentia generandi, et carnaliter coeundi haberi nequeat, potentia vero ista ante dictam aetatem adesse ordinarie non possit per Jura citata, merito eadem Jura Impedimentum dirimens Matrimonii statuerunt inter eos, qui praefata aetate non gaudeant». A. REIFFENSTUEL, *Ius canonicum universum*, IV, tit.2, n. 6, p. 59.

[116] «Dicitur autem notanter, Nisi malitia suppleat aetatem, id est, nisi jam ante pubertatis annos habilis quis inveniatur ad generandum, [...] ubi in ordine ad contrahendum Matrimonium sufficienter pubes habetur, qui ex habitu corporis pubertatem ostendit, et generare jam potest; etsi determinatos a Jure annos necdum habeat». A. REIFFENSTUEL, *Ius canonicum universum*, IV, tit. 2, n. 9, p. 59.

[117] «Matrimonia sequenti modo contracta esse nulla: Contraham tecum, si generationes prolis evitabis, v. g. seminando extra vas, aut procurando sterilitatem, vel abortum». A. REIFFENSTUEL, *Ius canonicum universum*, IV, tit. 5, n. 48, p. 89.

nio, que nos resulta interesante para delimitar el contenido del *bonum prolis*.

Sobre lo que significa la palabra matrimonio afirma que matrimonio se dice por la madre, porque por el matrimonio se espera la procreación de la prole[118]. Además, recalca la labor preponderante de la madre en la generación y educación de los hijos: «matris onus gravious est, [...] Haec ipsi ante partum onerosa, in partu dolorosa, et post partum laboriosa esse noscitur»[119]. Después, aporta la diferencia de significado con otros términos usados en relación al matrimonio que ya aclaramos en el capítulo anterior[120].

El matrimonio puede ser entendido de dos maneras. La primera es el contrato actual, realizado por personas legítimas que expresan de palabra su consentimiento para formar una sociedad perpetua dedicada a los actos propios de la generación de los hijos. La segunda manera de entender el matrimonio es como la legítima, exclusiva y perpetua unión del hombre y la mujer[121].

A continuación el autor va explicando detalladamente cada uno de los elementos incluídos en estas definiciones. Cuando desarrolla el significado del término *conjunctio*, señala que el ser una sola carne no consiste en la unión carnal del hombre y la mujer, sino en tener la potestad sobre el cuerpo del otro para la realización de los actos propios de la generación[122].

---

[118] «Matrimonium a matre dicitur, [...] quia matrimonium praecipue spectat procreationem prolis». F. SCHMALZGRUEBER, *Ius ecclesiasticum universum*, IV, tit. 1, n. 221, p. 99.

[119] F. SCHMALZGRUEBER, *Ius ecclesiasticum universum*, IV, tit. 1, n. 221, p. 99.

[120] Cf. *supra*, cap. II, n. 9.

[121] «Matrimonium duobus modis accipi potest: 1. pro actuali contractu, in quo legitimae personae consensu verbis expresso se invicem obligant ad vitae societatem, et generationis usum: 2. et frequentius pro permanente, ac quasi perpetuo jugo viri, et foeminae. [...] Unde, quando matrimonium in prima acceptione sumitur, sensus definitionis erit, quod matrimonium sit contractus, quo mas, et foemina nulla jure impediti, sed ad individuam vitae societatem, et mutuam corporum traditionem in ordine ad actus ex se aptos ad generationem prolis obligant. Quando vero in secunda acceptione, hunc sensum pariet, quod matrimonium sit perpetua, et indissolubilis conjunctio, seu vinculum viri, et foeminae, ortum ex consensu eorum, verbis, vel aliis signis expresso». F. SCHMALZGRUEBER, *Ius ecclesiasticum universum*, IV, tit. 1, n. 223, p. 100.

[122] «Esse duos in carne una non est commisceri, sed haberi tanquam carnem unam, quod fit per hoc solum, quod uterque alterius corporis potestatem habeat. Porro potestas haec, quam habet conjux in corpus conjugis, est quidem jus in rem, sed non proprie dominium, ne fateri cogamur alterius mancipium, seu servum esse: erit igitur tantum jus utendi corpore conjugis ad opus generationis eo fere modo, quo jus utendi

Por ello, la esencia del matrimonio reside en la diversidad de sexos, unidos por consentimiento mutuo sobre la mutua entrega de los cuerpos, de la cual nace la obligación mutua de realizar el acto conyugal, que a su vez supone el derecho mutuo de pedir su realización y la consumación del matrimonio[123].

El autor aborda también la cuestión de las condiciones interpuestas en el contrato matrimonial. Al detallarlas es cuando explica el contenido del *bonum prolis* y por qué no puede haber condiciones que le afecten. Así, afirma que el *bonum prolis* consiste en la esperanza de la procreación y la educación de los hijos. Si bien los hijos en sí no constituyen la sustancia del matrimonio, sí que la forma la obligación de realizar los actos propios de la generación por lo que el *bonum prolis* rechaza cualquier condición añadida al contrato matrimonial que verse sobre la obligación de tomar sustancias que provoquen la esterilidad, o que se procure ésta de cualquier otro modo; la exigencia de eyacular fuera de la vagina de la mujer o impedir la consumación de la cópula carnal, así como la concepción de los hijos; la obligación de procurar el aborto o la muerte de la prole nacida[124]. Por ello, también, la condición, sea de pasado, presente o futuro contraria al *bonum prolis*, vicia tanto el matrimonio como los esponsales[125].

---

alieno horto alicui ad certum finem concedi solet». F. SCHMALZGRUEBER, *Ius ecclesiasticum universum*, IV, tit. 1, n. 225, p. 101.

[123] «In quo consistat essentia matrimonii? Resp. In matrimonio sex diversa inveniuntur: 1. mutuus consensus. 2. traditio corporum mutua. 3. vinculum quoddam ex hoc consensu, et traditione ortum: 4. obligatio mutua ad reddendum debitum, quae nascitur ex isto vinculo: 5. jus reciprocum ad hoc petendum, quod surgit ex obligatione hac: 6. denique usus, et consummatio matrimonii». F. SCHMALZGRUEBER, *Ius ecclesiasticum universum*, IV, tit. 1, n. 256, p. 115.

[124] «Primo bonum (prolis) spectat procreationem, et educationem liberorum; quamvis enim proles, et harum generatio non sit de substantia matrimonii, ex consensu tamen in hoc praestito nascitur obligatio ad exhibendos, si petantur ab altera parte, actus ex se aptos ad generationem prolis, et nihil illicite agendum, quo ejus procreatio impediatur. Unde bono prolis repugnant conditiones, contractui nuptiali adjectae, de sumenda potione sterilitatis, aut ea alio modo procuranda; de semine extra vas emittendo, et impedienda consummatione copulae carnalis, prolisque conceptione; de procurando abortu, aut prolis natae suffocatione, vel alia peremptione etc». F. SCHMALZGRUEBER, *Ius ecclesiasticum universum*, IV, tit. 5, n. 6, p. 390.

[125] Cf. F. SCHMALZGRUEBER, *Ius ecclesiasticum universum*, IV, tit. 5, n. 134, p. 443.

9. El período previo a la primera Codificación

9.1 *Las circunstancias que influyeron en la formación del Código de 1917*

A finales del siglo XIX el *Ius publicum ecclesiasticum* adquiere una preponderancia grande, dentro de los estudios canónicos, como consecuencia de las legislaciones antieclesiásticas de varios estados liberales europeos[126]. Por otro lado, el propio Derecho Canónico como derecho interno de la Iglesia tenía que seguir siendo explicado[127], por lo que se empiezan a buscar distintas soluciones que abarcaran estos dos frentes de investigación. En esta época, además, afloran distintas revistas especializadas en Derecho Canónico, que van a contribuir en gran medida a la aplicación de las normas jurídicas[128]. También el método de enseñanza del Derecho Canónico se vio enriquecido con nuevas aportaciones consistentes en tratados sistemáticos sobre distintas partes del Derecho Canónico[129]. A todo lo anterior hay que unir, sin embargo, que tras la formación del *Corpus Iuris Canonici*, finalizado en 1582, y la continua producción de normas por parte de los Pontífices y los obispos diocesanos en los siglos posteriores, resultaba complicado conocer qué normas eran aplicables y cuáles no. Como consecuencia de esto resultaba frecuente el quebranto de la disciplina eclesial, así como el arbitrio de los órganos administrativos y la incertidumbre en las decisiones de los tribunales[130].

Por esta razón, en estos años finales del s. XIX, coincidiendo con la celebración del Concilio Vaticano I, la situación de las fuentes del derecho Canónico era bastante compleja. Y por esta razón, también, los Padres conciliares «que denunciaron […] las perniciosas consecuencias de la desorganización legislativa coincidieron en afirmar la absoluta necesidad de una revisión de la legislación canónica, […] para conseguir la certeza del Derecho, la manejabilidad de las fuentes

---

[126] Cf. C. FANTAPPIÈ, *Introduzione storica*, 217.
[127] Cf. C. FANTAPPIÈ, *Introduzione storica*, 217.
[128] Cf. P. ERDÖ, *Introducción*, 150: «*Archiv für katholisches Kirchenrecht* desde el año 1857; *Zeitschrift für Kirchenrecht* desde el año 1861; *Le Canoniste contemporain* desde el año 1878, *Journal de Droit canonique et de jurisprudence* desde el año 1881; *Revue canonique* desde el año 1897-, *Il Monitore ecclesiastico* desde el año 1876; *Il Dirito ecclesiastico* desde el año 1890; *Periodica de re morali, canonica, liturgica* desde el año 1905».
[129] Cf. P. ERDÖ, *Introducción*, 152.
[130] Cf. A. MOTILLA, «La idea de la codificación», 684.

y un conocimento accesible de éstas incluso al no versado en la ciencia jurídica»[131].

El acuerdo sobre la necesidad de revisar la legislación canónica encontró el desacuerdo en el modo de realizarla, ofreciéndose distintas soluciones. Las mayores controversias surgieron entre los defensores de un nuevo *Corpus Iuris Canonici*, para preservar así el método tradicional canónico, y los que pretendían adoptar el moderno método de la codificación, lo cual suponía desvincularse de la tradición canónica y adoptar un método propio de los estados civiles[132].

Esta situación no quedó resuelta hasta el 11 de abril de 1904 en que el Papa Pío X establece las directrices de trabajo y elaboración de recopilación y ordenación de las normas de la Iglesia. En esas directrices alude al carácter netamente jurídico que había de tener el futuro código, así como «la composición de los cánones a partir exclusivamente de la parte dispositiva de las leyes»[133].

La apuesta por la codificación supuso «la centralización y afianzamiento del poder del Sumo Pontífice, en detrimento de la autonomía legislativa de las iglesias particulares»[134]. Además, la ley recogida en el Código tenía que poner de manifiesto no sólo la voluntad del legislador, sino las condiciones objetivas de la misma en cuanto a forma, fundamento, justicia, utilidad para el bien común y concordancia con el Derecho divino[135].

De la época anterior a la promulgación del Código de Derecho Canónico recogemos, en primer lugar, la enseñanza de León XIII sobre el matrimonio cristiano. Después, de entre los autores que comienzan a postular la necesidad de adoptar el modelo codificatorio empleado por el Derecho Civil[136], destacamos sólo dos de los más relevantes, Francisco Javier Wernz y Pedro Gasparri, cuyos postulados, al menos en lo que al *bonum prolis* se refiere, quedarán recogidos, casi sin variaciones, en el Código Pío-Benedictino.

---

[131] A. MOTILLA, «La idea de la codificación», 685.

[132] Cf. A. MOTILLA, «La idea de la codificación», 686.

[133] A. MOTILLA, «La idea de la codificación», 688.

[134] A. MOTILLA, «La idea de la codificación», 695.

[135] «La ley en los códigos se concibe no sólo revestida del elemento volitivo –voluntad del legislador- como determinante de su eficacia; siguiendo la vieja tradición, se rodea al acto legal de una serie de requisitos objetivos que limitan, en cierta manera, la arbitrariedad de su contenido: debe ser justa y honesta, posible, útil y conveniente para el bien común –racional- y conforme al Derecho divino, natural y positivo». A. MOTILLA, «La idea de la codificación», 703.

[136] Cf. C. FANTAPPIÈ, *Introduzione storica*, 218.

9.2 *León XIII (1878-1903)*

Dos años después de ser elegido Sumo Pontífice, León XIII escribió la Encíclica *Arcanum* dedicada a la familia cristiana. En ella encontramos las siguientes afirmaciones relativas al *bonum prolis*. Después de afirmar la institución del matrimonio por parte de Cristo, se centra en la finalidad del mismo, que consiste en algo más que la mera procreación en sí, puesto que se trata de la procreación de los hijos de la Iglesia. Así, afirma:

> Nam primo quidem nuptiali societati excelsius quiddam et nobilius propositum est, quam antea fuisset; ea enim spectare iussa est non modo ad propagandum genus humanum, sed ad ingenerandam Ecclesiae sobolem, *cives Sanctorum et domesticos Dei* (Eph. II, 19)*; ut* nimirum *populus ad veri Dei et Salvatoris nostri Christi cultum et religionem procrearetur atque educaretur* (Catech. Rom. Cap. VIII)[137].

En este sentido, cabe afirmar que para el Papa León XIII la educación en la fe cristiana de los hijos es un fin esencial para el cual fue instituído el matrimonio. A continuación señala los deberes mutuos de los esposos:

> Secundo loco sua utrique coniugum sunt officia definita, sua iura integer descripta. Eos scilicet ipsos necesse est sic esse animo semper affectos, ut amorem maximum, constantem fidem, sollers assiduumque praesidium alteri alterum debere intelligant[138].

Un poco más adelante, señala, además, que los hijos deben someterse a sus padres y estos de modo principal se deben dedicar a educarlos en la virtud[139]. Después, vuelve a hablar de los fines del matrimonio y se refiere, además de a la propagación del género humano, al bien de los cónyuges, su mutua ayuda, el amor fiel y constante, la comunidad de bienes y la gracia que otorga el sacramento. Sólo de este modo se asegura, también, la buena educación de los hijos:

> Et sane, praeter quam quod propagationi generis humani prospiciunt, illuc quoque pertinent, ut meliorem vitam coniugum beatioremque efficiant; idque pluribus caussis, nempe mutuo ad necessitates sublevandas adiumento, amore constanti et fedeli, communione omnium bonorum, gratia caelesti,

---

[137] LEÓN XIII, Enc. *Arcanum*, 389.
[138] LEÓN XIII, Enc. *Arcanum*, 389.
[139] «Ad liberos quod pertinet, subesse et obtemperare parentibus, hisque honorem adhibere propter conscientiam debent; et vicissim in liberis tuendis atque ad virtutem potissimum informandis omnes parentum curas cogitationesque evigilare necesse est». LEÓN XIII, Enc. *Arcanum*, 389.

quae a sacramento proficiscitur. Eadem vero plurimum possunt ad familiarum salutem; nam matrimonia quamdiu sint congruentia naturae, Deique consiliis apte conveniant firmare profecto valebunt animorum concordiam inter parentes, tueri bonam institutionem liberorum, temperare patriam potestatem proposito divinae potestatis exemplo, filios parentibus, famulos heris facere obedientes[140].

Por tanto, para León XIII el *bonum prolis*, como fin del matrimonio, incluye por igual la procreación de los hijos y su educación en la fe. Por otro lado, el amor mutuo y constante aparece como deber y fin del matrimonio, cuyos frutos repercuten en beneficio de los hijos y de toda la sociedad.

9.3 *Francisco Javier Wernz († 1914)*

Su obra más importante es *Ius Decretalium* en la que une la técnica histórico-sistemática de la ciencia alemana con la canonística clásica[141]. Uno de los siete volúmenes de esta obra está dedicado por entero al derecho matrimonial canónico que a continuación ocupa nuestro estudio.

En primer lugar, en la propia definición de matrimonio éste aparece como contrato y sacramento a la vez:

Si matrimonium *in fieri* spectetur, definiri potest: *Contractus* legitimus et individuus maris atque feminae ad generandam et educandam prolem. Cui definitioni si adda: *Gratiae spiritualis collativus*, habes etiam notionem *sacramenti matrimonii*[142].

La finalidad procreativa lo es tanto del contrato como del sacramento, porque el modo en que ésta se consigue, es decir, la unión exclusiva del varón y la mujer, es el objeto de ambos[143]. No en vano, el autor del

---

[140] LEÓN XIII, Enc. *Arcanum*, 395.
[141] Cf. C. FANTAPPIÈ, *Introduzione storica*, 221. El autor continúa diciendo: «Sul piano dell'ordine espositivo, egli cerca una *via media* che componga sia la differenza tra il metodo d'insegnamento del Testo canonico e quello delle Istituzioni, sia la discrepanza tra l'ordine delle decretali e quello sistematico. Operando alcune traslazioni di fonti e ripartizioni di materie per libri, Wernz risolve il contrasto tra i due ordini dell'esposizione in una sintesi superiore definita "ordine decretalistico secondo il metodo scientifico"». P. ERDÖ, *Introducción*, 153: «La obra de Francisco Javier Wernz es considerada como uno de los antecedentes más importantes en la preparación próxima de la redacción del Código de Derecho Canónico».
[142] F.X. WERNZ, *Ius Decretalium*, IV, 26.
[143] «Matrimonium, *ut est sacramentum proprie dictum*, essentialiter consistit in illo *actu transeunte*, quo mas et femina iure habiles per legitimum consensum mutuam

matrimonio es el mismo Dios creador que quiso que el género humano se conservara y propagara, para lo cual creó la inclinación entre el hombre y la mujer para la generación de la prole[144]. Sin embargo, la dignidad del ser humano, pero también su debilidad originaria tanto de cuerpo como de alma, exigen que la procreación vaya seguida del continuo cuidado y educación en la virtud, lo cual no se puede conseguir sin la unión exclusiva e indisoluble entre el hombre y la mujer[145].

Por otra parte, Dios estableció el matrimonio de modo explícito por las palabras de Adán en el paraíso al contemplar a Eva y por sus propias palabras con el mandato de crecer y multiplicarse dado a los primeros padres[146]. Además, por institución de Cristo, el matrimonio entre bautizados es uno de los siete sacramentos, según la enseñanza del Concilio de Trento[147].

En segundo lugar, el matrimonio legítimo es un verdadero y estricto contrato bilateral celebrado entre el hombre y la mujer[148]. Necesariamente el consentimiento tiene que ser bilateral, porque de lo contrario, quedaría abierta la posibilidad a la poligamia o a la poliandria[149], y hecho por personas jurídicamente hábiles que mutuamente se entreguen el derecho sobre sus cuerpos para la generación y educación de la prole[150]. Por tanto, el objeto material del contrato matrimonial son las mismas personas de los contrayentes y su objeto formal es la comunión de vida. Ésta consiste principal y esencialmente en el derecho y deber

---

potestatem in corpora ad actus coniugales in perpetuum sibi tradunt». F.X. WERNZ, *Ius Decretalium*, IV, 50.

[144] «Etenim Dei voluntas est, ut conservetur et propagetur genus humanum, ut patet ex ipsa capacitate et inclinatione maris et feminae a Deo naturae humanae indita ad generandam prolem». F.X. WERNZ, *Ius Decretalium*, IV, 39.

[145] «Nam non qualiscunque procreatio prolis sufficit, sed generationi accedat necesse est assidua cura, ut *corpus* debile infantium ad perfectionem adducatur, et *per educationem animi* proles nata ad perfectum statum hominis, qui consistis in statu virtutis et sibi et genero humano convenienti, promoveatur. Verum nisi sit coniunctio maritalis inter *determinatas* tantum personas *stabili obligatione ad officia coniugalia et vitae consortium unitas*, duplex illa educatio physica et moralis prolis haberi nequit». F.X. WERNZ, *Ius Decretalium*, IV, 40.

[146] Cf. F.X. WERNZ, *Ius Decretalium*, IV, 40.

[147] Cf. F.X. WERNZ, *Ius Decretalium*, IV, 43.

[148] «Matrimonium legitimum in fieri est *verus* atque proprie dictus *contractus bilateralis* inter marem et feminam celebratus». F.X. WERNZ, *Ius Decretalium*, IV, 46.

[149] Cf. F.X. WERNZ, *Ius Decretalium*, IV, 46.

[150] «At matrimonium apud omnes gentes celebratur per *verum legitimumque consensum* viri et feminae iure habilium, quo sibi *verum* et *mutuum* tradunt *ius* in corpora *in ordine ad generandam* et educandam prolem». F.X. WERNZ, *Ius Decretalium*, IV, 47.

mutuo, igual, exclusivo y perpetuo sobre el cuerpo del otro cónyuge para la generación y educación de la prole, no para otros objetivos[151].

El contrato matrimonial, además, tiene algunas especificidades que lo singularizan con respecto a otros contratos. Por razón de su origen es un contrato natural, por lo que su fundamento es la propia naturaleza y por ella, el matrimonio se ordena al bien del género humano[152]. Por su carácter consensual, la voluntad de las partes no puede ser suplida por ninguna autoridad pública, sin embargo, si en otros contratos el objeto principal, las condiciones, obligaciones y efectos pueden ser decididos por el libre arbitrio de las partes, en el contrato del matrimonio hasta la sustancia está determinada por la naturaleza, por lo que el arbitrio de las partes queda excluído[153].

Por su propia naturaleza y por su institución divina, el consenso matrimonial exige, para su validez, el verdadero, interno y personal consenso de los contrayentes, no un consenso fingido, simulado o prestado por otros[154], si bien se permite la posibilidad de manifestar dicho consentimiento por un medio no personal (procurador, carta, intérprete) siempre que se observen las exigencias del derecho natural y positivo tendentes a preservar la identidad de quien presta el consentimiento[155].

En particular, el consenso tiene que cumplir ciertos requisitos esenciales. En primer lugar, por parte de la persona, tener la suficiente capacidad intelectiva y volitiva para que el consentimiento sea verdaderamente deliberado y libre. Esta capacidad intelectiva y volitiva significa que la persona debe conocer no sólo en lo que consiste el contrato del matrimonio, sino también lo que la Iglesia establece en sus normas sobre el matrimonio cristiano[156]. En segundo lugar, que dicha voluntad sea de presente y recaiga sobre la mutua entrega y aceptación del derecho al uso del cuerpo en orden a la generación de la prole, entre dos

---

[151] «Cuius contractus matrimonialis *obiectum materiale* sunt ipsae contrahentium *personae*, at obiectum *formale* sive ratio, sub qua attinguntur, est *vitae consuetudo individua*. Quae vitae consuetudo principaliter et *essentialiter* consistit in *iure* atque *officio* mutuo, aequali, exclusivo, perpetuo in corpus alterius coniugis *in ordine* ad prolem generandam et educandam, non ad alios quocumque scopos». F.X. WERNZ, *Ius Decretalium*, IV, 48.

[152] Cf. F.X. WERNZ, *Ius Decretalium*, IV, 48.

[153] «Sed in contractu matrimoniali quoad *substantiam* omnia *a natura* sunt determinata partiumque arbitrium est exclusum». F.X. WERNZ, *Ius Decretalium*, IV, 49.

[154] «Ad contrahendum matrimonium ex natura rei et institutione divina essentialiter requiritur verus et internus et personalis contrahentium consensus, non fictus vel simulatus vel alienus». F.X. WERNZ, *Ius Decretalium*, IV, 67.

[155] Cf. F.X. WERNZ, *Ius Decretalium*, IV, 67.

[156] Cf. F.X. WERNZ, *Ius Decretalium*, IV, 70.

personas concretas de diverso sexo[157]. En tercer lugar, este consentimiento se debe manifestar por los dos contrayentes según la forma establecida por la Iglesia para la validez de dicho acto[158].

El consentimiento que cumple todos esos requisitos produce una serie de efectos que también afectan a los tres fines del matrimonio, que son la generación y educación de los hijos, la ayuda mutua y el remedio de la concupiscencia[159]. El efecto que produce este consentimiento sobre los fines es el de generar los tres bienes del matrimono: *bonum prolis, bonum fidelitatis* y *bonum sacramenti*. El *bonum prolis* consiste en la potestad de generear y educar la prole, que refiere al primer fin, pero que también se ordena al tercero y segundo fin del matrimonio[160]. El *bonum fidelitatis* es el derecho mutuo y exclusivo que los contrayentes adquieren sobre el cuerpo del otro. El *bonum sacramenti* supone no sólo la firmeza del vínculo, sino la absoluta indisolubilidad del matrimonio consumado de los cristianos, por razón del sacramento de la nueva ley[161]. Como enseña santo Tomás, los dos primeros pueden faltar en la realización concreta del matrimonio, nunca en sus principios, mientras que el tercero no puede faltar en ninguno de los dos casos[162].

Más en concreto, el contrato matrimonial produce como efecto que en uno y otro cónyuge sea igual el derecho a exigir estrictamente el débito conyugal. A este derecho corresponde al otro cónyuge la obligación de estricta justicia de devolver el mismo débito, salvo que alguna causa justa lo excuse[163]. Por otra parte, el ejercicio de ese derecho puede cesar o ser suspendido temporalmente sin que quede afectado el derecho mismo a exigir el débito[164]. La prole fruto de unión carnal legíti-

---

[157] «Ex parte *obiecti* sit de *praesenti* et *mutuus* i. e. traditio et acceptatio *iuris* ad *usum* corporis in ordine ad generandam prolem fieri debet inter duas personas determinatas diversi sexus». F.X. WERNZ, *Ius Decretalium*, IV, 71.

[158] Cf. F.X. WERNZ, *Ius Decretalium*, IV, 71.

[159] «Si attendatur *tres fines* matrimonii i. e. generatio et educatio prolis, mutuum adiutorium, remedium concupiscentiae, tria *bona*, quae ex eo consequuntur, hisce finibus serviunt scl. I, bonum prolis. [...] II. Bonum fidelitatis. [...] III. Bonum sacramenti». F.X. WERNZ, *Ius Decretalium*, IV, 77-78.

[160] Cf. F.X. WERNZ, *Ius Decretalium*, IV, 78.

[161] Cf. F.X. WERNZ, *Ius Decretalium*, IV, 78.

[162] Cf. *supra*, cap. 2; F.X. WERNZ, *Ius Decretalium*, IV, 79.

[163] «Contractus matrimonialis, cuius principale obiectum est mutua traditio iuris in corpora in ordine ad generandam prolem, imprimis illud efficit, ut in *utroque* coniuge sit *aequale ius ad debitum coniugale* stricte exigendum, cui iuri in altero coniuge correspondet *obligatio* strictae iustitiae reddendi debitum exactum, nisi iusta causa excuset». F.X. WERNZ, *Ius Decretalium*, IV, 977.

[164] Cf. F.X. WERNZ, *Ius Decretalium*, IV, 977.

ma tiene que ser alimentada, y su vida física conservada, así como se le debe procurar una recta y verdadera educación y disciplina cristiana[165].

Con respecto al consenso matrimonial condicionado con condición de futuro contraria a la sustancia del matrimonio, según Wernz tal consentimiento es nulo. En efecto:

> Si conditiones *de futuro* contra substantiam matrimonii i. e. contra *ius mutuum et maritale coniugum in corpus* vel *proprietatem essentialem* matrimonii velut contra bonum physicum prolis, contra bonum fidei coniugalis, contra bonum indissolubilitatis matrimonii contractui matrimoniali saltem ab uno e contrahentibus ita apponantur, ut deducantur in *pactum* tanquam pars constitutiva contractus, v. g. contraho tecum, si generationem evites, vel donec inveniam aliam honore vel facultatibus digniorem, aut si pro quaestu adulterandam te tradas, matrimonialis contractus quantumcunque sit favorabilis, caret effectu ipsoque iure naturali et divino est nullus et irritus[166].

Por tanto, parece que según Wernz sólo la condición que afecte a la vida física de la prole es la que hace el matrimonio nulo, mientras que, si bien la educación es una obligación incluída en el consenso matrimonial, como acabamos de ver, una condición contraria a la misma no viciaría el consentimiento.

9.4 *Pedro Gasparri († 1934)*

Pedro Gasparri fue el primer profesor de la cátedra de derecho canónico del *Institut catholique* de París. Allí enseñó entre 1880 y 1898, a la par que escribió sus obras más importantes: *Tractatus canonicus de matrimonio* y *Tractatus canonicus de sacra ordinatione*. Posteriormente, siendo cardenal, presidirá los trabajos de la codificación del Derecho Canónico[167]. Su labor docente resultó de gran importancia puesto que introdujo una metodología nueva consistente en una ordenación lógica, unitaria y orgánica de los contenidos de la materia jurídica. Es decir, se trata de una metodología sistemática y técnico-jurídico más que histórica[168].

---

[165] Cf. F.X. WERNZ, *Ius Decretalium*, IV, 982-983.
[166] F.X. WERNZ, *Ius Decretalium*, IV, 444-449.
[167] Cf. P. ERDÖ, *Introducción*, 155.
[168] C. FANTAPPIÈ, *Introduzione storica*, 220-221: «Abbandonato il tradizionale ordine delle decretali, [...] Gasparri passa ad un *ordine logico* che presenta la materia giuridica in modo unitario e organico, e risolvi i diversi punti ancora controversi mediante il ricorso a procedimenti argomentativi di tipo logico-deduttivo e non più casistico. Si tratta di una scelta metodologica che predilige il sistema e la tecnica giuridica

En su Tratado sobre el matrimonio encontramos, en primer lugar, una definición de matrimonio que distinge entre el matrimonio *in fieri* y el matrimonio *in facto esse*. Así, afirma el autor: «Matrimonium in fieri est *contractus legitimus inter marem et feminam individuam vitae consuetudinem afferens*. Matrimonium in facto esse est inde resultans vitae consuetudo, et nominatim vinculum matrimoniale»[169]. Este contrato, si es entre bautizados, es además sacramento por voluntad de Cristo. Como tal contrato debe ser contraído por personas hábiles y de distinto sexo, siendo exclusivo entre un solo hombre y una sola mujer[170]. La inseparable comunión de vida significa que ésta es perpetua, no temporal, y duradera hasta la muerte. Por comunión de vida se entiende el derecho mutuo sobre el cuerpo de otro para la generación y educación de la prole, también llamado derecho al coito[171].

La esencia del matrimonio *in fieri* es el mutuo consentimiento sobre la comunión de vida. La esencia del matrimonio *in facto esse* es la misma comunión de vida, nacida del matrimonio *in fieri*[172]. El fin principal o primario del matrimonio es la generación y educación de la prole: «*Finis* matrimonii *principalis* seu primarius est procreatio, et deinde educatio prolis»[173]. Las propiedades del matrimonio son la unidad y la perpetuidad, de las que nacen dos bienes: el *bonum sacramenti* y el *bonum fidei*. A estos dos bienes se añade el *bonum prolis* que consiste en la potestad de generar y educar la prole, su generación y su recta educación[174].

El consenso matrimonial puede verse afectado por distintas condiciones. Entre otras, la condición de futuro contra la sustancia del matrimonio hace el matrimonio inválido. Estas condiciones son las que excluyen el derecho mismo sobre el cuerpo del otro para la procreación o son contrarias a las propiedades esenciales de la unidad y la perpetui-

---

rispetto alla dimensione storica, e che è saldamente ancorata alla concezione teologica uscita dai concili di Trento e del Vaticano I».

[169] P. GASPARRI, *De Matrimonio*, I, 2.

[170] Cf. P. GASPARRI, *De Matrimonio*, I, 3-4.

[171] «*Individuam vitae consuetudinem afferens*, idest non temporaneam sed perpetuam per se duraturam usque ad mortem. Vitae consuetudo significat tum in primis jus mutuum cum relativa obligatione, perpetuum, exclusivum, per se ordinatum ad prolem generandam et educandam, tum deinde comunionem tori, mensae, et habitationis in unione animorum per mutuum amorem et in aliquali unione bonorum». P. GASPARRI, *De Matrimonio*, I, 4.

[172] Cf. P. GASPARRI, *De Matrimonio*, I, 5.

[173] P. GASPARRI, *De Matrimonio*, I, 6.

[174] «His duobus bonis addunt *bonum prolis*, quod est potestas suscipiendi et educandi prolem, ejusque susceptio et recta educatio». P. GASPARRI, *De Matrimonio*, I, 8.

dad[175]. En concreto, la condición contra el derecho mismo sobre el cuerpo del otro puede ser realizada de modo torpe u honesto. De modo torpe, cuando se recurre a medios inmorales; de modo honesto, cuando se pretende vivir la castidad excluyendo el derecho, no sólo su uso[176].

Más en concreto, en sentido torpe significa toda condición contraria a la sustancia del matrimonio, por la cual se pretenda excluir el derecho mismo a la ordenación de la prole y su correspondiente obligación, por cualquier medio inmoral. Cabe, sin embargo, la posibilidad de que el recurso a esos medios inmorales tenga alguna limitación, por ejemplo, después del nacimiento del primer hijo, o que cesarán cuando mejore la situación económica. En estos casos, se entiende que la voluntad de los contrayentes era la de celebrar verdadero matrimono. En todo caso, son presunciones que admiten prueba en contrario[177].

En sentido honesto, la condición de observar la castidad se puede entender de dos maneras. En primer lugar, cuando el contrayente interpone la condición con la intención de no otorgar ni recibir el derecho a los actos de por sí aptos para la generación de la prole[178]. Ejemplos de esto último son las siguientes formulaciones: «Dummodo perpetuam servemus castitatem; Dummodo servemus castitatem post alterum filium»[179].

Sin embargo, no se excluye el derecho sino su uso cuando el consenso para vivir la castidad es temporal: «Dummodo servemus castitatem per tres annos; Dummodo servemus castitatem feria sexta singulis hebdomadis»[180].

Otros ejemplos de condiciones contrarias al *bonum prolis* son la condición de no pedir o entregar el débito conyugal; la condición de dar

---

[175] Cf. P. GASPARRI, *De matrimonio*, II, 88.
[176] «*Si generationem prolis evites*, sumi potest vel *sensu turpi*, idest si generationem prolis evites per abortum, per onanismum, per venena sterilitatis, per resecationem tubarum fallopianorum aut extractionem utriusque ovarii vel uteri, etc.; vel *sensu honesto*, nempe per non usum matrimonii, servando castitatem». P. GASPARRI, *De matrimonio*, II, 90.
[177] Cf. P. GASPARRI, *De matrimonio*, II, 90.
[178] Cf. P. GASPARRI, *De matrimonio*, II, 91. «Si contrahens habet quidem intentionem contrahendi matrimonium, sed simul habet intentionem explicitam ac positivam sese non obligandi aliquo modo; scilicet non vult tradere-acceptare jus coeundi, aut illud vult tradere acceptare, sed sua intentione excludit vel limitat ejus ordinationem ad prolem, vel perpetuitatem vel unitatem, dicens non interpretative tantum, sed positive in mente sua: *Volo contrahere matrimonium, sed nolo tradere alteri parti jus coeundi in ordine ad prolem*, aut: *nolo tradere jus perpetuum et exclusivum*». *Ibid.*, 41.
[179] P. GASPARRI, *De matrimonio*, II, 92.
[180] P. GASPARRI, *De matrimonio*, II, 92.

muerte a la prole futura; la condición de tomar sustancias que provoquen la esterilidad. Y no son contrarias al *bonum prolis* estas otras condiciones: enviar los hijos a un orfanato, no alimentarlos con la propia leche o educarlos en el judaísmo o en la herejía[181].

10. Conclusión

En este capítulo hemos recorrido otro amplio período de tiempo que nos ha llevado al umbral de la codificación de 1917. Después del período de la reforma de los siglos XII y XIII, la reflexión teológica y canónica sobre el matrimonio se centra en la realidad sacramental del mismo y la inseparabilidad de su carácter contractual. Por otro lado, el Concilio de Trento no llegó a zanjar la cuestión de la inseparabilidad contrato-sacramento, pero introdujo los cambios necesarios para evitar los matrimonios clandestinos. En todo caso, la inseparabilidad e identidad contrato-sacramento ya vimos cómo, desde el punto de vista del *bonum prolis*, no adquiere especial relevancia jurídica puesto que, al ser el matrimonio un contrato *sui generis*, el elemento esencial del bien de la prole queda suficientemente preservado de la voluntad contraria de los contrayentes sin necesidad de recurrir a la sacramentalidad. No obstante, la afirmación magisterial de dicha identidad elimina cualquier posible duda al respecto.

Tras el Concilio, la canonística experimenta un florecimiento que se traduce en las valiosas aportaciones de las distintas escuelas. Los autores que hemos estudiado nos han presentado una continuidad en la reflexión canónica sobre el matrimonio dependiente de lo ya establecido en las *Decretales* de Gregorio IX. En efecto, tanto en la definición de matrimonio como en la delimitación de sus fines y propiedades esenciales, hemos observado la constante que considera el matrimonio como contrato bilateral entre personas de distinto sexo por el cual se transmiten la potestad sobre sus cuerpos para la realización de los actos aptos para la generación de la prole.

Esta transmisión de la potestad sobre los cuerpos para la generación de la prole va a ser el elmento esencial tanto del matrimonio *in fieri* como del matrimonio *in facto esse*, puesto que por un lado es el objeto sobre el que debe versar el consentimiento de las partes y, por otro, va a

---

[181] Cf. P. GASPARRI, *De matrimonio*, II, 94-95. Esta última distinción creemos que concuerda con lo afirmado por Wernz al hablar de la condición contraria a la sustancia del matrimonio: sólo la condición contraria al bien físico de la prole irrita el consentimiento matrimonial. Cf. *supra*, nt. 166.

constituir la esencia de la comunión de vida y razón de ser de la fidelidad e indisolubilidad del matrimonio.

Además, hemos visto cómo la doctrina poco a poco va explicitando el modo en que se puede expresar la voluntad contraria al bien de la prole. Por un lado, puede ser una voluntad directamente orientada a evitar que sea concebida o una vez producido esto, impedirle que llegue a nacer. Pero puede ser también contraria a la prole la voluntad que sin estar directamente orientada a evitarla, de modo indirecto la impida al negar, aún por causa honesta, la entrega mutua de los cuerpos o la realización de los actos aptos para la generación de la misma.

También la doctrina ha distinguido entre la voluntad contraria a la prole perpetua y la temporal. Esta distinción entre el derecho y el uso del derecho va a ser desarrollada en momentos posteriores y va a quedar reflejada en el Código de 1917, como veremos inmediatamente.

Otra constante a lo largo de todos estos siglos es el tratamiento que recibe la condición impuesta al consentimiento matrimonial. También aquí, como veremos, el Código de 1917 manifiesta su condición de ser heredero de esta tradición multisecular.

Por último, por lo que se refiere al Magisterio próximo a la codificación, vimos cómo la Encíclica *Arcanum* de León XIII se refiere a la propagación del género humano como fin del matrimonio, así como, de modo especial, la educación en la fe de los hijos. De las palabras del Pontífice sobre el bien de los esposos, el amor constante y fiel, la ayuda mutua, la comunión de bienes y la gracia sacramental, podemos deducir que estos son considerados por él como fines del matrimonio al igual que la procreación y educación de los hijos, sin que el Pontífice establezca jerarquía alguna entre ellos.

Capítulo IV

El Código de 1917 y los años previos al Concilio

En este capítulo abarcaremos sólo el período que va desde la promulgación del Código de 1917 hasta el Concilio Vaticano II por lo que el estudio de éste lo haremos en el siguiente capítulo junto con el Magisterio y Doctrina posteriores al mismo. La promulgación del Código de 1917 supuso un cambio en la actividad de los estudiosos de Derecho canónico que vieron modificado el modo de enseñar ésta disciplina, distinguiéndose la explicación exegética de los cánones de la historia del Derecho canónico[1].

En este período, la normativa canónica se basa en el texto codicial cuya interpretación es encomendada a una Comisión Pontificia. La confianza de los Pontífices en el Código tendrá como resultado que la actividad legislativa de los mismos se vea reducida a los casos de especial gravedad, mediante la emisión de Decretos generales, a través de las Congregaciones de la Curia Romana[2].

La reflexión doctrinal se centrará en la exposiscón sistemática de las distintas partes del Código, por lo que el mismo método sistemático se vio reducido a la propia estructura codicial[3]. Veamos, a continuación, cómo es tratado el *bonum prolis* con esta nueva técnica legislativa y doctrinal.

1. El Código de 1917

Tras los árduos trabajos de codificación el 21 de mayo de 1917 se promulgaba el *Codex Iuris Canonici*, cuya entrada en vigor se produjo

---

[1] Cf. P. ERDÖ, *Introducción*, 161.
[2] Cf. C. FANTAPPIÈ, *Introduzione storica*, 240.
[3] Cf. P. ERDÖ, *Introducción*, 162.

el 19 de mayo del año siguiente[4]. El matrimonio es tratado en los can. 1012-1143. Sin entrar a estudiar toda la normativa matrimonial del Código Pío-Benedictino, sí que tenemos que fijar nuestra atención en la noción de matrimonio, los fines y propiedades y bienes esenciales del mismo y las condiciones impuestas al consentimiento.

1.1 *La noción de matrimonio*

Hasta la época inmediatamente anterior a la promulgación del Código, la noción de matrimonio admitía una doble acepción. Por un lado, hace referencia a un acto transitorio y, por otro, a un estado de vida[5]. Así lo hemos visto en la breve reseña doctrinal de los capítulos anteriores. Por ello, conviene que veamos rápidamente qué se entiende en uno y otro caso.

La noción del matrimonio como acto transitorio, el matrimonio *in fieri*, hace referencia al momento en el cual las dos partes manifiestan el consentimiento. Por eso, de modo general es descrito como un contrato[6], en el cual la doctrina distingue entre el objeto material y el objeto formal del mismo. El objeto material del contrato matrimonial son las mismas personas de los contrayentes, y el objeto formal, la íntima comunión de vida o *vitae consuetudo*[7]. Esta íntima comunión de vida tiene su causa eficiente en el propio matrimonio *in fieri* y constituye la esencia del matrimonio *in facto esse*. Es decir, la esencia del matrimonio *in facto esse* tiene que coincidir con el objeto formal del matrimonio *in fieri*[8].

En cuanto a qué constituye la íntima comunión de vida, los autores difieren en su formulación, pero se puede resumir en: a) el mutuo derecho de los cónyuges sobre el cuerpo del otro para la realización de los actos propios para la generación de la prole, es decir, el *ius in corpus*;

---

[4] Cf. G. LE BRAS, «Mariage, III», 2283.
[5] Cf. C.J. SCICLUNA, *The essential definition of marriage*, 66.
[6] Cf. C.J. SCICLUNA, *The essential definition of marriage*, 70.
[7] Cf. C.J. SCICLUNA, *The essential definition of marriage*, 71.
[8] C.J. SCICLUNA, *The essential definition of marriage*, 72: «The essence of the *matrimonium in facto esse* and the essential object of the *matrimonium in fieri* must and do coincide». Como resumen de toda la doctrina postridentina Mantuano dice: «Essenza del matrimonium in fieri è proprio il consenso sul vinculum o jus in corpus, perpetuum et exclusivum, in ordine ad actus per se aptos ad prolis generationem, consenso, quindi, avente come oggetto la stessa essenza del matrimonium in facto esse». G. MANTUANO, *Essenza del matrimonio*, 56.

CAP. IV: EL CÓDIGO DE 1917 Y LOS AÑOS PREVIOS AL CONCILIO 151

b) la cohabitación que implica compartir lecho, mesa y vivienda, es decir, la *communio tori, mensae et habitationis*[9].

Por otro lado, en lo que se refiere a los fines y propiedades esenciales, la generación de la prole, así como su educación, ha sido considerada tradicionalmente como el principal y primario de los fines[10]. Otros fines como la mutua ayuda de los cónyuges y el remedio de la concupiscencia son de carácter secundario y las propiedades esenciales son la unidad y la indisolubilidad[11].

Estas premisas doctrinales son recogidas por el texto codicial casi literalmente. En primer lugar, el Código de 1917 afirma en el can. 1012§1: «Christus Dominus ad sacramenti dignitatem evexit ipsum contractum matrimonialem inter baptizatos». Por tanto, el matrimonio *in fieri* se presenta como un contrato, sin nigún matiz sobre su peculiaridad o carácter *sui generis* tal como se había formulado en la doctrina[12]. También en los can. 1012§2 y 1015§1 se habla explícitamente de contrato[13]. Además, según lo que acabamos de ver, queda clara la identidad contrato-sacramento.

Por lo que se refiere al consenso matrimonial dice el can. 1081§2: «Consensus matrimonialis est actus voluntatis quo utraque pars tradit et acceptat ius in corpus, perpetuum et exclusivum in ordine ad actus per se aptos ad prolis generationem». Ésta definición señala el contenido esencial del matrimonio *in fieri* que es el acto de voluntad recíproco de las partes y cuyo objeto formal es el *ius in corpus*, es decir, la transmisión del derecho al uso del cuerpo del otro cónyuge para la realización de los actos naturalmente aptos para la generación de la prole[14].

---

[9] «Or what Wernz calls the *communio essentialis*». C.J. SCICLUNA, *The essential definition of marriage*, 72.

[10] Cf. C.J. SCICLUNA, *The essential definition of marriage*, 80.

[11] Cf. C.J. SCICLUNA, *The essential definition of marriage*, 81.

[12] Cf. C.J. SCICLUNA, *The essential definition of marriage*, 83; L. MIGUÉLEZ DOMÍNGUEZ, «Comentario», 429: «En realidad, al acto de la celebración del matrimonio no le falta niniguno de los elementos que integran todo contrato. Hay un concurso de dos voluntades que se obligan mutuamente a una prestación: la cópula conyugal ordenada a tener hijos. Lo que mutuamente se entregan los cónyuges, al casarse, no es la misma cópula, sino el derecho a realizarla, al cual acompaña la obligación respectiva. La obligación que se origina es de justicia en ambas partes, y la contraída por cada una de ellas es fundamento y razón de la contraída por la otra, por lo cual el contrato es *bilateral* en sentido estricto».

[13] Can. 1012§2/17: «Quare inter baptizatos nequit matrimonialis contractus validus consistere, quin sit eo ipso sacramentum»; can. 1015§1/17: «Ad quem natura sua ordinantur contractus matrimonialis».

[14] Cf. C.J. SCICLUNA, *The essential definition of marriage*, 84. La traducción castellana del cánon habla de los actos «de suyo aptos para engendrar prole». Creemos que

También, hay que destacar que la propia definición de este canon señala la finalidad procreativa, pero no la prole en sí, junto con los términos *exclusivum* y *perpetuum* que señalan las propiedades de la unidad y la indisolubidad[15].

Por lo que se refiere al conocimiento previo que los contrayentes deben tener del matrimonio el can. 1082§1 señala que éste debe ser mínimo en cuanto al carácter societario y permanente del matrimonio, realizado «entre varón y mujer para engendrar hijos»[16].

1.2 *Los fines, propiedades y bienes esenciales del matrimonio*

Aparte de lo que acabamos de señalar, el Código trata explícitamente los fines y las propiedades esenciales del matrimonio en el can. 1013. En relación a los fines dice el §1: «Matrimonii finis primarius est procreatio atque educatio prolis; secundarius mutuum adiutorum et remedium concupiscentiae». El esquema de 1913 no señalaba una jerarquía de fines y, además, positivamente excluía la primacía de la procreación y educación de la prole, para afirmar por igual la mutua ayuda y el remedio a la concupiscencia[17]. Sin embargo, el texto final promulgado en

---

se podría traducir con mayor precisión por actos «naturalmente» aptos para la generación de la prole, resaltando de esta manera no sólo su finalidad intrínseca, sino la realización natural de los mismos.

[15] «The canon presents a legally-authentic definition of matrimonial consent which constitutes the essence of *matrimonium in fieri*. It also indicates the essential formal object of matrimonial consent as the *ius in corpus*. Like many of definitions of both the *matrimonium in facto esse* and the essential object thereof in canonical doctrine, the definition of the code clearly hints at the potentially procreative finality of such a mutual transfer and acceptance of rights and duties, while also integrating into the concept of the *ius in corpus* the notions of unity ["*exclusivum*"] and indissolubility ["*perpetuum*"]». C.J. SCICLUNA, *The essential definition of marriage*, 84.

[16] En relación a esto último, pero también con el carácter contractual del matrimonio, afirma el autor anteriormente citado: «Todo aquel que contrae matrimonio, es eso lo que entrega y recibe según la ley divina estructuradora del matrimonio, lo mismo que aquel que hace un contrato de compraventa adquiere y asume, por el hecho de comprar y vender, todos aquellos derechos y obligaciones que el Código Civil establece para ese negocio contractual. Y así como el que compra o vende no es necesario que, en el acto de realizar el contrato, conozca su naturaleza técnica y explícitamente se proponga dar y recibir todos los derechos y obligaciones que de él dimana, así tampoco es necesario que el que se casa conozca detalladamente la naturaleza del matrimonio. [...] Basta que tenga un conocimiento somero y [...] que intente casarse como la hacen la generalidad de los hombres y mujeres». L. MIGUÉLEZ DOMÍNGUEZ, «Comentario», 602.

[17] Cf. C.J. SCICLUNA, *The essential definition of marriage*, 84, nt. 107: «Schema CIC 1913, can. 291: "Matrimonii finis non modo est procreatio atque educatio prolis, sed mutuum quoque adiutorium et remedium concupiscentiae"».

el Código señala la finalidad procreativa y educativa del matrimonio como prioritaria frente a la ayuda mutua y el remedio a la concupiscencia, lo cual tiene consecuencias muy concretas sobre el consentimiento matrimonial[18].

Esta prioridad de la finalidad procreativa del matrimonio tiene también su reflejo al hablar de la simulación. En efecto, el can. 1086§2, además de la exclusión del matrimonio mismo y de las propiedades esenciales señala únicamente la exclusión de la totalidad del derecho al acto conyugal, mientras que la exclusión de los fines secundarios ni siquiera se cita. Necesariamente en la exclusión de todo el derecho al acto conyugal se ha de entender incluído el fin de la procreación, conforme al ya citado can. 1081§2. En consonancia con esto último estaría la ignorancia del matrimonio como sociedad permanente entre varón y mujer para engendrar hijos del can. 1082§1. Esta ignorancia de la finalidad generativa de la prole hace necesariamente inválido el consentimiento matrimonial, pues en caso contrario no se daría el mínimo de voluntad necesario para la eficacia del consentimiento matrimonial exigido en el can. 1081§2[19].

Por último, aunque ya lo hemos indicado de modo indirecto, el Código Pío-Benedictino señala las dos propiedades esenciales del matrimonio, de modo explícito, en el can. 1013§2: «Essentiales matrimonii proprietates sunt unitas ac indisolubilitas, quae in matrimonio christiano peculiarem obtinent firmitatem ratione sacramenti». Es significativo señalar, como indicamos anteriormente, que estas dos propiedades esenciales determinan el objeto formal del matrimonio *in fieri*, el *ius in corpus*, a tenor del can. 1081§2, como derecho exclusivo y perpetuo sobre el cuerpo, por un lado, pero creemos que, por otro, sobre los actos que de suyo son aptos para engendrar la prole. Sobre el cuerpo, en el sentido del vínculo que se origina entre los cónyuges según el can.

---

[18] Si se hubiera adoptado finalmente el esquema de 1913 no hubiera quedado salvaguardada suficientemente la finalidad procretiva. Sin embargo, la formulación final tiene dos consecuencias claras: «la primera, que los contrayentes deben entregarse mutuamente por lo menos el derecho a realizar aquellos actos que por su naturaleza son necesarios para la propagación de la especie, no sólo en sentido biológico, sino también como corresponde a la naturaleza racional del hombre; la segunda, que a la procreación deben subodinarse, y están subordinados, los fines secundarios de la ayuda mutua y del remedio de la concupiscencia. De esta subordinación de fines se sigue a su vez que, si falla el fin primario, bien sea por verdadera impotencia en sentido jurídico o bien por exclusión positiva de dicho fin primario por el contrayente, son irrelevantes los fines secundarios del matrimonio». L. MIGUÉLEZ DOMÍNGUEZ, «Comentario», 437.

[19] Cf. C.J. SCICLUNA, *The essential definition of marriage*, 85.

1110[20]; con respecto a los actos que de suyo son aptos para la generación de la prole, en el sentido del citado can. 1086§2 cuando habla de la exclusión de todo el derecho al acto conyugal. Aquí *omne* hay que entenderlo como sinónimo de *perpetuum et exclusivum*[21]. Pero sobre esto último es necesario que nos centremos de modo específico.

1.2.1 La cuestión del *ius* y el *usum iuris*

La exclusión del derecho al acto conyugal invalida el matrimonio porque lo priva de su objeto formal. El texto del c. 1086§2 utiliza el término *omne*, que resulta ambiguo en cuanto a su contenido[22]. En primer lugar, hay que afirmar que el derecho a realizar una acción se identifica con el uso de ese derecho, puesto que de lo contrario se llegaría al absurdo de afirmar, por un lado, la transmisión de un derecho y, por otro, la prohibición de ejercerlo. Distinto sería si se tratara de la comparación entre dos derechos diferentes que se pueden transmitir o no, o la transmisión de dos cosas que se pueden otorgar las dos o una sí y otra no. Pero cuando se transmite un derecho se está transmitiendo la justicia de su ejercicio, aunque el no ejercicio del mismo no constituya una injusticia[23].

Puesto que el objeto formal del contrato matrimonial lo constituye el derecho a realizar el acto conyugal, la realización del mismo supone el

---

[20] can. 1110: «Ex valido matrimonio enascitur inter coniuges vinculum natura sua perpetuum et exclusivum; matrimonium praeterea christianum coniugibus non ponentibus obicem gratiam confert».

[21] C.J. SCICLUNA, *The essential definition of marriage*, 84: «The canon of simulation of consent (1086§2) directly refers to "some essential property of marriage", whereas echoes of the doctrine are found in both canon 1081§2 [*de consensu matrimoniali*] and canon 1110 [*de matrimonio effectibus*] which use the adjectives "*perpetuum et exclusivum*" for the *ius in corpus* and the *vinculum [matrimoniale]* respectively. Only perpetuity is hinted at in the canon regarding the minimum knowledge [*scientia minima*] required for valid matrimonial consent».

[22] can. 1086§2: «At si alterutra vel utraque pars positivo voluntatis actu excludat matrimonium ipsum, aut omne ius ad coniugalem actum, vel essentialem aliquam matrimonii proprietatem, invalide contrahit».

[23] T.M. VLAMING – L. BENDER, *Praelectiones*, 394: «Sed distinctio inter ius et usum iuris non est distinctio inter rem et rem; neque inter ius et ius. Est distinctio inter ius et rem (actum). Est distinctio inter ens *iuridicum* et ens *physycum*. [...] Nam qui habet ius, habet ius ad usum huius iuris. Et propterea qui dat ius, dat ius ad usum huius iuris. Ratio huius est, quia unicus finis et scopus iuris est ut ille, qui ius habeat, ea uti possit si velit. Qui haberet ius sed non ius utendi hoc iure, proprie haberet nihil. Et propter hoc etiam reapse fieri non potest ut aliquis habeat ius et simul non habeat ius ad usum huius iuris (ius utendi hoc iure). Hoc suppositum enim implicat contradictionem».

ejercicio de ese derecho transmitido. La cópula en sí no es el objeto formal del contrato, pero su realización es el ejercicio de tal derecho. La transmisión del mismo implica que «no puede introducirse en el pacto matrimonial ningún elemento o modalidad en virtud de la cual se restrinja o coarte directamente, y también por justicia, el uso o ejercicio del derecho a practicar la cópula, sin que por eso mismo padezca mengua o detrimento el derecho mismo que se da y se recibe en el contrato matrimonial y que constituye su objeto formal»[24].

Según esto, el término *omne ius* del can. 1086§2 hay que entenderlo como algo que es indivisible. O se transmite el derecho o no se transmite, por lo que cualquier intento de mermar este derecho supone que no se transmite parte alguna, resultando el matrimonio, lógicamente, nulo. Esto ocurre tanto cuando no se quiere transmitir ningún derecho, como cuando se intenta transmitir sólo una parte, es decir, cuando se restringe o limita la entrega de ese derecho. La transmisión del derecho debe ser en su totalidad y cualquier intento de limitación supone que no se transmite el derecho en su conjunto[25]. En este sentido se puede decir que no hay distinción entre el derecho y el ejercicio del mismo[26].

A diferencia de lo anterior, el derecho transmitido en su totalidad puede verse restringido en su ejercicio o no usarse en la práctica y es aquí donde tiene lugar la distinción entre el *ius* y el *usum iuris*[27]. La clave de distinción entre uno y otro la da siempre el acto positivo de voluntad, según el cual la restricción del uso suponga una verdadera

---

[24] L. MIGUELEZ DOMINGUEZ, «Comentario», 619-620.

[25] «Hanc traditionem proprii corporis contrahentes in celebrando matrimonio neque excludere neque restringere valent, et si nihilominus tale quid sibi arrogant, in valide contrahunt; nam non amplius ineunt matrimonium, cuius natura a singulis contrahentibus nequit ad libitum mutari aut corrompi. Si igitur ambo contrahentes comparti "omne ius ad coniugalem actum" tradere debent, tunc invalide contrahunt si in celebrando matrimonio denegant vel excludunt hoc "omne ius ad coniugalem actum". Quare phrasis "omne ius" hic significat quantitatem continuam seu *totum*, plenum, indivisibile ius, non autem quantitatem numericam seu *unumquodque* ius». coram Wynen, 6 mayo 1941, in *RRD* 33, 357, n. 3.

[26] P. ROSSI, *De historia evolutione doctrinae*, 128: «Distinctio inter ius et usum iuris in matrimonio nullum valorem realem habet; nam qui habet aliquod ius, habet etiam ius utendi tali iure, aliter adest contradictio: sequeretur eodem tempore aliquem habere ius aliquid peragendi et simul non peragendi».

[27] P. ROSSI, *De historia evolutione doctrinae*, 132: «Revera in iure in corpus bene distinguitur ipsum ius, quod est potestas utendi, ab exercitio seu usu ipsius iuris. [...] In re enim nostra distinctio inter ius et usum iuris habetur ad instar distinctionis inter potentiam et actum pro philosophis».

condición o limitación del derecho o un mero abuso de su ejercicio[28]. Al tratarse de un acto interno de la voluntad, la prueba de la fuerza de este acto de voluntad resulta siempre complicada, aunque no imposible[29]. Por otra parte, aunque sea fácil presumir que en la exclusión perpetua se ha excluído el derecho y en la temporal sólo su ejercicio, esta presunción no exime de la verificación de la voluntad concreta que las partes tenían al contraer matrimonio, puesto que puede darse exclusión del derecho en la exclusión temporal[30].

Sobre esta distinción entre el derecho y el ejercicio del mismo el Papa Pío XII tuvo una intervención muy interesante en el Congreso de la Unión Católica italiana de Comadronas el 29 de octubre de 1951. La explicación del Pontífice resulta muy clarificadora sobre la práxis del consentimiento matrimonial, pero diferimos su reseña hasta el momento en que tratemos, de modo conjunto, el Magisterio de Pío XII[31].

1.2.2 La distinción entre *ius ad prolem* e *ius ad actus per se aptos*

Es evidente que los mismos enunciados de estos dos derechos señalan elementos distintos del matrimonio. El derecho a la prole hace referencia al fin primario del matrimonio; el derecho a los actos aptos para la generación, en cambio, refiere directamente al objeto formal del mismo. Sin embargo, al tratar ambos de la generación de la prole, cabe preguntarse si existe relación alguna entre los dos derechos.

Por parte de la jurisprudencia, se ha llegado a afirmar que son la misma cosa. Así por ejemplo, una *coram* Wynen afirma que la inten-

---

[28] D. STAFFA, «De iure et eius exercitio», 288: «Jus enim ad actus vere coniugales e consensu matrimoniali oritur proprie dicto, [...] ideoque limitari non potest nisi limitatione consensus; consensus vero matrimonialis non limitatur nisi actu voluntatis, vim conditionis habente, qui in contractum ipsum ingrediantur; consequenter non omnis expressa limitatio usus idem est ac vera limitatio consensus matrimonialis, nec omnis expressa limitatio usus idem est ac limitatio juris, et relative obligationis, ad actus coniugales».

[29] «Si quis tantum *per merum actum voluntatis* sibi proponit evitare prolem seu frustrare finem primarium matrimonii, tunc, ob favorem quo gaudet matrimonium (can. 1014), praesumitur generatim agi de mero abusu matrimonii ante nuptias volito. Probatio contra hanc praesumptionem per se quidem possibilis, at valde difficilis est, praesertim si agatur de exclusione prolis temporanea». *coram* Wynen, 6 mayo 1941, in *RRD* 33, 358, n. 4.

[30] T. RAGUSA, «Intentio contra bonum prolis», 295: «Si ostenditur alterutram partem contraxisse cum firmo proposito prolem in perpetuo evitandi, praesumendum est ipsum ius excludi; si ad tempus tantummodo, usum. Sed est simplex praesumptio, potest enim aliquis etiam ad tempus excludere ius».

[31] Cf. *infra*, cap. IV, 2.1.2.

ción contraria a la generación de la prole consiste en la negación a la otra parte, en el consentimiento matrimonial, del derecho mismo a los actos de suyo aptos para la generación de la prole[32]. De igual modo se expresa el mismo ponente en otra sentencia que estudia el caso de una mujer que antes de contraer matrimonio se había sometido a irradiaciónes terapéuticas de Rayos X sobre los ovarios para evitar la prole. En concreto se afirma que no basta con la transmisión del propio cuerpo para la relación sexual, sino que la mujer debe transmitir al marido el derecho a los actos verdaderamente conyugales, así como las consecuencias naturales de estos[33].

Pero la doctrina se ha manifestado en desacuerdo con esta postura jurisprudencial. Así, por ejemplo, Giaquinta afirma, comentando las dos sentencias anteriores, que si bien la exclusión del *ius in corpus* es el medio para evitar la prole, una cosa es el *ius ad prolem* que hace referencia al fin primario del del matrimonio y otra el *ius in corpus* que es el objeto del contrato matrimonial[34]. Después, en la resolución del caso concreto que se ha planteado tiene que recurrir a la verficación de la voluntad de la mujer para poder afirmar la nulidad o validez del matrimonio contraído[35].

Por su parte, Graziani critica esta misma sentencia por incurrir en la identificación entre *ius ad prolem* e *ius in corpus*[36]. En primer lugar argumenta diciendo que no siempre el método para evitar la prole

---

[32] *Coram* Wynen, 19 mayo 1936, in *RRD* 28, 343, n. 2: «Quoad exclusionem boni prolis adhuc animadvertendum est intentionem generationi prolis contrariam tunc tantum irritare matrimonium si generatio prolis radicitus excluditur, videlicet si contrahendo denegatur alteri parti ipsum ius ad actus per se aptos ad generationem prolis».

[33] *Coram* Wynen, 27 febrero 1947, in *RRD* 39, 123, n. 5: «Ad validitatem autem consensus matrimonialis non sufficit proprium corpus tradere vitae sexuali ad explendam libidinem, sed omnino requiritur ut mulier viro tradat ius ad actus vere coniugales et ut ipse suscipiat obligationem ad eosdem actus cum naturalibus suis consectariis».

[34] G. GIAQUINTA, «De simulatione partiali ob exclusionem boni prolis», 139: «Quamvis enim concedi debeat, generatim duas illas quaestiones pariter incedere, cum fere semper denegatur ius in corpus ne concedatur ius ad prolem, ideoque exclusionem iuris in corpus esse medium ad obtinendam, uti finem, exclusionem iuris ad prolem, tamem illaa duae quaestiones diversae ac distinctae manent, sicuti media essentialiter a fine distinguuntur. Quae distinctio maiori adhuc claritate patet, si notes ius ad prolem pertinere ad id quod est finis matrimonii, iura autem in corpus se teneri potius ex parte obiecti ipsius matrimonialis contractus».

[35] Cf. G. GIAQUINTA, «De simulatione partiali ob exclusionem boni prolis», 146-147.

[36] Cf. H. GRAZIANI, «Jus ad prolem», 214.

significa la voluntad contraria a la realización plena de la cópula conyugal, por ejemplo, mediante el aborto. En segundo lugar, se cuestiona que si se acepta la inmediata relación entre acción humana y operación de la naturaleza, cómo es posible aceptar, entonces, el matrimonio de la mujer excisa[37]. Y por ello, tras argumentar su postura afirma que la transmisión del *ius in corpus* es compatible con la intención de frustrar la prole[38].

Sin embargo, aunque de lo afirmado anteriormente resulta clara la distinción entre el *ius ad prolem* y el *ius ad actus per se aptos*, no cabe duda que confluyen en un punto común, que es la intención de tener hijos. Creemos que desde este punto de vista de la intención contractual del sujeto, se puede afirmar la igualdad entre el *ius ad actus per se aptos* con el *ius ad prolem*, aunque por claridad de conceptos se hable de dos derechos. Desde esta clave de la voluntad contractual, el *ius ad prolem* no puede ser entendido más que como *prole in suis principiis*[39].

1.3 *El matrimonio simulado*

El carácter contractual del matrimonio implica que en su formación deben concurrir las voluntades de ambas partes, puesto que si una faltase no existiría contrato alguno. En el ordenamiento canónico matrimonial un principio fundamental es que ninguna potestad humana puede suplir dicha voluntad. En efecto, ya el can. 1081§1/17 establecía que: «Matrimonium facit partium consensus inter personas iure habiles legitime manifestatus; qui nulla humana potestate suppleri valet». Por otro

---

[37] Cf. H. GRAZIANI, «Jus ad prolem», 215.

[38] H. GRAZIANI, «Jus ad prolem», 216: «Traditio juris in corpus compartis optime, nostra humili sententia, conciliari potest cum intentione effectum copulae frustrandi, sive in abstracto, sive in concreto, sive superficialiter, sive intus, res perpendatur: non semel ceterum evenit ut superficialis visio rei substantiae ipsius optime respondeat». Y más adelante, citando literalmente a Giacchi recoge la siguiente afirmación: «Il positivus voluntatis actus con cui se esclude il bonum prolis deve avere unicamente per oggetto l'atto coniugale». *Ibid.*, 218.

[39] M. AHERN, «The marital right to children», 94-95: «It has been agreed that by the right to marital acts, as described by the Code, is meant a right to natural, marital relations and to any resulting child, so that a person cannot expressly exclude any part of this right without marrying invalidly. But this interpretation too is not without difficulty. It does not seem to allow for cases of incurable sterility, in which not even the beginnings of pregnancy are possible. [...] For this reason, it seems preferable to speak of two rights, namely, the right to natural, marital relations, and the right to any resulting child (together with the education of it, if it lives), and to say that, in most instances, both rights must be given if a marriage is to be valid».

lado, el matrimonio goza del favor del derecho[40], por lo que de entrada se presume su validez, lo cual significa presuponer que la voluntad manifestada externamente por las partes coincide con la voluntad interna de las mismas, tal y como lo establece el can. 1086§1/17: «Internus animi consensus semper praesumitur conformis verbis vel signis in celebrando matrimonio adhibitis». Sin embargo, la doctrina distingue tres modos en que este consentimiento externo puede diferir de la voluntad interna de la persona, que por la imposibilidad de suplirla, hace que no haya nacido contrato alguno. Esta discordancia es lo que se llama simulación y puede verificarse según tres supuestos.

En primer lugar, la simulación en sentido estricto, consiste en la manifestación externa de la voluntad de contraer cuando la voluntad interna es contraria a dicha acción. El segundo modo de simular no consiste en dos voluntades contrarias sobre el nacimiento del contrato (una externa y otra interna) sino que existe una misma voluntad externa e interna sobre el nacimiento del contrato, pero éstas difieren en la asunción de las obligaciones que nacen de él. Por último, se pretenden tanto el contrato como sus obligaciones, pero la divergencia recae sobre el cumplimiento de las mismas. Éste último caso es más dudoso desde el punto de vista jurídico en cuanto a su carácter simulatorio[41].

Por ello, el c. 1086§2/17 establece que: «At si alterutra vel utraque pars positivo voluntatis actu excludat matrimonium ipsum, aut omne ius ad coniugalem actum, vel essentialem aliquam matrimonii proprietatem, invalide contrahit».

Pues bien, con respecto al *bonum prolis*, encontramos, en primer lugar, que el can. 1013§1/17 afirma que el fin primario del matrimonio es la procreación y educación de la prole. Por otra parte, como también hemos visto, el can. 1081§2/17 señala que el *ius in corpus*, objeto formal del contrato matrimonial, tiene como finalidad la realización de los actos que de suyo son aptos para la generación de la prole. En el primer caso se trata de señalar un fin esencial del matrimonio; en el segundo

---

[40] Can. 1014: «Matrimonium gaudet favore iuris; quare in dubio standum est pro valore matrimonii, donec contrarium probetur, salvo praescripto can. 1127».

[41] C.A. JEMOLO, *Il matrimonio nel diritto canonico*, 267: «I canonisti sogliono fare una tripartizione della *simulatio*: 1) quella di chi proferisce le parole del consenso, ma non ha l'intenzione di consentire (simulazione in senso stretto e totale); 2) quella di chi ha l'intenzione di contrarre, ma non già di obbligarsi; 3) quella di chi ha l'intenzione di contrarre e di obbligarsi, ma no quella di adempiere. Per altro la terza ipotesi, o si risolve nella seconda, allorchè alcuno si riserva lo *ius non adimplendi*, ciò che equivale a non assumere l'obbligo, o non invalida il matrimonio, e non viene quindi in considerazione se non come un peccato, ma non già ad effetti giuridici».

éste fin esencial aparece como el contenido del objeto formal del matrimonio *in fieri*. En ambos casos su exclusión o simulación supone la nulidad del matrimonio.

Esta intención contraria a los hijos se puede presentar de distintas maneras. En primer lugar puede pretenderse que no se realice en su totalidad el acto conyugal, que es lo que señala el can. 1086§2. En este caso, el consentimiento excluiría el objeto formal del contrato a tenor del can. 1081§2. En segundo lugar, puede que no se excluya la realización total de la cópula, pero sí que se impida la fecundación fruto de la misma. Por último, la voluntad contraria puede consistir en evitar el nacimiento de la prole concebida. En estos dos últimos casos, la exclusión recaería sobre un fin esencial, y primario, del matrimonio (can. 1013§1), que por una parte de la Jurisprudencia era considerado igualmente nulo[42], si bien, más arriba, ya vimos la crítica a esta postura[43].

1.4 *El matrimonio condicionado*

Desde el punto de vista matrimonial la condición es «todo hecho o acontecimiento, de cualquier clase que sea, del cual hayan hecho depender las partes, o una de ellas, el consentimiento matrimonial y, por consiguiente, la validez del matrimonio»[44]. El can. 1092 recoge cuatro tipos de condición que pueden interponerse en el consentimiento matrimonial, señalando en cada una de ellas el modo en que afectan a la validez del mismo. Con respecto al *bonum prolis* tanto la voluntad contraria a la procreación (can. 1013§1) como la exclusión de los actos propios de la procreación (can. 1086§2) suponen una voluntad que versa sobre un hecho contrario a la sustancia del matrimonio, por lo que, según el can. 1092, 2º el matrimonio sería nulo[45].

---

[42] Cf. L. MIGUÉLEZ DOMÍNGUEZ, «Comentario», 621-622. *Coram* Wynen, 27 febrero 1947, in *RRD* 39, 120, n. 2: «Profecto non si revera detrahit aliquid essentiale de suo consensu, qui nonnisi pravum habet propositum abutendi – durante matrimonio in facto esse constituto – iure matrimoniali quoad generationem prolis; sed tantum ille qui in fieri matrimonii seu in eliciendo consensu positive detrectat tradere comparti ipsum ius ad actus vere coniugales. Unde patet invalide contrahere omnes, qui consensum matrimonialem externe quidem ad normam iuris naturae et positivi iuris ecclesiastici rite ponunt, at interne eum sustantialiter vitiant, excludendo ius ad actus per se aptos ad prolis generationem seu ad actus vere coniugales, et concedendo ad summum aliquod ius ad pravas copulas contra naturam perficiendas». *Id.*, 123, n. 5, cf. nt. 32.

[43] Cf. *supra*, nt. 34.

[44] L. MIGUÉLEZ DOMÍNGUEZ, «Comentario», 638.

[45] Can. 1092, 2º: «Conditio semel apposita et non revocata: […] 2º Si de futuro contra matrimonii substantiam, illud reddit invalidum». L. MIGUÉLEZ DOMÍNGUEZ,

Esta última afirmación pone de manifiesto que la distinción entre la condición y la voluntad simulatoria es una distinción sutil y compleja[46]. En ambos casos se presenta una voluntad contraria a la sustancia del matrimonio, pero algunos autores señalan que en el caso de la condición ésta es la única voluntad existente mientras que en la simulación son dos voluntades contrarias las que existen[47]. En todo caso, esto significa que hay una estrecha relación entre el matrimonio simulado y el condicionado. Veamos cómo se concreta esta relación entre simulación y condición en referencia al bien de la prole.

Con respecto al *bonum prolis*, la difícil determinación de la existencia de dos voluntades contrarias o tan sólo de una condicionante, ha tenido como consecuencia que los autores subsuman los distintos supuestos bien en el ámbito de la condición, bien en el de la simulación. Por ejemplo, Cappello afirma que las condiciones contra la sustancia del matrimonio implican que se excluye un elemento esencial del contrato. Condición es la que positivamente excuye o el *ius in corpus* para la generación de la prole o alguna propiedad esencial del matrimonio, es decir, la indisolubilidad o la unidad[48].

Además, precisa que las condiciones contrarias a la naturaleza y sustancia del matrimonio son las contrarias a los tres bienes de la prole, la fe y el sacramento, si bien, no siempre las condiciones contrarias a cualquiera de estos tres bienes afectan a la sustancia del matrimonio, por lo que no lo invalidan[49]. En concreto, al hablar de las condiciones contra el *bonum prolis*, especifica la intención de evitar la prole, la de obligar a recurrir al aborto o matar al niño nacido, o que no se exija el débito conyugal o que no se va a prestar el mismo[50].

Por otro lado, Cappello remite a la simulación del consentimiento para especificar de qué manera las intenciones señaladas operan en la constitución del contrato matrimonial. Así, por ejemplo cita como intenciones que anulan el consentimiento matrimonial la voluntad de otorgar y aceptar el *ius in corpus* sólo por un tiempo determinado, o

---

«Comentario», 645: «Iría contra la sustancia del matrimonio aquel que pretendiera contraerlo, pero con la condición de no obligarse a nada, o de no entregar todo el derecho al acto conyugal, o de excluir el bien de la prole, o el de la fidelidad o el del sacramento».

[46] Cf. C.A. JEMOLO, *Il matrimonio nel diritto canonico*, 336.
[47] Cf. C.A. JEMOLO, *Il matrimonio nel diritto canonico*, 337.
[48] F.M. CAPPELLO, *De Sacramentis*, III, 707: «Huiusmodi conditio est quae positive excludit vel 1° *ius in corpus* in ordine ad prolis generatioem, vel 2° aliquam *proprietatem essentialem* matrimonii, i. e. indissolubilitatem aut unitatem».
[49] Cf. F.M. CAPPELLO, *De Sacramentis*, III, 707-708.
[50] Cf. F.M. CAPPELLO, *De Sacramentis*, III, 708.

sólo de modo ilícito. La intensidad de la voluntad excluyente es la clave para determinar la validez o no del contrato matrimonial, puesto que la misma voluntad de otorgar y aceptar el *ius in corpus*, pero sólo en tiempos indeterminados o admitiendo también su uso ilícito, no anula el matrimonio[51]. Por ello, la condición de evitar la prole después de un determinado número de hijos o de excluirla hasta un tiempo futuro, según mejoren las circunstancias económicas, sólo viciarán el consentimiento si la voluntad de la parte pretende la exclusión del *ius perpetuum* o la sola realización ilícita del mismo[52].

De un modo aún más preciso hablan Vlaming y Bender sobre la relación entre el matrimonio simulado y el matrimonio condicionado (can. 1086§2 y 1092, 2°). Estos autores, apoyándose en la doctrina canónica del tiempo de la codificación, afirman que en el can. 1092, 2° están incluídas no sólo las condiciones propiamente dichas «de futuro» contra la sustancia del matrimonio, sino también todo tipo de condiciones contra la sustancia del matrimonio, aunque no sean de futuro. Y pone el ejemplo de la siguiente condición: «me caso contigo si queda excluído el derecho al acto conyugal rectamente realizado (no onanístico)». En este caso, afirman los autores, no cabe duda de que no se trata de una condición de futuro, pues las partes no pretenden subordinar la existencia del vínculo a un acontecimiento futuro, y, sin embargo, este caso está comprendido también en el can. 1092, 2°, de modo que se puede declarar la nulidad del matrimonio en aplicación de dicho canon[53].

Por eso, la determinación acerca de qué canon se aplica para la demostración de la nulidad de este tipo de matrimonios (el can. 1086 sobre la exclusión o el can. 1092 sobre la condición) estaría no en el dere-

---

[51] Cf. F.M. CAPPELLO, *De Sacramentis*, III, 678-679.
[52] Cf. F.M. CAPPELLO, *De Sacramentis*, III, 711.
[53] T.M. VLAMING – L. BENDER, *Praelectiones*, 396: «Perhibentes matrimonium in exemplo: "contraho dummodo retineamus ius contrahendi postea alias nuptias" aut "contraho dummodo exclusum remaneat ius ad copulam recte factam (non onanistice)", non esse matrimonium cum conditione de futuro, quia partes non intendunt alligare existentiam vinculi eventui futuro (et hoc est evidens et plures auctores hoc admittunt), nullatenus negare volumus codificatores intendisse huiusmodi casus, quando statuerunt textum c. 1092, n. 2. Nam c. 1092, n. 2, videtur esse codificatio doctrinae ab auctoribus antea et tempore codificationis et etiam postea propositae. Propter hoc negandum nullatenus est c. 1092, n. 2, nullum declarare matrimonium initum cum clausulis appositis ut habeantur in exemplis modo datis et cum aliis ut "dummodo evitemus prolem" et similibus. Etsi enim haec matrimonia reapse non sint inita cum conditione de futuro, nequidem improprie dicta, tamen sunt matrimonia inita cum illa voluntate adiecta, quae in c. 1092 vocatur "conditio de futuro contra substantiam matrimonii"».

CAP. IV: EL CÓDIGO DE 1917 Y LOS AÑOS PREVIOS AL CONCILIO 163

cho sustantivo, en la realidad de la factispecie presentada, es decir, en el preciso acto de voluntad y en la intensidad de la misma, sino más bien en la forma externa con que ese acto se ha revestido, es decir, en las palabras con que ha sido manifestado externamente[54].

A continuación los autores citados dicen que hay casos que se rigen por el can. 1086§2 y no por el can. 1092, 2°. Pero aquí la argumentación es distinta, y se basa en el hecho de que los conceptos «sustancia del matrimonio» y «propiedad esencial del matrimonio» no coinciden. Para los autores, «propiedad esencial del matrimonio» es un concepto más amplio, que incluye casos que no se encuentran en el concepto «sustancia del matrimonio», más restringido. Sin entrar ahora a valorar esta distinción, lo que es evidente aquí es que la argumentación de los autores no gira en torno a que sean diferentes la condición y el acto positivo de voluntad excluyente, sino a que son diferentes el objeto de ese acto volitivo: no es lo mismo la sustancia del matrimonio que sus propiedades esenciales.

Por eso, estos autores concluyen que, procesalmente, el acto volitivo por el que se rechazan las propiedades esenciales del matrimonio que no formen parte de la sustancia del matrimonio sólo pueden ser tratadas por el can. 1086, mientras que cuando con ese mismo acto volitivo se rechazan unas propiedades esenciales que también forman parte de la sustancia del matrimonio, entonces el caso es común a ambos cánones, y se tratará atendiendo a formalidades externas (la forma expresión del acto volitivo), pero no a la naturaleza del acto[55].

---

[54] T.M. VLAMING – L. BENDER, *Praelectiones*, 396: «Animadvertendum tamen est ad hoc, quod nullitas huiusmodi matrimoniorum (saltem pro parte) iam atatuta habetur in c. 1086 § 2, ita ut saltem pro parte c. 1086 § 2 et c. 1092, n. 2, coincidant. Pro huiusmodi matrimonii a forma seu verbis, non a re, dependet utrum ad probandam nullitatem potius applicare velimus hunc vel illum canonem. Qui contrahit cum positivo actu voluntatis contrahendi matrimonium duraturum pro uno anno tantum, invalide contrahit, sed tam re quam forma vi c. 1086 § 2. Qui contrahit cum apposita conditione "dummodo retineamus ius contrahendi novas nuptias post unum annum", re idem facit, sed formam adhibet quo casus trahitur ad c. 1092, n. 2, et invalide contrahit vi huius c. 1092, n. 2».

[55] «Quaestio autem adhuc moveri potest utrum e converso dentur casus, qui cadunt sub c. 1092, n. 2, non autem sub c. 1086 § 2. Ut recte respondeatur necesse est prius statuere, quae sunt conditiones de futuro contra substantiam matrimonii. Hac de re alii aliud dicunt. Certum tamen est et omnes admittunt conditionem contra essentialem proprietatem esse contra substantiam matrimonii. Imo, ex doctrina communi auctorum apparet *omnes* et *solas* conditiones quae ex parte proprietatum essentialium sunt contra substantiam matrimonii esse actus voluntatis positivos qui excludunt aliquam essentialem proprietatem. [...] Substantia alicuius contractus est consensus reciprocus in eius proprium obiectum. Sane, essentia rei ad ordinem

Según esto, el acto positivo de voluntad excluyente y la condición se identifican en el plano sustantivo, o sea, en la intensidad intencional con la que se rechaza un elemento esencial del matrimonio. Dicho de otro modo, el acto positivo de voluntad, para que sea excluyente, debe tener una intensidad tal que equivalga a una condición, es decir, que sea prevalente sobre el matrimonio mismo. Sabido es que no todo acto de voluntad es una condición pero sí toda condición es un acto positivo de voluntad. Para que un acto positivo de voluntad tenga valor de condición debe ser de una intensidad tan grande que subordine a la consecución de su objetivo el negocio jurídico mismo, lo cual no lo hace todo acto positivo de voluntad. El acto positivo de voluntad excluyente debe tener esa intensidad de subordinar a la consecución de su objetivo la existencia del compromiso matrimonial, o, con otras palabras, debe prevalecer sobre el otro la voluntad con la que se quiere el compromiso matrimonial.

2. Magisterio, Doctrina y Jurisprudencia hasta el Concilio Vaticano II

Desde la entrada en vigor del Código en mayo de 1918 hasta la celebración del Concilio Vaticano II el Magisterio y la doctrina canónica fueron muy prolijos en explicitar la naturaleza y esencia del matrimonio, así como, en concreto, todo lo que al *bonum prolis* se refiere. También la jurisprudencia desarrolló con detalle los conceptos contenidos en el texto codicial. Veamos el desarrollo en cada uno de estos ámbitos.

2.1 *El Magisterio pontificio*

2.1.1 Pío XI (1922-1939)

El 31 de diciembre de 1930, con motivo del cincuenta aniversario de la Encíclica *Arcanum* de León XIII, firma Pío XI la Encíclica *Casti connubii* a la que añade un subtítulo: «sobre el matrimonio cristiano, en sus actuales circunstancias, necesidades, errores y vicios de la familia y de la sociedad». Es, por tanto, un intento de iluminar la realidad matri-

---

practicum pertinentis determinatur ex fine operis huius rei. Sed propter hoc non omne quod est contra finem operis est contra substantiam eius. Contra substantiam matrimonii est id, quod tali modo corrumpit obiectum consensus matrimonialis, ut hic contractus non amplius ex se sufficiat ad attingendum finem operis seu prolem. Id vero quod est contra finem operis contractus qui tangat seu corrumpat obiectum contractus, quia additur ad ipsum plenum obiectum consensus, non est contra *substantiam* contractus quamvis sit contra *finem* contractus». T.M. VLAMING – L. BENDER, *Praelectiones*, 396-397.

monial en un momento histórico agitado e inestable. Es el período entre guerras, marcado por el fin de la bonanza económica de los *felices años veinte,* y el preludio de fórmulas políticas totalitarias de signos extremos en la mayor parte de Europa. En este contexto dedicar una Encíclica a la realidad de la familia indica la visión evangélica de Pío XI que reconocía a la familia como garante de los valores humanos sobre los cuales construir la sociedad. De hecho, él mismo explica el porqué de la Encíclica como un intento de comunicar a todo el género humano la naturaleza, dignidad, utilidad y beneficio del matrimonio cristiano para toda la sociedad humana, así como advertir de los errores contrarios al mismo y los remedios para los mismos[56].

La bondad del matrimonio no está reservada sólo a los cristianos sino que es beneficiosa para toda la humanidad. Por lo tanto, se trasciende la frontera de la confesión de la fe, para entrar en una dimensión antropológica común a todo hombre de cualquier época y lugar. De lo que se va a hablar tiene relevancia para el hombre en sí mismo. Acto seguido el Pontífice afirma la institución divina del matrimonio, por lo que sus leyes no pueden estar sujetas al arbitrio de ningún hombre, ni siquiera al acuerdo contrario de los mismos cónyuges[57]. Esta normativa divina intrínseca del matrimonio supone, por un lado, que los esposos no tienen autoridad para modificarla pero, por otro, tampoco la Iglesia lo va a tener y salvaguardar esto es vital para ser fiel a su misión salvífica. No obstante, este peculiar vínculo nace del consentimiento entre los contrayentes, cuya autonomía reside en la decisión de contraerlo y con quién y cuya voluntad ningún poder humano puede suplir, pero dicha autonomía no puede determinar sus leyes, fines y bienes, que son de origen divino, de tal manera que, si

---

[56] Pío XI, Enc. *Casti connubii*, 540: «Vos igitur, Venerabiles Fratres, et per vos universam Ecclesiam Christi, atque adeo humanum genus universum, de christiani matrimonii natura, dignitate, commodis beneficiisque inde in familiam atque humanam ipsam societatem emanantibus, de erroribus gravissimo huic evangelicae doctrina capiti contrariis, de vitiis eidem coniugali vitae adversis, de praecipuis denique remediis adhibendae, alloqui statuimos, vestigiis inhaerentes fel. rec. Leonis XIII, decessoris Nostri, cuius de matrimonio christiano Encyclicas Litteras *Arcanum*, ante quinquaginta annos datas, hisce Nostris et Nostras facimus et confirmamus et, dum nonnulla pro aetatis nostrae condicionibus ac necessitatibus paulo fusius exponimus, non modo non obsolevisse sed plenam suam vim retinere declaramus».

[57] Pío XI, Enc. *Casti connubii*, 541: «Matrimonium non humanitus institutum neque instauratum esse, sed divinitus; non ab hominibus sed ab ipso auctore naturae Deo atque eiusdem naturae restitutore Christo Domino legibus esse communitum, confirmatum, elevatum; quae proinde leges nullis hominum placitis, nulli ne ipsorum quidem coniugum contrario convento obnoxiae esse possint».

pactaran algo contrario a los mismos, no existiría verdaderamente matrimonio[58].

Dando un paso más continúa el Pontífice detallando los bienes del matrimonio, según la triple división de San Agustín, o sea la fidelidad, la prole y el sacramento. Por medio de ellos o se embellece la fecundidad de la naturaleza, o se reprime el desorden de la incontinencia[59]. Y por ello afirma a continuación:

> Itaque primum inter matrimonii bona locum tenet PROLES. Et sane ipse humani generis Creator, qui pro sua benignitate hominibus in vita propaganda administris uti voluit, id docuit cum in paradiso, matrimonio instituens, protoparentibus et per eos omnibus futuris coniugibus dixit: «Crescite et multiplicamini et replete terram». Quod ipsum Sanctus Augustinus ex Sancti Pauli Apostoli verbis ad Timotheum perbelle eruit, dicens: «Generationis itaque causa fieri nuptias, Apostolus ita tesis est: *Volo*, inquit, *iuniores nubere*. Et quasi ei diceretur: *Utquid?*, continuo subiecit: *Filios procreare, matresfamilias esse*»[60].

El *bonum prolis*, como primero entre los bienes del matrimonio, señala la especial dignidad del hombre. Dios ha querido que el ser humano cooperara en su labor creadora del hombre a imagen y semejanza suya. Toda la naturaleza sigue esta actividad creadora en el cumplimiento de sus leyes. En el caso del hombre, su procreación supone la imagen y semejanza de Dios, que sólo Dios puede otorgar, pero que lo hace en colaboración con el mismo hombre. Por esta razón, por la dignidad y capacidad propia del hombre, se hace necesaria la educación de los hijos como «hijos de Dios», para que puedan alabar a Dios y alcanzar la meta para la que han sido creados[61].

---

[58] Pío XI, Enc. *Casti connubii*, 541: «At, quamquam matrimonium suapte natura divinitus est institutum, tamen humana quoque voluntas suas in eo partes habet easque nobilissimas; nam singulare quodque matrimonium, prout est coniugalis coniunctio inter hunc virum et hanc mulierem, non oritur nisi ex libero utriusque sponsi consensu: qui quidem liber voluntatis actus, quo utraque pars tradit et acceptat ius coniugii proprium, ad verum matrimonium constituendum tam necessarius est ut nulla humana potestate suppleri valeat. Haec tamen libertas eo tantum spectat ut constet, utrum contrahentes re vera matrimonium inire et cum hac persona inire velint an non; libertati vero hominis matrimonii natura penitus subducitur, ita, ut, si quis semel matrimonium contraxerit, divinis eius legibus et essentialibus proprietatibus subiacitur. Nam Angelicus Doctor de fide et prole disserens, "haec, inquit in matrimonio ex ipsa pactione coniugali causantur, ita quod si aliquid contrarium his exprimeretur in consensu qui matrimonium facit, non esset verum matrimonium"».

[59] Cf. Pío XI, Enc. *Casti connubii*, 543.
[60] Pío XI, Enc. *Casti connubii*, 543-544.
[61] Cf. Pío XI, Enc. *Casti connubii*, 544.

CAP. IV: EL CÓDIGO DE 1917 Y LOS AÑOS PREVIOS AL CONCILIO 167

Por último, sobre el *bonum prolis*, afirma Pío XI que no se debe omitir que, dada la dignidad y capital importancia de esta doble función encomendada a los padres para el bien de los hijos, todo honesto ejercicio de la facultad dada por Dios en orden a la procreación de nuevas vidas, por prescripción del mismo Creador y de la ley natural, es derecho y prerrogativa exclusivos del matrimonio, y debe encerrarse absolutamente en el santuario de la vida conyugal[62].

2.1.2 Pío XII (1939-1958)

En el Magisterio de Pío XII no hay ninguna Encíclica dedicada a la familia o al matrimonio. Sin embargo, son varios los pronunciamientos que este Pontífice tuvo al respecto, aprovechando diversos encuentros con distintos profesionales. Tomaremos estos discursos como base para la exposición del pensamiento de este Papa sobre tres realidades: el *ius* y el *usum iuris*, los fines del matrimonio y la fecundación artificial.

a) *El ius y el usum iuris. El bonum prolis, fin primario del matrimonio*

Quizás el discurso más famoso y relevante de Pío XII sobre este tema sea el que pronunció ante el Congreso de la Unión Católica italiana de Comadronas, el 29 de octubre de 1951. En este discurso el Pontífice entra con detalle en la explicación de la distinción entre el derecho y el uso del derecho, en lo que al acto conyugal se refiere. Como ya avanzamos en su momento, esta distinción es importante para determinar cuál es la voluntad de los contrayentes en el momento del matrimonio *in fieri*[63]. El que transmite un derecho a realizar una acción no puede menos que transmitir, a la vez, el uso del mismo. Las palabras del Pontífice son muy clarificadoras desde el punto vista práctico, por cuanto entra detalladamente a explicar la voluntad de las partes con respecto a la utilización de los métodos naturales de regulación de la fertilidad, en concreto sobre el recurso a los períodos agenésicos. Veamos a continuación la exposición del Pontífice.

---

[62] Pío XI, Enc. *Casti connubii*, 546: «Neque id denique silendum quod, cum tantae dignitatis tantique momenti sit utrumque hoc munus parentibus in bonum prolis commisum, facultatis a Deo ad novam vitam procreandam datae honestus quilibet usus, ipso Creatore ipsaque naturae lage iubentibus, solius matrimonii ius est ac privilegium et intra sacros connubii limites est omnino continendus».

[63] Cf. *supra*, cap. IV, 1.2.1

Tras una serie de recomendaciones a estas profesionales sobre la importancioa de su trabajo y del apostolado que, de modo privilegiado, están llamadas a realizar en medio de su tarea, en favor de la vida humana y la familia, Pío XII pasa a referirse a la realización del acto conyugal en los días agenésicos de la mujer. A este respecto hay que distinguir entre la posibilidad de realizar el acto conyugal en los días señalados y la realización del mismo única y exclusivamnete en los citados períodos. En el primer caso el Pontífice afirma que no hay nada que objetar; en el segundo, es necesario estudiarlo con más profundidad[64].

Este segundo supuesto presenta dos posibilidades: o bien ya en el momento de la celebración del matrimonio al menos uno de los cónyuges tenía la intención de restringir el derecho al acto conyugal a los períodos de esterilidad; o bien la voluntad recaía sólo sobre una limitación del uso del derecho transmitido. La distinción entre uno y otro estriba en si la voluntad de recurrir a los períodos estériles es tal que impide al otro cónyuge exigir la realización del acto en períodos no estériles. Es decir, si lo que se está haciendo es restringir el derecho mismo y no sólo regular su utilización. El primer caso implica la nulidad del matrimonio, porque el derecho es permanente, ininterrumpido y no intermitente; el segundo caso no implica la nulidad, aunque desde el punto de vista moral requiera otra valoración en la que aquí no debemos entrar[65].

A continuación, el Pontífice señala el porqué de tal argumentación. Su razonamiento es de tipo moral, pero en él sitúa el valor del *bonum prolis* como función otorgada por el Creador para el bien del individuo, la sociedad, el pueblo, el Estado y la misma Iglesia. De hecho es el único modo de garantizar su existencia. Sin embargo, el propio Pontífice

---

[64] Cf. Pío XII, *Allocutio*, 29 octubre 1951, 844.

[65] Pío XII, *Allocutio*, 29 octubre 1951, 845: «E qui di nuovo due ipotesi si presentano alla nostra riflessione. Se già nella conclusione del matrimonio almeno uno dei coniugi avese avuto l'intenzione di restringere ai tempi di sterilità lo stesso diritto matrimoniale, e non soltanto il suo uso, in modo che negli altri giorni l'altro coniuge non avrebbe neppure il diritto di richiedere l'atto, ciò implicherebbe un difetto essenziale del consenso matrimoniale, che porterebbe con sè la 'invalidità del matrimonio stesso, perchè il diritto derivante dal contratto matrimoniale è un diritto permanente, ininterrotto, e non intermittente, di ciascuno dei coniugi di fronte all'altro.

Se invece quella limitazione dell'atto ai giorni di naturale sterilità si riferisce non al diritto stesso, ma solo all'uso del diritto, la validità del matrimonio resta fuori di discussione; tuttavia la liceità morale di una tale condotta dei coniugi sarebbe da affermare o da negare, secondo che l'intenzione di osservare costantemente quei tempi è basata, oppure no, su motivi morali sufficienti e sicuri».

señala que las circunstancias particulares que pueden presentarse en un matrimonio concreto, pueden llevar a que por indicación médica, eugenésica, económica y social sea moralmente lícito el recurso a los períodos agenésicos por largo tiempo, e incluso por la duración entera del matrimonio. Faltando estas razones, sería un acto moralmente ilícito[66].

Quizás nos encontramos en este supuesto ante un ejemplo claro de cómo la licitud moral o no del recurso a los períodos agenésicos no tiene consecuencia alguna sobre la validez del contrato matrimonial. Pueden darse las condiciones exigidas por el Pontífice para la licitud moral de dicho ejercicio, incluso durante toda la vida del matrimonio, y sin embargo, la validez del contrato la dará la intensidad de la voluntad contractual de las partes. Si esas circunstancias especiales llevaron a no querer transmitir el derecho o negando su ejercicio por encima del mismo matrimonio, el matrimonio será nulo. Pero si sólo se hizo el propósito de limitar el uso del mismo a dichos períodos, quedando intacto el derecho, entonces el matrimonio es válido. También sucede lo mismo a la inversa. La ilicitud moral del recurso a los períodos infértiles no significa que la voluntad de las partes fuera contraria a la transmisión del derecho puesto que puede serlo sólo de aceptar su uso ilícito, quedando intacto el derecho mismo. Por tanto, sea un caso u otro, siempre la validez del matrimonio dependerá de la voluntad contractual de las partes, nunca de su voluntad moral, aunque ésta pueda influir con mayor o menor fuerza sobre aquella.

---

[66] Pío XII, *Allocutio*, 29 octubre 1951, 845-846: «Il contratto matrimoniale, che conferisce agli sposi il diritto di sodisfare l'inclinazione della natura, li costituisce in uno stato di vita, lo stato matrimoniale. Ora i coniugi, che ne fanno uso con l'atto specifico del loro stato, la natura e il Creatore impongono la funzione di provvedere alla conservazione del genere umano. È questa la prestazione caratteristica, che fa il valore proprio del loro stato, il *bonum prolis*. L'individuo e la società, il popolo e lo Stato, la Chiesa stessa, dipendono per la loro esistenza, nell'ordine da Dio stabilito, dal matrimonio fecondo. Quindi abbracciare lo stato matrimoniale, usare continuamente la facoltà ad esso propria e in esso solo lecita, e, d'altra parte, sottrarsi sempre e deliberatamente, senza un grave motivo, al suo primario dovere, sarebbe un peccare contro il senso stesso della vita coniugale. / Da quella prestazione positiva obbligatoria possono esimere, anche per lungo tempo, anzi per l'intera durata del matrimonio, seri motivi, come quelli che si hanno non di rado nella cosidetta "indicazione" medica, eugenica, economica o sociale. Da ciò consegue che l'osservanza dei tempi infecondi può essere lecita sotto l'aspetto morale; e nelle condizioni menzionate è realmente tale. Se però vi sono, secondo un giudizio ragionevole ed euo, simili gravi ragioni personali o derivanti dalle cirostanze esteriori, la volontà di evitare abitualmente la fecondità della loro unione, pur continuando a soddisfare pienamente la loro sensualità, no può derivare che da un falso apprezzamento della vita e da motivi estranei alle rette norme etiche».

Por último, el Papa Pío XII recuerda cuales son los fines del matrimonio. El primero es el de la generación y educación de la prole y a este están subordinados los otros, (ayuda mutua y remedio de la concupiscencia) rechazando la postura que defiende su igualdad e independencia. Además, argumenta esta postura tomando como base lo establecido por el can. 1013§1/17, así como un Decreto del Santo Oficio de abril de 1944. De esta manera, afirma el Pontífice, la Santa Sede sale al paso de la doctrina de algunos autores recientes que señalaban la posibilidad de situar, como fin primario del matrimonio, el perfeccionamiento personal de los esposos, así como su no dependencia de la generación y educación de la prole[67].

Sin embargo, este pensamiento ya había sido expuesto años antes por el propio Pontífice en uno de sus discursos a los Auditores de la Sacra Rota Romana. En efecto, el 3 de octubre de 1941, afirmaba Pío XII que, al tratar la incapacidad para contraer matrimonio basada en causas somáticas había que evitar dos tentaciones: la primera, la de valorar únicamente el fin primario como si el secundario no existiese o no hubiese sido establecido por el mismo Creador; la segunda tentación consiste en considerar al fin secundario como igualmente principal, desvinculándolo de su relación de subordinación al fin primario. Por eso, el Pontifice concluye afirmando que en el acto conyugal se realizan los dos fines del matrimonio que, por esa misma razón, son insepa-

---

[67] Pío XII, *Allocutio*, 29 octubre 1951, 848-849: «Ora la verità è che il matrimonio, come istituzione naturale, in virtù della volontà del Creatore non ha come fine primario e intimo il perfezionamento personale degli sposi, ma la procreazione e la educazione della nuova vita. Gli altri fini, per quanto anch'essi intesi dalla natura, non si trovano nello stesso grado del primo, e ancor meno gli sono superiori, ma sono ad esso essenzialmente subordinati. Ciò vale per ogni matrimonio, anche se infecondo; come di ogni occhio si può dire che è destinato e formato per vedere, anche se in casi anormali, per speciali condizioni interne ed esterne, non sarà mai in grado di condurre alla percezione visiva.
Precisamente per tagliar corto a tutte le incertezze e le deviazioni, che minacciavano di difondere errori intorno alla scala del fini del matrimonio e ai loro reciproci rapporti, rediggemmo Noi stessi alcuni anni or sono (10 marzo 1944) una dichiarazione sull'ordine di quei fini, indicando quel che la stessa struttura interna della disposizione naturale rivela, quel che è patrimonio della tradizione cristiana, quel che i Sommi Pontefici hanno ripetutamente insegnato, quel che poi nelle debite forme è stato fissato dal Codice di diritto canonico (can. 1013§1). Che anzi poco dopo, per correggere le contrastanti opinioni, la Santa Sede con un pubblico Decreto pronunziò non potersi ammetere la sentenza di alcuni recenti, i quali negano che il fine primario del matrimonio sia la procreazione e la educazione della prole, o insegnano che i fini secondari non sono essenzialmente subordinati al fine primario, ma equipollenti e da esso indipendenti». Cf. SCS Officii, Decr., *de finibus matrimonii*, 1 abril 1944, 103.

rables⁶⁸. Esto es lo que, años más tarde, Pablo VI afirmará con el término de inseparabilidad de los significados unitivo y procreativo del acto conyugal⁶⁹.

b) *La regulación artificial de la natalidad*

La solicitud pastoral de Pío XII no podía menos que hacerle manifestarse sobre la tan candente, entonces y ahora, cuestión de la regulación de la natalidad. En una alocución al episcopado de noviembre de 1950 advierte sobre las presiones morales y económicas que recaían sobre la familia, su formación y la conducta privada entre los dos sexos, fruto de teorías neomaltusianas. Estas presiones se ejercen en nombre de una llamada «seguridad social», pero que apela a una libertad humana completamente independiente de Dios. De ahí, recuerda el Pontífice, se siguen males que por afectar a la familia, afectan a la sociedad y a cada persona en particular⁷⁰.

---

⁶⁸ PÍO XII, *Allocutio*, 3 octubre 1941, 423: «Anche della incapacità somatica ha dovuto trattare più volte la S. R. Rota. Nella quale delicata altrettanto che difficile questione due tendenze sono da evitarsi: quella che nell'esaminare gli elementi costitutivi dell'atto della generazione dà peso unicamente al fine primario del matrimonio, come se il fine secondario non esistesse o almeno non fosse *finis operis* stabilito dall'Ordinatore stesso della natura; e quella che considera il fine secondario come ugualmente principale, svincolandolo dalla essenziale sua subordinazione al fine primario, il che per logica necessità condurrebbe a funeste conseguenze. Due estremi, in altre parole, se il vero sta nel mezzo, sono da fuggirsi: da una parte, il negare praticamente o il deprimere eccessivamente il fine secondario del matrimonio e dell'atto della generazione; dall'altra, lo sciogliere o il separare oltre misura l'atto coniugale dal fine primario, al quale secondo tutta la sua intrinseca struttura è primieramente e in modo principale ordinato».

⁶⁹ Cf. PABLO VI, Enc. *Humanae vitae*, 12.

⁷⁰ «Nè meno funesto è l'influsso propagandistico per creare artificialmente una falsa opinione pubblica che, con pressioni morali e spesso anche economiche, domini la condotta privata nei rapporti fra i due sessi, nel matrimonio e la formazione de la famiglia. [...] Il matrimonio e la famiglia sono intimamente legati alla legge di Dio. Soltanto un tale legame può dare alla comunanza matrimoniale la necessaria protezione, nelle prove della vita e contro l'umana fragilità, incostanza e mutevolezza. [...] Voler sciogliere l'uomo dal vincolo dell'ordine divino, appellandosi alla libertà data da Dio, è una intima contradizione. [...] Si parla presentemente molto della "sicurezza sociale". Noi temiamo assai per il matrimonio e per la famiglia, se ciò debe significare: sicurezza per mezzo della società. Perchè allora vi sarebbe il pericolo non solo che la società intraprendese qualche cosa che ad essa in massima non aspetta, ma anche che il senso della vita cristiana e il buon ordinamento di questa vita rimanessero diminuiti od anche del tutto eliminati. Già infatti si sono udite sollevare in nome della sicurezza sociale esigenze neomaltusiane; già si cerca di abbattere, nello stesso nome, come altri diritti della persona umana o almeno il

Aunque en sentido contrario, pero no ajeno al razonamiento anterior en cuanto a su motivación y justificación, aparece la problemática de la fecundación artificial. A este respecto se refirió el Papa Pío XII en un discurso al IV Congreso internacional de médicos católicos, el 29 de septiembre de 1949. En él recuerda las claves antropológicas desde la cuales se debe valorar el recurso a estos métodos. En primer lugar afirma que, puesto que se trata de la vida humana, no se puede hacer una valoración de los mismos al margen de la moral y el derecho, considerándolos exclusivamente desde el punto de vista biológico o médico[71].

Un segundo paso es el de la condena de la fecundación artificial fuera del matrimonio. Tanto la ley natural como la divina positiva establecen que la procreación de una nueva vida no puede ser fruto más que del matrimonio, puesto que éste es el único garante del bien de los esposos y del propio hijo[72]. Pero, dentro del matrimonio, la intervención de un tercero ajeno al mismo, también supone una inmoralidad que hay que rechazar. Sólo los esposos tienen el derecho recíproco sobre el cuerpo del otro, derecho que es exclusivo, no cedible e inalienable, amén del bien del propio hijo cuyos vínculos de paternidad natural son la mejor garantía de su conservación y educación[73].

Aún siendo legítimo el deseo de tener un hijo, el recurso a estos métodos no puede ser aceptado moralmente porque el fin no justifica los medios[74]. Además, precisa el Pontífice, es erróneo pensar que la posibilidad de recurrir a estos métodos haría válido el matrimonio de las per-

---

loro esercizio, così anche i diritti spettanti al matrimonio e alla prole. Per il cristiano e in generale per l'uomo che crede in Dio la sicurezza sociale non può altro significare che sicurezza nella società e con la società, nella quale la naturale esistenza e il naturale sviluppo del matrimonio e della famiglia sono il fondamento esenziale, affinchè la società possa esercitare una funzione fecunda di ordine e di sicurezza». Pío XII, *Oratio*, 2 noviembre 1950, 789-791, traducción in G. CAROZZI, *La famiglia nel pensiero di Pio XII*, 129-132.

[71] Pio XII, *Allocutio*, 29 septiembre 1949, 559: «La pratique de cette fécondation artificielle, dès lors qu'il s'agit de l'homme, ne peut être considérée in exclusivement, ni même principalement, du point de vue biologique et médical, en laissant de côté celui de la morale et du droit».

[72] Cf. Pío XII, *Allocutio*, 29 septiembre 1949, 559.

[73] Pio XII, *Allocutio*, 29 septiembre 1949, 560: «Seuls les époux ont un droit réciproque sur leur corps pour engendrer une vie nouvelle, droit exclusif, incessible, inaliénable. Et cela doit être en considération aussi de l'enfant. A quiconque donne la vie à un petit être, la nature impose, en vertu même de ce lien, la charge de sa conservation et de son éducation».

[74] Cf. Pío XII, *Allocutio*, 29 septiembre 1949, 560.

CAP. IV: EL CÓDIGO DE 1917 Y LOS AÑOS PREVIOS AL CONCILIO   173

sonas incapaces del mismo por el impedimento de impotencia[75]. Aunque Pío XII no entra en la explicación de las razones de esta afirmación, creemos que el fundamento de la misma estriba en la salvaguarda del propio derecho al cuerpo del otro en orden a los actos aptos para la generación de la prole (can. 1081§2/17). Dar validez jurídica a la consecución de la generación de la prole por medio distinto de los actos naturalmente propios significa cambiar el objeto esencial del contrato matrimonial, y esto, como vimos, sería ir en contra, en primer lugar, de la naturaleza del matrimonio; y, en segundo, de la propia ley sancionada por la Iglesia, así como de la Tradición magisterial y la canónica.

Sin embargo, continúa el Pontífice, todo lo anterior no significa que sea reprobable el recurso a los medios artificiales destinados únicamente tanto a facilitar la realización natural del acto, como a procurar el cumplimiento del fin del acto naturalmente realizado[76]. Esta afirmación será objeto de posteriores reflexiones por nuestra parte[77].

Por último, sólo la procreación de una nueva vida según la voluntad y el diseño del Creador permite la consecución de los fines propuestos con admirable perfección. La armonía de la naturaleza corporal y espiritual de la persona garantiza el respeto a la dignidad de los esposos, así como el desarrollo normal y feliz del niño[78].

2.2 *La Doctrina canónica*

Brevemente reseñamos un resumen de las aportaciones doctrinales sobre el matrimonio en este período anterior al Concilio Vaticano II. Al no haber ofrecido el Código de 1917 definición alguna de matrimonio, la reflexión doctrinal va a centrarse en primer lugar en este aspecto[79]. Algunos autores se limitan a señalar esta ausencia, mientras que otros o bien la deducen del propio texto codicial, o bien toman la definición del Derecho romano[80]. En este resumen nos centraremos tan sólo en aquellas que asumen las formulaciones del nuevo Código. Según esto nos

---

[75] Pío XII, *Allocutio*, 29 septiembre 1949, 560: «Il serait faux de penser que la possibilité de recourir à ce moyen pourrait rendre valide le mariage entre personnes inaptes à le contracter du fait de l'*impedimentum impotentiae*».

[76] Pío XII, *Allocutio*, 29 septiembre 1949, 560: «En parlant ainsi, on ne proscrit pas nécessairement l'emploi de certains moyens artificiels destinés uniquement soit à faciliter l'acte naturel, soit à faire atteindre sa fin à l'acte naturel normalement accompli».

[77] Cf. *infra*, cap. VII, 3.3.

[78] Cf. Pío XII, *Allocutio*, 29 septiembre 1949, 560.

[79] Cf. C.J. SCICLUNA, *The essential definition of marriage*, 111.

[80] Cf. C.J. SCICLUNA, *The essential definition of marriage*, 113-122.

encontramos con otra división: los autores que siguen fielmente la formulación del can. 1081§2, y los que aportan definiciones independientes del mismo[81].

En este último grupo encontramos distintas aportaciones sobre el matrimonio *in fieri*. En primer lugar, un grupo de autores afirma que el matrimonio *in fieri* consiste en un contrato o unión entre hombre y mujer ordenado a un fin específico[82]. En segundo lugar, se encuentra un grupo de autores que afirman la mutua entega de los cuerpos con la doble finalidad de la procreación de la prole y la comunión de vida[83]. Y un tercer grupo se refiere exclusivamente a la comunión de vida o el vínculo matrimonial como el objeto del consentimiento matrimonial[84].

2.2.1 Objeto y fines del matrimonio

Sobre el objeto del consentimiento matrimonial la mayoría de los autores distinguen entre el objeto material y el objeto formal. En dependencia estrecha del texto codicial, la mayoría de autores identifica el *ius in corpus* con el objeto formal del matrimonio[85]. Sin embargo, no faltaron autores que ofrecieron distintas interpretaciones sobre el mismo. Así, por ejemplo, Huizing afirma que la *traditio et acceptatio iuris in corpus* supone a las partes asumir una obligación y crear un vínculo entre ambos del cual nace el derecho y la obligación a los actos propios de la vida marital. Por otra parte, Hürth distingue entre el derecho a los actos conyugales o uso de las facultades generativas y el derecho a la

---

[81] Cf. C.J. SCICLUNA, *The essential definition of marriage*, 129.
[82] Cf. C.J. SCICLUNA, *The essential definition of marriage*, 130. El autor señala en esta postura a Cappello, Wernz-Vidal, Payen, Claeys Bouuaert-Simenon, Ayrinhac-Lydon, Boggiano Pico, Regatillo y Abbo-Hannan. Este último especifica como fin la procreación y educación de la prole, mientras que Del Giudice añade también la mutua ayuda y perfeccionamiento de los esposos.
[83] Cf. C.J. SCICLUNA, *The essential definition of marriage*, 131. En este grupo aparecen Vermeersch, Bertola Tanquerey, Merkelbach, Martin, Adnes. Además, algunos establecen la distinción entre ambos fines, situando el *ius in corpus* solamente en relación a la procreación de la prole. En este sentido, señala a Farrugia, Colli-Lanzi, Ferreres, Pesch, Iorio y Palazzini.
[84] Cf. C.J. SCICLUNA, *The essential definition of marriage*, 132. En este grupo se cita a Raia, Schäfer, Knecht, Huizing y Bernárdez Cantón.
[85] Cf. C.J. SCICLUNA, *The essential definition of marriage*, 135. P. HUIZING, «Bonum prolis ut elementum essentiale», 662: «Auctores concordant quoad unum elementum essentiale obiecti formalis consensus matrimonialis, scilicet ius in corpus in ordine ad actus coniugales modo naturali peragendos. Partes in contrahendo matrimonio excludentes illud ius et relativam obligationem, sive perpetuo sive ad tempus, matrimonium non faciunt».

prole. La distinción es clara en los términos de derecho al uso de las citadas facultades, pero no derecho en sí a la prole, por lo que ni siquiera desde este punto de vista se admite la procreación artificial. Por el contrario, el derecho a los actos propios de la procreación lleva anejo el derecho a la petición de omitir cualquier acto que impida el curso natural de dichos actos procreativos[86].

La definición del matrimonio *in facto esse* consiste en la afirmación del mismo como *coniunctio legitima et individua maris atque feminae ad generandam et educandam prolem* con distintas formulaciones por parte de los autores[87].

Más interesante resulta la discusión sobre los fines del matrimonio y su orden jerárquico. El Código había establecido claramente, en el can. 1013§2, los fines y la jerarquía entre ellos, y así la asumieron los distintos autores. Sin embargo, con motivo de diversas discusiones en el ámbito del Derecho civil se centró la atención sobre los valores personalísticos del matrimonio que produjeron ciertas enfrentamientos y dudas sobre la jerarquización de los fines. Por esta razón, la Santa Sede emitió, por medio del Santo Oficio, el Decreto de 1 de abril de 1944 reafirmando la jerarquía establecida por el Código[88].

2.2.2 Los elementos esenciales del bonum prolis

La delimitación del contenido esencial del *bonum prolis* por parte de la doctrina canónica de esta época se puede dividir en cuatro grupos, según se considere con mayor o menor amplitud que la exclusión de determinados elementos anula o no el matrimonio[89].

---

[86] Cf. C.J. SCICLUNA, *The essential definition of marriage*, 137, nt. 154 y 155.

[87] Cf. C.J. SCICLUNA, *The essential definition of marriage*, 144-147. Así, los distintos términos usados por los autores son: *vinculum, consuetudo vitae* y *societas*.

[88] Cf. *supra*, nt. 66. Cf. C.J. SCICLUNA, *The essential definition of marriage*, 147-150. F.R. AZNAR GIL, *El nuevo derecho*, 67: «Esta visión objetivista de los fines del matrimonio comenzó a ser cuestionada por una corriente de opinión que ponía más de relieve los valores personalísticos del matrimonio:
- H. Doms, sacerdote y profesor de Teología en la universidad de Breslau, publicó (en 1935) una obra en la que mantenía la doctrina de la unidad de los fines del matrimonio, *Zweieinigkeit*, dentro de la corriente personalística o subjetivista, partiendo de los datos biológicos y de las conclusiones de la moderna psicología sobre sexualidad humana.
- En 1941, B.A. Krempel defendía la tesis de que el único fin esencial del matrimonio es la comunidad de vida de dos seres de sexo diverso, *Lebensvereinigung*, mientras que la prole solo sería un "fruto" y, como tal, subordinado al fin antedicho».

[89] P. HUIZING, «Bonum prolis ut elementum essentiale», 662: «Omnes exclusiones seu restrictiones iuris et debiti quoad ipsum actum coniugalem naturalem irritum

a) *El derecho y el deber sobre los actos conyugales perfectos*

Este primer grupo de autores considera que sólo hay un único elemento esencial que se deduce de la formulación codicial de *actus per se aptos ad prolis generationem* (can. 1081§2). Esta formulación, afirman, se puede traducir por *actus coniugales naturali modo peragendos*[90]. La consecuencia clara de esta interpretación es que las condiciones que impiden o destruyen el efecto del acto conyugal, como la provación del aborto o la muerte de la prole nacida o la extirpación de los ovarios o por cualquier otro medio, no irrita el matrimonio. Son condiciones torpes que deben ser tenidas por no puestas a tenor del can. 1092, 2°. Además, el texto de la Decretal *de conditionibus appositis in desponstione vel in aliis contractibus*, de Gregorio IX, que establece la nulidad por la imposición de condición para evitar la prole[91], lo interpretan en el sentido exclusivo de la realización de la cópula de modo no apto para la generación como único contenido posible de dicha condición, quedando fuera de dicho contenido, y por tanto, de la condición, el evitar la prole por medio de actos posteriores al acto conyugal[92].

De los distintos autores que sostienen esta posición, algunos admiten, con mayor amplitud, que si los actos cuya finalidad es destruir el efecto de la cópula se realizan inmediatamente después de la realización de la misma, dicha condición irrita el consentimiento[93]. Otros, sin embargo, afirman con extrema claridad que la única voluntad que es contraria al *bonum prolis* es la que excluye el coito natural, mientras que el resto de condiciones que impidan la consecución efectiva de la prole, como el aborto, su muerte despues de nacida, o la ovariotomía, son condiciones torpes que se deben tener por no puestas. Esta postura explica fácilmente, además, la validez del matrimonio de los estériles[94].

---

reddunt matrimonium. Alii autem in hoc solo elemento ponunt bonum prolis essentiale, alii plura exigunt».

[90] Cf. P. HUIZING, «Bonum prolis ut elementum essentiale», 663.

[91] X 4, 5, 7.

[92] Cf. P. HUIZING, «Bonum prolis ut elementum essentiale», 663. El autor señala a De Smet.

[93] Cf. P. HUIZING, «Bonum prolis ut elementum essentiale», 664. Aquí señala a Claeys Bouuaert.

[94] Cf. P. HUIZING, «Bonum prolis ut elementum essentiale», 664-667. Los autores referidos son: Vromant, Fraghí, Giacchi, Sipos, Mans, Bender y Conway.

b) *El derecho y el deber sobre los actos conyugales perfectos y la omisión de actos que corrompan su efecto*

Este segundo grupo de autores afirma que los actos de suyo aptos para la generación de la prole comprenden elementos positivos y negativos. Los positivos consisten en la realización del acto conyugal de modo natural. Los negativos consisten en no impedir su efecto, es decir, la omisión de los actos que excluyen, destruyen o corrompen la generación de la prole[95]. Para algunos, incluso, el objeto del contrato es la actividad humana, tanto positiva como negativa, con respecto a la generación de la prole[96].

Por tanto, para estos autores, el *bonum prolis* como objeto formal esencial del consenso matrimonial consiste en el derecho y el deber de realizar los actos conyugales naturales y no impedir su efecto. La esencia del matrimonio es este mismo derecho perpetuo y exclusivo y las condiciones e intenciones irritantes son las que excluyen total o parcialmente este derecho y deber[97].

c) *El derecho y el deber sobre los actos conyugales perfectos y el bien físico de la prole*

Esta es la corriente doctrinal seguida por el mayor número de canonistas de la época posterior al Código Pío-Benedictino. Este bien físico de la prole se describe como la concepción, nacimiento y conservación[98]. Con respecto a la conservación los autores se posicionan con mayor o menor amplitud. Así, por ejemplo, los hay que afirman que el *bonum prolis* es la potestad y obligación tanto de usar el matrimonio como la posibilidad de generar la prole y el oficio de educarla, comprendiendo, por tanto, el bien físico de la prole su procreación y primera educación[99]. Otros, en cambio, niegan la educación física de la prole como elemento del bien físico de la prole, puesto que la educación físi-

---

[95] Cf. P. HUIZING, «Bonum prolis ut elementum essentiale», 667-668. En esta postura sitúa a Zeiger y Hürth.

[96] Cf. P. HUIZING, «Bonum prolis ut elementum essentiale», 668. Los nombres que señala el autor son: Zalba y Cappello.

[97] P. HUIZING, «Bonum prolis ut elementum essentiale», 668: «In hac sententia bonum prolis ut obiectum formale essentiale consensus consistit in iure et debito peragendi actus coniugales naturales et non frustrandi eorum effectus; essentia matrimonii in ipso hoc iure perpetuo et exclusivo; condiciones et intentiones irritantes in exclusione totali vel partiali huius iuris et debiti».

[98] Cf. P. HUIZING, «Bonum prolis ut elementum essentiale», 669.

[99] Cf. P. HUIZING, «Bonum prolis ut elementum essentiale», 669. Los autores de referencia son: Jone y Payen

ca y cristiana de la misma afecta sólo al fin del matrimonio y no al objeto del consenso[100].

Las condiciones contra el bien físico de la prole se refieren, en general, a aquellas que impiden propiamente la generación, o bien la vida de la prole concebida o nacida. En concreto, son aquellas condiciones que excluyen los mismos actos conyugales realizados de modo natural, como el uso onanístico del matrimonio o el uso de métodos anticonceptivos[101].

Los autores señalan distintos modos para evitar la prole como el uso de medios anticonceptivos, el uso de métodos que impidan el comienzo del embarazo, la procuración del aborto, la muerte de la prole nacida, el abandono de la prole nacida y la procuración de la esterilidad[102].

Con respecto a esto último, algunos autores señalan que el conocimiento de la esterilidad por ambas partes anulaba el matrimonio[103]. Sin embargo, la mayoría de los canonistas se decantan por afirmar que al no afectar a la entrega del cuerpo para la realización del acto conyugal de modo natural, no invalida el consentimiento[104].

La condición de usar el matrimonio exclusivamente en los períodos agenésicos invalida el consentimiento por cuanto supone la exclusión del *ius coeundi* en los períodos fértiles, además de excluir la generación[105]. Otras condiciones que afectan al cuidado y educación de la prole afectan o no a la validez del matrimonio según pongan o no en peligro la vida de la misma[106].

Por tanto, la mayor parte de los autores de esta corriente doctrinal considera que el *bonum prolis* como objeto formal esencial del consen-

---

[100] Cf. P. HUIZING, «Bonum prolis ut elementum essentiale», 669. Aquí señala a Graziani.

[101] Cf. P. HUIZING, «Bonum prolis ut elementum essentiale», 670.

[102] Cf. P. HUIZING, «Bonum prolis ut elementum essentiale», 671-672. El autor señala a los siguientes: Conte a Coronata, Vermeersch, Fliesser, Prümmer, Schäfer, Graziani, Van Welie, Jombart, Vlaming, Chelodi, Payen, Regatillo, Wernz-Vidal, Jemolo, Gasparri, Boggiano, Mahoney, Jone, Marc, Timlin, Noldin, Knecht, Triebs, Cappello, Blat, Merkelbach y Zeiger.

[103] Cf. P. HUIZING, «Bonum prolis ut elementum essentiale», 673. En concreto Arendt.

[104] Cf. P. HUIZING, «Bonum prolis ut elementum essentiale», 673. Como Wernz-Vidal, Zeiger, Gasparri, Oesterle y Giaquinta.

[105] Cf. P. HUIZING, «Bonum prolis ut elementum essentiale», 674.

[106] Cf. P. HUIZING, «Bonum prolis ut elementum essentiale», 675. Así, por ejemplo, irritan el matrimonio, las condiciones de no nutrir la prole o maltratarla; y no lo irritan, las condiciones de no nutrirla con la propia leche y la de abandonarla en un orfanato para que su vida no corra peligro.

so consiste en el derecho y el deber sobre el bien físico de la prole, es decir, su concepción, alimentación y cuidado[107].

d) *El derecho y el deber sobre los actos conyugales naturales y el bien físico y espiritual de la prole*

Una minoría de autores afirma que también la educación de la prole forma parte de los elementos esenciales del *bonum prolis*. Dentro de este grupo, además, algunos exigen la educación espiritual o religiosa, mientras que otros sólo hablan de la educación, sin especificar de qué clase, por lo que se entiende que se trata de un mínimo de educación humana. En cualquier caso tal interpretación es minoritaria dentro de la doctrina canónica[108].

2.3 La Jurisprudencia

Veamos a continuación cómo la jurisprudencia de estos años anteriores al Concilio precisó los distintos elementos que se engloban dentro del *bonum prolis* al cual alguna sentencia calificó incluso como objeto esencial del consentimiento matrimonial[109].

2.3.1 El *ius in corpus*

Un gran número de sentencias rotales identifica el *ius in corpus* como el objeto del consentimiento matrimonial que integra, a su vez, tres elementos: la mutua entrega del derecho, el derecho perpetuo y exclusivo y el derecho ordenado a la realización de los actos conyugales aptos para la generación[110].

El problema surge cuando los contrayentes han pactado la relación matrimonial excluyendo la fertilidad. Según esto, la jurisprudencia entiende que cuando los contrayentes pretenden la realización del acto conyugal sólo de modo contraceptivo, no se han transmitido el *ius in corpus*[111]. El acto conyugal y el derecho al mismo va más allá de la

---

[107] Cf. P. HUIZING, «Bonum prolis ut elementum essentiale», 683.

[108] Cf. P. HUIZING, «Bonum prolis ut elementum essentiale», 684-686. Los autores señalados son: Conte a Coronta, Cappello, Jemolo, Timlin y Ferrata.

[109] *Coram* Bonet, 12 mayo 1958, *RRD* 37, 315, n. 2: «Bonum prolis ergo essentialiter constituit obiectum consensus matrimonialis, qui nulla humana potestate suppleri valet».

[110] Cf. M.A. NARON, «Bonum prolis in Rotal Jurisprudence», 6.

[111] Cf. M.A. NARON, «Bonum prolis in Rotal Jurisprudence», 6, nt. 34, *coram* Wynen, 27 febrero 1947, in *RRD* 39, 122-123; *coram* Heard, 13 marzo 1948, in *RRD* 40, 87; *coram* Staffa, 5 agosto 1949, in *RRD* 41, 463; *coram* Bonet, 2 mayo 1953, in

consumación para situarse sobre los actos aptos para la generación, por eso, el elemento determinante para verificar la transmisión o no del derecho es el grado de la voluntad contractual, es decir, si el uso de anticonceptivos o la relación sexual anticonceptiva es impuesta por las partes como parte del objeto del contrato, es decir, como condición *sine qua non* del contrato matrimonial realizado[112].

La evolución de la jurisprudencia de estos años derivó en la afirmación de que la voluntad que restringe el *ius in corpus in ordine ad actus per se aptos ad prolis generationem* supone una voluntad que directamente excluye la prole[113]. A partir de aquí, distintas sentencias rotales van a afirmar la nulidad del matrimonio no tanto por la exclusión del *ius in corpus*, sino por la exclusión del fin primario[114].

2.3.2 El *ius* y el *usum iuris*

La jurisprudencia de estos años previos al Concilio jugó un papel importante en el desarrollo de la distinción entre el *ius* y el *usum iuris*. Incluso muchos de los jueces aplicaron esta distinción al *ius in corpus*, que se identificaba con el *bonum prolis* y el *bonum fidei*, pero no con el *bonum sacramenti*[115]. En la década de los 60, en cambio, son célebres

---

RRD 45, 312; *coram* Pinna, 31 octubre 1956, in *RRD* 48, 848. Cf. P. HUIZING, «Bonum prolis ut elementum essentiale», 688-689: «Certum est nullum esse matrimonium si coniuges in actu contrahendi consentiunt quidem in perfectam copulae consummationem, sed excludunt ius ad seminis retentionem in vasis femineis, vel ad conceptionem, vel ad evolutionem fetus per abortum eiiciendi, vel ad vitam necnon ad integritatem membrorum prolis iam editae. Unde patet quid sentiendum de coniuge qui peracta copula perfecta, inde etiam notabili temporis mora interiecta, per lotiones et alia media, supprimit ipsius effectus».

[112] Cf. M.A. NARON, «Bonum prolis in Rotal Jurisprudence», 6.

[113] Cf. M.A. NARON, «Bonum prolis in Rotal Jurisprudence», 8, nt. 45 y 46; *coram* Lamas, 16 octubre 1957, in *RRD* 49, 608; *coram* Mattioli, 22 octubre 1964, in *RRD* 56, 731; *coram* Ewers, 28 noviembre 1964, in *RRD* 56, 893; *coram* Sabattani, 30 junio 1955, in *RRD* 47, 593; *coram* Staffa, 18 julio 1958, in *RRD* 50, 472; *coram* Pinna, 21 julio 1962, in *RRD* 54, 431.

[114] Cf. M.A. NARON, «Bonum prolis in Rotal Jurisprudence», 9, nt. 54; *coram* de Jorio, 22 julio 1964, in *RRD* 56, 643-644.

Esta evolución se advierte con mayor claridad si tenemos en cuenta que en momentos anteriores la jurisprudencia había afirmado claramente que el c. 1086§2 no establecía la nulidad del matrimonio por excluir la prole, sino explícitamente por la exclusión del *omne ius ad coniugalem actum* y que, a su vez, el c. 1092, 2° sólo hablaba de condición contra la sustancia, pero no contra el *bonum prolis*. Cf. P. HUIZING, «Bonum prolis ut elementum essentiale», 688; *coram* Pecorari, 10 abril 1940, in *RRD* 32, 257, n. 2.

[115] Cf. C.J. SCICLUNA, *The essential definition of marriage*, 103; *coram* Jullien, 15

las sentencias *coram* De Jorio que afirma la no distinción entre el derecho y su ejercicio[116]. Por un lado, el Auditor afirma que una parte no puede al mismo tiempo otorgar el derecho y perpetuamente excluir su uso, pero reconoce, por otra parte, que se puede otorgar el derecho y después negar o impedir su ejercicio[117].

Además, la relación entre el derecho y su ejercicio se ve afectada también por el recurso a métodos anticonceptivos. Como afirmamos más arriba, el factor determinante de la validez del matrimonio es la imposición de una condición *sine qua non* del recurso a dichos métodos. Por ello, la condición de recurrir a métodos anticonceptivos que se pretendiera que afectara sólo al ejecicio del derecho, en realidad estaría afectando a la transmisión del mismo derecho.

Por último, conviene señalar que el acto conyugal es considerado no sólo en sí mismo, sino en relación a su efecto natural, por lo que al tratar del derecho y su ejercicio, necesariamente se tiene que considerar el efecto natural de la procreación[118].

---

junio 1925, in *RRD* 17, 247, n. 9; *coram* Solieri, 12 agosto 1926, in *RRD* 18, 332, n. 2; *coram* Massimi, 11 agosto 1932, in *RRD* 24, 435, n. 4; *coram* Heard, 9 junio 1945, in *RRD* 37, 380, n. 2; *coram* Staffa, 24 febrero 1956, in *RRD* 48, 161, n. 2; *coram* Pinna, 28 noviembre 1959, in *RRD* 51, 572, n. 3.

[116] Cf. C.J. SCICLUNA, *The essential definition of marriage*, 105; *coram* De Jorio, 30 octubre 1963, in *RRD* 55, 718, n. 4; 18 diciembre 1963, in *RRD* 55, 911, n. 2; 28 abril 1965, in *RRD* 57, 378, n. 6.

[117] Cf. M.A. NARON, «Bonum prolis in Rotal Jurisprudence», 8, nt. 43; *coram* de Jorio, 14 junio 1967, in *RRD* 59, 465.

[118] M.A. NARON, «Bonum prolis in Rotal Jurisprudence», 11: «Crucial to jurisprudence on *bonum prolis* is the right to conjugal acts *per se* apt for the generation of offspring. The right to conjugal acts is given primary consideration. However, such right has to be examined not in isolation but in relation to its natural effects that may evolve by necessity».

En este sentido, cabe preguntarse si la superación de la esterilidad mediante métodos moralmente lícitos debe entrar dentro del concepto de *ius in corpus*. Aunque a esta pregunta intentaremos responder con mayor precisión en la segunda parte de esta tesis, ahora adelantamos la respuesta que ofrece Huizing. Para este autor, el matrimonio que estuviera condicionado a no sanar la esterilidad, cuando esto es posible por medios moralmente lícitos, sería un matrimonio inválido: «Immo opinamur vinculo matrimoniali esse essentiale ius et debitum relativum exigendi ut removeantur defectus naturales qui conceptionem vel partum impediant, utique iuxta normas quae in theologia morali de illo iure et debito receptae sunt. Unde invalidum censemus matrimonium initum sub condicione non sanandi sterilitatem quae levi operatione sanari posset, sive ipsa pars sterilis sive altera hanc condicionem imposuerit». P. HUIZING, «Bonum prolis ut elementum essentiale», 717

2.3.3 Los fines del matrimonio

La jurisprudencia se centró en profundidad también sobre los fines del matrimonio. Especialmente trató la distinción entre *finis operis* y *finis operantis*[119]. A este respecto destaca la sentencia *coram* Wynen de 22 de enero de 1944, que también fue publicada por la *Actae Apostolicae Sedis*, en la que reafirma la jerarquía de fines establecida por el Código[120]. Las afirmaciones clave de esta sentencia son: a) hay que distinguir entre *finis operis* y *finis operantis*; b) tiene que haber un *finis operis* que es el primero y principal fin del matrimonio, al cual los otros fines están ordenados y subordinados; c) la ordenación objetiva al fin primario de la procreación y educación de la prole es esencial a cada matrimonio: el matrimonio existe si se da el *ius radicale in corpus* entre las partes; d) los dos fines secundarios del matrimonio están esencialmente subordinados al fin primario; e) el *ius ad mutuum adiutorum* es el objeto secundario del matrimonio y no es necesario para la existencia del mismo, si bien es una condición natural para la correcta generación y educación de los hijos[121].

Por eso, quien contrae matrimonio no sólo debe pretender el objeto del contrato sino también sus fines porque estos no se pueden separar de aquél. En consecuencia, el *omne ius ad actus coniugales* debe ser entendido en su sentido más amplio el cual engloba la procreación y la educación de la prole[122].

En todo caso, los Auditores rotales mantienen que para que un matrimonio resulte nulo por la exclusión del fin de la prole, el acto positivo de voluntad de los contrayentes debe consistir en una verdadera condición que restrinja dicho consentimiento hasta el punto de que la primacía de la voluntad no la tiene el matrimonio en sí sino la ausencia de los hijos en el mismo[123].

---

[119] Cf. C.J. SCICLUNA, *The essential definition of marriage*, 107.
[120] *Coram* Wynen, 22 enero 1944, in *RRD* 36, 55-79, nn. 1-44; *AAS* 36 (1944) 179-200.
[121] Cf. C.J. SCICLUNA, *The essential definition of marriage*, 108.
[122] P. HUIZING, «Bonum prolis ut elementum essentiale», 689: «Qui init matrimonium, non solum obiectum contractus intendere debet sed et finem eius. [...] Porro finis matrimonii, si organa sexualia ad hoc traduntur et acceptantur, est procreatio prolis; dicitur semper in iure et obligatione. Verba canonis 1086§2: "omne ius ad coniugalem actum" intelligenda sunt pro exclusione in sua amplitudine procreationis et educationis».
[123] Cf. M.A. NARON, «Bonum prolis in Rotal Jurisprudence», 11: «Furthermore, *auditores* maintain that the contracting parties' positive act of will or agreement in order to exclude children directly has to have the force of a *sine qua non* condition in order to restrict their consent. For example, when the contracting parties may condi-

Volviendo sobre la cuestión de la educación de los hijos, diversas sentencias señalaron la nulidad del matrimonio contraído con la reserva de procurar el aborto, matar la prole nacida o abandonarla, negándole una educación, por ser contrario al fin primario del matrimonio[124]. Además, la educación física de la prole comprende no sólo la vida sino también la integridad y conservación de los miembros corporales, por lo que la condición de mutilarlos también supone la nulidad del matrimonio[125].

3. Conclusión

El análisis desarrollado en este capítulo demuestra cómo el Código de 1917 recoge todo lo referente al *bonum prolis* desde tres perspectivas diferentes. La primera, cuando habla de los fines del matrimonio señalando la procreación y educación como fin primario del mismo (can. 1013§1); la segunda, al hablar del consentimiento matrimonial donde se especifica el *ius in corpus* exclusivo y perpetuo para la realización de los actos de por sí aptos para le generación de la prole como el objeto formal del consenso matrimonial (can. 1081§2). Por último, al tratar de la simulación, cuando se refiere al *omne ius ad actum coniugalem* (can. 1086§2). En estas tres claves de los fines, del consentimiento matrimonial y de su simulación se mueve toda la reflexión doctrinal y jurisprudencial de la época preconciliar.

Las aportaciones más significativas de este período las podemos resumir en los siguientes puntos:

La distinción entre el derecho y su ejercicio. Si bien es un punto controvertido en el que tanto la doctrina como la jurisprudencia se han manifestado en sentidos opuestos, ha resultado de gran utilidad la aplica-

---

tion their marriage attached to an intention of a childless marriage or they want childlessness more than marriage». nt. 59: *coram* Staffa, 24 febrero 1956, in *RRD* 48, 161; *coram* Pinna, 30 mayo 1956, in *RRD* 48, 494; *coram* Sabattani, 8 junio 1956, in *RRD* 48, 518; *coram* Bejan, 21 marzo 1957, in *RRD* 49, 208-209; *coram* Brennan, 30 abril 1957, in *RRD* 49, 372; *coram* Felici, 7 enero 1958, in *RRD* 50, 2; *coram* Pinna, 30 abril 1964, in *RRD* 56, 329; *coram* Anné, 26 mayo 1964, in *RRD* 56, 415.

[124] P. HUIZING, «Bonum prolis ut elementum essentiale», 690: «Quoniam absurdum esset velle rem ex sua natura evolvendam, nisi et haec evolutio intendatur, sequitur, cum procreatione aequo pede educatioenm prolis ut finem principalem matrimonii procedere debere. Unde si quis vellet in iure et obligatione concipere, sed reservaret facultatem sibi procurandi abortum, aut parto edito, necandi vel quoquo modo deserendi prolem, invalide contraheret. Hoc patet pro educatione prolis». Cf. *coram* Canestri, 20 martii 1948, *RRD* 40, 94, n. 5; 26 ianuarii 1950, *RRD* 42, 46, n. 3.

[125] Cf. P. HUIZING, «Bonum prolis ut elementum essentiale», 691; *coram* Jullien, 16 octubre 1948, in *RRD* 40, 355, n. 4.

ción de la distinción entre ambos como instrumento que permite verficar la intensidad de la voluntad contractual. La aportación más clara al respecto es la del Papa Pío XII en su discurso de 29 de octubre de 1951 en el Congreso de Comadronas cristianas.

La enumeración de los elementos esenciales que conforman el *bonum prolis*. En este aspecto recordamos cómo la doctrina mayoritaria reconoce que estos elementos consisten en la realización de los actos conyugales perfectos y el bien físico de la prole, comprendiéndose en éste el desarrollo y cuidado de la prole concebida, de la nacida y su mínima educación humana, lo cual, a su vez, comprende una instrucción moral básica, sea realizada por los propios progenitores o por otras personas.

La afirmación del carácter prioritario de la procreación y educación de los hijos entre los fines del matrimonio fue reptida a lo largo de los años. Las afirmaciones contrarias por parte de algún sector de la doctrina fueron rebatidos tanto por el resto de la doctrina como de la jurisprudencia y, sobre todo, por el propio Magisterio pontificio. En el próximo capítulo veremos cómo el Concilio Vaticano II y el nuevo Código de 1983 utilizan una terminología diferente pero sin romper con el principio sustancial del matrimonio como institución creada para la procreación de los hijos.

Capítulo V

Del Concilio Vaticano II al Código de 1983

El 25 de enero de 1959, en la Basílica de san Pablo Extramuros, el Papa Juan XXIII hizo pública la convocatoria del Concilio Vaticano II cuya consecuencia práctica sería la renovación del Código de Derecho Canónico[1]. La reforma de la disciplina eclesiástica que efectuó el Concilio, así como los trabajos de preparación del nuevo Código produjeron una crisis en la valoración de la función del derecho dentro de la Iglesia[2]. Esta crisis comenzó a superarse con la promulgación del nuevo Código por medio de la Constitución Apostólica *Sacrae disciplinae leges* de 25 de enero de 1983[3].

En este capítulo nos centraremos en los textos del Concilio que afectan de modo directo al matrimonio y la procreación de los hijos. Así

---

[1] «Venerabili Fratelli e Diletti Figli Nostri! Pronunciamo inanzi a voi, certo tremando un poco di commozione, ma insieme con umile risolutezza di proposito, il nome e la proposta della duplice celebrazione: di un Sinodo Diocesano pr l'Urbe, e di un Concilio Ecumenico per la Chiesa universale.
Per voi, Venerabili Fratelli e Diletti Figli Nostri, non occorrono illustrazione copiose circa la significazione storica e giuridica di queste due proposte. Esse condurrano felicemente all'auspicato e atteso aggiornamento del Codice di Diritto Canonico, che dovrebbe accompagnare e coronare questi due saggi di pratica applicazione dei provvedimentidi ecclesiastica disciplina, che lo Spirito del Signore Ci verrà suggerendo lungo la via. La prossima promulgazione del Codice di Diritto Orientale ci dà il preannunzio di questi avvenimenti». JUAN XXIII, *Sollemnis Allocutio*, 25 enero 1959, 68-69.

[2] Cf. P. ERDÖ, *Introducción*, 162. Continúa diciendo el autor: «Sucedió que ni siquiera la misma profunda doctrina del Concilio acerca del misterio de la Iglesia fue entendida por todos del mismo modo. No pocos cuestionaron la legitimidad de la existencia del mismo derecho en la Iglesia, como menos congruente con la naturaleza de la Iglesia, cuando no la negaban directamente renovando de algún modo la teoría del famoso autor protestante del siglo XIX Rodolfo Sohm».

[3] Cf. JUAN PABLO II, Const. Ap. *Sacrae disciplinae leges*, 25 enero 1983, VII-XIV.

mismo, estudiaremos el Magisterio Pontificio de Pablo VI y Juan Pablo II, de quien presentaremos en el mismo apartado el conjunto de su Magisterio al respecto. A pesar de que alguna parte es posterior a la promulgación del Código, nos ha parecido mejor así por motivos de exposición sistemática del argumento.

Brevemente expondremos también la doctrina y la jurisprudencia postconciliar para llegar por fin al texto del Código de 1983. De este último no haremos una exposición exhaustiva sino que nos limitaremos a presentar el texto con algún comentario sencillo, puesto que tanto la doctrina como la jurisprudencia posterior al mismo serán objeto de la segunda parte de esta tesis.

1. El Concilio Vaticano II

Es en la segunda parte de la Constitución conciliar *Gaudium et spes* donde el Concilio señala los problemas más urgentes de la sociedad actual, abordando, en primer lugar, la cuestión del matrimonio y la familia. En el título del capítulo I de esta parte, se señala la oportunidad de *cuidar y fomentar la dignidad del matrimonio y de la familia*[4]. Una de las primeras afirmaciones sobre el matrimonio es la que señala que el amor conyugal se ve a menudo profanado por el egoísmo, el hedonismo y de usos ilícitos contra la generación[5]. Después, la Constitución conciliar recuerda que ha sido Dios Creador quien ha establecido la comunidad de vida y amor conyugal, con sus propias leyes, pero iniciada por el consenso de las partes. De este acto humano nace un vínculo sagrado cuya finalidad es la de procurar el bien de los cónyuges, de la prole y de la sociedad. Por eso, no puede depender del arbitrio humano. Es Dios mismo quien ha establecido sus bienes y fines, todos ellos de gran importancia para la continuación del género humano, para la perfección personal y el destino eterno de cada uno de los miembros de la familia y de toda la sociedad humana. Por su índole natural, la misma institución matrimonial y el amor conyugal están ordenados a la procreación y educación de la prole y en ella encuentran su plenitud[6].

---

[4] De dignitate matrimonii et familae fovenda.

[5] GS 47: «insuper amor nuptialis saepius egoismo, hedonismo et illicitus usibus contra generationem profanatur».

[6] GS 48: «Intima communitas vitae et amoris coniugalis, a Creatore condita suisque legibus instructa, foedere coniugii seu irrevocabili consensu personali instauratur. […] hoc vinculum sacrum intuitu boni, tum coniugum et prolis tum societatis, non ex humano arbitrio pendet. Ipse vero Deus est auctor matrimonii, variis bonis ac finibus praediti; quae omnia pro generis humani continuatione, pro singulorum familiae membrorum profectu personali ac sorte aeterna, pro dignitate, stabilitate,

Los Padres conciliares, en *Gaudium et spes* 50, se refieren directamente a la fecundidad del matrimonio. Comienzan afirmando que: «Matrimonium et amor coniugalis indole sua ad prolem procreandam et educandam ordinantur» (GS 50). Y añaden que los hijos son, ciertamente, el don más excelente del matrimonio y contribuyen mucho al bien de los mismos padres (GS 50). Resulta interesante señalar cómo en el texto conciliar aparecen unidos, al mismo nivel, el matrimonio y el amor conyugal, respecto a la finalidad procreativa y educativa de los hijos. El fin primario, tal y como lo había expuesto el Magisterio anterior, queda afirmado suficientemente, pero sin olvidar el efecto benéfico que éste tiene sobre los esposos. No cabe, por tanto, separación alguna entre los fines del matrimonio[7].

Continúa el texto conciliar recordando la doctrina, ya expuesta anteriormente, sobre la dignidad del hombre y su tarea dentro de la creación y la misión propia de transmitir la vida y educarla como cooperadores e intérpretes del amor de Dios Creador[8]. Ejercitar esto supone acoger el plan de Dios con dócil reverencia hacia Dios, teniendo en cuenta tanto el bien personal como del de los hijos, incluso de los aún no nacidos, valorando las propias condiciones y estado de vida, tanto en lo espiritual como en lo material. Además, los cónyuges saben que no pueden proceder según su arbitrio, sino que deben regirse siempre por la conciencia que ha de ajustarse a la misma ley divina, dóciles al Magisterio de la Iglesia, que interpreta auténticamente esta ley a la luz del Evangelio (GS 50). Después el Concilio no deja de recordar que el matrimonio no ha sido instituido sólo para la procreación, sino que su mismo carácter de alianza indisoluble entre personas y el bien de la prole exigen que también el amor mutuo de los esposos se manifieste, progrese y madure según un orden recto. Por ello, aunque la prole, tan deseada muchas

---

pace et prosperitate ipsius familiae totiusque humanae societatis maximi sunt momenti. Indole autem sua naturali, ipsum institutum matrimonii amorque coniugalis ad procreationem et educationem prolis ordinantur iisque veluti suo fastigio coronantur».

[7] Por eso, parece que no existe contradicción entre lo afirmado por Pío XII, ratificando el Decreto del Santo Oficio de 1944, y la redacción conciliar, sino todo lo contrario. Se afirma el carácter inseparable de los fines del matrimonio, de tal manera que, la supresión de uno de ellos, en concreto del primario, iría en detrimento de los otros. De este modo se niega la independencia entre el bien de los esposos y la procreación y educación de la prole.

[8] GS 50: «In officio humanam vitam transmittendi atque educandi, quod tamquam propria eorum missio considerandum est, coniuges sciunt se cooperatores esse amoris Dei Creatoris eiusque veluti interpretes».

veces, falte, el matrimonio, como amistad y comunión de toda la vida, sigue existiendo y conserva su valor e indisolubilidad[9].

Esta afirmación del Concilio contiene lo que la tradición teológica y canónica había ido desarrollando a lo largo de los siglos y que hemos visto en los capítulos anteriores. La distinción formulada por santo Tomás como distinción entre prole *in suis principiis* y prole *in se ipsa*, aparece en el Concilio en el marco de la reflexión sobre la función y bondad del matrimonio dentro de la sociedad actual. Una distinción que permite poner de manifiesto la distinción e inseparabilidad entre los bienes del matrimonio, de donde lo importante es precisamente señalar su radical distinción, pero, a la vez, su radical interdependencia.

Por último, la constitución conciliar se refiere a la necesaria regulación de la fertilidad humana, dependiendo de las circunstancias concretas de cada matrimonio, si bien no puede realizarse sólo conforme a criterios subjetivos, sino también objetivos. Esta regulación se ha de hacer siempre respetando absolutamente la vida de los hijos concebidos y/o nacidos, así como mediante la utilización única y exclusivamente de métodos aprobados por el Magisterio. Por ello condena cualquier tipo de aborto o infanticidio[10].

1.1 *El consentimiento matrimonial*

Según lo que acabamos de exponer, el Concilio ofrece interesantes afirmaciones sobre lo que constituye la estructura del matrimonio.

---

[9] GS 50: «Matrimonium vero, non est tantum ad procreationem institutum; sed ipsa indoles foederis inter personas indissolubilis atque bonum prolis exigunt, ut mutuus etiam coniugum amor recto ordine exhibeatur, proficiat et maturescat. Ideo etsi proles, saepius tam optata, deficit, matrimonium ut totius vitae consuetudo et communio perseverat, suumque valorem atque indissolubilitatem servat».

[10] GS 51: «Filiis Ecclesiae, his principiis innixis, in procreatione regulanda, vias inire non licet, quae a Magisterio, in lege divina explicanda, improbantur».

Si bien esta última afirmación del Concilio hay que entenderla en su sentido moral, no quiere decir que no tenga una vertiente jurídica. La regulación de la fertilidad mediante los métodos naturales aprobados por el Magisterio supone un modo de ejercer el derecho al acto conyugal sobre el cual se puede hacer la presunción de que se refiere sólo al ejercicio del derecho transmitido en el contrato matrimonial. Sin embargo, esta presunción sólo puede ser *iuris tantum* puesto que, como ya advirtió Pío XII, puede existir la voluntad de recurrir a dichos métodos con una intensidad tal que no llegue a transmitir el derecho mismo, haciendo nulo el contrato. Por la misma razón, la presunción de que el recurso a métodos ilícitos supone la voluntad contraria a la transmisión del derecho, y por tanto la nulidad del matrimonio, admite siempre la prueba en contrario, teniendo que verificarse, en cada caso, la verdadera voluntad conyugal de las partes.

Aunque la finalidad del Concilio era pastoral, no jurídica, inevitablemente lo establecido en él requiere una lectura jurídica[11]. De esta manera, además, será más comprensible la codificación de 1983. En primer lugar, ya señalamos cómo se afirma la necesidad del consenso de las partes para la existencia del matrimonio. Es el consentimiento el que da lugar a la comunidad de vida y amor. Este consentimiento es irrevocable e implica a toda la persona en darse y aceptar al otro. Sin embargo, el texto conciliar no entra a clarificar cuál es el objeto material y formal de dicho consentimiento, sino que se limita a señalar esta donación recíproca de las partes como algo propio de la naturaleza del matrimonio, pero sin especificar más[12].

1.2 *Los fines del matrimonio*

Con respecto a los fines del matrimonio la primera evidencia, según los textos citados más arriba, es que el Concilio en ningún momento se refiere a ellos como una realidad jerarquizada, pero esto se debe al carácter pastoral del Concilio, no técnico, como ya se ha afirmado[13]. Por otro lado, el Concilio afirma claramente que el matrimonio está destinado a la procreación y educación de los hijos, pero esta finalidad no es exclusiva, sino que tiene también otros fines institucionales que deben ser valorados en su justa medida y consideración[14]. Por otro lado, tampoco se puede concluir que el no cumplimiento de estos fines suponga la nulidad del matrimonio, sino que hay que seguir entendiendo la procreación y educación de los hijos como elemento constitutivo de la voluntad que debe estar presente en el consenti-

---

[11] De la lectura de los distintos esquemas previos, así como de las discusiones conciliares, aparece con claridad la no intención de los padres conciliares de incluir en el texto final una terminología jurídica, dada la orientación pastoral del mismo. Cf. C.J. SCICLUNA, *The essential definition of marriage*, 168.

[12] C.J. SCICLUNA, *The essential definition of marriage*, 167: «According to the Conciliar text matrimonial consent is an irrevocable personal commitment which involves the giving of self and acceptance of the other. The Conciliar description bypasses the classical distinction between the formal and material object of consent. The term "*sese*" is ambiguous. It cannot mean a total surrender of all human faculties annihilating the spouses' sense of autonomy fundamental to human dignity. If on the other hand it means a handing-over of the right to those faculties essentially linked to the nature of marriage, then the term explains only little on its own, and certainly does not refer to the formal object of the irrevocable personal consent which causes marriage between the two spouses».

[13] Cf. U. NAVARRETE, *Structura iuridica matrimonii*, 42.

[14] Cf. U. NAVARRETE, *Structura iuridica matrimonii*, 43.

miento matrimonial, pero su no consecución no puede nunca viciar a posteriori dicho consentimiento[15].

En este sentido se puede afirmar que la constitución *Gaudium et spes* presenta la procreación y educación de la prole como un fin connatural al amor conyugal, lo cual supone una formulación más personalista del *mutuum adiutorum*. Por otro lado, el *remedium concupiscentiae* no aparece explícitamente formulado, pero queda enmarcado dentro de las afirmaciones conciliares sobre la bondad de los actos conyugales y la exclusión explícita del hedonismo como integrante de la categoría de amor verdadero[16].

1.3 *Los bienes del matrimonio*

Los bienes del matrimonio aparecen bastante diseminados a lo largo de los parágrafos de la *Gaudium et spes* dedicados a la familia y el matrimonio. Además, los tres bienes hacen referencia a la comunión de toda la vida, por lo que el Concilio los señala, y se refiere a ellos como elementos esenciales del matrimonio, pero no especifica cuales son los elementos esenciales constitutivos de cada uno de ellos[17]. Tampoco se puede afirmar que la Constitución conciliar pretenda establecer una jerarquía de los bienes del matrimonio al resaltar la unión de los cónyuges y el amor conyugal[18].

Sobre el *bonum prolis* no aporta nada distinto a lo ya señalado como fin del matrimonio al que se refiere *Gaudium et spes* 48: «Indole

---

[15] P. FEDELE, «L'"ordinatio ad prolem" e i fini del matrimonio», 83: «Anche dopo la "Gaudium et spes" la realizzazione dei fini del matrimonio è giuridicamente irrilevante. Irrilevante la realizzazione del "bonum prolis", perchè, come si legge nella Costituzione conciliare, "anche se la prole non c'è, il matrimonio perdura come consuetudine e comunione di vita"; irrilevante, del pari, la realizzazione del "mutuum adiutorum", perchè il matrimonio senza prole è valido, non già per la giuridica rilevanza di quella consuetudine e comunione di vita, ma per la giuridica irrilevanza della "proles in se ipsa". Ond'è che anche dopo la "Gaudium et spes" soltanto nell'"ordinatio ad prolem", nella "prole in suo principio", consiste l'essenza del matrimonio, e al di fuori della sua mancanza, per difetto di volontà o di capacità dei nubenti, null'altro è giuridicamente rilevante».

[16] Cf. C.J. SCICLUNA, *The essential definition of marriage*, 172.

[17] Cf. U. NAVARRETE, *Structura iuridica matrimonii*, 68.

[18] P. FEDELE, «L'*ordinatio ad prolem* e i fini del matrimonio», 96: «Questa Costituzione, […] non ha stabilito alcuna gerarachia fra i tre "bona matrimonii", considerandoli tutti di somma importanza, […] ma non ha avuto nessuna intenzione di conglobare i tre "bona matrimoni" sotto la categoria dell'unione dei coniugi e dell'amore coniugale ravvisando soltanto in questa il fine ultimo fondamentale ed essenziale del matrimonio».

sua naturali, ipsum institutum matrimonii amorque coniugalis ad procreationem et educationem prolis ordinaantur iisque veluti fastigio coronantur»[19].

1.4 *El amor conyugal*

Fruto de posturas doctrinales anteriores, la Constitución *Gaudium et spes* hace continuas referencias al amor conyugal en los parágrafos dedicados a la familia y el matrimonio. Sin llegar a definirlo, éste aparece diseminado en los distintos apartados y siempre se presenta unido a la institución matrimonial. De modo especial es en *Gaudium et spes* 49 donde se dedica mayor atención a esta realidad.

En primer lugar se afirma que el amor conyugal es eminentemente humano y que, por tanto, como fruto de esta voluntad humana, afecta a la totalidad de la persona y abarca la totalidad de la persona amada[20].

Además, el Señor ha querido elevar este amor humano con un especial don de gracia y caridad, de tal manera que, uniendo valores humanos y divinos, permite a los esposos la donación plena de sí mismos durante toda su vida, superando, así, la mera experiencia erótica que, cultivada egoístamente, desaparece rápidamente (GS 49).

En segundo lugar se afirma que este amor se realiza y expresa de modo particular en los actos propios del matrimonio, por lo que los actos mediante los cuales los cónyuges se unen en casta intimidad son honestos y dignos, si se realizan de modo veraderamente humano. Para ello, además de contar con la gracia que confiere el sacramento, los esposos deben ejercitarse en la práctica de la virtud y la oración (GS 49).

Por último, la excelencia del amor conyugal requiere que sea transmitido con fidelidad para que las generaciones más jóvenes puedan valorarlo, comprenderlo y vivirlo adecuadamente. Para ello se hace necesaria una adecuada educación de los más jóvenes que les prepare para asumir en el futuro la responsabilidad matrimonial (GS 49).

Pues bien, desde el punto de vista jurídico hay que estudiar cuál es la relevancia que el amor conyugal posee en lo que a la estructura del contrato matrimonial se refiere. Por eso, se trata de responder a la pregunta sobre la relación del amor conyugal con los fines, bienes y elementos y propiedades esenciales del matrimonio.

---

[19] Cf. U. NAVARRETE, *Structura iuridica matrimonii*, 59.

[20] GS 49: «Ille autem amor, utpote eminenter humanus, cum a persona in personam voluntatis affectu dirigatur, totius personae bonum complectitur ideoque corporis animique expressiones peculiari dignitate ditare easque tamquam elementa ac signa specialia coniugalis amicitiae nobilitare valet».

Con respecto a los fines, tanto el Código de 1917 como el Magisterio posterior y la propia *Gaudium et spes*, coinciden en señalar que el amor conyugal no es un fin del matrimonio sino que aparece junto a éste con la finalidad de la procreación de los hijos y la mutua ayuda de los esposos[21]. Por esa razón, la exclusión del amor conyugal, por sí sola, no vicia el consenso y no invalida el matrimonio[22].

En lo referente a los bienes del matrimonio, tanto la prole, como la fidelidad o el sacramento se concretan en el derecho y obligación perpetua y exclusiva a los actos propios de la vida conyugal. El hecho de que estos actos sean, además, expresión y ejercicio del amor conyugal no significan que éste último sea un bien estructural del matrimonio[23].

La esencia y propiedades esenciales del matrimonio consisten en el acto de la voluntad por el cual los esposos se transmiten mutua y recíprocamente a sí mismos, de un modo perpetuo y exclusivo con la finalidad de realizar los actos propios del matrimonio (procreación de los hijos y bien mutuo) que, además, expresan el amor conyugal[24]. La comprobación de la voluntad excluyente de la indisolubilidad y la unidad determinará la validez o no del matrimonio, pero si se admitiera el amor conyugal como propiedad esencial a igual nivel que la indisolubilidad y la unidad, la validez del matrimonio requeriría la comprobación de la presencia de un grado de amor mínimo exigible en la manifestación del consentimiento. Esta comprobación resulta imposible, desde el punto de visto jurídico y científico, por lo que tampoco en este caso se puede dar lugar jurídico al amor conyugal[25].

---

[21] U. NAVARRETE, *Structura iuridica matrimonii*, 143: «Ideo recte potest dici matrimonium et amor coniugalis ordinari ad bonum prolis et ad bonum coniugum: matrimonium ut institutio ad hos fines divinitus ordianta; amor ut "impulsus psychologicus instrumentalis", divinitus quoque ordinatus ad hoc matrimonium hos fines institutionales de facto obtinere possit». C.J. SCICLUNA, *The essential definition of marriage*, 176: «If the ends traditionally attributed to marriage are attributed also to conjugal love, then this latter is not an end of marriage».

[22] U. NAVARRETE, *Structura iuridica matrimonii*, 143: «A pari dicendum est exclusionem amoris coniugalis (in quantum fiei possit absque exclusione boni essentialis prolis et fidei) non vitiare consensum nec proinde irritare matrimonium».

[23] U. NAVARRETE, *Structura iuridica matrimonii*, 145: «Iuxta doctrinam traditionalem et constantem iurisprudentiam, momentu iuridicum habet in hoc bono tantummodo ius et obligatio perpetua et exclusiva ad actus proprios vitae coniugalis. Cetera omnia quae hoc bono, ut valores intagrantes, comprehendetur, non habent momentum iuridicum».

[24] Cf. U. NAVARRETE, *Structura iuridica matrimonii*, 146.

[25] U. NAVARRETE, *Structura iuridica matrimonii*, 148: «Si supponitur amorem esse proprietatem quamdam matrimonii, quae idem vel simile momentum iuridicum habeat quam unitas et indissolubilitas, deberet determinari gradus minimus amoris quem

Por todo ello, se puede decir que el amor conyugal es un elemento ajeno a lo jurídico, fundamental para la subsistencia y cumplimiento de los fines de la institución matrimonial, pero sobre el cual no se puede realizar un acto positivo de voluntad generador de derechos y obligaciones de carácter jurídico[26].

2. Magisterio, Doctrina y Jurisprudencia después del Vaticano II

2.1 *El Magisterio Pontificio*

2.1.1 Pablo VI: la Encíclica *Humanae vitae*

Casi tres años después de la finalización del Concilio, Pablo VI regaló al mundo su preciosa Encíclica sobre la vida humana, *Humanae vitae*. En ella el Pontífice pretende iluminar las nuevas cuestiones y situaciones que el mundo moderno plantea al ser humano con respecto a todo lo relacionado con la vida matrimonial y la procreación. El punto de partida va a ser la constatación de que existe un nuevo tipo de sociedad, con elementos nuevos en cuanto a la economía, el trabajo, la política, la función social de la mujer, etc. que afectan a la realidad familiar en gran medida y que condicionan las decisiones que los esposos han de asumir en el desarrollo de su vida matrimonial. En esta nueva situación surgen preguntas que exigen una respuesta del Magisterio. En concreto el nucleo de los interrogantes consiste en si la finalidad procreadora pertenece, más bien, al conjunto de la vida conyugal que a

---

quis saltem implicite intendere deberet ad validum consensum matrimonialem elicendum, quo gradu positive excluso, exclusus quoque maneret verus consensus matrimonalis. Haec autem determinatio gradus amoris est impossibilis. Immo ipsa propositio quaestionis videtur byzantina et gravitati scientificae iniuriosa».

C.J. SCICLUNA, *The essential definition of marriage*, 176: «The question of the relationship between the phenomenon of love in marriage and questions of juridical validity had been explicitly raised in the *Adnexum* which was handed to the Fathers as an interpretative document alongside the *Schema Primum*. According to the *Adnexum* the validity of matrimonial consent does not depend on the degree of love between the spouses so long as the consent is free and not simulated».

[26] U. NAVARRETE, «Il matrimonio», 20: «Personalmente ho sempre ritenuto che l'amore coniugale, come viene descritto nei documenti magisteriali, è un elemento metagiuridico o pregiuridico, fondamentale perchè l'istituto matrimoniale possa sussistere e raggiungere le sue altissime finalità istituzionali, ma come tale, formalmente, non può essere oggetto dell'impero della volontà e quindi non può essere oggetto di un atto di volontà generatore di un diritto-obbligo giuridico».

F.R. AZNAR GIL, *El nuevo derecho*, 257: «el amor conyugal, por sí mismo, no tiene relevancia jurídica en la estructura esencial del matrimonio, ya que se trata de un elemento ajurídico en relación con el pacto conyugal».

cada acto en concreto. Si se admitiera esta proposición, el siguiente paso es el de comprobar qué papel juegan en ello los métodos artificiales de regulación de la natalidad[27].

La respuesta de Pablo VI en la Encíclica arranca de lo ya expuesto por el Concilio sobre la dignidad de la persona humana como imagen y semejanza de Dios, y su fin eterno que transciende a la realidad meramente temporal de esta vida[28]. Por eso los ejes vertebradores de la posición magisterial de Pablo VI son: el amor conyugal, la paternidad responsable y las consecuencias prácticas que se derivan de todo ello. Veamos cómo el Pontífice explica cada una de ellas.

a) *El amor conyugal*

Tras afirmar que el matrimonio tiene su origen y dignidad en Dios Creador que lo instituyó para realizar en la humanidad su designio de amor, el Papa explica en qué consiste el amor conyugal: los esposos, mediante su recíproca donación personal, propia y exclusiva de ellos, tienden a la comunión de sus seres en orden a un mutuo perfeccionamiento personal, para colaborar con Dios en la generación y en la educación de nuevas vidas[29]. El amor conyugal, por tanto, tiene como fin la generación y educación de los hijos, pero este fin se ha de realizar con unos medios: su recíproca donación personal, propia y exclusiva y la comunión de sus seres en orden a un mutuo perfeccionamiento personal. El fin de la procreación no puede realizarse con medios ajenos a la comunión y donación personal y recíproca; pero estos medios tampoco pueden sustituir a aquel fin ocupando su lugar[30].

El amor conyugal tiene unas características que el propio Pontífice señala a continuación y que desarrollan lo anterior. En primer lugar, se trata de un amor plenamente *humano*, es decir, sensible y espiritual al mismo tiempo. No es por tanto una simple efusión del instinto y del sentimiento sino que es también y principalmente un acto de la voluntad libre, destinado a mantenerse y a crecer mediante las alegrías y los dolores de la vida cotidiana, de forma que los esposos se conviertan

---

[27] Cf. PABLO VI, Enc. *Humanae vitae*, 3.
[28] Cf. PABLO VI, Enc. *Humanae vitae*, 7; GS 51.
[29] PABLO VI, Enc. *Humanae vitae*, 8: «Quocirca per mutuam sui donationem, quae ipsorum propria est et exclusoria, coniuges illam persequuntur personarum communionem, qua se invicem perficiant, ut ad novorum viventium procreationem et educationem cum Deo operam socient».
[30] Vemos aquí, también, una afirmación clara de la inseparabilidad de los fines del matrimonio, así como la preponderancia de la finalidad procreativa del mismo.

en un solo corazón y en una sola alma y juntos alcancen su perfección humana[31].

Es un amor *total*, esto es, una forma singular de amistad personal, con la cual los esposos comparten generosamente todo, sin reservas indebidas o cálculos egoístas. Quien ama de verdad a su propio consorte, no lo ama sólo por lo que de él recibe sino por sí mismo, gozoso de poderlo enriquecer con el don de sí[32].

Es un amor *fiel* y *exclusivo* hasta la muerte. Así lo conciben el esposo y la esposa el día en que asumen libremente y con plena conciencia el empeño del vínculo matrimonial. Fidelidad que a veces puede resultar difícil pero que siempre es posible, noble y meritoria; nadie puede negarlo[33].

Es, por fin, un amor *fecundo* que no se agota en la comunión entre los esposos sino que está destinado a prolongarse suscitando nuevas vidas[34].

La última característica, la de la fecundidad, no es la última en importancia, sino que todas las demás características quedan incompletas si se cierran a la fecundidad, al don de una nueva vida, que reúne, en sí misma, toda la experiencia de amor entregada mutuamente por los esposos.

b) *La paternidad responsable*

Pablo VI entra en su Encíclica en la cuestión de la paternidad responsable, y explica en qué consiste en sus distintos aspectos biológico, social, físico, económico y psicológico[35]. El ejercicio de esta paternidad, encuentra su licitud en el recurso a los métodos naturales de regulación de la natalidad, porque con ellos se van a salvar las exigencias de humanidad, totalidad y fidelidad del acto conyugal y de respeto a la nueva vida que va a ser concebida. De esta manera los esposos van a ejercer plenamente su vocación al hacerlo en conformidad con la ley que Dios ha inscrito en el matrimonio.

Aún siendo esta cuestión de carácter principalmente moral, no cabe duda de que jurídicamente tiene relevancia. En concreto, la paternidad responsable nunca puede significar el «derecho» a no transmitir el derecho a los actos propios para la generación de la prole. La paternidad responsable, que el mismo Pontífice califica como «misión» de los es-

---

[31] Cf. PABLO VI, Enc. *Humanae vitae*, 9.
[32] Cf. PABLO VI, Enc. *Humanae vitae*, 9.
[33] Cf. PABLO VI, Enc. *Humanae vitae*, 9.
[34] Cf. PABLO VI, Enc. *Humanae vitae*, 9.
[35] Cf. PABLO VI, Enc. *Humanae vitae*, 10.

posos, no puede ser contraria a la esencia del contrato matrimonial. Lo que es finalidad del contrato no puede ser contrario al mismo contrato. Dicho de otra manera, la no transmisión del derecho a los actos propios para la generación de la prole tiene como consecuencia que, o bien se cierra la posibilidad a toda paternidad, es decir, se quieren evitar los hijos, o bien la paternidad se pretende conseguir por medios moralmente ilícitos. En el primer caso, la imposibilidad de la paternidad es la consecuencia de la exclusión del objeto formal del contrato matrimonial. En el segundo, aún cuando se produzca la prole *in se ipsa*, también ha quedado excluído el objeto formal del contrato, que contiene en sí la prole *in suis principiis*.

c) *Los significados unitivo y procreativo del acto conyugal*

Tanto el amor conyugal como la paternidad responsable encuentran en el acto conyugal su expresión más clara y completa. Para que dicho acto sea fiel tanto al amor conyugal como a la paternidad, es necesario que no se separen sus dos significados, unitivo y procreativo. Con meridiana claridad lo afirma el Pontífice cuando dice que al salvaguardar los dos aspectos esenciales, el acto conyugal conserva íntegro el sentido de amor mutuo y verdadero y su ordenación a la altísima vocación del hombre a la paternidad[36].

El acto positivo de voluntad contrario al objeto formal del contrato matrimonial es posible sólo cuando se posee una mentalidad que admite la disociación de estos dos significados del acto conyugal. Esta mentalidad, por desgracia, está muy extendida actualmente, incluso entre los propios cristianos. Por eso, a la hora de verificar la voluntad contractual contraria a la prole, un dato significativo y aclarador, aunque nunca definitivo, será el de comprobar la existencia o no de esta mentalidad disociativa.

2.1.2 Juan Pablo II

a) *Familiaris consortio*

Juan Pablo II firmó el 22 de noviembre de 1981 esta Exhortación apostólica como fruto del Sínodo de los Obispos de 1980. En ella el Pontífice recoge las enseñanzas de la Iglesia sobre el matrimonio y la

---

[36] PABLO VI, Enc. *Humanae vitae*, 12: «Quodsi utraque eiusmodi essentialis ratio, unitatis videlicet et procreatonis, servatur, usus matrimonii sensum mutui verique amoris suumque ordinem ad celsissimum paternitatis munus omnino retinet, ad quod homo vocatur».

familia «en los tiempos modernos»[37]. Sobre el matrimonio y la procreación de los hijos aparecen varias referencias que señalamos a continuación.

De modo claro señala el Pontífice la finalidad procreativa de la institución del matrimonio y el amor conyugal. En los hijos, encuentran ambas realidades su coronación[38]. Sin embargo, afirma más adelante, el hecho de que no se consiga la procreación no resta valor a la vida conyugal[39]. Estas afirmaciones son, por tanto, herederas de la Constitución *Gaudium et spes* y la Encíclica *Humanae vitae*.

De un modo más específico, Juan Pablo II se refiere al servicio a la vida como misión de la familia cristiana. Este servicio a la vida comprende tanto la transmisión de la misma como la educación de los hijos. Tras afirmar que este servicio fue mandato del Señor en el paraíso, define la fecundidad matrimonial como fruto y signo del amor conyugal[40].

La tarea educativa de los hijos tiene sus raíces en la vocación de los esposos como cooperadores de la obra creadora de Dios[41]. Y, aún a pesar de las dificultades, la obligación de la educación recae sobre los valores esenciales de la vida humana[42].

b) *Las catequesis sobre el amor humano*

En distintas catequesis, pronunciadas a lo largo del año 1984 en las Audiencias Generales de los miércoles, Juan Pablo II comenta la Encíclica *Humanae vitae,* desentrañando y haciendo más explícitas las enseñanzas contenidas en la misma. El Papa parte de una peculiar concepción del cuerpo como ámbito teológico, es decir, como lugar apropiado para el encuentro y el dialogo con Dios Padre y Creador. Supone, por tanto, el cuerpo un medio de lenguaje de la persona, gracias al cual se expresa toda su intimidad[43].

---

[37] JUAN PABLO II, Exh. Ap. *Familiaris consortio*, 1.

[38] JUAN PABLO II, Exh. Ap. *Familiaris consortio*, 14: «Secundum Dei propositum est matrimonium fundamentum maioris communitatis familiae, quoniam ipsum matrimonii institutum atque coniugalis amor destinantur ad prolis procreationem et educationem, in quibus consummantur».

[39] Cf. JUAN PABLO II, Exh. Ap. *Familiaris consortio*, 14.

[40] JUAN PABLO II, Exh. Ap. *Familiaris consortio* 28: «Fecunditas est fructus signumque amoris coniugalis, viva testificatio coniuges mutuo sese ac plene tradidisse».

[41] Cf. JUAN PABLO II, Exh. Ap. *Familiaris consortio*, 36.

[42] JUAN PABLO II, Exh. Ap. *Familiaris consortio*, 37: «Quamvis operis institutiorii difficultates saepius hodie aggravate obstent, parentes cum fiducia fortitudineque filios instituere debent ad necessaria bona vitae humanae».

[43] «L'uomo e la donna svolgono nel "linguaggio del corpo" quel dialogo che […] ebbe inizio nel giorno della creazione. E appunto a livello di questo "linguaggio del

Por ello, el acto conyugal tiene un significado no sólo de amor, sino que también implica la fecundidad potencial. Estas dos realidades son inseparables, por lo que no es lícito separar artificialmente el significado unitivo del significado procreador, porque uno y otro pertenecen a la verdad íntima del acto conyugal. Si al acto conyugal se le priva artificialmente de su carácter procreativo, tambén se le priva de su ser un acto de amor[44].

Con respecto al recurso a los períodos infecundos para la realización del acto conyugal el Pontífice advierte del peligro que supone el abusar de estos. Por ello, es necesario valorar tanto el bien de la familia y el estado de salud y posibilidades de los cónyuges, como el bien de la sociedad entera, incluídas la Iglesia y la humanidad en general. Por eso, la paternidad responsable no está orientada a la limitación del número de hijos, y mucho menos a su exclusión, sino a la disponibilidad a acoger una prole más numerosa[45].

Por tanto, la paternidad responsable no debe ser confundida con la exclusión de la prole. Aunque desde el punto de vista práctico tengan

---

corpo" [...] l'uomo e la donna esprimono reciprocamente *se stessi* nel modo più pieno e più profondo, in quanto è loro consentito dalla stessa dimensione somatica della mascolinità e della femminilità: l'uomo e la donna esprimono se stessi nella misura di tutta la verità della loro persona». JUAN PABLO II, «Udienza generale 22-08-1984», 229.

[44] «L'atto coniugale "significa" non soltanto l'amore, ma anche la potenziale fecondità, e perciò non può essere privato del suo pieno ed adeguato significato mediante interventi artificiali. Nell'atto coniugale non è licito separare artificialmente il significato unitivo dal significato procreativo, perchè l'uno e l'altro appartengono alla verità intima dell'atto coniugale: l'uno si attua insieme all'altro e in certo senso l'uno attraverso l'altro. Così insegna l'Enciclica. Quindi, in tal caso, l'atto coniugale *privo della sua verità interiore*, perchè privato artificialmente della sua capacità procreativa, *cessa* anche *di essere atto di amore*». JUAN PABLO II, «Udienza generale 22-08-1984», 229.

[45] «L'usufruire dei "periodi infecondi" nella convivenza coniugale può diventare sorgente di abusi, se i coniugi cercano in tal modo di eludere senza giuste ragioni la procreazione, abbasandola soto il livello moralmente giusto delle nascite nella loro famiglia. Occorre che questo giusto livello sia stabilito tenendo conto non soltanto del bene della propria famiglia, come pure dello stato di salute e delle possibilità degli stessi coniugi, ma anche del bene della società a cui appartengono, della Chiesa, e perfino dell'umanità intera.

L'Enciclica "Humanae Vitae" presenta la "paternità responsabile" come espressione di un alto valore etico. In *nessun modo* essa *è unilateralmente diretta* alla limitazione ed ancor meno alla esclusione della prole; essa significa anche la disponibilità ad accogliere una prole più numerosa. Sopratutto, secondo l'Enciclica "Humanae Vitae", la "paternità responsabile" attua "un più profondo rapporto all'ordine morale chiamato oggettivo, stabilito da Dio e di cui la retta coscienza è fedele interprete». JUAN PABLO II, «Udienza generale 5-09-1984», 321-322.

manifestaciones similares, ni la intensidad de la voluntad con respecto a los hijos, ni las motivaciones originantes de una y otra son las mismas. Estas dos realidades son las que hay que verificar para determinar la existencia de una u otra.

c) *La Encíclica Evangelium vitae*

Fruto de todo el Magisterio anterior, aparece en 1995 la Encíclica *Evangelium vitae*, en la cual Juan Pablo II recoge su pensamiento sobre la dignidad y defensa de la vida humana. Centrándonos directamente en lo que se refiere a la exclusión del *bonum prolis*, el Papa continúa hablando desde la perspectiva de la teología y lenguaje del cuerpo para explicar la necesidad de mantener unidos el carácter unitivo y procreativo del acto conyugal. Hablando del materialismo práctico en el que proliferan el individualismo, el utilitarismo y el hedonismo, afirma el Pontífice:

> Siempre en el mismo horizonte cultural, el cuerpo ya no se considera como realidad típicamente personal, signo y lugar de las relaciones con los demás, con Dios y con el mundo. Se reduce a pura materialidad: está simplemente compuesto de órganos, funciones y energías que hay que usar según criterios de mero goce y eficiencia. Por consiguiente, también la sexualidad se despersonaliza e instrumentaliza: de signo, lugar y lenguaje del amor, es decir, del don de sí mismo y de la acogida del otro según toda la riqueza de la persona, pasa a ser cada vez más ocasión e instrumento de afirmación del propio yo y de satisfacción egoísta de los propios deseos e instintos. Así se deforma y falsifica el contenido originario de la sexualidad humana, y los dos significados, unitivo y procreativo, innatos a la naturaleza misma del acto conyugal, son separados artificialmente. De este modo, se traiciona la unión y la fecundidad se somete al arbitrio del hombre y de la mujer. La procreación se convierte entonces en el «enemigo» a evitar en la práctica de la sexualidad. Cuando se acepta, es sólo porque manifiesta el propio deseo, o incluso la propia voluntad, de tener un hijo «a toda costa», y no, en cambio, por expresar la total acogida del otro y, por tanto, la apertura a la riqueza de vida de la que el hijo es portador[46].

Es interesante ver la distinción entre un hijo querido con motivaciones egoístas y un hijo como fruto de un verdadero amor humano. Esto tiene relevancia jurídica en cuanto puede darse invalidez matrimonial por exclusión del *bonum prolis*, aún habiendo hijos en el matrimonio, si

---

[46] JUAN PABLO II, Enc. *Evangelium* vitae, 23.

estos han sido posibles gracias a técnicas artificiales de reproducción, obviándose el acto conyugal[47].

Además, nos ofrece Juan Pablo II una preciosa reflexión sobre la misión encomendada por Dios al hombre y la mujer como cooperadores de Su obra creadora. En primer lugar recuerda cómo Dios, al crear al ser humano, le confió el cuidado de toda la creación. Esto supone respetar las leyes con las que Dios ha dotado su obra y, por tanto, no ponerse por encima del mismo Dios. El hombre debe siempre situarse con reverencia ante Dios y todo lo que Él ha creado, incluida su propia vida. En una palabra, el hombre está llamado a ser un fiel administrador de los bienes de Dios. Pero, además, esta vocación adquiere especial relevancia cuando se trata de la generación de una nueva vida humana. En ella Dios se hace presente confiriendo al nuevo ser su imagen y semejanza, por eso el acto conyugal debe ser respetado en su integridad en el uso que del mismo hacen los esposos. Veamos cómo lo desarrolla el Pontífice:

> El hombre, llamado a cultivar y custodiar el jardín del mundo (cf. Gn 2, 15), tiene una responsabilidad específica sobre el ambiente de vida, o sea, sobre la creación que Dios puso al servicio de su dignidad personal, de su vida: respecto no sólo al presente, sino también a las generaciones futuras. Es la cuestión ecológica -desde la preservación del «habitat» natural de las diversas especies animales y formas de vida, hasta la «ecología humana» propiamente dicha- que encuentra en la Biblia una luminosa y fuerte indicación ética para una solución respetuosa del gran bien de la vida, de toda vida. En realidad, «el dominio confiado al hombre por el Creador no es un poder absoluto, ni se puede hablar de libertad de «usar y abusar», o de disponer de las cosas como mejor parezca. La limitación impuesta por el mismo Creador desde el principio, y expresada simbólicamente con la prohibición de «comer del fruto del árbol» (cf. Gn 2, 16-17), muestra claramente que, ante la naturaleza visible, estamos sometidos a las leyes no sólo biológicas sino también morales, cuya trasgresión no queda impune.

> Una cierta participación del hombre en la soberanía de Dios se manifiesta también en la responsabilidad específica que le es confiada en relación con la vida propiamente humana. Es una responsabilidad que alcanza su vértice en el don de la vida mediante la procreación por parte del hombre y la mujer en el matrimonio, como nos recuerda el Concilio Vaticano II: «El mismo Dios, que dijo "no es bueno que el hombre esté solo" (Gn 2, 18) y que

---

[47] Siempre y cuando no se haya transmitido el derecho al acto conyugal. Esta situación puede darse ante la existencia de diversos tipos de esterilidad o ante el temor al contagio de determinadas enfermedades de transmisión sexual, con respecto al otro cónyuge, y/o hereditarias en lo referente a la prole.

"hizo desde el principio al hombre, varón y mujer" (Mt 19, 4), queriendo comunicarle cierta participación especial en su propia obra creadora, bendijo al varón y a la mujer diciendo: "Creced y multiplicaos" (Gn 1, 28)».

Hablando de una «cierta participación especial» del hombre y de la mujer en la «obra creadora» de Dios, el Concilio quiere destacar cómo la generación de un hijo es un acontecimiento profundamente humano y altamente religioso, en cuanto implica a los cónyuges que forman «una sola carne» (Gn 2, 24) y también a Dios mismo que se hace presente. Como he escrito en la Carta a las Familias, «cuando de la unión conyugal de los dos nace un nuevo hombre, éste trae consigo al mundo una particular imagen y semejanza de Dios mismo: en la biología de la generación está inscrita la genealogía de la persona. Al afirmar que los esposos, en cuanto padres, son colaboradores de Dios Creador en la concepción y generación de un nuevo ser humano, no nos referimos sólo al aspecto biológico; queremos subrayar más bien que en la paternidad y maternidad humanas Dios mismo está presente de un modo diverso de como lo está en cualquier otra generación "sobre la tierra". En efecto, solamente de Dios puede provenir aquella "imagen y semejanza", propia del ser humano, como sucedió en la creación. La generación es, por consiguiente, la continuación de la creación»[48].

d) *La Instrucción Donum vitae de la CDF*

La Instrucción *Donum vitae* de la Congregación para la Doctrina de la Fe, de 22 de febrero de 1987, está dedicada a toda la problemática de las nuevas técnicas biomédicas que inciden sobre la realidad de la procreación. Al igual que hemos hecho con las Encíclicas pontificias, veamos cómo la Instrucción trata el tema de la procreación artificial de los hijos y los distintos modos de vencer la esterilidad. Las consecuencias jurídicas de esta Instrucción las veremos en la segunda parte de este estudio, pero ya ahora nos fijaremos en lo que directamente tiene relación con el *bonum prolis* desde el punto de vista jurídico.

En la parte dedicada específicamente a la procreación humana, la Instrucción comienza afirmando que la procreación responsable desde el punto de vista del *nasciturus* sólo puede darse dentro del matrimonio[49]. La procreación, que es colaboración del hombre con el Creador, tiene que ser el fruto de una donación mutua y personal de los esposos, por eso, tanto la fidelidad como la unidad del matrimonio exigen el recíproco respeto al derecho a convertirse en padres el uno sólo mediante el otro[50].

---

[48] JUAN PABLO II, Enc. *Evangelium vitae*, 42-43.
[49] Cf. CONGREGACIÓN PARA LA DOCTRINA DE LA FE, Instrc. *Donum vitae*, II, 1.
[50] «Coniugum autem fidelitas, in unitate matrimonii, secumfert mutuam observan-

Entrando en el detalle de las distintas técnicas de reproducción artificial, lo primero que se estudia es la fecundación artificial heteróloga. La Instrucción trata de modo conjunto, en su valoración moral, tanto la fecundación *in vitro* como la inseminación artificial. De modo claro afirma: «At fecundatio artificialis heterologa tum unitati matrimonii, tum coniugum dignitati, tum vocationi parentum propriae aperte contradicit, itemque iuri filii ad quem spectat ut et concipiatur et enascatur in matrimonio et per matrimonium»[51]. Más en concreto sobre el ejercicio de la paternidad y la filiación dice que este tipo de fertilidad daña objetivamente la fecundidad conyugal en su unidad e integridad y altera las relaciones paterno-filiales de tal modo que sus consecuencias se reflejan en la propia familia y en la sociedad civil[52]. Por eso, el deseo del los cónyuges de tener un hijo y el amor recíproco que les lleva a vencer la esterilidad, que son intenciones subjetivamente buenas, no anulan el efecto pernicioso de esta técnica sobre las propiedades objetivas e inalienables del matrimonio. Esta misma valoración merece la llamada maternidad sustitutiva[53].

La fecundación artificial homóloga, es decir, la realizada con gametos procedentes de los esposos, tanto por fecundación *in vitro* como por inseminación artificial, no afecta a la unidad del matrimonio, pero implica la disociación entre el significado unitivo y procreativo del acto conyugal[54]. Este doble significado se ve escindido tanto cuando se procura la anticoncepción como cuando la concepción no es fruto de un acto específico de unión conyugal, quedando dañados tanto los bienes como los significados del matrimonio[55].

La procreación de los hijos señala al origen de la persona humana que, por su dignidad, sólo puede ser el resultado de una mutua donación interpersonal y no de las condiciones de eficiencia técnica valorables según parámetros de control y dominio[56]. Por esta relevancia moral

---

tiam erga ius utriuslibet, ad hoc ut alter pater aut mater fiat solummodo per alterum». CONGREGACIÓN PARA LA DOCTRINA DE LA FE, Instrc. *Donum vitae*, II, 1.

[51] CONGREGACIÓN PARA LA DOCTRINA DE LA FE, Instrc. *Donum vitae*, II, 2.

[52] Cf. CONGREGACIÓN PARA LA DOCTRINA DE LA FE, Instrc. *Donum vitae*, II, 2.

[53] Cf. CONGREGACIÓN PARA LA DOCTRINA DE LA FE, Instrc. *Donum vitae*, II, 2-3.

[54] Cf. CONGREGACIÓN PARA LA DOCTRINA DE LA FE, Instrc. *Donum vitae*, II, 4.

[55] «Methodi contra conceptionem ex industria impediunt, ne actus coniugalis pateat ad procreationem, atque idcirco efficiunt ut voluntarie fines matrimonii dissocientur. Fecundatio vero artificialis homologa, procreationem persequens quae non ex actu proprio unionis coniugalis consequitur, obiective separationem analogam operatur inter bona atque significationes matrimonii». CONGREGACIÓN PARA LA DOCTRINA DE LA FE Instrc. *Donum vitae*, II, 4.

[56] «At nemo potest pueri ortum obnoxium facere condicionibus efficacitatis techni-

de la unión entre los significados unitivo y procreativo del acto conyugal y de los bienes del matrimonio, así como la unidad del ser humano y la dignidad de su origen, la procreación de una persona humana debe ser pretendida sólo como el fruto del acto conyugal específico del amor entre los esposos[57].

Si bien esto es aplicable tanto para la fecundación *in vitro* como para la inseminación artificial homóloga, esta última no siempre sustituye al acto conyugal sino que puede constituir solamente una ayuda tanto para la realización del acto de modo natural como para la consecución de su fin, también natural. En este caso, sí que es moralmente lícita[58], por lo que sus consecuencias jurídicas requieren un estudio más en detalle que realizaremos en la segunda parte de este estudio[59].

La Instrucción también aborda el problema de la esterilidad. Esta es causa de gran sufrimiento para los esposos cuyo deseo de ser fecundos resulta humanamente comprensible. Sin embargo, el matrimonio no confiere a los esposos el derecho a tener un hijo, sino sólo el derecho a poner en práctica aquellos actos naturales que esencialmente están ordenados a la procreación[60]. Por ello, termina la *Donum vitae*, los científicos deben seguir buscando métodos de vencer la esterilidad que permitan a los cónyuges estériles alcanzar la procreación salvaguardando su dignidad y la del *nasciturus*[61].

2.2 *La Doctrina canónica anterior al Código de 1983*

Al igual que la jurisprudencia, tras la celebración del Concilio Vaticano II la doctrina canónica se centró en el análisis de la constitución *Gaudium et spes*. En general, los canonistas afirmaron el carácter pastoral de la constitución conciliar, pero también resaltaron la

---

cae, quae ad normas inspectionis ac dominii mensuratur». CONGREGACIÓN PARA LA DOCTRINA DE LA FE, Instrc. *Donum vitae*, II, 4.

[57] «Morale igitur momentum nexus intercedentis inter significationes actus coniugalis et bona matrimonii, itemque unitas humanae creaturae atque dignitas eius originis, id poscunt ut humanae personae procreatio habeatur veluti fructus actus coniugalis, qui est nota propria mutui coniugum amoris». CONGREGACIÓN PARA LA DOCTRINA DE LA FE, Instrc. *Donum vitae*, II, 4.

[58] «Quare si medium technicum faciliorem reddit actum coniugalem aut eum adiuvat ad fines suos naturales assequendos, licite adhibire potest». CONGREGACIÓN PARA LA DOCTRINA DE LA FE, Instrc. *Donum vitae*, II, 6.

[59] Cf. *infra*, cap. VII, 3.

[60] «Matrimonium tamen minime coniugibus ius confert ad filium habendum, sed ius dat dumtaxat ad actus naturales ponendos, qui per se ad procreationem ordinantur». CONGREGACIÓN PARA LA DOCTRINA DE LA FE, Instrc. *Donum vitae*, II, 8.

[61] Cf. CONGREGACIÓN PARA LA DOCTRINA DE LA FE, Instrc. *Donum vitae*, II, 8.

necesidad de extraer las consecuencias jurídicas necesarias para su mejor aplicación[62].

Por un lado, la mayor parte de los canonistas reconocieron que en la Constitución existían los suficientes elementos jurídicos para una nueva interpretación del Derecho canónico[63]. Sin embargo, no faltaron quienes afirmaron que la *Gaudium et spes* había supuesto una innovación de la doctrina canónica que, en la práctica, suponía una ruptura con la tradición y la tradicional terminología canónica[64].

Al hablar la Constitución de institución para referirse al matrimonio, algunos autores vieron en ello un abandono de la teoría contractualista del mismo. El matrimonio, entonces, sería una institución en la que no resulta tan importante la voluntad de las partes en el momento inicial de la vida matrimonial. Sin embargo, la mayor parte de los canonistas no dejaron de resaltar que el carácter consensual del matrimonio *in fieri* no había sido derogado por el Concilio, si bien éste había subrayado con mayor vigor su, a la par, carácter institucional[65]. A partir de aquí, sin embargo, las posturas se dividen sobre el alcance de la terminología conciliar: el uso del término *foedus* ¿significa el abandono del término contrato o tan sólo supone la adopción de una terminología con mayores raíces bíblicas, pero sin relevancia jurídica alguna? Las respuestas se situaron en uno y otro sentido[66].

Otra cuestión importante es la del objeto del consentimiento matrimonial. La formulación del *ius in corpus* del Código de 1917 había sufrido innumerables críticas a lo largo de los años anteriores al Concilio. Posteriormente a su celebración, se acentuaron las reflexiones de corte personalista que centraban el debate en torno a los elementos característicos de la sociedad conyugal y la comunión de vida[67]. De este modo la comunidad de vida va a ser considerada por algunos como el objeto principal del consentimiento matrimonial, incluso en sustitución del *ius in corpus*. Otros autores, sin embargo, se conforman con afirmar que el consorcio de toda la vida es la fuente original de la que nace el

---

[62] Cf. C.J. SCICLUNA, *The essential definition of marriage*, 220.

[63] Cf. C.J. SCICLUNA, *The essential definition of marriage*, 221. El autor señala a López Illana, Navarrete, Felice, Robinson, Molina Melia, Lener y Fumagalli Carulli.

[64] Cf. C.J. SCICLUNA, *The essential definition of marriage*, 222. En concreto Fedele.

[65] Cf. C.J. SCICLUNA, *The essential definition of marriage*, 223-225. Aquí se cita a Lener, Robleda, Giacchi, Graziani, Kaiser, Bernárdez Cantón, Heylen y Navarrete.

[66] Cf. C.J. SCICLUNA, *The essential definition of marriage*, 226-227. Los autores señalados son: Häring, Palmer, La Due, Fruge, Sanson, Robinson, Leclerc, Kaiser, Zalba, Navarrete, Örsy, Abbo y Mosiek.

[67] Cf. C.J. SCICLUNA, *The essential definition of marriage*, 231.

*ius in corpus*⁶⁸. Por último, otro grupo de autores señala la vigencia del *ius in corpus*, si bien especifican que debe ser entendido como algo que afecta a la totalidad de la persona y no sólo como elemento biológico, e incluso como una donación integral de la sexualidad humana. El *ius in corpus* pondría de manifiesto no sólo la heterosexualidad del matrimonio sino que ésta es precisamente lo que justifica su existencia para la procreación de la prole⁶⁹.

Un punto de atención importante es el del silencio de la *Gaudium et spes* sobre la jeraquía de los fines del matrimonio. Como en otras ocasiones, las interpretaciones se sucedieron en un sentido y en otro. En primer lugar encontramos a los que interpretan este silencio como un abandono de la jerarquización de los fines, si bien esto puede ser interpretado de modos diferentes: bien como la existencia del único fin de la procreación⁷⁰, bien como la asunción del fin del *mutuum adiutorum* del que derivan los demás fines⁷¹.

Otra interpretación del silencio conciliar es la de la no modificación de la jerarquía de fines del matrimonio, por lo que sigue siendo válido el reconocimiento de la procreación y educación de la prole como fin primario al que se subordinan la mutua ayuda y el remedio de la concupiscencia, según el can. 1013§1 CIC 1917⁷². Otros matizan esta postura admitiendo la inclusión de la realización del amor conyugal como fin al mismo nivel que la procreación, pero sin negar la jerarquización con respecto a los fines secundarios tradicionales⁷³.

De modo especial, Navarrete señala que el fin de la procreación y educación de la prole tiene una función prioritaria en la sociedad conyugal, tanto en el matrimonio *in fieri* como en el matrimonio *in facto esse*. En el primer caso, por la voluntad de los contrayentes, que no pueden excluirla del consentimiento matrimonial so pena de contraer

---

⁶⁸ Cf. C.J. SCICLUNA, *The essential definition of marriage*, 232-237. En concreto, señala a Olivares, Mantuano, Fumagalli Carulli, Lesage, López Illana, Thomas, Kozul, Giacchi, Ferrata, Vannicelli, Vela Sánchez, Sanson, Fruge, Serrano Ruiz, Fagiolo, Favale, Leclerc, D'Avack, Missaglia, Graziani y Reina.
⁶⁹ Cf. C.J. SCICLUNA, *The essential definition of marriage*, 237-240. Aquí cita a De Luca, Díaz Moreno, Mosiek y Bonnet
⁷⁰ Cf. C.J. SCICLUNA, *The essential definition of marriage*, 283. En concreto Lener.
⁷¹ Cf. C.J. SCICLUNA, *The essential definition of marriage*, 283. El autor señala a Morrisey, La Due, Fagiolo.
⁷² Cf. C.J. SCICLUNA, *The essential definition of marriage*, 284. Los autores referidos son: Zalba, Giacchi, D'Avack y Gutiérrez.
⁷³ Cf. C.J. SCICLUNA, *The essential definition of marriage*, 284. En concreto Olivares y Favale.

invalidamente. En el segundo, como elemento que distingue la sociedad matrimonial de cualquier otra sociedad humana[74].

2.3 *La Jurisprudencia*

Una de las primeras cuestiones que la jurisprudencia debe afrontar tras el Concilio Vaticano II es la de ver las derivaciones jurídicas que presentaba el texto conciliar y en qué modo la doctrina canónica se vió afectada por sus disposiciones[75].

Sobre el matrimonio *in fieri*, la jurisprudencia de estos años defiende clarísimamente el carácter consensual del matrimonio, en continuas referencias al can. 1081§1/17[76]. De esta manera la jurisprudencia sale al paso de determinadas corrientes de la época que afirmaban un cambio establecido por el Concilio. La jurisprudencia rotal se vio reforzada por una Sentencia de la Signatura Apostólica de 29 de noviembre de 1975, que rechazó estas afirmaciones[77].

Otro punto de interés es el del objeto del consentimiento matrimonial. La tradicional formulación del *ius in corpus* continuó siendo usada por los auditores rotales sin introducir ningún matiz[78]. Sin embargo, en relación con el matrimonio *in facto esse* algunas sentencias sitúan el *ius in corpus* como expresión de la naturaleza esencial espe-

---

[74] U. NAVARRETE, *Structura iuridica matrimonii*, 28: «Attentis tamen doctrina theologica ac canonistica traditionali, constanti iurisprudentia tribunalium ecclesiasticorum necnon canonibus 1081§1 et 1082§1, affirmari potest finem procreationiis-educationis proli in structura iuridica matrimonii obtinere primatum *in ordine specificationis* societatis coniugalis cum omnibus consequentiis iuridicis et moralibus ex hac specificatione subsequentibus. A fine enim primario, societas coniugalis seu matrimonium in facto esse essentialiter specificatur seu essentialiter distinguitur a qualibet alia societate, ideoque a fine primario determinatur quodnam sit obiectum formale essentiale consensus matrimonialis seu id minimum quod contrahentes obiective intendere debent ad validum matrimonium ineundum».

[75] Cf. C.J. SCICLUNA, *The essential definition of marriage*, 191.

[76] Cf. C.J. SCICLUNA, *The essential definition of marriage*, 192.

[77] Cf. C.J. SCICLUNA, *The essential definition of marriage*, 194. SUPREMO TRIBUNAL DE LA SIGNATURA APOSTÓLICA, coram Staffa, 29 noviembre 1975, *Periodica* 66 (1977) 303-304: «In tota ergo traditione Ecclesiae, consensus matrimonialis intelligitur tamquam actus voluntatis indolis pacticiae, quo legitime posito, oritur relatio iuridica seu vinculum quo vir et mulier constituuntur maritus et uxor, cum iuribus et obligationibus coniugum propriis. Quia agitur de actu voluntatis indolis contractualis, haec relatio pergit existere independenter a coniugum voluntate subsequenti. Hoc actu voluntatis traduntur et acceptantur ipsae personae coniugum, et personae ipsae coniugum, sub specifica formalitate consideratae, constituunt obiectum huius actus voluntatis, qui est pactio quaedam seu contractus, etsi peculiaris naturae».

[78] Cf. C.J. SCICLUNA, *The essential definition of marriage*, 197.

cífica de la sociedad conyugal[79]. En cambio, otro grupo de sentencias sitúa el objeto esencial del consentimiento matrimonial en el *ius ad comunionem vitae* al mismo nivel que el *ius in corpus*[80]. Incluso algunos auditores hablan del *ius ad vitae consortium* como el objeto del consentimiento matrimonial que incluye aquellos elementos verdaderamente esenciales al vínculo matrimonial[81]. Sin embargo no todos los auditores siguieron esta corriente[82]. La crítica a la misma se centra en el hecho de que el *consortium omnis vitae* pertenece a la integridad del matrimonio canónico, pero no a su esencia. Por otra parte, no hay necesidad de revisar esa doctrina porque no era esa la intención de la constitución *Gaudium et spes*[83]. A esta crítica los defensores de dicha teoría responden que no se puede identificar el derecho a la comunidad de vida con el derecho a la cohabitación, que es distinto del *ius in corpus*, sino con el derecho a los actos recíprocos esenciales al matrimonio sin los cuales la comunidad conyugal sería moralmente imposible[84].

Con respecto a la distinción entre el *ius* y el *usum iuris*, la jurisprudencia resulta compleja porque, por un lado, exige la prueba de la exclusión del derecho, pero por otro, presume que en la exclusión temporal sólo se ha limitado su ejercicio, no produciéndose la nulidad del matrimonio[85]. Nos parece más acertada la corriente jurisprudencial que señala la no distinción entre el derecho y su ejercicio, pues ya

---

[79] Cf. C.J. SCICLUNA, *The essential definition of marriage*, 199, nt. 132: *coram* Di Felici, 8 marzo 1975, in *RRD* 67, 86-87, n. 2; *coram* Bruno, 30 marzo 1979, in *RRD* 71, 120, n. 4; *coram* Stankiewicz, 31 mayo 1979, in *RRD* 71, 307, n. 3; *coram* Huot, 31 enero 1980, in *RRD* 72, 84, n. 22; *coram* Agustoni, 27 mayo 1980, in *RRD* 72, 401-402, n. 6; *coram* Egan, 22 abril 1982, in *RRD* 74, 218, n. 4.

[80] Cf. C.J. SCICLUNA, *The essential definition of marriage*, 201, nt. 137: *coram* Anné, 25 febrero 1969, in *RRD* 61, 183-184, n. 16; *coram* Raad, 14 abril 1975, in *RRD* 67, 243, n. 11; *coram* Pompedda, 19 febrero 1982, in *RRD* 74, 87, n. 5.

[81] Cf. C.J. SCICLUNA, *The essential definition of marriage*, 202. nt. 138-140: *coram* Anné, 4 febrero 1975, in *RRD* 67, 693, n. 7; 26 abril 1977, in *RRD* 69, 222 y 223, nn. 14 y 16.

[82] Cf. C.J. SCICLUNA, *The essential definition of marriage*, 203-204.

[83] Cf. M.A. NARON, «Bonum prolis in Rotal Jurisprudence», 18.

[84] Cf. C.J. SCICLUNA, *The essential definition of marriage*, 203; M.A. NARON, «Bonum prolis in Rotal Jurisprudence», 18, nt. 107: *coram* Pinto, 28 octubre 1976, in *RRD* 68, 387-388; 18 diciembre 1979, in *RRD* 71, 589.

[85] A.M. ARENA, «The Jurisprudence of the Sacred Roman Rota», 280: «Thus the more recent jurisprudence has demanded that for nullity to be proved there must be exclusion of he right. But even more commonly jurisprudence, even that on recent times, has interpreted the temporary exclusion as the denial of the use of the right and so has held that in such cases the marriage is not invalid».

vimos que si se transmite el primero, necesariamente se está transmitiendo el otro. De esta manera, la exclusión temporal puede provocar la nulidad si en realidad se produjo una exclusión del derecho, es decir, una condición sobre el matrimonio[86]. Por eso, la clave está en la intensidad de la voluntad contractual y esto no deja cabida a presunciones que resultan peligrosas para la certeza moral sobre la validez del consentimiento.

La jurisprudencia trata los fines del matrimonio dentro del matrimonio *in facto esse*. En concreto sobre la procreación y educación de los hijos algunos auditores continúan señalándolo como fin primario, defendiendo la tradicional jerarquía del Código[87]. Otros auditores, en cambio, prefirieron hablar de la procreación como fin esencial, dejando a un lado la cuestión de la jerarquía de los fines[88], e incluso utilizando el término *primario*, atribuyéndole una nueva interpretación carente de sentido jerárquico alguno, o distinguiendo el fin primario como fin social y el secundario como fin personal[89].

3. El Código de 1983

La codificación de 1983 recogió muchas de las aportaciones del Concilio Vaticano II, la doctrina y la jurisprudencia sobre el matrimonio. Veremos a continuación cómo la definición de matrimonio y los distintos elementos que lo componen han quedado recogidos en el nuevo Código.

---

[86] A.M. ARENA, «The Jurisprudence of the Sacred Roman Rota», 281: «Those who deny the theoretical, or at least practical, significance of the distinction hold [...] that a temporary exclusion may well nullify a marriage if it can be reduced to *a condition made to the marital consent*, as it is understood and interpreted by the jurisprudential norms regarding conditions "*de praesenti*" and/or "*de futuro*"».

[87] Cf. C.J. SCICLUNA, *The essential definition of marriage*, 208, nt. 162 y 163: *coram* De Jorio, 19 febrero 1966, in *RRD* 58, 97, n. 3; *coram* Bejan, 27 abril 1966, in *RRD* 58, 239-240, nn. 4-5; *coram* Bejan, 18 mayo 1966, in *RRD* 58, 317-318, nn. 3-4; *coram* Mattioli, 27 junio 1966, in *RRD* 58, 448, n. 2; *coram* Bejan, 19 abril 1967, in *RRD* 59, 205, n. 4; *coram* Masala, 20 marzo 1969, in *RRD* 61, 314-315, n. 3; *coram* Masala, 17 abril 1969, in *RRD* 61, 366, n. 2; *coram* Pompedda, 22 diciembre 1969, in *RRD* 61, 1188-1189, n. 2; *coram* Masala, 16 mayo 1973, in *RRD* 65, 448, nn. 3-4; *coram* Bejan, 1 marzo 1967, in *RRD* 59, 134, n. 5; *coram* Ferraro, 7 mayo 1974, in *RRD* 66, 350-351, nn. 3-7.

[88] Cf. C.J. SCICLUNA, *The essential definition of marriage*, 209, nt. 165, *coram* Ewers, 8 mayo 1971, in *RRD* 63, 388, n. 2.

[89] Cf. C.J. SCICLUNA, *The essential definition of marriage*, 209, nt. 166 y 167: *coram* Fagiolo, 2 julio 1968, in *RRD* 60, 526-528, n. 2; *coram* Pinto, 18 diciembre 1979, in *RRD* 71, 588, n. 5.

3.1 *El matrimonio in fieri*

En el nuevo Código se afirma claramente el carácter consensual del matrimonio, si bien el objeto formal sobre el que recae dicho consentimiento aparece más difuminado que en el de 1917[90]. De hecho han desaparecido las referencias explícitas al *ius in corpus* y los términos *perpetuum* y *exclusivum*. Al ser sustituidos estos términos por la formulación *irrevocabili sese mutuo tradunt et accipiunt ad constituendum matrimonium* se hace necesario que este can. 1057§2 se lea siempre a la luz del can. 1055§1 que con mayor detalle señala en qué consiste el matrimonio[91].

Lo primero que destaca de la lectura del canon es la nueva terminología usada en el mismo. Esto responde tanto a la intención de los Padres conciliares de aplicar un nuevo lenguaje para determinar la alianza conyugal, como al intento de evitar un lenguaje técnico-jurídico que resultara excesivamente frío y que, incluso, permitiera confusión en el ámbito del derecho civil[92].

En el parágrafo segundo, en cambio, el canon habla claramente de contrato para afirmar su identidad con el sacramento cuando el matrimonio válido se ha realizado entre bautizados[93].

3.2 *El matrimonio in facto esse*

El can. 1055§1 está formulado de tal modo que ofrece elementos suficientes para reconocer la definición esencial del matrimonio, así como las indicaciones legales necesarias para determinar qué constituye el objeto formal esencial del consentimiento matrimonial (can. 1057§2);

---

[90] Can. 1057§2: «Consensus matrimonialis est actus voluntatis, quo vir et mulier foedere irrevocabili sese mutuo tradunt et accipiunt ad constituendum matrimonium».

[91] Can. 1055§1: «Matrimoniale foedus, quo vir et mulier inter se totius vitae consortium constituunt, indole sua naturali ad bonum coniugum atque ad prolis generationem et educationem ordinatum, a Christo Domino ad sacramenti dignitatem inter baptizatos evectum est». Cf. C.J. SCICLUNA, *The essential definition of marriage*, 294.

[92] Cf. J.I. BAÑARES, «Comentario al c. 1055», 1038-1040. El autor continúa diciendo: «Si en un principio pudo parecer a algunos autores que la exclusión de términos jurídicos acuñados por la tradición y su consiguiente sustitución por términos de menor rigor técnico podía suponer una cesión a la ambigüedad o a un antijuridicismo beligerante, hoy está plenamente implantada la nueva terminología y se reconoce unánimemente el acierto de la opción del legislador. Por otro lado, con el término *alianza* se consigue evocar de modo inmediato la riqueza de contenido teológico sin salir de la dimensión jurídica a la que el Código se refiere de modo directo».

[93] Can. 1055§2: «Quare inter baptizatos nequit matrimonialis contractus validus consistere, quin sit eo ipso sacramentum». Cf. J.I. BAÑARES, «Comentario al c. 1055», 1041.

cuáles son aquellos elementos esenciales del matrimonio cuya exclusión invalida el consentimiento matrimonial (can. 1101§2); cuáles son los derechos y deberes esenciales sobre los cuáles los esposos tiene que tener suficiente discreción de juicio (can. 1095,2°) y cuáles deben ser capaces de asumir (can. 1095,3°)[94].

La estructura de este can. 1055§1 es deudora de la más arraigada tradición canónica puesto que recoge los fines para los cuáles ha sido establecida la institución matrimonial, destacando en este aspecto la específica mención del *bonum coniugum* y la *prolis generatio et educatio*[95].

De modo específico, con respecto a los fines del matrimonio lo primero que destaca es la afirmación de los dos fines señalados como esenciales al matrimonio sin especificar ninguna jerarquización entre ellos[96]. Por otro lado, el can. 1061§1 al hablar del matrimonio rato y consumado afirma que éste se da «si coniuges inter se humano modo posuerunt coniugalem actum per se aptum ad prolis generationem, ad quem natura sua ordinatur matrimonium, et quo coniuges fiunt una caro». Es decir, el acto conyugal realizado de modo humano y apto para la generación de la prole, es el modo en el que se posibilita la consecución tanto del fin de la prole como del fin del bien de los esposos[97]. Por ello, se puede afirmar que la realización del acto conyugal, tal como la especifica el can. 1061§1, constituye un derecho del matrimonio *in facto esse*, que nace de los fines institucionales detallados en el can. 1055§1, constitutivos del matrimonio *in fieri*[98].

---

[94] Cf. C.J. SCICLUNA, *The essential definition of marriage*, 296.

[95] C.J. SCICLUNA, *The essential definition of marriage*, 296: «The structure of this description corresponds to one of the predominant trends in canonical tradition: that of specifying the communal aspect of the marriage by direct reference to its institutional ends. The Roman Law definitions of marriage emphasise the societal aspect. Canonical tradition has always supplemented this important dimension by direct reference to the ends. The structure of Code's description therefore belongs to the mainstream of tradition».

[96] Can. 1055§1: «Indole sua naturali ad bonum coniugum *atque* prolis generationem et educationem ordinatum».

[97] Cf. C.J. SCICLUNA, *The essential definition of marriage*, 298.

[98] C.J. SCICLUNA, *The essential definition of marriage*: «Marriage is ordered to the ends mentioned in canon 1055 as an institute and the parties have a right to the *ordinatio* but not to the actual fulfillment of the end in itself. Marriage is ordered to the conjugal act in the sense that the *matrimonium in fieri* arouses the right to the conjugal act between the spouses, and such a right is an essential element of the *matrimonium in facto esse*. […] The "*ordinatio matrimonii*" to the conjugal act indicates that marriage entails the right to such act as a means to and expression of its institutional ends».

Con respecto a la jerarquía de los fines del matrimonio el silencio del Código recuerda al esquema de 1913 que no recogió la codificación Pío-Benedictina. Sin embargo, este silencio no puede ser interpretado estrictamente como una derogación de dicha jerarquización de fines puesto que desde el punto de vista de lo que especifica y diferencia al matrimonio de otros tipos de sociedad humana, la prioridad de la procreación y educación de los hijos es meridianamente clara[99].

Pero no cabe duda que esta ausencia de jerarquización explícita indica también una unidad intrínseca de los propios fines. De hecho se trata de una misma realidad, el *consortium totius vitae*, que consiste en una doble dimensión: la relación propia de los esposos y la posible paternidad y maternidad que nace de ella[100]. Por eso, se puede decir que la finalidad de la prole unida al bien de los cónyuges es propia y exclusiva del ser humano, por lo que romper su unidad sería perjudicial al mismo[101].

3.3 *Los elementos esenciales del matrimonio*

El can. 1101§2, al tratar la simulación del matrimonio, habla de los *matrimonii essentiale aliquod elementa*, que si son excluídos del consentimiento, hacen nulo el matrimonio. Con respecto al Código de

---

[99] C.J. SCICLUNA, *The essential definition of marriage*, 299: «The 1983 Code therefore returns to the description of the ends of marriage of the 1913 Schema which did not determine any hierarchy. However the Code's silence is not in itself a conclusive argument against a hierarchical ordering of the ends of marriage. If the *primatum hierarchicum* of procreation and education of offspring is understood in the sense of a "*primatum specificativum*" then there is no doubt that the category may well remain valid and useful for definitory purposes». Cf. *coram* Burke, 11 abril 1988, in *RRD* 80, 213, n. 5.

[100] Cf. J.I. BAÑARES, «Comentario al c. 1055», 1044. De modo específico, señala el autor lo siguiente: «Cuando tratamos de la posibilidad de la generación, resulta inexcusable considerar el modo en que se relacionan las personas concretas que la hacen posible. Y cuando tratamos de una donación plena referida a la dimensión sexuada de la persona, hay que decir que no puede realizarse sin abarcar la posible paternidad y maternidad que entraña. Es más, no se puede hablar de la comunidad conyugal sin hacer referencia a sus fines: y resulta imprescindible su comprensión y su unidad para entender adecuadamente sus propiedades esenciales, pues cada una de ellas viene derivada y exigida por cada uno de los fines». *Ibid.*, 1044.

[101] P.A. BONNET, «Essenza», 119: «In realtà in questa maniera la relazione coniugale, considerata la molteplicità totale delle sue manifestazioni concrete, assumendo un siffatto orientamento insuperabile verso la prole, partecipa ad un atteggiamento che, trascendendo il singolo, è, in realtà, proprio dell'Uomo al quale, dunque, in definitiva, debe rapportarsi pure l'effettivo conseguimento del risultato peculiare ad un tale orientamento (la prole)».

1917, este canon es más genérico, puesto que el can. 1086§2 hablaba del *omne ius ad coniugalem actum*. La determinación de cuáles sean estos elementos esenciales del matrimonio corresponde a la jurisprudencia y la doctrina canónica[102].

Bajo la vigencia del Código de 1917 el esquema agustiniano de los *tria bonum* fue el adoptado por la jurisprudencia para delimitar los elementos afectados por la simulación del matrimonio, salvaguardando así el *bonum coniugum*. Sin embargo, algunas sentencias equipararon a éste con los otros tres *bona* agustinianos, ampliando el esquema a cuatro bienes[103]. Así lo afirman también algunos autores[104]. Otros, por el contrario, señalan que de la literalidad del can. 1055§1 no se puede deducir que en ese caso la expresión *bonum coniugum* sea equiparable al término *bonum* utilizado por el esquema agustiniano[105]. Dos son las soluciones aportadas por la doctrina. La primera es seguir adoptando el esquema agustiniano sin incluir el *bonum coniugum*. La segunda consiste en establecer dos propiedades esenciales (unidad e indisolubilidad), por un lado y dos fines (bien de los esposos y bien de la prole), por otro[106]. No cabe duda de que el bien de los esposos tiene mucho que ver tanto con la unidad e indisolubilidad como con el bien de la prole, por lo que esta última postura acarrearía notables imprecisones

---

[102] Cf. C.J. SCICLUNA, *The essential definition of marriage*, 303.

[103] Cf. C.J. SCICLUNA, *The essential definition of marriage*, 303. nt. 21: *coram* Pinto, 18 diciembre 1979, in *RRD* 71, 588, n. 5; *coram* Pinto, 12 febrero 1982, in *RRD* 74, 64, n. 3; *coram* Di Felice, 19 enero 1984, in *RRD* 76, 392, n. 5.

[104] A. MENDONÇA, «The Theological and Juridical Aspects of Marriage», 286: «Now the Legislator explicitly endorses the juridical relevance of the "good of spouses" (*bonum coniugum*) by explicitly listing it in the first place noting that the partnership of the whole of life is "by its very nature ordered to the good of spouses and the procreation and education of offspring". Canonical writers have begun to study the nature and implications of this *bonum* to jurisprudence. There is agreement among authors with regard to the juridical value of *bonum coniugum*. Wrenn, for example, says: "In light of the Second Vatican Council and of the 1983 Code, the answer is crystal clear. The answer is that besides the three *bona* recognized prior to Vatican II, we now know that there is a fourth *bonum* which is equally essential to marriage, namely the *bonum coniugum*"».

[105] Cf. C.J. SCICLUNA, *The essential definition of marriage*, 304.

[106] Cf. C.J. SCICLUNA, *The essential definition of marriage*, 304. En este sentido se decanta Bonnet cuando afirma: «Ne consegue che la proprietà del matrimonio "in facto esse" sono necessariamente quattro; due, positivizzate e qualificate come tali dal can. 1056 – indissolubilità e unità (fedeltà)- che genericamente si colegano ad entrambi fini, permettendone quell'operatività totale che caratterizza [...] la relazione coniugale, e due specifiche –"ordinatio ad bonum prolis" e "ordinatio ad bonum coniugum"-, che si connettono inmediatamente a ciascuna delle due finalità del matrimonio». P.A. BONNET, «Essenza», 122.

jurídicas de compleja solución que se pueden evitar facilmente adoptando la primea solución propuesta[107].

En el origen de esta problemática creemos que se encuentra la indeterminación de lo que es en sí el *bonum coniugum*, pues los términos empleados en la reflexión doctrinal como bien físico, emocional, intelectual, bienestar de la pareja, amistad o amor resultan muy imprecisos desde el punto de vista jurídico[108].

Kowal afirma, por un lado, que actualmente las dudas sobre la incompatibilidad entre el *bonum coniugum* como fin y como elemento esencial se han disipado gracias a que tanto la doctrina como la jurisprudencia lo admiten como elemento esencial del *consortium totius vitae*[109]. Por otro lado, también señala que existe acuerdo entre la mayor parte de autores en afirmar como contenido del *bonum coniugum* el *mutuum adiutorum* y el *remedium concupiscentiae* que, de modo general, significan todos los aspectos que hacen la vida de los esposos mejor y más feliz[110].

Sobre la relación existente entre la propiedad de la unidad y el fin de la procreación, solamente queremos poner de relieve que la intimidad conyugal que exige el bien de la prole requiere que la relación sea exclusiva, tanto por la donación total de las personas de los cónyuges co-

---

[107] C.J. SCICLUNA, *The essential definition of marriage*, 304: «The continued adoption of the *tria bonum* model, is to be preferred because it better ensures the necessary space for further development. The determination of the essential formal object of marriage consent and the capacity to assume the marriage commitment could also be developed on the lines and with the aid of the *tria bona* model».

[108] A. MENDONÇA, «The Theological and Juridical Aspects of Marriage», 286-287: «As Örsy points out, it is an all-embracing implying physical, emotional, intellectual, and spiritual well-being of the couple. L. De Luca says that the "good of spouses" ought to be seen, above all, as the *spiritual good* of the spouses. Wrenn discusses six of the more obvious qualities that might constitute the essence of "bonum coniugum", namely *partnership, benevolence, companionship, friendship, caring, love*. [...] Jurisprudence, with help from another auxiliary sciences, will have to determine the essence of this *bonum*. At the same time one must not forget the fact that the specific good of spouses might differ from culture to culture. A general checklist of elements may not be helpful in determining the essence of *bonum coniugum*».

[109] Cf. J. KOWAL, «Breve annotazione», 62.

[110] J. KOWAL, «Breve annotazione», 62-63: «Cercando di precisare il contenuto del *bonum coniugum*, sembra che la maggioranza degli autori sia d'accordo che esso – sulla linea dei fini del matrimonio – comprende certamente il "*mutuum adiutorum*" e il "*remedium concupiscentiae*" (cf. can. 1013 §1 CIC/17), che nella loro generalità significano tutti gli aspetti (sopratutto interpersonali) che rendono la vita dei coniugi migliore e più felice».

mo por la potencial paternidad y maternidad, que se han de dar a la vez y no sólo por parte de uno de ellos[111].

3.4 *La simulación o exclusión de la prole*

El can. 1101§2 afirma que: «At si alterutra vel utraque pars positivo voluntatis actu excludat matrimonium ipsum vel matrimonii essentiale aliquod elementum, vel essentialem aliquam proprietatem, invalide contrahit». El acto positivo de voluntad es igual tanto si lo que se excluye es el matrimonio o alguno de sus elementos o propiedades esenciales: es decir, el texto del canon sólo distingue el objeto sobre el que recae ese acto positivo de voluntad excluyente, pero no entre distintos actos positivos de voluntad[112].

Con respecto a los elementos esenciales del matrimonio, esta misma formulación supone una novedad con respecto al can. 1086§2/17. Lo que este canon formulaba como «omne ius ad coniugalem actum» el actual can. 1101§2 lo resuelve con la formula citada más arriba que alude a los elementos y propiedades esenciales del matrimonio. Esta nueva formulación permite reconocer la estructura sistemática tomista que se divide en causa, esencia, propiedades y fines[113]. La causa y la esencia constituyen el objeto de la exclusión del matrimonio mismo; las propiedades de la unidad e indisolubilidad están expresamente formuladas en el canon, por lo que sólo los fines o la ordenación de la esencia a los fines puede ser el objeto de la exclusión a la que se refiere la formula del canon «matrimonii essentiale aliquod elementum», fines que, según el can. 1055§1, son el bien de los cónyuges y la procreación y educación de los hijos[114].

Dentro del fin de la procreación y educación de los hijos, podemos observar los siguientes derechos y deberes que se consideran esenciales y cuya exclusión del consentimiento matrimonial lo hace nulo[115].

---

[111] Cf. J.I. BAÑARES, «Comentario al c. 1056», 1048.
[112] Cf. P.J. VILADRICH, «Comentario al c. 1101», 1337.
[113] Cf. P.J. VILADRICH, «Comentario al c. 1101», 1344-1345.
[114] Cf. P.J. VILADRICH, «Comentario al c. 1101», 1345. Explícitamente señala el autor: «El carácter jurídicamente debido de aquellos actos y conductas que de por sí son aptos y necesarios entre los esposos para la obtención de los fines connaturales al matrimonio constituye el contenido de la exclusión que el legislador contempla con la fórmula "matrimonii esentiale aliquod elementum"».
[115] F.R. AZNAR GIL, *El nuevo derecho*, 301: «En la actual codificación canónica entendemos que el contenido del *bonum prolis* nos viene especificado por los cc. 1055, 1 y 1061, 1 y comprendería el derecho-obligación al acto conyugal, apto para la generación, realizado de manera humana, junto con el derecho-obligación de conser-

En primer lugar, hay que afirmar el derecho-deber a los actos conyugales. La realización de la cópula conyugal de modo humano y naturalmente apta de por sí para engendrar hijos puede ser objeto de simulación cuando de modo consciente y voluntario se niega que constituya «un derecho y deber conyugal exigible en justicia»[116]. Aunque en la segunda parte entraremos más a fondo en cada uno de estos elementos, hay que especificar que el modo humano implica el suficiente grado de conocimiento y plena voluntariedad, así como la práctica de la intimidad sexual de modo moralmente ordenado como elementos de la voluntad contractual[117].

En segundo lugar está el derecho-deber de no impedir la procreación de la prole. Esta obligación recíproca se puede ver desde dos perspectivas distintas. La primera se centra en los actos que tiene como finalidad impedir el normal desarrollo del proceso generativo como la esterilización y las prácticas anticonceptivas y abortivas. El acto positivo de voluntad existente en el consenso matrimonial, que lo hace nulo, debe tener como objeto el recurso a las mismas como un derecho subjetivo que se reservan las partes simulantes[118]. La segunda perspectiva se centra en aquellos actos que, de modo moralmente lícito, permiten superar determinados tipos de esterilidad y/o defectos o enfermedades orgánicas que dificultan o impiden la normal realización de la cópula o del proceso generativo. El acto positivo de voluntad, en este caso, excluye el recurso a dichos medios de curación que permitirían la natural procreación de los hijos[119]. Sobre la idoneidad de los mismos, así como su valoración en cada caso particular será objeto de profundización en la segunda parte de la tesis.

Un último elemento integrador del fin de la procreación es el del cuidado y desarrollo de la vida física de la prole, así como su educación. El cuidado de la vida física supone que la simulación vendría por la reserva como derecho subjetivo del recurso a los actos atentatorios contra la vida de la prole nacida, o de su integridad corporal o su

---

var y educar la prole. Por consiguiente, si ambos contrayentes o uno de ellos, en el momento de consentir el matrimonio excluyen el derecho al acto conyugal o sólo lo conceden para un tiempo determinado o abrigan el propósito de evitar perpetuamente la generación mediante métodos anticonceptivos o prácticas abortivas... contraen inválidamente. En relación con la educación de la prole, la jurisprudencia rotal y la doctrina común estiman que al bien de la prole en sentido jurídico sólo pertenece el aspecto natural o físico y no el espiritual de la misma».

[116] P.J. VILADRICH, «Comentario al c. 1101», 1348.
[117] Cf. P.J. VILADRICH, «Comentario al c. 1101», 1348.
[118] Cf. P.J. VILADRICH, «Comentario al c. 1101», 1348.
[119] Cf. P.J. VILADRICH, «Comentario al c. 1101», 1349.

salud física y psíquica. La exposición o abandono de los hijos, el infanticidio, la prostitución de las hijas o el comercio con órganos del cuerpo de los hijos son algunos ejemplos de este supuesto. Por lo que se refiere a la educación ésta se entiende como la obligación de educar la prole en su sentido humano y moral más amplio, no entrando como elemento constitutivo de la simulación la específica educación en la fe católica sino tan sólo una instrucción moral y humana básica o en sentido genérico[120].

3.5 *El matrimonio condicionado*

A diferencia del Código de 1917 el can. 1102 del Código de 1983 establece la nulidad de todo matrimonio contraído con condición de futuro. En efecto, «Matrimonium sub condicione de futuro valide contrahi nequit»[121]. Por ello, ya no resulta necesario comprobar si el objeto de la condición se ha verificado o no para determinar la nulidad del matrimonio. Tampoco resulta ya significativo distinguir si la condición impuesta es o no contraria a la sustancia del matrimonio porque en cualquier caso el matrimonio será nulo[122].

Sobre las condiciones de presente o pretérito el can. 1102§2 acepta su imposición y reconoce que el matrimonio será nulo o no dependiendo de la verificación de la misma, si bien el parágrafo siguiente exige la aprobación del Ordinario del lugar para imponer lícitamente dicha condición[123].

El canon no especifica nada sobre la validez del matrimonio cuando dichas condiciones de pretérito o presente son contrarias a la sustancia del matrimonio. Dentro de ellas estarían las contrarias a la prole cuya formulación en este caso podría ser la de «me caso contigo si eres estéril» o «me caso contigo porque eres estéril». Aún en el supuesto de que no se estuviera exigiendo a la otra parte el sometimiento a un tratamiento que le provocara la esterilidad antes del consentimiento, sino

---

[120] Cf. P.J. VILADRICH, «Comentario al c. 1101», 1352-1353.
[121] Cf. can. 1102§1.
[122] G. PUTRINO, «Il consenso matrimoniale condizionato», 109: «la condizione di futuro rende nullo il matrimonio indipendentemente dal verificarsi o meno dell'evento dedotto in condizione, cioè dal comportamento del contraente interessato, se questo comportamento costituiva l'oggetto della condizione».
[123] Can. 1102§2: «Matrimonium sub condicione de praeterito vel de praesenti initum est validum vel non, prout id quod condicioni subest, exsistit vel non. §3: Condicio autem, de qua in §2, licite apponi nequit nisi cium licentia Ordinarii loci sripto data».

sólo la comprobación de que es estéril[124] en el momento del consentimiento, el matrimonio sería nulo pero por el capítulo de la simulación según el can. 1101§2. La verificación del objeto de la condición no puede hacer válido el matrimonio, en este caso, puesto que su contenido es contrario a la sustancia del matrimonio[125]. Obviamente, esta condición nunca podría ser admitida por el Ordinario del lugar, por lo que habría sido puesta ilícitamente[126].

4. Conclusión

Con este capítulo hemos llegado al final de nuestro recorrido histórico sobre el *bonum prolis*. La redacción del nuevo Código de 1983 recoge, de modo sintético, la tradición canónica que considera la procreación y educación de los hijos como el fin para el que fue instituído el matrimonio.

Junto a la explicitación del bien de los esposos y la procreación y educación de la prole, señalados como fines del matrimonio, en el can. 1055§1, el Código se refiere al *bonum prolis* en el can. 1061§1, que trata de la consumación del matrimonio, y al tratar el matrimonio simulado con el término genérico de elementos esenciales del matrimonio en el can. 1101§2. Por otra parte, el tratamiento de la condición impuesta al consentimiento matrimonial se ha simplificado sobre manera al desaparecer la posibilidad de interponer condiciones de futuro y quedar subsumidas dentro del fenómeno simulatorio las contrarias a la sustancia del matrimonio.

---

[124] Lo cual sería una condición sobre una cualidad de la persona preterida directa y principalmente sobre la cual podría producirse el error del que trata el can. 1097§2. También se podría considerar como una condición *sine qua non* del can. 126, pero, aunque la nulidad se produciría de igual modo, declarar la nulidad sólo por cualquiera de estos cánones corre el peligro de no señalar convenientemente que dicha condición es, ante todo, contraria a la sustancia del matrimonio, por lo que estaríamos ante el fenómeno de la simulación del can. 1101§2, como se explica a continuación.

[125] «Questa soppresione (*condiciones contra substantiam matrimonii*) trova la sua spiegazione, secondo la Comissione di revisione del Codice, nel fatto che si è ritenuto che le condizioini contro la sostanza vengano comprese nel canone delle esclusioni per atto positivo di volontà (can. 1102§2), il che suppone che si riconosce all'atto positivo di volontà un ruolo unificatore anche di tutte la fattispecie del consenso condizionato per apposizione, anche implicita, attuale o virtuale, delle condizioni *contra substantiam matrimonii*». M. TINTI, «Il consenso matrimoniale condizionato», 470-471.

[126] F.R. AZNAR GIL, *El nuevo derecho*, 313: «Consecuencia de esta nueva norma legal será que el Obispo no podrá conceder la licencia a uno de los contrayentes a espaldas del otro y que el tipo de condición estipulada ha de quedar a la luz del día».

En la segunda parte de este estudio veremos cómo la doctrina y la jurisprudencia posterior al Código han desarrollado los distintos elementos esenciales que conforman el *bonum prolis* y que ya en esta presentación nos hemos atrevido a señalar en los siguientes términos: el derecho-deber a los actos conyugales; el derecho-deber de no impedir la procreación de la prole, en su doble perspectiva de no impedir el normal desarrollo de la concepción de la prole hasta el momento del parto y la superación de la esterilidad u otros impedimentos orgánicos o de otro tipo que sean vencibles de modo moralmente lícito; y el cuidado y desarrollo de la vida física de la prole, así como su educación humana básica.

Por tanto, el *bonum prolis* consiste en los citados actos y omisiones sobre los cuales tiene que versar la voluntad de las partes en el consentimiento matrimonial (*in fieri*), pero cuya realización se extiende a lo largo del tiempo de la vida matrimonial, es decir, en el matrimonio *in facto esse*. El acto positivo de voluntad matrimonial tiene que recaer sobre todos y cada uno de dichos actos y omisiones, pues si existe, a la par, otro acto positivo de voluntad contrario a uno sólo de dichos actos y omisiones, el *bonum prolis* quedaría dañado en su totalidad, resultando nulo el matrimonio contraído. Según sea esta voluntad en el momento del consentimiento, el matrimonio será válido o no, pero los posibles cambios en la misma, durante el matrimonio *in facto esse*, no lo hacen válido o nulo, sino que permanece tal y como surgió en el consentimiento.

PARTE SEGUNDA

LA ESENCIA DEL *BONUM PROLIS*

CAPÍTULO VI

El *bonum prolis*, elemento esencial y fin del matrimonio

Hemos visto en el recorrido histórico de la primera parte de nuestro estudio cómo el *bonum prolis*, desde su formulación por san Agustín como uno de los tres bienes del matrimonio, ha sido considerado un elemento esencial del consentimiento matrimonial. Por otra parte, hemos visto también cómo el matrimonio, como realidad natural, se ordena a la procreación y educación de los hijos.

En la formulación del Código actual el *bonum prolis* aparece en el can. 1055§1: «Matrimoniale foedus, quo vir et mulier inter se totius vitae consortium constituunt, indole sua naturali ad bonum coniugum atque ad prolis generationem et educationem ordinatum». Ya vimos cómo esta formulación difería de la del Código de 1917 al no establecer explícitamente una jerarquía entre los fines del matrimonio. Por otra parte, la inclusión de la expresión *bonum coniugum* ha motivado un debate doctrinal sobre la conveniencia o no de ampliar el elenco de los bienes del matrimonio, incluyendo este *bonum coniugum* como un bien al mismo nivel que los tres de la formulación agustiniana, o si por el contrario el texto del Código tan solo se limita a señalar una realidad que ya está suficientemente determinada y protegida en el esquema de san Agustín. En su momento también señalamos la conveniencia de mantener intacto el esquema de san Agustín, para evitar imprecisones jurídicas[1].

Sin embargo, debemos profundizar aún en la problemática de la relación existente entre el *bonum prolis* como elemento esencial del matrimonio y la finalidad procreativa del mismo. Tanto la doctrina como la jurisprudencia distinguen la finalidad de la esencia, por lo que nos cen-

---

[1] Cf. *supra*, cap. V, 3.3.

traremos en estudiar qué significa cada una de ellas en relación al *bonum prolis*, y cuál es el contenido necesario de la voluntad de los contrayentes, con respecto al mismo, para que el matrimonio sea válido.

1. La distinción entre esencia, fines y propiedades esenciales

La correcta comprensión de lo que es el *bonum prolis* exige una aclaración sobre las diferencias que existen entre esencia, fin y propiedades esenciales del matrimonio. Estos conceptos provienen de la filosofía escolástica y configuran el sistema matrimonial canónico actual, como ya lo hicieron con el resultante de la codificación de 1917[2].

1.1 *La esencia del matrimonio*

La esencia es lo que identifica a una realidad en sí misma y comprende todos los elementos necesarios para individuarla. Es decir, la esencia es aquello que constituye y conforma una cosa por lo que ella es[3], «secundum naturam et rationem propriam»[4].

Cuando el can. 1055 habla de la alianza matrimonial, señala que ésta consiste en un «consorcio de toda la vida (entre el varón y la mujer), ordenado por su misma índole natural al bien de los cónyuges y a la generación y educación de la prole». Es necesario, entonces, distinguir la esencia del matrimonio en su momento constitutivo (matrimonio *in fieri*), de la del estado de vida matrimonial (matrimonio *in facto essse*).

En el matrimonio *in fieri* los contrayentes intercambian el consentimiento por medio del cual se donan a sí mismos por completo al otro. Esta donación integral consiste de modo específico en la donación de su sexualidad[5]. Esto es lo que especifican los can. 1061§1 y 1096§1, cuando se refieren a la consumación y el conocimiento mínimo que del matrimonio deben tener los contrayentes para emitir un consentimiento válido.

---

[2] Cf. P.A. BONNET, «L'*ordinatio ad bonum prolis*», 317.

[3] Cf. P.A. BONNET, «L'*ordinatio ad bonum prolis*», 317.

[4] Y continúa el Aquinate: «et haec est absoluta consideratio ipsius; et hoc modo nihil est verum de ea dicere, nisi quod conveniat sibi secundum quod huiusmodi». TOMAS DE AQUINO, *De ente et essentia*, cap. 4, 333. Cf. P.A. BONNET, «L'*ordinatio ad bonum prolis*», 317, nt. 45.

[5] P.A. BONNET, «Essenza», 109: «Il momento iniziale e convenientemente causativo della relazione coniugale, [...] non può che essere la *mutua donazione integrale della sessualità*, e cioè della funzionalità maschile e femminile. Una siffatta donazione solamente riuscirà a coinvolgere completamente dal profondo del loro essere un uomo e una donna, impegnandoli totalmente nella loro specifica complementarietà funzionale».

Por otra parte, esta donación de la propia sexualidad implica la donación de la capacidad procreativa. Ya vimos en su momento las afirmaciones del Magisterio sobre la inseparabilidad de los significados unitivo y procreativo del acto conyugal[6], por ello, la voluntad contraria a la procreación vicia el consentimiento matrimonial. De hecho, esta voluntad constituye una realidad incompatible con el «consorcio de toda la vida» pues está excluyendo una parte de esa vida como es la potencial fertilidad de uno o ambos cónyuges[7]. La esencia del matrimonio *in fieri* consiste, por tanto, en el consentimiento de las partes que ponen de manifiesto su voluntad de constituir el «consorcio de toda la vida», para bien mutuo y para procrear y educar la prole.

Con respecto al matrimonio *in facto esse* tan solo afirmamos que consiste en el matrimonio como estado de vida derivado del consentimiento de las partes. Este estado de vida es una realidad compleja que se puede comprender dentro de la expresión «relación conyugal» y que se desarrolla a lo largo de todo el tiempo del matrimonio[8]. Este carácter conyugal señala directamente al bien de los cónyuges y a la generación y educación de la prole como elementos configuradores de la comunidad o estado de vida matrimonial, elementos que son inseparables entre sí[9]. Con respecto al *bonum prolis*, veremos en este mismo capítulo, bajo el epígrafe referido a la prole en el estado de vida matrimonial, qué elementos esenciales del mismo se desarrollan en dicho estado y deben estar presentes en el consentimiento (*in fieri*).

---

[6] Cf. *supra*, cap. V, 2.

[7] C. BURKE, «Matrimonial consent», 400: «Contraception is in fact not just an action without meaning: it is an action that contradicts the essential meaning which true conjugal intercourse should have as signifying total and unconditional self-donation. Instead of accepting each other totally, contraceptive spouse reject part of each other, because fertility is part of each one of them».

[8] P.A. BONNET, «Essenza», 108-109: «Quella del matrimonio "in facto esse" costituisce una condizione esistenziale molto complessa che si può tuttavia esprimere sinteticamente nell'insieme degli elementi necessari e sufficienti che la conformano nella sua talità (essenza) con due soli termini – per indicare con il primo la componente generica e con il secondo quella specifica -, la cui richezza potenziale di significati si é cercato di chiarire con il ragionamento che si è tentato fin qui di sviluppare: *relazione coniugale* (sessuale)».

[9] G. CANDELIER, «Le bonum prolis», 204: «Cette communautè est de type conjugal parce qu'elle est ordonneè en elle-même au bien des époux et à celui des enfants; l'un ne peut pas être coupé volontairement de l'autre; ni l'un ni l'autre ne peut être exclu sans que le mariage ne soit gravement atteint dans sa racine».

1.2 *Los fines del matrimonio*

En términos generales, se puede afirmar que la finalidad de un acto es algo propio del actuar humano, puesto que nada se hace sin un fin o nadie actúa sin una finalidad concreta[10]. Por otra parte, se pueden distinguir distintos tipos de fines que especifican la propia acción[11]. Pues bien, a la hora de determinar la finalidad de un acto concreto, hay que tener en cuenta que la relación entre la finalidad de la acción y la voluntad que se detemina por su realización, el bien que se pretende alcanzar y que es el que motiva la voluntad, puede constituir a la vez un valor y un fin. Como valor supone una causa extrínseca, como fin una causalidad final. En ese sentido, la proceación y educación de los hijos puede ser considerada a la vez como *bonum* y como *finis* del matrimonio[12].

Dentro del derecho matrimonial se presenta de modo relevante la distinción entre el *finis operis* y el *finis operantis*. El fin de la obra (*operis*) señala la naturaleza de la misma, que en el caso del matrimonio se refiere a la razón constitutiva del mismo dada por el Creador para la procreación y educación de los hijos. Es decir, se identifica con su esencia. En cambio, la finalidad subjetiva de los contrayentes (*operantis*) queda siempre subordinada a la finalidad esencial del matrimonio, de tal manera que si fuera contraria a dicha esencia (*operis*), el matrimonio sería nulo por falta del mínimo contenido de la voluntad que exige el matrimonio[13]. Esta distinción señala la propia esencia del matrimonio desde

---

[10] Cf. A. STANKIEWICZ, «La prole come finalità del matrimonio», 13.

[11] Cf. A. STANKIEWICZ, «La prole come finalità del matrimonio», 13. En concreto el autor distingue entre *finis qui, quo, cui, consequendus, efficiendus, proximus, inmediatus, mediatus, ultimus, principalis, primarius, secundarius, operis, operationes* y *operantis*.

[12] A. STANKIEWICZ, «La prole come finalità del matrimonio», 13: «Nella riflessione sui tipi di finalità, si deve tener presente che nel rapporto teleologico il bene, come motivo della volontà, può presentarsi indivisibilmente come valore e come fine, poichè il bene, sotto l'aspetto di valore, esercita rispetto all'atto umano, una causalità formale (estrinseca), mentre sotto l'aspetto di fine, esercita una causalità finale. Per questa ragione la procreazione e l'educazione della prole può essere considerata sia come *bonum* sia come *finis* del matrimonio».

[13] H. KAHLER, *Absentia consensus*, 330: «Unter den mit einer Eheschließung angestrebten Zielen bildet die Intention des *finis operis* die Untergrenze dessen, worauf der Wille gerichtet sein muß zur gültigen Ehegründung. Über diesen *finis* hinaus können die unterschiedlichsten Ziele angestrebt werden, sofern sie im Einklang mit dem *finis operis* stehen. Der *finis operis* ist das Mindeste, worauf sich der Wille richten muß. Wenn diese Ausrichtung nicht gegeben ist, ist die Ehe ungültig wegen eines *fehlenden Mindestwille zur Ehe*. Der Begriff "Mindestwille" zeigt nicht einen bestimmten Grad

un punto de vista dinámico, puesto que tanto la finalidad objetiva como la subjetiva convergen en la realización concreta del matrimonio[14].

Sin embargo, hay que señalar también que el fin, como realidad última del dinamismo de una entidad finita, es algo externo a la misma y, por tanto, distinto de su esencia[15]. Es decir, la consecución o no del fin para el cual ha sido creado algo no anula su existencia ni tampoco modifica su esencia. Por eso, la finalidad procreativa forma parte de la esencia del matrimonio, pero su no consecución en un matrimonio concreto no lo anula, ni la validez del mismo queda en suspenso mientras no se consiga la prole, puesto que la validez del contrato la determina sólo la voluntad de las partes de asumir dicha finalidad procreativa, no su cumplimiento efectivo[16].

1.3 *Las propiedades esenciales del matrimonio*

Las propiedades esenciales derivan de la esencia, pero a la vez se distinguen de esta. Sólo la esencia determina la realidad de una cosa, si bien las propiedades la concretizan y especifican. Por eso, aún cuando se diferencian entre sí, la subordinación de las propiedades con respecto a la esencia es de necesidad, por lo que se conocen como propiedades esenciales[17].

---

oder eine Intensität des Wolles an, sondern das, was bei der Konsensleistung als Mindestes vom Konsensobjekt intentional erfaßt sein muß».

[14] A. STANKIEWICZ, «La prole come finalità del matrimonio», 15: «Le finalità oggettive o *operis* del matrimonio implicano la sua ordinazione essenziale ad esse in modo che l'ordine strutturale essenziale dell'unione matrimoniale si evidenzi a seconda del suo orientamento verso questi fini. In questo modo l'*ordinatio ad fines* predispone la struttura per la quale il matrimonio con gli atti e gli atteggiamenti coniugali si conforma con essi e si risolve nella missione e nei diriti e doveri dei coniugi. Pertanto giustamente si afferma che la finalità non è altro che la stessa essenza del consorzio coniugale vista in dimensione dinamica: è il matrimonio stesso in azione».

[15] Cf. P.A. BONNET, «L'*ordinatio ad bonum prolis*», 318.

[16] R.M. SABLE, «Tradere et accipere», 767: «Ad essentiam contractus matrimonii, necessarium non est ut prolis nascatur, sed tantummodo ut contrahens se obliget ad actus coniugales per se aptos ad generationem prolis».

[17] P.A. BONNET, «Essenza», 115: «Le proprietà, dunque, pur non costituendo l'essenza delle cose, sono necessariamente conesse con l'essenza stessa, non formandola in quello che è, ma concretizzando con essa un momento di identificazione in rapporto a qualunque altra entità. L'essenza non esprime le proprietà, ma tuttavia le esige insuperabilmente. In altri termini, un'essenza non sarebbe quella che è, se non possedesse certe e determinate proprietà. Di più le proprietà, in quanto *qualità*, difettano di autonomia e abbisognano sempre dell'esenza che caratterizzano […]. In effetti le proprietà essenziali non concretano l'essenza per quello che questa è, ma, in quanto modo di essere della stessa, la tipicizzano in maniera imprescindibile nella sua "talità"».

El can. 1056 explicita cuales son las propiedades esenciales del matrimonio: la unidad y la indisolubilidad, que por razón del sacramento, que se da entre entre bautizados, adquieren una particular firmeza. Estas propiedades son esenciales tanto del matrimonio *in fieri* como del matrimonio *in facto esse*[18].

Una vez explicada, con brevedad, la diferencia entre esencia, fines, y propiedades, los apartados que siguen a continuación se centran en el *bonum prolis* como elemento esencial del matrimonio y fin del mismo. En ellos veremos qué diferente contenido tiene este bien del matrimonio cuando se trata del matrimonio *in fieri* o del matrimonio *in facto esse*. También encontraremos, como primera aproximación, algunos de los elementos que constituyen el contenido esencial del *bonum prolis*.

2. El *bonum prolis* como elemento esencial del matrimonio

2.1 *El acto de amor conyugal y el* ius procreandi

Tanto la doctrina como la jurisprudencia afirman constantemente lo que recoge claramente el Código actual: que la naturaleza del matrimonio consiste en la ordenación del mismo a la realización del acto por sí apto para la generación y también a la educación de la prole. Esta ordenación ha sido dada por el Creador y la voluntad humana no la puede cambiar sin dañar el matrimonio mismo[19]. Si bien el Código de 1983 ha suprimido la expresión *ius in corpus*, tanto el can. 1055§1, al hablar de la comunidad de vida y amor, como el can. 1061§1, explican con claridad lo que en el Código de 1917 se decía con esa expresión: la realización del «acto conyugal apto de por sí para engendrar la prole» (can. 1061§1)[20].

---

[18] Cf. P.A. BONNET, «Essenza», 115.

[19] «[In Novo Codice] clare affirmatur, non quasi novitas absoluta, sed ut veritas certa iam doctrina et iurisprudentia recepta, quod matrimonium natura sua ad actum per se aptum ad prolis generationem et educationem ordinatur (cfr. Can. 1061§1 et can. 1055§1); ex quibus consequitur quod eius ordinatio seu structura interna ab Ipso rerum Ordinatore et Creatore statuta, sit de illius essentia ita ut mutari ab hominibus minime possit quin ipsum institutum matrimoniale destruatur», *coram* Giannecchinni, 25 junio 1985, in *RRD* 77, 325, n. 2.

[20] «Novus Codex modum dicendi contraxit, sed obiectum consensus non mutavit, nec mutare potuisset cum agatur de foedere in iure naturali fundato. Foedus igitur de quo in can. 1055§1, ius tantum subiectivum cum obiectivum comprehendit: prius quod est facultas ipsa habendi vel exigendi ius in corpus alterius coniugis in ordine ad prolis procreationem; alterum quod est ipse usus facultatis: utrumque vero obiectum sunt consensus», *coram* Agustoni, 15 octubre 1985, in *RRD* 77, 437, n. 3.

«Cum matrimonium natura sua ad prolem ordinetur, immo illius "finis primarius

CAP. VI: EL *BONUM PROLIS*, ESENCIA Y FIN DEL MATRIMONIO

Por eso, lo que constituye el objeto formal esencial del contrato matrimonial es el derecho a la realización de los actos por sí aptos para la generación de la prole, no la prole en sí misma[21]. En esto consiste también la diferencia entre el impedimento de impotencia y la validez del matrimonio de los estériles[22], así como la validez del matrimonio con la intención de recurrir a la realización del acto conyugal durante los períodos agenésicos. La nulidad del matrimonio por exclusión de la prole implica una voluntad que se suele concretar en algo que supone la exclusión de aquello que es el objeto esencial del mismo: la transmisión y aceptación del derecho a la realización de los actos por sí aptos para la procreación de la prole[23].

---

est procreatio et educatio prolis" (can. 1013§1), invalide contrahit qui positivo voluntatis actu omne ius ad coniugalem actum excludit (can. 1086§2). / […]Bonum prolis enim ad matrimonii substantiam quoad ius pertinet, non quoad iuris usum et tunc tantum matrimonialis consensus irritatur cum eiusdem obiectum, i. e. mutua traditio et acceptatio iuris in corpus alterius partis in ordine ad actus per se aptos ad prolis generationem, positive limitatur», *coram* Funghini, 17 febrero 1988, in *RRD* 80, 107, n. 2.

«Bonum prolis, ut notum est, in abstracto coincidit cum fine matrimonii primordiali seu cum ordinatione ad prolis procreationem et educationem. / Hoc bonum in concreto importa iuxta vetus ius, in casu applicandum, "ius in corpus, perpetuum et exclusivum, in ordine ad actus per se aptos ad prolis generationem" (can. 1081§2). / Exinde: "At si alterutra vel utraque pars positivo voluntatis actu excludat matrimonium ipsum, aut omne ius ad coniugalem actum, vel essentialem aliquam matrimonii proprietatem, invalide contrahit" (can. 1086§2). / Ex eo, quod novum ius alia verba adhibet ad obiectum essentiale consensus indicandum et exclusionem boni prolis denotandam, argui non potest doctrinam circa elementa essentialia obiecti matrimonialis consensus mutatam esse», *coram* Huber, 6 mayo 1997, in *RRD* 89, 375, n. 4.

[21] «Solum vero si iuris in corpus teleologica ordinatione ad finem matrimonii, seu "intentio prolis", "proles in suis principiis", positiva intentione pervertatur, eo ipso tunc contractus nuptialis subtrahitur essentiale elementum, bonum nempe prolis quod nuncupatur, sine quo matrimonium esse non potest (cf. can. 1055§1; can. 1101§2)», *coram* Masala, 29 abril 1986, in *RRD* 78, 321-322, n. 7.

«Evidenter non agitur in casu de facto prolis seu conceptionis et nativitatis prolis, sed de bono proli, quod vocant seu de commutando inter partes iure ad actus per se aptos ad prolis generationem. Agitur ergo de prole in suis principiis quia matrimonium esse no potest sine traditione consorti iuris ad bonum prolis», *coram* Boccafola, 14 enero 1999, in *RRD* 91, 2, n. 3.

[22] «Notandum vero, uti constans doctrina et iurisprudentia profitentur, de essentia matrimonii non esse prolem in seipsa, sed intentionem prolis. Matrimonium ideo validum exstat etiam sine prole de facto genita. Ecclesia numquam senum vel sterilitatem laborantium matrimonium vetuit aut nullum declaravit, stante praescripto can. 1068§3: "Sterilitas matrimonium nec dirimit nec impedit"». *coram* De Lanversin, 15 junio 1994, in *RRD* 86, 315, n. 7.

[23] «Quia obiectum formale essentiale matrimonialis contractus non est proles in se ipsa sed ius ad actus per se aptos ad prolis generationem, sequentia consequun-

Dicho de otro modo, la estructura ontológica del matrimonio consiste en su ordenación a la transmisión de la vida humana, por medio de la realización de los actos por sí aptos para la procreación de la prole cuya exclusión íntegra supone la nulidad del matrimonio[24].

Ahora bien, estos actos hay que entenderlos en conformidad con las propiedades de la unidad e indisolubilidad del matrimonio y mediante la donación de la propia sexualidad. Es decir, la donación y aceptación exclusiva entre el hombre y la mujer de la propia sexualidad como principio generativo, rechazándose, por tanto, el recurso a métodos artificiales de procreación, así como la procreación con otra persona ajena al matrimonio[25]. En este sentido se puede afimar que, tanto la unidad

---

tur: incapaces matrimonium contrahendi sunt qui impotentia coeundi laborant, non vero steriles; tradito et acceptato perpetuo iure ad actus per se aptos ad prolis generationem, validum est matrimonium celebratum cum intentione coeundi solummodo in periodos agenesicis ad prolem vitandam, etiam per totam vitam et quidem licite ex gravi motivo (cf. Pius XII, Allocutio Conventui Unionis Italicae inter Obstetrices, diei 29 octobris 1951, *AAS.*, vol. 43, pp. 845-846). / [...] Ex dictis consequitur matrimonii nullitatem ob exclusum bonum prolis non provenire ex exclusione finis primarii Institutii matrimonialis (CIC/1917, can. 1013§1), nam est elementum negotio matrimoniali extrinsecum, sed ex exclusa intrinseca negotii matrimonialis ordinatione ad prolem, ob non traditum et acceptatum ius ad actus per se aptos ad prolis procreationem, quod obiectum formale essentiale eiusdem negotii constituit (cf. CIC/1983, can. 1055§1 et can. 1095,2°; H. Hach, *Ehekonsens und bonum prolis*, in *Archiv für katholisches Kirchenrecht*, 1965, pp. 104-112)», *coram* Pinto, 13 marzo 1987, in *RRD* 79, 113, n. 6.

[24] «Cum igitur ordinatio ad procreationem pertineat ad structuram ontologicam sive coniugalis actus, ad quem coniuges sibi mutuum ius tradunt (can. 1081§2; cfr. can. 1061§1 Novi C.I.C.), sive consequenter ipsius foederis matrimonialis, quod idcirco dicitur "totius vitae consortium, indole sua naturali ad bonum coniugum atque ad prolis generationem et educationem ordinatum" (can. 1055§1 Novi C.I.C.), necesario sequitur ut haec ordinatio ad donum vitae humanae transmittendum essentiale elementum matrimonii constituat, cuius exclusio, ex integro facta, coniugii nullitatem producit (cf. can. 1101§2 Novi C.I.C.; can. 1086§2 C.I.C.)», *coram* Stankiewicz, 26 mayo 1983, in *RRD* 75, 325, n. 3.

[25] «Haec autem iura et officia matrimonialia essentialia, bono proli propia, perpetua et exclusiva ratione vinculi matrimonialis perpetui et exclusivi (can. 1134), consistunt tum in iure et obligatione ad actus per se aptos ad prolis generationem, tum in iure et obligatione ad pocretionem ex proprio coniuge per actum poprium unionis coniugalis "ad quem natura sua ordinatur matrimonium, et quo coniuges fiunt una caro" (can. 1061§1). Ita enim mutua donatione et acceptatione propriae sexualitatis in ordine ad constituendam unam carnem unumque principium generativum, contrahentes etiam devinciuntur cum prole forte creanda, potissimum quia "secundum Dei propositum est matrimonium fundamentum maioris communitatis familiae" (*Familiaris consortio*, 14)», *coram* Stankiewicz, 24 marzo 1988, in *RRD* 80, 186, n. 6.

como la indisolubilidad del matrimonio, como propiedades esenciales del matrimonio, protegen el *bonum prolis*[26].

Es, por tanto, el llamado principio procreativo o fecundidad estructural del acto conyugal el que constituye el elemento esencial del matrimonio[27]. Este principio contiene, a su vez, un aspecto objetivo y otro subjetivo. Desde el punto de vista objetivo, el principio procreativo consiste en la voluntad del Creador de establecer la procreción de los hijos mediante el acto de amor conyugal, unido al carácter unitario del matrimonio. El acto de amor conyugal debe, por esta razón, conservar siempre su aptitud natural para la transmisión de la vida humana. Desde el punto de vista subjetivo, el principio procreativo consiste en la voluntad de procrear de las partes[28]. Por eso, la voluntad contraria de las partes con respecto a la prole, en el momento del consentimiento, hace que el matrimonio sea nulo, por ir contra el aspecto objetivo de la esencia del matrimonio[29]. Este aspecto subjetivo es lo que se conoce como

---

[26] «Procreationem et educationem prolis ad ipsam essentiam matrimonii pertinere doctrina et iurisprudentia canonica semper docuerunt. Proles enim ita matrimonium pervadit ac substinet ut vel unica ac substantialis ordinatio intrinseca evadat: fidelitas coniugum et indissolubilitatis vinculi et ipsae, ut proprietates essentiales matrimonii, bono prolis provident», *coram* Giannecchinni, 18 diciembre 1987, in *RRD* 79, 755, n. 2.

«Matrimonium a Deo institutum est peculiaribus instructum legibus. Homo eas immutare nequit; ab eius voluntate pendere potest tantum libera electio coniugii ut sic, seu una cum essentialibus proprietatibus et elementis, quibus Deus eius naturam ornavit, quae inter ordinatio ad prolem, quae usuvenit vocari bonum prolis, et indissolubilitas, seu bonum sacramenti, et fidelitas, seu bonum fidei, eminent», *coram* Giannecchini, 26 abril 1994, in *RRD* 86, 196, n. 2.

[27] Cf. G. CANDELIER, «Le bonum prolis», 225.

[28] «Quoties contrahentes in nuptiis ineundis ius ad actus per se aptos ad prolis generationem denegat quatenus obligationem reddendi debitum, quod vocatur, non vult assumere, teleologicam ordinationem consortii coniugalis a Creatore statutam foedat et nullum contractum vere coniugalem conficit praecise quia eius elementum essentiale (cf. can. 1055§1), seu obiectum formale, positiva voluntate reicit (cf. can. 1061§1)», *coram* Palestro, 18 mayo 1988, in *RRD* 80, 300, n. 10.

«Inde concludi potest principium procreativum esse elementum essentiale ipsius matrimonii, quod sub adspectu subiectivo intentionem procreandi effingit, sub adspectu obiectivo autem procreationis rationem, quae ex iure divino nexu indissolubili cum ratione unitatis coniugitur, indelebiliter insculpit coniugali iuri et officio ad actus amoris coniugalis, qui ideo ad vitae humanae transmissionem aptitudinem naturalem semper conservare debent». / [...] «Consequenter igitur "dubitare non potest ordinationem ad prolem constituere quoddam elementum essentiale matrimonii, quod conceto audit actum coniugalem per se aptum"», *coram* Stankiewicz, 17 diciembre 1993, in *RRD* 85, 780, nn. 13 - 14.

[29] «Cum igitur elementum procreativum, in ordinatione ad bonum prolis consistens, essentiam matrimonii ingreditur atque obiecti formalis consensus matrimonialis

intentio prolis, que, como mínimo para la validez del matrimonio, debe consistir en la intención de no evitar la prole[30].

En consecuencia, hay que afimar que se debe evitar el uso de la expresión *ius ad prolem*, porque no existe un derecho a la prole en sí misma, sino que es más conveniente el empleo de la expresión *ius procreandi*, puesto que el hijo no es un derecho de los padres sino un don gratuito del matrimonio. La dignidad de la persona humana, aún no concebida, impide hablar de un supuesto derecho a la misma. Es más precisa, por tanto, la expresión *ius pocreandi* porque señala directamente, como derecho-deber que se intercambia en el consentimiento, la realización del acto conyugal apto para la procreación, no la persona que va a ser concebida, puesto que nunca una persona puede constituir el objeto de un derecho-deber[31].

---

elementum essentiale constituat, nemini ex contrahentibus proprio arbitrio illud fas est excludere, quin ipsum coniugium irritum reddat», *coram* Stankiewicz, 29 octubre 1987, in *RRD* 79, 598-599, n.3.

G. CANDELIER, «Le bonum prolis», 226: «L'ordination à la transmission de la vie est inscrite dans la nature et la finalité de l'acte conjugal, une structure ontologique et téléologique non modifiable. C'est pourquoi le don et l'acceptation du droit conjugal ne peuvent être valides qu'en comprenant les actes aptes en eux-mêmes à la procréation».

«Nupturientes enim, "cum liberum praestant consensum, non aliud faciunt, quam ingrediuntur atque inseriuntur in ordinem obiectivum, seu 'institum' quod eos superat ex eiusque minime pendet nec quoad naturam suam, nec quoad leges sibi proprias" quia, "matrimonium non a libera hominum voluntate suam repetit originem, sed institutum est a Deo, qui illud voluit suis legibus praeditum atque instructum; quas leges coniuges plerumque ultro libenterque agnoscunt atque laudibus efferunt, utcumque tamen accipere debent in suum ipsorum bonum atque in bonum filiorum et societatis" (Paulus VI, Allocutio ad Praelatos Auditores, Advocatos et Officiales Tribunalis S. Romanae Rotae, diei 9 februarii 1976; *AAS* LXVIII [1976] p. 207)», *coram* Stankiewicz, 7 marzo 1991, in *RRD* 83, 148-149, n. 3.

[30] G. CANDELIER, «Le bonum prolis», 217-218: «Dès lors, il faut comprendre qu'en ce qui concerne le *bonum prolis*, une exclussion est invalidante lorsqu'elle a pour objet l'ordination naturelle du mariage à la procréation, c'est-á-dire la fécondité structurelle de la sexualité telle qu'elle est inclue dans le mariage. Tout ce qui entrave volontairement cette ordination, est source d'invalidité, que ce soit la négation du droit du conjoint aux actes intimes, la concesion aux seuls actes frustrés de leur capacité procréatrice, le propos de recourir à un avortement s'il échet, de supprimer l'enfant ou de lui dénier la possibilité de se développer. Pour reprendre l'expression scolastique, c'est la disponibilité radicale à l'enfant, l'*intentio prolis* qui est relevante».

A. MOSTAZA RODRÍGUEZ, «La exclusión del *bonum prolis*», 341: «Si bien no es necesario que los contrayentes, al celebrar el matrimonio, abriguen la intención expresa de tener prole, sí lo es que no tengan intención de excluirla».

[31] «Non est enim in contrahentium potestate exclusiva "dare comparti prolem, cum

2.2 *La distinción entre el derecho, el uso del derecho y/o su abuso*

La distinción entre el derecho y el uso del mismo ha sido siempre objeto de polémica entre doctrina y jurisprudencia. Tras la entrada en vigor del Código actual esta polémica ha continuado, si bien la juriprudencia se ha decantado mayoritarimente por la aceptación de tal distinción[32].

Afirmar la exclusión del derecho mismo supone situarnos en el ámbito de la voluntad previa al matrimonio, de la cual nace el consentimiento matrimonial. Esta voluntad consiste en la no transmisión y no aceptación del derecho a la realización de modo humano del acto conyugal apto para la generación de la prole. No se trata por tanto de verificar sólo si la prole fue constantemente evitada, sino si se otorgó o no tal derecho[33].

La dificultad, en cambio, surge cuando se trata de la exclusión temporal o la limitación a un determinado número de hijos. Aquí puede observarse en un principio la transmisión del derecho pero con un límite en su ejercicio. Sin embargo, puede suceder que en la voluntad con-

---

haec ex aliis pendeat causis, circa quas nihil perficere valent coniuges" (c. Fagiolo, sent. 1 iunii 1968, Vigornien., n. 3). Quin etiam, id genus locutio seu "ius ad polem" prorsus vitanda est, quia matrimonium, sicut ad rem docet Congregatio pro doctrina Fidei, "minime coniugibus ius confert ad filium habendum, sed ius dat dumtaxat ad actus naturales ponendos, qui per se ad procreationem ordinantur. Verum ac proprium ius ad filium, ipsius filii dignitati atque naturae adversatur. Fillius nullo modo aliquid est quod debetur, neque considerari potest ut obiectum proprietatis; ipse potius est donum, et quidem 'praestantisimum' et maxime gratuitum matrimonii, idemque vivens est testimonium mutuae donationis parentum" (*Instr.* Cit., n. II, B, 8, p. 97)», *coram* Stankiewicz, 24 marzo 1988, in *RRD* 80, 186, n. 5.

[32] P. PELLEGRINO, *Il consenso matrimoniale*, 232: «È fin troppo nota la polemica tra chi sosteneva l'impossibilità di concepire nel momento generico, cioè formativo del vincolo matrimoniale, l'esistenza simultanea della volontà di assumere l'obbligazione e quella di non adempierla e chi riteneva, al contrario, che tale impossibilità si sarebbe precisata soltanto tra la volontà di asumere l'obligazione e quella di non assumere l'obbligazione di adempierla. / Comunque, nonostante la perplessità della dottrina la giurisprudenza ecclesiastica é ancora ferma, tuttavia, su tale distinzione».

[33] «Ad comprobandam huius boni exclusionem non sufficit demonstrare prolem semper fuise vitatam, nam constare debet hoc fuisse factum ob no traditum vel acceptatum ius ipsum, non autem ob eclusum tantummodo iuris exercitium, iure tradito et accepatto. De hoc vero constabit ex voluntate praevalente quatenus, accurate perpensis cunctis adiuctis, praesertim vero collata causa simulandi cum causa contrahendi iuxta nupturientes aestimationem, certo liquerit quid contrahens maluerit: utrum valido matrimonio se ligare, vel prolem excludere. Quodsi hoc ultimum praevaluerit, ad probationem necesse est ut accedat tenacia insuperabilis in hac voluntate adimplenda, ex praenuptiali intentione orta», *coram* Pinto, 13 marzo 1987, in *RRD* 79, 112, n. 4.

sensual se haya excluído por completo la realización del acto conyugal en determinados períodos, por lo que el matrimonio sería igualmente nulo[34].

Por eso, la distinción entre el derecho y su ejercicio, en este campo de los derechos y obligaciones del matrimonio, y en concreto, la transmisión del derecho a la realización del acto conyugal apto para la generación de la prole, es un instrumento útil para la verificación del contenido mínimo exigido en la voluntad contrayente. En cambio, para algunos autores resulta artificiosa desde el punto de vista de la formación de dicha voluntad[35], pues sería lo mismo que admitir la posibilidad de que en el momento del consentimiento una persona tuviera la voluntad de conceder o aceptar el derecho y, a la vez, tuviera la voluntad de rechazar su cumplimiento[36].

---

[34] «Attamen si quis, serio proposito, ius ad tempus determinatum vel ad determinatum filiorum numerum alterae parti coarctare vult ut eadem, extra limites statutos, naturalem copulam praetendere nequeat, nuptiae irritare censendae sunt, quia nota perpetuitatis, ad essentiam coniugii pertinens, iuri tradendo subducitur», *coram* Bruno, 15 abril 1983, in *RRD* 75, 165, n. 6.

«Erronee exinde affirmatur non esse nullum coniugium illius qui contrahere intendat tradendo et acceptando ius in corpus […] sed cum positiva intentione, ante nuptias elicita, semper abutendi huiusmode iure. Hoc aequivalet ad prolis exclusionem in ipsa pactione coniugali, quae proles, cum sit aliquid ad quod matrimonium natura sua ordinatur eiusque essentiale elementum in suis principiis constitut, nequit excludi», *coram* Palestro, 29 enero 1986, in *RRD* 78, 78, n. 7.

[35] G. CANDELIER, «Le bonum prolis», 221: «La distinction entre refus du droit et refus de l'exercice du droit, est difficile à faire su le plan psychologique maiss elle est logique. Elle est donc à maintenir précisément là où l'exclusion a porté sur l'enfant».

[36] H. FRANCESCHI, «La giurisprudenza», 97, nt. 37: «La distinzione tra diritto e uso del diritto può essere utile nel momento di determinare l'esistenza di una vera esclusione, nel senso che una cosa è escludere un dovere essenziale al momento del consenso, il che renderebbe nullo il matrimonio, e un'altra cosa sarebbe l'inosservanza di un dovere che era stato asunto, dovendo il giudice, dinanzi ai fatti concreti della vita matrimoniale, distinguere per chiarire tra l'esclusione vera e propria e il semplice inadempimento degli obblighi per cause che appaiono lungo la vita matrimoniale. Invece, non è giusto fare questa distinzione nell'analizzare la volontà dei contraenti al momento della manifestazione del consenso, come se fosse possibile, al momento di pronunciare il sì, che la persona da una parte ammettese il diritto e, allo stesso tempo, ne rifiutasse l'adempimento: si può dire che il diritto-dovere è stato accettato quando già sin dal momento fondante del patto c'è una volontà positiva di inadempienza? Pensiamo di no».

D. STAFFA, *De conditione*, 35, nt. 59: «Consensus matrimonialis proprie dictus, cum voluntate non adimplendi obligationem, nihil aliud esse nisi voluntas sumendi obligationem una cum voluntate excludendi obligationem adimplendi, id est voluntas sumendi obligationem et simul voluntas obligationem non sumendi: quod es contradictorium». Cf. *coram* Bruno, 19 diciembre 1995, in *RRD* 87, p. 733, n. 4.

Considerando esto último como verdadero, creemos que en este discurso se está dejando fuera un elemento importante. El objeto formal del consenso matrimonial consiste en la transmisión al otro cónyuge de la potestad de realizar el acto conyugal, recibiéndo a su vez, la misma potestad por parte del otro cónyuge. Ahora bien, transmisión y recepción son distintas desde el punto de vista de las obligaciones que generan. La transmisión de la *potestas ad copulam* implica que el que la transmite se obliga a su cumplimiento cuando la otra parte lo requiera. Por eso, en el matrimonio *in fieri* no se concibe la distinción entre el derecho y el ejercicio del mismo, pues sería lo mismo que admitir que uno se obliga a algo con intención de no cumplirlo. Por otro lado, el ejercicio efectivo en el matrimonio *in facto esse*, no modifica el consentimiento prestado, sea éste válido o no[37].

No ocurre lo mismo con la recepción de la potestad, puesto que el hecho de aceptar un derecho que otro otorga no obliga a que se exija su cumplimiento. Es decir, recibir la *potestas ad copulam*, que otorga el otro cónyuge, no significa que el que la recibe esté obligado a pedir su realización, sino que queda dentro del ámbito de su libertad el pedirla o no[38]. En el ejercicio de esta libertad puede existir en el momento del consentimiento la voluntad de no exigir al otro la realización de la cópula, pero con la conciencia de que si el otro cónyuge se lo exige, está obligado a realizarla, porque él mismo se obligó a ello al transmitirle esa potestad. En resumen, creemos que la voluntad de no cumplir es distinta de la voluntad de no exigir. No es lo mismo decir «no me pidas la realización de la cópula, porque no la voy a otorgar», que decir

---

[37] «Ad valide contrahendum requiritur, ut coniuges ius ad actus coniugale tradant et adimplendi obligationem assumant. Matrimonio constituto, distingui possunt ius et usus iuris, obligatio et obligationis adimpletio. Quae distinctio admitti non potest pro ipsa matrimonii constitutione seu pro matrimonio in fieri, "ubi usus negari nequit quin eo ipso negetur ipsum ius, nec adimpletio excludi valet quin ipsa obligatio excludatur" (c. Pinto, sent. 22 iulii 1969, n. 2; SRRD LXI, p. 851)», *coram* Huber, 26 noviembre 1993, in *RRD* 85, 725, n. 5.

[38] «A la relación matrimonial no es posible aplicarle la teoría de la propiedad de los bienes terrenos, según la cual puede separarse el dominio de la cosa de su uso o ejercicio, pues en el matrimonio los contrayentes no adquieren ninguna clase de dominio sobre el otro en orden a los actos conducente a la generación de la prole, sino el derecho al uso de los mismos y, por consiguiente, *tal derecho se identifica con el derecho al ejercicio del mismo*. Quitado este derecho al ejercicio o al uso del mismo no queda más que el derecho a la nada. […] El derecho no deja de existir por no usarlo libremente, *sino por no poder ejercerlo*». A. MOSTAZA RODRÍGUEZ, «La exclusión del bonum prolis», 336.

«aunque yo no te voy a pedir la cópula, si tu me lo pides, te lo concedo»[39].

El criterio de identificación de la voluntad contractual pasa necesariamente por la verificación de su contenido mínimo con respecto al acto conyugal. Si la voluntad de no otorgar o recibir el derecho al acto conyugal apto para la generación de la prole es absoluta, aún cuando sea durante un período de tiempo limitado, estaremos ante un supuesto de nulidad por exclusión del *bonum prolis*. En caso contrario, el matrimonio será válido. El signo distintivo de esta exclusión del derecho, y no sólo de la regulación de su ejercicio, lo encontramos en el famoso discurso de Pío XII a las Comadronas católicas de 29 de octubre de 1951. El Pontífice afirmaba que la voluntad de restringir a los tiempos de esterilidad el mismo derecho matrimonial y no solo su uso supone un defecto del consentimiento. Y aclaraba lo que significa esta restricción al explicar que esa exclusión del derecho se produce cuando en los días fértiles el otro cónyuge no tendría ni siquiera el derecho a exigir el acto[40].

Por tanto, según el Pontífice, se trata de comprobar el contenido de la voluntad con respecto al derecho a la realización del acto conyugal en los días fértiles, porque este derecho es permanente, ininterrumpido y no intermitente. Creemos que este criterio es igualmente aplicable, como criterio general, al período de tiempo durante el cual se pretenda evitar la prole, sea éste en el tiempo inmediatamente posterior al con-

---

[39] En este sentido, nos ha parecido muy clarificadora la siguiente exposición de Caberletti sobre la doctrina matrimonial de T. Sánchez: «Sánchez distingue la trasmissione della potestà alla copula ("traditio potestatis ad copulam"), che è l'elemento essenziale perchè si costituisca il matrimonio, dal compiere di fatto la copula coniugale per avere la prole; l'autore sostiene che per la validità del matrimonio non si richiede che i coniugi abbiano l'animo di esercitare la copula coniugale per procreare la prole, ma si richiede che si trasmettano la reciproca potestà alla copula. [...] Il vincolo coniugale per sua natura ha come fine la generazione della prole, e ciò non si può ottenere senza il diritto di chiedere il debito coniugale e senza l'obbligo di renderlo; questo "ius" e questa "obligatio" costituiscono l'oggetto del consenso». G. CABERLETTI, *L'oggetto essenziale del consenso coniugale*, 96.

[40] PÍO XII, *Allocutio* 29 octubre 1951, 845: «Se già nella conclusione del matrimonio almeno uno dei coniugi avese avuto l'intenzione di restringere ai tempi di sterilità lo stesso diritto matrimoniale, e non soltanto il suo uso, *in modo che negli altri giorni l'altro coniuge non avrebbe neppure il diritto di richiedere l'atto*, ciò implicherebbe un difetto essenziale del consenso matrimoniale, che porterebbe con sè l'invalidità del matrimonio stesso, perchè il diritto derivante del contratto matrimoniale è un diritto permanente, ininterrotto, e non intermittente, di ciascuno dei coniugi di fronte all'altro». (La cursiva es nuestra). También en este sentido cf. V. REINA, *La clausula de continencia periódica*, 33 y 53.

sentimiento o bien a partir de la consecución de un determinado número de hijos. De hecho, puede ocurrir que la voluntad, de uno o ambos cónyuges, sólo se refiera a no exigirle al otro la realización del acto conyugal, ya sea durante un período de tiempo determinado o indeterminado, quedando intacto el derecho del otro a pedírselo. Si esta voluntad fuera recíproca podría tener su origen en un acuerdo mutuo, que nunca podrá tener la fuerza de una condición, sino una mera voluntad simple o pacto susceptible de ser revocado en cualquier momento, pues de lo contrario se estaría negando al otro el derecho a exigir la realización del acto conyugal. No se trataría, por tanto, sólo de la voluntad de uno mismo de no ejercer su derecho de pedir, sino de una verdadera condición contraria a la sustancia del matrimonio[41]. En este sentido se expresa claramente Regatillo cuando afirma:

> El pacto de no usar del matrimonio o usar sólo en los días estériles puede tener esta otra tendencia: la de otorgar el derecho mutuo al acto conyugal, sin restricciones, pero conviniendo en no usar del matrimonio; mas de suerte que si, a pesar de este acuerdo, el uno exigiere el uso, deba el otro cónyuge prestarle. Siendo así el matrimonio valdrá[42].

3. El *bonum prolis* como fin del matrimonio

3.1 *La prole como finalidad del matrimonio en el CIC 1983*

El Código actual se refiere a la procreación de los hijos en el can. 1055§1 afirmando la ordenación natural del matrimonio al bien de los cónyuges y a la generación y educación de la prole. Lo primero que resalta de esta redacción es la omisión de la jerarquía de fines afirmada por el can. 1013§1/1917. Esta supresión responde a la necesaria concordancia entre la literalidad de la Constitución Pastoral *Gaudium et Spes* y el texto del nuevo Código[43].

En efecto, las afirmaciones del Concilio sobre la finalidad del matrimonio son claras al respecto. El matrimonio y el amor conyugal están ordenados por naturaleza a la procreación y educación de los hijos[44],

---

[41] A. MOSTAZA RODRÍGUEZ, «La excluión del *bonum prolis*», 340: «Si ambos contrayentes o uno de ellos, en el momento de consentir en el matrimonio, excluyen el derecho al acto conyugal o sólo lo conceden para un tiempo determinado [...], contraen inválidamente».

[42] E. FERNÁNDEZ REGATILLO, «Matrimonio con pacto de no tener hijos», 240.

[43] Cf. A. STANKIEWICZ, «La prole come finalità del matrimonio», 22.

[44] GS, 48: «Indole autem sua naturali, ipsum institutum matrimonii amorque coniugalis ad procreationem et educationem prolis ordinatur iisque veluti suo fastigio coronantur».

que son el preciosísimo don del matrimonio y contribuyen en gran manera al bien mismo de los padres[45].

En la reflexión posterior al Concilio sobre los fines del matrimonio no se consideró como contrario a la jerarquía de los mismos el silencio que el propio Concilio guarda al respecto[46]. De hecho, la redacción del can. 1055, según el cual los fines del matrimonio son el bien de los cónyuges y la generación y educación de la prole, no significa relación de subordinación alguna entre uno y otro, sino, como se desprende de los trabajos de la Pontificia Comisión para la Revisión del Código, la enumeración del orden natural de los actos que suponen la donación de los cónyuges, cuyo bien se transforma en el bien de la familia[47].

Tomando como punto de partida esta nueva redacción codicial, una parte de la doctrina se ha manifestado en el sentido de que tanto el bien de los cónyuges como la generación y educación de la prole, constituyen un bien o finalidad única que contiene dos aspectos esenciales, inseparables entre sí[48].

Algún autor, en cambio, rechaza esta postura y afirma que puesto que la procreación no depende del matrimonio para su realización, el matrimonio tan solo supone su realización dentro del orden moral. Es decir, que tanto la Iglesia como la sociedad reconocen el matrimonio como el lugar en el cual, de modo regular y ordinario, se realiza la procreación de la prole. Por tanto, la finalidad procretiva no es esencial al matrimonio, sino que éste supone solamente el lugar óptimo para la generación y educación humana y cristiana de la prole[49].

---

[45] GS, 50: «Matrimonium et amor coniugalis indole sua ad prolem procreandam et educandam ordinantur. Filii sane sunt praestantissimum matrimonii donum et ad ipsorum parentum bonum maxime conferunt».

[46] El mismo Pablo VI afirmó que en el Concilio no había ninguna ruptura con la Tradición anterior, sino continuidad con la misma: «Attamen, si penicies aspicitur, quam in vulgus editae coniecture, periculi plenae, atque opiniones, fidem pertubantes, hodie populo christiano afferunt, nos officio tenemur monendi cum Concilio veram theologiam verbo Dei scripto inniti, a sancta traditione inseparabili, velut fundamento perenni». PABLO VI, Adhort. Apost. *Quinque iam anni*, 8 diciembre 1970, 103. Cf. A. STANKIEWICZ, «La prole come finalità del matrimonio», 23.

[47] Cf. A. STANKIEWICZ, «La prole come finalità del matrimonio», 25-26.

[48] Cf. A. STANKIEWICZ, «La prole come finalità del matrimonio», 26. El autor señala dento de esta postura a los siguientes autores: Moneta, Viladrich, Bernández Cantón, Rojo Fernández-Matinot, Castaño, Vitali y Berlingò.

[49] Cf. A. STANKIEWICZ, «La prole come finalità del matrimonio», 27. En concreto, Lüdicke. En nuestra opinión esta afirmación resulta escasa desde el punto de vista cristiano, pues rompe con la tradición ininterrumpida a lo largo de los siglos que afirma la institución del matrimonio por Dios creador para la generación y educación de la prole.

Un último enfoque de esta problemática afirma diferentes tipos de causas y fines del matrimonio según se trate de su validez desde el punto de vista social o civil o el matrimonio como sacramento (entre bautizados), y su relevancia interna dentro de la Iglesia. Así, se llega a afirmar que el matrimonio entre bautizados, que es sacramento, exige la grave obligación de la educación cristiana de los hijos, como consecuencia de su compromiso matrimonial, cuya finalidad es la edificación del Pueblo de Dios[50].

A este respecto es clarificador el discurso del Papa Juan Pablo II al Tribunal de la Rota Romana de 2001. En él, el Pontífice afirma cómo valorar en su justa medida el carácter sacramental del matrimonio entre bautizados supone no rechazar la índole natural del mismo, que viene especificada en la propia masculinidad y feminidad[51]. Es decir, no se pueden imponer al matrimonio otras cargas que vayan más allá de su realidad natural; por lo que no se puede exigir en los contrayentes una voluntad mayor que la de querer el bien de los cónyuges y la generación y educación de la prole. Es ésta la realidad natural que, según el can. 1055§1, «fue elevada por Cristo Nuestro Señor a la dignidad de sacramento entre bautizados» y que constituye un gran misterio que san Pablo relaciona «con la unión de Cristo y de la Iglesia» (Ef. 5, 32)[52].

---

[50] Cf. A. STANKIEWICZ, «La prole come finalità del matrimonio», 27. El autor señala a Gherro. Esta interpretación nos parece, en cambio, excesiva pues la mayor parte de la doctrina, al hablar de la educación se refiere a la educación humana como contenido de la obligación matrimonial, pero no exige la educación cristiana de la prole como elemento esencial de la voluntad consensual. En el siguiente subapartado y en el próximo capítulo profundizaremos en la educación de la prole.

[51] JUAN PABLO II, *Allocutio*, 1 febrero 2001, n. 5: «L'ordinazione alle finalità naturali del matrimonio - il bene dei coniugi e la procreazione ed educazione della prole - è intrinsecamente presente nella mascolinità e nella femminilità. Quest'indole teleologica è decisiva per comprendere la dimensione naturale dell'unione. In questo senso, l'indole naturale del matrimonio si comprende meglio quando non la si separa dalla famiglia. Matrimonio e famiglia sono inseparabili, perchè la mascolinità e la femminilità delle persone sposate sono costitutivamente aperte al dono dei figli. Senza tale apertura nemmeno ci potrebbe essere un bene dei coniugi degno di tal nome».

[52] JUAN PABLO II, *Allocutio*, 1 febbraio 2001, n. 8: «Il matrimonio, infatti, ha come fini, non solo prevalenti ma propri "*indole sua naturali*", il *bonum coniugum* e la *prolis generatio et educatio*. / In una diversa prospettiva, il segno sacramentale consisterebbe nella risposta di fede e di vita cristiana dei coniugi, per cui esso sarebbe privo di una consistenza oggettiva che consenta di annoverarlo tra i veri sacramenti cristiani. Perciò, l'oscurarsi della dimensione naturale del matrimonio, con il suo ridursi a mera esperienza soggettiva, comporta anche l'implicita negazione della sua sacramentalità. Per contro, è proprio l'adeguata comprensione di questa sacramentalità nella vita cristiana ciò che spinge verso una rivalutazione della sua dimensione naturale. / D'altra parte, l'introdurre per il sacramento requisiti intenzionali o di fede

3.2 La prole en el estado de vida matrimonial

El matrimonio *in facto esse* es el estado de vida en el que se desarrolla el vínculo matrimonial nacido del consentimiento de las partes (*in fieri*)[53]. Por tanto, es el ámbito donde se realiza el bien de los cónyuges y donde ellos ejercitan la sexualidad por medio de la cual «se hacen una sola carne» (can. 1061§1)[54].

El Catecismo de la Iglesia Católica señala el dinamismo que conforma este estado de vida cuando afirma:

> El mismo Dios, que dijo: «no es bueno que el hombre esté solo (Gn 2, 18), y que hizo desde el principio al hombre, varón y mujer» (Mt 19, 4), queriendo comunicarle cierta participación especial en su propia obra credora, bendijo al varón y la mujer diciendo: «Creced y multiplicaos» (Gn 1, 28). De ahí que el cultivo verdadero del amor conyugal y todo el sistema de vida familiar que de él procede, sin dejar posponer los otros fines del matrimonio, tienden a que los esposos estén dispuestos con fortaleza de ánimo a cooperar con el amor del Credor y Salvador, que por medio de ellos aumenta y enriquece su propia familia cada día más (GS 50, 1)[55].

El matrimonio *in facto esse* consiste en el cultivo del amor conyugal y es la realización práctica del sistema de vida familiar que de él procede. En ese marco, el *bonum prolis* consiste en la realización «de modo humano del acto conyugal apto de por sí para engendrar la prole» (can. 1061§1). Así entendido, el *bonum prolis* supone, entonces, la posibilidad de la consecución efectiva de la prole como elemento integrador

---

che andassero al di là di quello di sposarsi secondo il piano divino del "principio" - oltre ai gravi rischi che ho indicato nella *Familiaris consortio*: giudizi infondati e discriminatori, dubbi sulla validità di matrimoni già celebrati, in particolare da parte di battezzati non cattolici -, porterebbe inevitabilmente a voler separare il matrimonio dei cristiani da quello delle altre persone. Ciò si opporrebbe profondamente al vero senso del disegno divino, secondo cui è proprio la realtà creazionale che è un "mistero grande" in riferimento a Cristo e alla Chiesa». Cf. A. STANKIEWICZ, «La prole come finalità del matrimonio», 28.

[53] Por eso el can. 1134 habla de vínculo perpetuo y exclusivo y añade que: «in matrimonio praeterea christiano coniuges ad sui status officia et dignitatem peculiari sacramento roborantur et veluti consecrantur».

[54] P.A. BONNET, «Essenza», 117: «Il matrimonio "in facto esse" si atteggia quindi come uno stato di vita naturalmente diretto e indirizzato come proprio fine ("finis operis") anzitutto al bene reciproco dei coniugi». «L'uomo e la donna, pur se distinti, nella relazione coniugale che li avvolge integralmente, conformano, mediante una quotidianità armonicamente coedificata, *quasi* un solo uomo totale formato dalla reciprocamente completante diversità della funzione maschile e femminile». *Idem*, 118.

[55] CCE 1652.

del estado de vida matrimonial o matrimonio *in facto esse*. Pero que esta posibilidad no se traduzca en su consecución efectiva, sea por causa natural sea por voluntad humana posterior al consentimiento, no anula el vínculo matrimonial[56].

Como algo propio de este estado de vida se presenta también la educación de la prole. Así:

> La fecundidad del amor conyugal se extiende a los frutos de la vida moral, espiritual y sobrenatural que los padres transmiten a sus hijos por medio de la educación. Los padres son los principales y primeros educadores de sus hijos (GE 3). En este sentido, la tarea fundamental del matrimonio y de la familia es estar al sevicio de la vida (FC 28)[57].

A la educación de los hijos se refiere el Código en diversas ocasiones. En primer lugar, dentro de los derechos y obligaciones de los fieles laicos, el can. 226§2 afirma el gravísimo deber y derecho de los padres a educar a sus hijos por el hecho de haberles transmitido la vida. El canon especifica, además, que lo que es derecho y obligación prioritaria de los padres es la educación cristiana de sus hijos, según la doctrina enseñada por la Iglesia[58].

En segundo lugar, los cánones 793§1, 795 y 798, hablando de la educación católica, señalan en particular la obligación de los padres, o de quienes hacen sus veces, de educar a los hijos y procurar que su educación sea católica. Además, para procurar a los niños y los jóvenes una formación integral que les permita alcanzar su fin último, éstos han de ser educados de manera que puedan desarrollar armónicamente sus dotes físicas, morales e intelectuales, para adquirir un sentido más perfecto de la responsabilidad, un uso correcto de la libertad, y la preparación necesaria para participar en la vida social[59].

---

[56] Cf. A. MOSTAZA RODRÍGUEZ, «La exclusión del *bonum prolis*», 341.
[57] CCE 1653.
[58] Can. 226§2: «Parentes, cum vitam filiis contulerint, gravissima obligatione tenentur et iure gaudent eos educandi; ideo parentum christianorum imprimis est christianam filiorum educationem secundum doctrinam ab Ecclessia traditam curare».
[59] Can. 793§1: «Parentes, necnon qui eorum locum tenent, obligatione adstringuntur et iure gaudent prolem educandi; parentes catholici officium quoque et ius habent ea eligendi media et instituta quibus, iuxta locorum adiuncta catholicae filiorum educationi aptius prospicere queant».
Can. 795: «Cum vera educatio integram persequi debeat personae humanae formationem, spectantem ad finem eius ultimum et simul a bonum commune societatum, pueri et iuvenes ita excolantur ut suas dotes physicas, morales et intellectuales harmonice evolvere valeant, perfectiorem responsabilitatis sensum libertatisque rectum usum acquirant et ad vitam socialem active participandam conformentur».

Por último, el can. 1136, dentro de los efectos del matrimonio, explicita que los padres tienen la obligación gravísima y el derecho primario de cuidar, según sus fuerzas, de la educación de la prole, en lo físico, lo social y lo cultural, así como la educación moral y religiosa[60].

Por tanto, esta obligación y derecho de la educación de la prole es parte del contenido del vínculo o estado de vida matrimonial[61], sobre la cual también puede recaer un acto positivo de voluntad contrario a la misma en el momento de prestar el consentimiento (*in fieri*), haciéndolo nulo[62].

Como hemos visto, la redaccción de los cánones difiere de unos a otros en lo que se refiere a la exigencia explícita de la educación cristiana o católica de los hijos. A ésta tan solo se refieren los cánones 226§2, 793§1 y 798, mientras que los otros dos cánones sólo hablan de educación religiosa o moral. Sin perjuicio de lo que en el capítulo siguiente vamos a profundizar al respecto, una primera exégesis de la literalidad de estos cánones y de su posición dentro del Código, nos permite afirmar que lo que es contenido esencial del *bonum prolis*, en relación a la educación de los hijos, es la educación moral y religiosa de los mismos, pero no su educación específicamente cristiana o católica[63].

El *bonum prolis* se presenta, por tanto, como una realidad dinámica que comienza primero con una apertura, por parte de los esposos, a la

---

Can. 798: «Parentes filios concredant illis scholis in quibus educationi catholicae providateur; quod si facere non valeant, obligatione tenentur curandi, ut extra scholas debitae eorundem educationi catholicae prospiciatur».

[60] Can. 1136: «Parentes officium gravissimum et ius primarium habent proli educationem tum physicam, socialem et culturalem, tum moralem et religiosam pro viribus curandi».

[61] I. ZUANAZZI, «Valori fondamentali del matrimonio», 190: «Dopo la venuta al mondo del bambino, [...], bisogna tenere conto della sua presenza come persona reale, dotata di proprie esigenze, che esiste accanto e di fronte ai genitori. La considerazione del *bonum prolis* non può rimanere, pertanto, al livello astratto di ordinazione intrinseca degli atti coniugali, ma deve guardare al bene effettivo del figlio».

[62] I. ZUANAZZI, «Valori fondamentali del matrimonio», 191: «Nell'atto costitutivo del matrimonio trov[a]no origine non solo i diritti-doveri dei coniugi tra loro in ordine alla procreazione, ma anche i diritti-doveri nei riguardi dei figli, per quanto concerne l'intera sequenza del processo procreativo».

[63] Creemos que el contenido mínimo de la voluntad contractual debe versar únicamente sobre lo señalado por el can. 1136, puesto que éste es el único que específicamente se sitúa dentro de los cánones del sacramento del matrimonio. La ubicación y redacción de los otros cánones mencionados nos parece que establecen una obligación moral, pero no el contenido mínimo de la voluntad contractual para la validez del contrato matrimonial. Volveremos sobre esto en el próximo capítulo.

procreación pero que después se concretiza en una determinada actitud y comportamiento de los padres con respecto a la persona del hijo[64]. Por eso, se puede afimar que no es lo mismo el *bonum prolis* en el momento del consentimiento matrimonial que cuando ya ha nacido un hijo[65].

El *bonum prolis* no comprende sólo la realización del acto conyugal apto para la generación de la prole, sino también estos elementos que se desarrollan en el estado de vida matrimonial[66]. Sin embargo, la nulidad del matrimonio sólo se produce cuando en el matrimonio *in fieri*, es decir, en el momento del consentimiento, existe una voluntad contraria a alguno de dichos elementos. La voluntad contrayente no tiene que ser necesariamente consciente de todos y cada unos de estos derechos y obligaciones sino que basta con que el contrayente pretenda unirse conyugalmente con la otra parte, que en el caso del *bonum prolis* significa la dimensión procreativa de la unión conyugal[67]. Sin embargo, la voluntad excluyente sí que debe ser explícita y contraria a alguno de estos elementos para ser considerada como simulatoria y, por tanto, invalidante del consentimiento[68].

---

[64] Cf. H. FRANCESCHI, «Il *bonum prolis* nello stato di vita matrimoniale», 33.

[65] H. FRANCESCHI, «Il *bonum prolis* nello stato di vita matrimoniale», 33: «Pensiamo che una cosa sia la necessaria apertura alla potenziale paternità/maternità che deve comunque esistere nella donazione coniugale […], altra cosa, invece, è il *bonum prolis* quando il figlio diventa una realtà concreta ed esistente che esige una particolare cura da parte dei genitori, così che il bene della prole potrebbe porsi persino al di sopra del bene personale dei coniugi».

[66] A. MENDONÇA, «The Theological and Juridical Aspects of Marriage», 290: «In the first place, there is the traditionally recognized right and obligation to conjugal acts which are naturally open to the generation of offspring. The spouses do not have the right to offspring, but they have the right to conjugal acts open to procreation. Secondly, […] it is also necessary to preserve the child from the moment of its conception. Thirdly, the right to the "good of offspring" is not to be restricted only to its physical well-being, but should also encompass *social*, *cultural*, *moral*, and *religious* upbringing of the child».

[67] Cf. H. FRANCESCHI, «Il *bonum prolis* nello stato di vita matrimoniale», 34.

[68] H. FRANCESCHI, «Il *bonum prolis* nello stato di vita matrimoniale», 35: «Che il consenso simulato sia il rovescio del consenso vero non significa che, perchè ci sia vero consenso, sia necessaria la consapevole assunzione di tutti i diritti e doveri essenziali del matrimonio. La scissione e la dispersione tra i diritti e gli obblighi matrimoniali avviene nel consenso simulato, quando il contraente, volontariamente, decide di fare la scisione: "voglio questo ma non quest'altro". Tale scissione non avviene invece nel consenso vero, ove la vera volontà di donarsi coniugalmente, con tutto quello che implica la donazione, coinvolge l'insieme di diritti e degli obblighi matrimoniali essenziali».

Otro elemento que encuentra en este estado de vida matrimonial su lugar es el de la filiación y las relaciones paterno-filiales. Desde el punto de vista del *bonum prolis*, la filiación y la paternidad/maternidad sólo resultan relevantes en la medida en que señalan derechos y obligaciones concretas que pueden constituir parte del contenido del mismo. Así, por ejemplo, el deber de conservar la vida de la prole concebida, de la nacida y de su cuidado no sólo físico, sino también moral o educativo. Sin embargo, quedarían fuera del *bonum prolis*, aunque no de la filiación, todo lo referente al amor paterno-filial, aunque en la vida práctica el cuidado de la prole sea expresión del mismo[69].

Por último, tenemos que señalar que tanto en el momento del consentimiento como en el estado de vida matrimonial se presentan determinadas realidades que pueden afectar en mayor o menor medida al *bonum prolis*, como por ejemplo, la esterilidad, el ejercicio de la paternidad reponsable o el padecimiento de enfermedades infecto-contagiosas, como el Sida. El estudio de su influencia en el consentimiento matrimonial nulo por exclusión del *bonum prolis* será objeto de estudio en el capítulo siguiente.

4. Conclusión

Hemos pretendido en este capítulo una primera aproximación al *bonum prolis* como elemento esencial y fin del matrimonio. Tras este breve recorrido, podemos afirmar que forman parte de su contenido esencial en el momento de prestar el consentimiento matrimonial (matrimonio *in fieri*), los siguientes elementos:

- El mínimo de voluntad de no evitar la prole como consecuencia de la fecundidad estructural del acto conyugal y de la ordenación natural del matrimonio a la misma.

- La transmisión del derecho-deber de realizar de modo humano el acto conyugal apto de por sí para la procreación de la prole: el *ius procreandi* o *potestas ad copulam*. Este derecho-deber implica única y exclusivamente a los cónyuges que de esta manera se donan a sí mis-

---

[69] De hecho, en la generalidad de los casos el cuidado de la prole es fruto del amor de los padres, no la consecuencia de una obligación jurídica, pero desde el punto de vista jurídico es necesario resaltar que aquello que es relevante es sólo la voluntad de observar dichas obligaciones. Para una explicación más detallada de estas relaciones paterno-filiales y su vinculación con el amor conyugal, cf. H. FRANCESCHI, «Il *bonum prolis* nello stato di vita matrimoniale», 36-44.

mos al otro y donan su potencial procreativo en la entrega de su sexualidad, en el encuentro de su masculinidad y feminidad.

- Este derecho-deber es permanente, ininterumpido y no intermitente, por lo que o se transmite en su totalidad o no se transmite. Sí que cabe, en cambio, que la voluntad consensual pretenda la regulación de su ejercicio durante el estado de vida matrimonial (matrimonio *in facto esse*), según las circunstancias de los contrayentes. También cabe que la voluntad contractual pretenda no exigir su cumplimiento. Por eso, el criterio de distinción entre la regulación del ejercicio del derecho y la no transmisión del mismo, consiste en la comprobación de si en la voluntad contractual se previó algún período de tiempo durante el cual la otra parte no tendría ni siquiera el derecho a pedir la realización del acto conyugal.

- La voluntad sobre el *ius procreandi* no se agota en la realización del acto conyugal apto de por sí para la generación de la prole, sino que se debe extender al cuidado, conservación y educación de la misma desde el momento de su concepción.

Una vez prestado el consentimiento, el estado de vida matrimonial (matrimonio *in facto esse*), es el ámbito de ejercicio del *bonum prolis*. La voluntad posterior al consentimiento contraria a los elementos citados no lo anula. Sin embargo, la voluntad favorable a los mismos, aunque de por sí no hace válido el matrimonio que por exclusión de alguno de estos elementos haya resultado inválido, sí que puede motivar tanto la convalidación como la *sanatio in radice* según lo establecido en los can. 1156-1165.

Capítulo VII

Elementos del contenido esencial del *bonum prolis*

Tras haber estudiado el *bonum prolis* como elemento esencial y fin del matrimonio, hemos señalado en el capítulo anterior los enunciados del contenido esencial del mismo. La voluntad mínima de tener hijos y de intercambiar el derecho a la realización del acto conyugal, así como la conservación y educación de la prole, conforman el contenido esencial de este bien del matrimonio. Sin embargo, es necesario que profundicemos en lo que significa cada uno de ellos, pues sólo con los enunciados hay muchos elementos que no están lo suficientemente claros. Por ejemplo, qué significa que las partes deban intercambiarse mutuamente el derecho a la realización del acto conyugal de modo humano. El can. 1061, señala este modo de realizar el acto conyugal como necesario para considerar que el matrimonio ha sido consumado, pero lógicamente esta misma realización de la cópula conyugal es exigible para el *bonum prolis*, puesto que el intercambio del derecho a la realización del acto conyugal constituye el objeto formal del matrimonio. Por eso, es obligado aclarar el significado de la expresión «de modo humano».

Junto a esta problemática de realización del acto conyugal de modo humano, se presenta también la paternidad responsable. Es necesario profundizar en el significado de la misma, así como en su diferencia con la exclusión temporal de la prole. Aunque una y otra son diferentes, en la práctica se presentan muchas veces unidas o incluso identificadas entre sí. Es por ello también obligado que señalemos en qué consisten una y otra y las consecuencias jurídicas de cada una.

Por otro lado, la voluntad mínima de tener hijos, hoy en día se ve necesariamente influenciada por el desarrollo de las técnicas de fecundación artificial. A parte de la valoración moral de las mismas, es necesario hacer una valoración jurídica, que permita situarlas dentro del contexto de la formación de la voluntad contractual. Esa valoración jurídica nunca podrá ser contraria a la valoración moral, sino una traducción jurídica de la misma, que sea útil para su tratamiento en el campo del derecho canónico. De igual modo, es necesario reflexionar sobre las técnicas capaces de vencer determinados tipos de esterilidad, que son moralmente válidas, pues esta circunstancia sí que tiene consecuencias importantes en el terreno jurídico y no son valoradas de igual modo por la doctrina.

Tanto en el estudio histórico como en el capítulo anterior se ha puesto de manifiesto que la educación de los hijos requiere una profundización desde el punto de vista del contenido esencial del *bonum prolis*. Es necesario aportar las razones de la doctrina y la jurisprudencia al respecto pues existen divergencias sobre si la educación de los hijos exige, como elemento esencial del bien de la prole, que sea educación cristiana, católica o simplemente humana, pero no necesariamente confesional.

Por último, resulta interesante que estudiemos el influjo que sobre el consentimiento matrimonial, en especial con respecto al *bonum prolis*, puede tener el padecimiento de determinadas enfermedades o adicciones. Aunque este tema es más amplio que la realidad del bien de la prole, no es menos verdad que algunas enfermedades, como el Sida, tienen un influjo directo sobre la propia prole, a parte de la inevitable incidencia en la relación entre los esposos. Esta influencia en la relación conyugal y sobre la propia prole, necesariamente afecta al consentimiento matrimonial y, en concreto, al intercambio del derecho a la realización del acto conyugal. Sin llegar a agotar esta realidad, por exceder claramente los límites de este estudio, sí que nos acercaremos a la incidencia de la misma sobre los elementos que conforman el *bonum prolis*.

1. El *ius ad actus coniugales modo naturali ponendos*

El Concilio Vaticano II señala que los actos de unión íntima y casta entre los esposos son honestos y dignos y «ejecutados de manera verdaderamente humana, significan y favorecen el don recíproco» (GS 49). Tras la promulgación del Código actual esta afirmación del «modo humano» ha adquirido fuerza de ley al quedar literalmente recogida en el can. 1061§1: «(Matrimonium est) ratum et consummatum, si coniuges inter se humano modo posuerunt coniugalem actum per se aptum ad prolis generationem, ad quem natura sua ordinatur matrimonium, et quo coniuges fiunt una caro».

Esta redacción supuso un cambio notable con respecto al texto del can. 1015§1/17, que consideraba el matrimonio consumado «si inter coniuges locum abuerit coniugalis actus». Por otra parte, el can. 1081§2 hablaba del «actus per se aptos ad prolis generationem» sobre lo cual ya vimos cómo, algunos autores, consideraban que estas palabras del canon equivalían a la expresión: *actus coniugales naturali modo peragendos*[1]. Nos encontramos, por tanto, con que la definición actual de consumación del matrimonio incluye este elemento de la realización del acto conyugal de «modo humano» como algo necesario de la misma y que pone de relieve la consideración personal de los esposos como agentes del acto sexual[2].

Además de la realización del acto conyugal de modo humano, la redacción del canon señala que dicho acto debe de ser apto para la generación de la prole. Sólo entonces se entenderá que el matrimonio ha sido consumado. Sobre éste acto vimos que recaía la voluntad mínima consensual de las partes para la validez del matrimonio. Es decir, la voluntad mínima de intercambiar el derecho-deber a la realización de dicho acto abarca la realización del mismo de modo natural apto para la generación de la prole. De este derecho-deber a realizar el acto conyugal se derivan el resto de derechos y obligaciones que forman el *bonum prolis*[3].

1.1 *Significado de la expresión «modo humano» en relación a la copula conyugal*

Esta expresión aparece, como hemos visto, unida al concepto de consumación del matrimonio, que si bien no afecta a la validez del consentimiento, sí que tiene consecuencias jurídicas previstas por el propio legislador en cuanto a la posible disolución del mismo (can. 1142). Nuestro interés no se centra tanto en el hecho en sí de la consumación, sino en las consecuencias que la realización del acto conyugal de ese modo pueda tener con respecto al *bonum prolis*. Por otro lado, no podemos tampoco negar que la realización del acto conyugal *humano*

---

[1] Cf. *supra* cap. IV 2.2.2 a); Cf. P. HUIZING, «Bonum prolis ut elementum essentiale», 663.

[2] Cf. J.J. PUERTO GONZÁLEZ, «La doctrina del humano modo», 521.

[3] U. NAVARRETE, «I beni del matrimonio», 97: «Lo "ius ad actus coniugales modo naturali ponendos" comporta i diritti-obblighi da esso derivanti e con esso intrinsecamenti conessi, che riguardano la conservazione e l'educazione della prole, qualora tali atti siano stati affatto fecondi».

modo es exigible de igual manera tanto para la consumación como para el ejercicio del *bonum prolis*.

Lo primero que hay que afirmar es que la expresión «humano modo» fue incluída en el canon de un modo peculiar. Si bien la mayor parte de las observaciones de los órganos de consulta de la redacción del Código consideraban en sus respuestas al *Schema* de 1975 que dicha inclusión era superflua e inútil por la madurez alcanzada por el concepto de consumación, y otros la rechazaban por considerar que se podía producir una multiplicación de las causas *super rato*, el *Coetus laboris* decidió incluir dicha expresión para, en cierto modo, agradar a quienes postulaban la doctrina contraria, es decir, la favorable a su inclusión en el texto codicial[4].

Una vez que esta expresión se encuentra incluída en el canon, la reflexión canónica ha intentado aclarar el significado de la misma desde el punto de vista jurídico. En primer lugar, se dice que la expresión *humano modo* señala una realidad más compleja que la de un mero acto del hombre[5]. No se trata solamente de algo realizado por personas humanas, sino que se exige un determinado modo conforme a su dignidad. Por ello, se exige que sea realizado según las facultades y capacidades propias y exclusivas del ser humano[6]. La consumación consiste en un acto que se da entre los cónyuges como fruto del ejercicio de su libertad. Por tanto requiere la cooperación del intelecto y la voluntad[7]. Esta necesaria cooperación del intelecto y la voluntad hace que la consumación del matrimonio sea no sólo un hecho jurídico, sino un acto jurídico conforme al can. 124[8].

Dentro de las capacidades y facultades propias del ser humano hay que tener en cuenta también el elemento biológico. Por eso, en el desa-

---

[4] Cf. U. NAVARRETE, «El matrimonio canónico», 1175. «Quoniam illa Organa consultationis, quae suppresionem illorum verborum petierunt, aliquantulum videntur indulgere doctrinae contrariae, ipsi Consultores censent, ut opportune verba "humano modo" retineantur in textu canonis, salvo iudicio altioris instantiae». *Communicationes* 9 (1977) 129.

[5] Cf. M.F. POMPEDDA, «La nozione di matrimonio *rato e consumato*», 354.

[6] J.J. PUERTO GONZÁLEZ, «La doctrina del humano modo», 523: «la interpretación del canon 1061,1 que realiza la doctrina tras la promulgación del Código, y los estudios en los que se pretende delimitar el alcance de la expresión *humano modo*, centran sus investigaciones en varios punto comunes, caracterizando la realización de la cópula de modo *humano modo* como un acto esencialmente humano realizado de forma libre y consciente, lo cual le atribuye unos *elementos cognoscitivos-intelectivos* y *elementos volitivos*».

[7] Cf. L. GHISONI, *La rilevanza giuridica del metus*, 141.

[8] Cf. L. GHISONI, *La rilevanza giuridica del metus*, 163-164.

rrollo que sigue a continuación veremos, en primer lugar, cuáles son los elementos biológicos de la cópula conyugal para después centrarnos en los elementos intelectivos y volitivos que la misma requiere. Todos ellos son igualmente necesarios para la consumación del matrimonio[9].

1.2 *Elementos biológicos de la cópula conyugal*

La diversidad sexual, esencial del matrimonio, que está orientada por naturaleza a la procreación de la prole, encuentra en la realización de la cópula su máxima expresión, pues hace que los cónyuges sean una sola carne (can. 1061§1). Ante todo la verdadera cópula es aquella en la cual la relación sexual entre el hombre y la mujer se realiza de modo natural, entendido esto de modo específicamente humano, no meramente referido a la naturaleza[10]. Además, siempre tendrá que ser un acto *per se aptus ad prolis generationem*, por lo que sólo se puede entender que se ha realizado de modo natural cuando la unión se ha producido con la penetración del pene masculino en la vagina femenina[11].

La exigencia de que dicho acto sea idóneo para la procreción de la prole obliga a la eyaculación del semen viril, también de modo natural, es decir, en la vagina de la mujer. Esto último excluye, por tanto, la fecundación artificial[12] y el uso del preservativo que impida la deposi-

---

[9] M.F. POMPEDDA, «La nozione di matrimonio *rato e consumato*», 341-342: «Potremmo forse dire che nell'atto coniugale –per essere veramente tale in senso canonico- confluiscono e devono confluire l'elemento psichico e l'elemento biologico, l'elemento spirituale (in senso lato) e l'elemento naturistico, l'elemento personalistico e l'elemento finalistico procreativo».

[10] Cf. M.F. POMPEDDA, «La nozione di matrimonio *rato e consumato*», 346.

[11] Cf. M.F. POMPEDDA, «La nozione di matrimonio *rato e consumato*», 346. A continuación señala el autor las exigencias fisiológicas del hombre y la mujer para dicha cópula: «Da parte della donna pertanto è presupposta una vagina che consenta una conveniente penetrazione del membro virile, mentre da parte dell'uomo è necessaria una capacità adeguata ad una sufficiente penetrazione, che presuppone una corrispondente erezione dello stesso membro virile».

[12] Cf. M.F. POMPEDDA, «La nozione di matrimonio *rato e consumato*», 347. De hecho, la Carta Circular *De processus super matrimonio rato et non consumato*, emanada por la Congregación para los Sacramentos el 20 de diciembre de 1986, al señalar en su punto 2 los casos de especial dificultad ante los cuales los Obispos deben solicitar conformidad antes de iniciar un proceso, señala como casos difíciles, en lo que a lo fisiológico se refiere, los siguientes: «usus onanisticus matrimonii, admissa penetratio sine eiaculatione, conceptio per seminis absorptionem, foecundatio artificialis et aliae methodi qui ex hodierna scientia medica subvenire possint». *Communicationes* 20 (1988) 79. Todos ellos, como se ve, no cumplen la exigencia de la penetración del miembro viril en la vagina de la mujer y la posterior eyaculación en la misma.

ción del semen en la vagina[13]. La exigencia de que el semen eyaculado sea semen elaborado en los testículos, ya fue dirimida por la Congregación para la Doctrina de la Fe en el Decreto de 13 de mayo de 1977, que afirmaba la no necesidad del mismo, marcando con claridad la distinción entre impotencia y esterilidad[14]. Este elemento biológico no es ajeno al carácter conyugal de la cópula, puesto que si bien no se exige que el semen sea elaborado en los testículos, sí que debe ser del propio cónyuge, no de un tercero[15].

1.3 *Elementos cognoscitivo-intelectivos de la cópula conyugal*

La cópula realizada de modo humano comprende también la capacidad cognoscitiva e intelectiva de la persona. Ésta permite conocer el objeto y sus cualidades, así como emitir un juicio estimativo y valorativo del mismo[16]. Con respecto al acto conyugal, tan sólo se exige un mínimo conocimiento ponderativo y substancial de su valor y su naturaleza, pero no una valoración exacta de sus consecuencias y efectos jurídicos[17]. Por otra parte, también se debe verificar que los cónyuges tienen la conciencia de estar realizando la cópula en cuanto cónyuges (no fornicaria)[18].

Distintas son las circunstancias que pueden impedir la consecución de este mínimo conocimiento. En primer lugar hay que señalar la privación

---

[13] El uso del preservativo creemos que está comprendido en el uso onanístico del matrimonio, pues aunque la eyaculación con preservativo se realiza dentro de la vagina, el semen no es depositado en ésta.

[14] Cf. CONGREGACIÓN PARA LA DOCTRINA DE LA FE, Decr. *Circa impotentiam*, 13 mayo 1977, 426.

[15] «Haec acceptatio-traditio inter coniuges, quae propria est foederis matrimonialis ac in can. 1061§1 expressa, scilicet ius ad actus per se aptos ad prolis generationem, secumfert "ius-obligationem" non procreandi nisi ex semine proprii coniugis, et quidem per copulam modo naturali peractam, quia foedus coniugale talis est naturae ut eius obiectum sit preordinatum ex ipsa rerum natura». *coram* De Lanversin, 15 iunii 1994, RRD 86, 317, n. 13.

[16] Cf. J.J. PUERTO GONZÁLEZ, «La doctrina del humano modo», 523.

[17] Cf. J.J. PUERTO GONZÁLEZ, «La doctrina del humano modo», 523.

[18] M.F. POMPEDDA, «La nozione di matrimonio *rato e consumato*», 353: «L'elemento intellettivo esige [...] che entrambi i coniugi abbiano coscienza di porre un atto non semplicemente fornicario, ma specificamente coniugale: in altre parole ciascuno dei due debe conoscere l'altro *in quanto coniuge*, anche se forse ritiene o dubita che il matrimonio sia invalido». *Ibid.*, 354: «No si tratta, come si è detto, di ignoranza circa le conseguenze sopratutto giuridiche dell'atto; ma si esige che in uno o in entrambi i coniugi non si verifichi una condizione tale per cui manchi la chiara percezione di compiere un amplesso coniugale». Cf. U. NAVARRETE, «El matrimonio canónico», 1174.

del uso de razón. Esto es distinto de un estado de omnubilación o excitación psíquica, que no impiden el mínimo conocimiento[19]. La falta del uso de razón puede ser habitual, cuando se sufre una enfermedad psíquica o un grave defecto de discreción de juicio[20], o bien momentánea como el sueño, la hipnosis, el estado de ebriedad o encontrarse bajo los efectos de alguna droga, en especial, las sustancias afrodisíacas[21].

Pompedda afirma que si existía el mínimo de conocimiento exigido antes de caer en ese estado de privación de uso de razón, éste no anula dicho conocimiento y voluntad. Sin embargo, una vez que la persona ha entrado en esa situación, es imposible el conocimiento mínimo del acto que se realiza[22].

Otros autores son más claros al afirmar que ni siquiera con la voluntad y conocimiento mínimos anteriores al estado de privación del uso de razón sería posible la realización de la cópula *humano modo*, porque la «cooperación y donación mutua resulta imposible si se está completamente privado de razón», por lo que «siempre se ha de conservar una cierta advertencia o consciencia del acto que se está realizando»[23]. Sobre la voluntad mínima de la persona en la realización de la cópula hablaremos en el subapartado siguiente, si bien, podemos adelantar que la Carta Circular de la Congregación para los Sacramentos de 20 de diciembre de 1986 señala que el acto deber ser «humanus ex utraque parte, sed sufficit ut sit virtualiter voluntarius»[24].

Otras circunstancias que pueden afectar al elemento cognoscitivo-intelectivo son el ánimo de venganza, el fraude o engaño, la ignorancia y el error. «Los esposos han de ser capaces de percibir el acto sexual como tal y todas estas circunstancias se oponen a una correcta percepción del objeto, es decir, de la cópula que se cree conyugal, e invalidan la consumación en modo humano»[25].

---

[19] Cf. J.J. PUERTO GONZÁLEZ, «La doctrina del humano modo», 524.
[20] Cf. J.J. PUERTO GONZÁLEZ, «La doctrina del humano modo», 524.
[21] Cf. M.F. POMPEDDA, «La nozione di matrimonio *rato e consumato*», 353.
[22] M.F. POMPEDDA, «La nozione di matrimonio *rato e consumato*», 353: «si dovrà sempre vedere se la volontà di porre la copula *sia nata o non* in un soggetto la cui condizioni psichica consentiva quello che in morale e in diritto chiamamo atto *volontario*».
[23] Cf. J.J. PUERTO GONZÁLEZ, «La doctrina del humano modo», 524. El autor señala en la nt. 17 a los siguientes autores para argumentar su afirmación: López Zarzuelo, Navarrete, Bersini, Chiapetta, Hervada, Moneta y Örsy.
[24] Cf. CONGREGACIÓN PARA LOS SACRAMENTOS, Carta Circular, *De Processu super matrimonio rato e non consumato*, 20 diciembre 1986, *Communicationes* 20 (1988) 79.
[25] J.J. PUERTO GONZÁLEZ, «La doctrina del humano modo», 525. M.F. POMPEDDA, «La nozione di matrimonio "rato e consumato"», 354-355: «Riteniamo di poter af-

1.4 *Elementos volitivos de la cópula conyugal*

Además de la capacidad biológica e intelectiva el ser humano goza de libertad, por la cual puede determinar su voluntad a la realización o no de un determiando acto, por eso en el contexto del acto conyugal, la realización del mismo *humano modo* significa que el acto conyugal debe ser relizado de modo voluntario y libre, con ausencia de violencia física tendente a conseguir el consentimiento sobre el mismo[26]. Otra cosa distinta es la presencia de sufrimientos intolerables o de traumas psíquicos durante la realización del acto. Estas circunstancias pueden dificultar la realización de la cópula conyugal, pero si la parte que las sufre consiente en la misma, la consumación se realiza *humano modo*[27]. De hecho, la carta Circular sobre el proceso de matrimonio rato y no consumado señala sólo la necesidad de que el acto conyugal no sea violentamente exigido, mientras que otras circunstancias de tipo psicológico que puedan facilitar la realización del mismo o hacerlo más apetecible, no son consideradas[28].

Por lo que se refiere al temor grave, nos encontramos con dos posturas doctrinales. Algunos autores afirman que si bien el can.125§2 señala la validez genérica de los actos realizados por miedo grave, la consumación del matrimonio debe ser considerada del mismo modo que el consentimiento matrimonial, por las importantes consecuencias jurídicas que de ella se derivan. Sobre el consentimiento matrimonial el can.

---

fermare che il *modus humanus* signifíchi qualcosa di piú che un semplice *atto umano*: e quindi se anche la copula posta nelle condizioni indicate (ignoranza, errore, dolo) potrebbe ancora chiamarsi atto umano, nessuno però vorrebbe affermare che si trati di atto compiuto in modo conveniente all'uomo in materia, inoltre, tanto grave di conseguenze».

[26] Cf. J.J. PUERTO GONZÁLEZ, «La doctrina del humano modo», 526.

[27] Cf. J.J. PUERTO GONZÁLEZ, «La doctrina del humano modo», 530. El autor señala una respuesta en esos términos de la Comisión Codificadora, cf. *Communicationes* 6 (1974) 192.

[28] «Ad habendam consummationem matrimonii oportet ut actus sit humanus ex utraque parte, sed sufficit ut sit virtualiter voluntarius, dummodo non violenter exigitus. Cetera elementa psycologica, quae actum humanum faciliorem vel magis appetibilem reddunt, non attenduntur». CONGREGACIÓN PARA LOS SACRAMENTOS, Carta Circular, *De Processu super matrimonio rato e non consumato*, 20 diciembre 1986, *Communicationes* 20 (1988) 79. La razón de esto es que dichas circunstancias son ajenas al derecho en cuanto no tocan la voluntad de la persona. «Attamen cetera elementa psycologica, quae faciliorem vel magis appetibilem reddunt actum humanum utpote non pertinentia ad spheram juris, non recipi possunt in eadem ac proinde non sunt attendenda». R. MELLI, «Breve Commentarium», 431.

1103 afirma su invalidez si fue emitido por miedo grave proveniente de una causa externa[29].

Otros autores, como Navarrete y Ghisoni, critican esta equiparación del consentimiento con la consumación afirmando que no pueden ser equiparados puesto que no existe ninguna obligación de prestar el consentimiento matrimonial, mientras que la cópula conyugal es una obligación contraída en dicho consentimiento cuyo cumplimiento no puede negarse sin una razón proporcionada. Si uno de los esposos se negara indefinidamente sin razón proporcionada a consumar el matrimonio, el otro cónyuge tiene derecho a usar una amenaza razonable[30]. Por eso, concluye Navarrete, «la coacción moral o *metus* no tiene relevancia jurídica en la consumación del matrimonio»[31].

Ghisoni, por su parte, afirma que en el contexto de la consumación se puede hablar de un *metus iustus*, puesto que se trata de un derecho-obligación contraído en el consentimiento[32].

Una última cuestión sobre los elementos volitivos de la cópula consumativa es la de si para la consumación es exigible un acto «voluntario en sí» o si es suficiente con un acto «virtualmente voluntario». La Carta *De processu super rato et non consummato* de la Congregación de los Sacramentos de 20 de diciembre de 1986 afirma que es suficiente con que el acto sea *virtualiter voluntarius*[33]. Este acto supone que «el

---

[29] Cf. J.J. PUERTO GONZÁLEZ, «La doctrina del humano modo», 527-528. El autor señala como partícipes de esta teoría a Fumagalli Carulli y Pompedda.

[30] Cf. U. NAVARRETE, «El matrimonio canónico», 1177. El autor indica como ejemplo de amenaza razonable «la de iniciar el proceso *super rato*, aunque para la otra parte esa amenaza constituya un *metus gravis*». Y continúa: «Si esta parte, bajo esa razonable exigencia del otro cónyuge, elige realizar la consumación, parece que no puede negarse que ese acto –que es un *acto humano en sí*, exigido razonablemente– sea verdaderamente consumativo del matrimonio, productivo de todos los efectos teológicos y jurídicos inherentes a la consumación». Cf. L. GHISONI, *La rilevanza giusridica del metus*, 171.

[31] U. NAVARRETE, «El matrimonio canónico», 1178. El autor continúa diciendo: «Y me atrevería a decir que aunque la cuestión queda abierta, no creo que pueda tener mucho futuro la posición que le concede tal relevancia».

[32] Cf. L. GHISONI, *La rilevanza giuridica del metus*, 174.

[33] «Sed sufficit ut sit virtualiter voluntarius, dummodo non violenter exigitus». CONGREGACIÓN PARA LOS SACRAMENTOS, Carta Circular, *De Processu super matrimonio rato e non consumato*, 20 diciembre 1986, n. 2, *Communicationes* 20 (1988) 79. No basta, por tanto, el acto *voluntario in causa* que es aquel que «el agente ha realizado voluntariamente, del cual prevé, al menos confusamente, que conllevará aquel efecto, pero de tal modo que ya no ejerce ningún influjo sobre él» aunque «el efecto previsto y querido sólo *in causa* [sea] imputable al agente para todos los efec-

agente realiza voluntariamente una acción de la cual quiere que se siga otro acto u otra acción, sobre la cual sigue actuando al menos materialmente»[34].

A pesar de que la Carta de la Congregación sólo exige este acto *virtualiter voluntarius*, en la doctrina existe acuerdo en que, en la práctica, esta exigencia resulta escasa si se tienen en cuenta los importantes efectos teológicos y jurídicos que siguen a la consumación del matrimonio. Por ello, se señala la necesidad de que en dicho acto de la consumación el agente no haya perdido del todo el control de su libertad, aunque ésto resulte difícil de verificar[35].

1.5 *La cópula conyugal realizada humano modo y el bonum prolis*

Veamos a continuación la relación existente entre la realización de la cópula conyugal *humano modo* y el bien de la prole.

Por lo que se refiere a los elementos biológicos, la realización de la cópula *naturali modo* podemos calificarla como condición de posibilidad de la procreación de la prole. El acto conyugal realizado de modo contrario al señalado hace casi imposible la posibilidad de la fecundación, salvo los casos de *conceptio per seminis absorptionem*. Sin embargo, no es esto lo más importante, puesto que lo que es esencial al *bonum prolis* no es la consecución efectiva de la prole (*prole in se ipsa*), sino la realización del acto conyugal apto para la generación de la misma (*prole in suis principiis*). En este sentido, es totalmente coherente la correspondencia que existe entre la consumación del matrimonio y el *bonum prolis*. La prole concebida por absorción del semen, pero sin la realización de la cópula, ni sustituye la consumación del matrimonio, ni implica la validez del mismo si éste fue nulo por exclusión de la realización de la cópula conyugal de modo natural, apta para la procreación. La *eiaculatio ante portas* no puede ser considerada *per se* sino *per accidens apta ad prolis generationem*.

Aún con todo lo anterior, creemos que, desde un punto de vista teórico, en relación a los elementos biológicos de la cópula consumativa, no

---

tos morales y eventualmente penales». U. NAVARRETE, «El matrimonio canónico», 1176.

[34] U. NAVARRETE, «El matrimonio canónico», 1176. El autor añade: «El caso de quien hace el propósito de hacer algo, y luego va actuando para realizarlo sin pensar más en ello».

[35] Cf. U. NAVARRETE, «El matrimonio canónico», 1176. El autor afirma, por tanto, que dicho acto *virtualiter voluntarius,* en el que se haya perdido del todo el control de la libertad, es insuficiente para consumar el matrimonio; J.J. PUERTO GONZÁLEZ, «La doctrina del humano modo», 529.

se puede afirmar una identidad total entre ésta y el acto *per se aptum ad prolis generationem*. Esta afirmación se comprende mejor ante el recurso a la vasectomía o la extirpación del útero para evitar la prole. Ninguna de estas dos posibilidades niega la realización de la cópula *naturali modo* ya que no impide ninguno de sus elementos biológicos. Por parte de la mujer no se evita ni la penetración ni la eyaculación en la vagina y por parte del hombre, ya hemos visto que la cópula consumativa no requiere la eyaculación de semen elaborado en los testículos. Sin embargo, la voluntad de recurrir a estas técnicas es contraria al acto *per se aptum ad prolis generationem*, puesto que de modo voluntario[36], la persona evita la consecuencia natural del acto conyugal[37]. Según esto, el matrimonio se consideraría consumado, pero el *bonum prolis* habría quedado excluído; hay voluntad de consumar el matrimonio, pero también de excluir el bien de la prole del mismo. La consecuencia práctica de ésto no representa ninguna dificultad puesto que, al quedar excluído el *bonum prolis*, el matrimonio sería nulo y la consumación del mismo, en el sentido técnico, nunca llegaría a producirse.

Por lo que se refiere a los elementos intelectivo-volitivos creemos que su relación con el *bonum prolis* es la siguiente. Tanto el conocimiento mínimo de la realización del acto conyugal, como el mínimo uso de razón necesario para el mismo, están contemplados en los can. 1096§1 y 1095, 1º como requisitos indispensables del consentimiento. Sólo cuando la voluntad excluya la realización del acto conyugal *naturali modo* y *per se aptum ad prolis generationem* se considera excluído el *bonum prolis*, mientras que la ignorancia sobre el mismo, invalida el consentimiento por no llegar precisamente al mínimo conocimiento necesario.

La violencia, el miedo, el dolo o el error pueden tener efectos diversos sobre este bien del matrimonio, a tenor de los can. 125 y 126, pero conviene precisar, una vez más que, si bien en un sentido no se puede identificar la voluntad de prestar el consentimiento matrimonial, con la

---

[36] En el caso de la esterilidad natural se percibe también con claridad que la concepción de la prole no es una consecuencia necesaria de la cópula consumativa, sino que ésta representa tan sólo la posibilidad de procrear la prole.

[37] «Actus per se apti ad prolis generationem intelliguntur illi actus in quibus actio naturae haud inficiatur ab actione humana, seu eius naturales effectus, data opera, ab uno alterutrove coniuge non impediuntur, unde si contrahentes etiamsi coniugalem copulam peragere naturali modo intendum, eo pacto tamen ut sibi reservent ius vel facultatem eius destruendi effectum, ius sibi tradunt ad actus per se ineptos ad prolis generationem et ideo, hac de causa, nullum est matrimonium». *coram* Palestro, 27 mayo 1992, in *RRD* 84, 283, n. 6.

voluntad de consumar el matrimonio[38], en otro sentido, hay que afirmar que la voluntad de no consumar el matrimonio es contraria al *bonum prolis* por que la transmisión del derecho al acto conyugal apto para la procreación, cuya primera realización consuma el matrimonio, es permanente, ininterrumpida y no intermitente.

2. La paternidad responsable

Junto a la doctrina de la realización del acto conyugal *naturali modo* y *per se aptum ad prolis generationem* se sitúa la paternidad responsable. Hemos afirmado la necesaria voluntad de los cónyuges de procrear y educar a los hijos al constituir el matrimonio, por eso, podemos decir que «la comunión conyugal implica en sí misma la paternidad y maternidad, al menos como disposición y tendencia»[39]. La paternidad, por tanto, no se refiere sólo a la efectividad de la prole, sino que está ya presente en la prole *in suis principiis*, es decir, dentro de aquello que forma el núcleo esencial del bien de la prole.

La alusión a la responsabilidad en el ejercicio de la paternidad la encontramos ya en el Concilio Vaticano II, en concreto en la Constitución *Gaudium et spes*[40]. Posteriormente el Papa Pablo VI profundizó en su significado en la Encíclica *Humanae vitae*, como ya vimos en la parte histórica[41]. Según el Concilio, esta responsabilidad en el procrear y educar los hijos comprende las siguientes exigencias: la decisión relativa a la limitación de la procreción debe ser mutua, no unilateral; deben existir graves motivos desde el punto de vista material o físico, psicológico, eugenético, económico o social; estos graves motivos deben ser valorados en conciencia y teniendo en cuenta el bien de la familia, de los propios cónyuges y de la prole, tanto la ya nacida como la futura, así como el bien social y de la Iglesia; los criterios valorativos no pueden ser únicamente subjetivos sino basados en criterios objetivos de moralidad conforme al Magisterio de la Iglesia, al cual también se deben ajustar los medios adoptados para limitar la prole[42].

Por su parte, Pablo VI llegó incluso a señalar de modo concreto algunos de los aspectos más importantes que caracterizan a la paternidad

---

[38] El *bonum prolis* es elemento esencial del consentimiento matrimonial que no se puede sustraer al mismo, pero dicho consentimiento es siempre libre de ser prestado o no. La cópula conyugal que consuma el matrimonio, en cambio, es un derecho-obligación nacido del consentimiento que, por tanto, es exigible.

[39] F. GIL HELLÍN, «La familia», 663.

[40] Cf. GS 50 y 51.

[41] Cf. *supra*, cap. V, 1 y 2.1.1.b.

[42] Cf. GS 51; G. RICCIARDI, «Procreazione responsabile», 178-179.

responsable, insistiendo en algunas de las claves señaladas ya por el Concilio. Así, por ejemplo, señala el conocimiento y respeto de las funciones biológicas, la práctica de la virtud de la castidad, la valoración ponderada de las circunstancias psico-físicas y económico-sociales del matrimonio, el respeto al orden moral objetivo y la utilización de medios lícitos para regular la fertilidad[43].

Es conveniente, por tanto, que aclaremos qué relación existe entre *bonum prolis* y paternidad responsable, si ésta se puede considerar elemento esencial del bien de la prole y cuál es la diferencia entre la responsabilidad en la procreción y la exclusión temporal del *bonum prolis*.

2.1 *Qué es la paternidad responsable*

Ya hemos visto cómo la paternidad entra dentro del *bonum prolis*, aún de modo intencional, en la constitución del matrimonio. La voluntad mínima de no evitar la prole tiene una formulación positiva en la voluntad mínima de llegar a ser padre o madre. Pero también hemos visto que la efectividad de la paternidad se corresponde con la prole *in se ipsa*, es decir, con la concepción y nacimiento de los hijos. Esta dualidad, junto con el hecho de que el Concilio se refiera claramente a la procreación, puede hacer que este término de paternidad resulte confuso desde el punto de vista jurídico, por lo que algunos autores prefieren hablar de procreación responsable[44].

---

[43] PABLO VI, Enc. *Humanae vitae* 10: «En relación con los procesos biológicos, paternidad responsable significa conocimiento y respeto de sus funciones; la inteligencia descubre, en el poder de dar la vida, leyes biológicas que forman parte de la persona humana. / En relación con las tendencias del instinto y de las pasiones, la paternidad responsable comporta el dominio necesario que sobre aquellas han de ejercer la razón y la voluntad. / En relación con las condiciones físicas, económicas, psicológicas y sociales, la paternidad responsable se pone en práctica ya sea con la deliberación ponderada, y generosa de tener una familia numerosa ya sea con la decisión, tomada por graves motivos y en el respeto de la ley moral, de evitar un nuevo nacimiento durante algún tiempo o por tiempo indefinido. / La paternidad responsable comporta sobre todo una vinculación más profunda con el orden moral objetivo, establecido por Dios, cuyo fiel intérprete es la recta conciencia. El ejercicio responsable de la paternidad exige, por tanto, que los cónyuges reconozcan plenamente sus propios deberes para con Dios, para consigo mismo, para con la familia y la sociedad, en una justa jerarquía de valores. / En la misión de transmitir la vida, los esposos no quedan por tanto libres para proceder arbitrariamente, como si ellos pudiesen determinar de manera completamente autónoma los caminos lícitos a seguir, sino que deben conformar su conducta a la intención creadora de Dios, manifestada en la misma naturaleza del matrimonio y de sus actos y constantemente enseñada por la Iglesia».

[44] G. RICCIARDI, «Procreazione responsabile», 179: «Il Concilio [...] parla con precisione di responsabilità dei coniugi nel *munus pocreandi*. Si dovrà quindi da parte

Ahora bien, ¿qué significa la responsabilidad en la procreación? Si, como afirma el Concilio, Dios confía a los cónyuges la misión de transmitir la vida humana y educarla (GS 50), no cabe duda de que esto es ya una gran responsabilidad. Una primera precisión, por tanto, es la de que no se trata de distinguir entre procreación o no procreación, sino entre procreación responsable y procreación no responsable. Dicho de otro modo, la voluntad de no procrear nunca puede considerarse como paternidad (procreación) responsable, sino que ésto sólo puede decirse de la decisión de aumentar o no el número de los hijos[45]. Veamos, entonces, cuáles son los criterios que se indican en la doctrina sobre el modo en que la procreación se ejerce responsablemente.

En primer lugar, el término responsable significa humano y racional. En este sentido, la responsabilidad significa la madurez, que debe exitir en el momento del consentimiento. Si bien esto afecta directamente a la capacidad de los contrayentes, no es menos verdad que configura la voluntad mínima exigida a las partes en la constitución del matrimonio, es decir, esa voluntad mínima expresa igualmente la madurez[46]. En este sentido, se puede afirmar que procreación responsable y *bonum prolis* se identifican[47], puesto que tanto uno como otro significan la *intentio prolis* sin la cual no hay matrimonio[48]. Esta madurez hace que el bo-

---

nostra usare l'espressione *procreazione responsabile*, che è più conforme al dettato conciliare che non quella di *paternità responsabile*. Quest'ultima è ovente usata come sinonimo della prima e la si incontra anche in questo senso nell'Enciclica *Humanae vitae*. In diritto però, e non solo in diritto, i due termini implicano concetti diversi. A scanso di equivoci, non si devono confondere».

[45] Cf. G. RICCIARDI, «Procreazione responsabile», 179. Esta precisión nos parece importante porque existe la opinión, bastante extendida, que identifica la procreación responsable con la limitación del número de hijos, cuando el propio Concilio alaba a aquellos que deciden hacer el esfuerzo de tener más. Por otro lado, se correría también el peligro de confundir la fecundidad con la irresponsabilidad. La responsabilidad es un concepto indeterminado que en el contexto de la procreación en unos casos significará la limitación, pero en otros significará el aumento del número de hijos.

[46] J.M. SERRANO RUIZ, «L'esclusione della prole», 157: «Non affrontare la procreazione alla leggera ancora prima di metterla in atto. Questa responsabilità è molto adatta ad essere tenuta in conto nel momento intenzionale del matrimonio, in cui si crea o si frustra la nascita del vincolo».

[47] J.M. SERRANO RUIZ, «L'esclusione della prole», 158: «Nella misura dunque che il *bonum prolis in suis principiis* è nel consenso, nella stessa misura debe esserlo anche la procreazione responsabile; e, ancora, tale responsabilità va riconosciuta oggi come uno dei *principia* del *bonum prolis*».

[48] G. RICCIARDI, «Procreazione responsabile», 181: «I nubendi che nel celebrare il matrimonio, sia pure per motivi gravissimi e di comune accordo, decidono di non pocreare nessun figlio durante la loro vita coniugale, e si sposano con questo proposito, non posono invocare il pincipio della procreazione responsabile. [...] Escludono

num prolis se entienda también de modo responsable[49]. Por eso, cuando falta esta *intentio prolis*, aún por causas gravísimas y aún también cuando existan hijos anteriores al matrimonio que se va a celebrar, la única decisión responsable es la de no celebrar el matrimonio[50]. Cosa distinta es el matrimonio entre estériles o ancianos que ya no pueden procrear. En estas situaciones, no existe una voluntad contraria a la prole sino una deficiencia de la naturaleza. Los cónyuges pueden tener la *intentio prolis* que requiere el consentimiento válido, aún cuando sean conscientes de la imposibilidad natural para la misma por las causas señaladas[51].

Una segunda característica de la responsabilidad en la procreación es la conyugalidad. El Concilio se refiere siempre a los cónyuges, no a los futuros esposos, por lo que se puede decir que la procreación responsable afecta directamente al matrimonio *in facto esse*[52]. Sin embargo, este carácter conyugal, señala una procreación consensuada, que es un elemento primario del consenso conyugal o matrimonio *in fieri*[53]. Además, esta conyugalidad expresa una responsabilidad compartida que, por tanto, no puede ser confiada sólo al criterio de una de las partes, sino que debe constituir el marco de la reflexión matrimonial[54]. Esta conyugalidad creemos que constituye el aspecto formal de la procreación responsable mientras que el contenido o aspecto material de la misma está recogido en *Gaudium et spes* 50 y *Humanae vitae* 10, es decir, la gravedad de los motivos para limitar la procreación según criterios psico-físicos y económico-sociales y el bien de la familia[55].

De lo contenido en estos dos documentos magisteriales, hay que señalar, además, como elemento integrante de la responsabilidad, la con-

---

positivamente l'ordinazione del loro matrimonio alla generazione ed educazione della prole».

[49] J.M. SERRANO RUIZ, «L'esclusione della prole», 158: «Dio non dona una procreazione indiscriminata, ma una seria ed impegnata volontà di procreare *modo humano*, cioè responsabilmente».

[50] Cf. G. RICCIARDI, «Procreazione responsabile», 181.

[51] Cf. G. RICCIARDI, «Procreazione responsabile», 183.

[52] Cf. P.J. MARTÍNEZ ROBLES, «Procreación responsable», 212.

[53] Cf. J.M. SERRANO RUIZ, «L'esclusione della prole», 158.

[54] J.M. SERRANO RUIZ, «L'esclusione della prole», 158: «Una responsabilità non compartita, affidata al solo criterio di uno dei componenti della coppia, e ancora a tutti i due ma senza la dovuta integrazione duale, dubito sia una vera responsabilità nella cornice di una riflessione matrimoniale, per quanto non sarà una corresponsabilità coniugale, sarà senz'altro un attentato al *bonum coniugum*». Sobre esta última afirmación haremos una precisión más adelante.

[55] Cf. *supra*, cap. VI, 2.

ciencia recta formada según los criterios objetivos de moralidad[56]. Por último, además de incidir sobre la procreación, la responsabilidad se exige también en la educación de los hijos[57], pero sobre esto reflexionaremos más adelante de modo específico.

2.2 *Paternidad responsable y* bonum prolis

Ya hemos señalado en el subapartado anterior que la paternidad (procreación) responsable se identifica con el *bonum prolis*, en cuanto a la *intentio prolis* que los esposos deben tener en el momento constitutivo del matrimonio (*in fieri*). También vimos en el capítulo anterior que el *bonum prolis* consiste en la transmisión-aceptación del *ius procreandi*, es decir, del derecho-deber a la realización del acto conyugal, de modo natural, apto para la procreación de la prole. Según esto, podemos decir que la paternidad responsable es un elemento que forma parte del contenido esencial del bien de la prole. Además, creemos que la responsabilidad puede traducirse en aumento o no de lo hijos dependiendo de las circunstancias que señalan tanto *Gaudium et spes* como *Humanae vitae*. Es cierto que el Magisterio habla de la posibilidad de limitar la procreación, pero también habla de la gravedad de las causas que motivan dicha limitación. Según esto, cuando no existan tales causas lo responsable será aumentar la procreación[58]. Esto es importante de cara al momento del consentimiento, pues puede hacerse en presencia de determinadas circunstancias que cambien de modo inesperado o repentino, permitiendo un aumento de la prole.

Por otra parte, hay que señalar que la exclusión de la prole es lo contrario de la paternidad responsable, es decir, es una irresponsabilidad[59]. Pero también puede ocurrir que una excesiva responsabilidad lleve a sobrevalorar la gravedad de las circunstancias adversas a la generación de la prole. En este caso o bien sería un supuesto de incapacidad, o bien ser el motivo de una exclusión de la prole[60].

Todavía nos surgen algunos interrogantes más. En el primero se trata de hasta qué punto la conyugalidad contenida en el concepto de pater-

---

[56] Cf. J.M. SERRANO RUIZ, «L'esclusione della prole», 160.
[57] Cf. J.M. SERRANO RUIZ, «L'esclusione della prole», 160.
[58] De hecho, Pablo VI dice expresamente que «la paternidad responsable se pone en práctica ya sea con la deliberación ponderada, y generosa de tener una familia numerosa ya sea con la decisión, tomada por graves motivos y en el respeto de la ley moral, de evitar un nuevo nacimiento durante algún tiempo o por tiempo indefinido» (HV 10).
[59] Cf. J.M. SERRANO RUIZ, «L'esclusione della prole», 161.
[60] Cf. J.M. SERRANO RUIZ, «L'esclusione della prole», 161-162.

nidad responsable es elemento esencial del *bonum prolis*. Es verdad, y lo hemos señalado, que el Concilio exige que la valoración de las circunstancias que pueden afectar a la procreación y la decisión sobre las mismas sea efectuada por ambos cónyuges[61]. Sin embargo, creemos que esa exigencia del común acuerdo afecta más al *bonum coniugum*[62] que al *bonum prolis*. El bien de la prole sólo exige, repetimos, la *intentio prolis*, la transmisión del derecho al acto conyugal realizado *humano modo* y apto para la generación de la prole y la conservación y educación de la prole concebida y/o nacida. Que la valoración de las circunstancias que pueden afectar a la decisión de aumentar o no la prole sea algo que deban hacer los cónyuges de común acuerdo no afecta al *bonum prolis* salvo que:

– uno o los dos cónyuges excluyan la procreación. En este caso, más que la inobservancia del acuerdo en común, lo que queda dañada es la *intentio prolis*;
– uno o los dos cónyuges decidan hacer un uso ilícito del matrimonio, mediante el recurso a medios anticonceptivos moralmente ilícitos. Aquí se estaría excluyendo la transmisión del derecho al acto conyugal *modo naturali ponendos* y apto *per se ad prolis generationem*;
– uno o los dos cónyuges se reservaran el derecho de exigir la eliminación de la prole concebida o procuraran su abandono una vez nacida.

En los tres casos anteriores, como siempre, la voluntad favorable a esos supuestos debe estar presente en el consentimiento para que el matrimonio sea considerado nulo, pero esto será así por ir contra el *bonum prolis*, elemento esencial del matrimonio, pero no por exclusión de la paternidad responsable.

No estaría reñido con el *bonum prolis* que, ante una circunstancia que dificulta la procreación que afecte a uno sólo de los cónyuges, el otro decidiera dejar a la exclusiva valoración del afectado por la misma, la decisión de aumentar o no la prole, quedando intactos los derechos y obligaciones contenidos en el bien de la prole. Por ejemplo, una enfermedad de la mujer por la cual la gestación pueda poner en peligro su vida. El marido puede decidir, para no presionar a la mujer, que sea ella quien decida al respecto. En el caso que la mujer decidiera tener un hijo, poniendo en peligro su vida, esta decisión, asumida de antemano por el marido, tendría consecuencias únicamente con respecto al *bonum coniugum*, pero no en relación al *bonum prolis*. Los cónyuges mantie-

---

[61] Cf. GS 50.
[62] J.M. SERRANO RUIZ, «L'esclusione della prole», 158.

nen siempre intacta su libertad para someterse voluntariamente a la decisión del otro. En este sentido que acabamos de explicar, creemos que la necesidad de valorar de común acuerdo las circunstancias que influyen en el ejercicio de la paternidad responsable es algo que se debe situar en un ámbito distinto al del *bonum prolis*.

El segundo interrogante se refiere a la conciencia recta y su formación según los criterios señalados por el Magisterio de la Iglesia. Estos dos supuestos son diferentes y merecen una valoración separada. En el caso de que uno o ambos cónyuges decidiesen recurrir a métodos moralmente ilícitos, el *bonum prolis* quedaría afectado por la realización del acto conyugal de modo no natural y la inaptitud del mismo para la generación de la prole. De igual manera quedaría afectado el bien de la prole en los supuestos de aborto o abandono de la prole nacida. Como se ve, es el mismo supuesto analizado en apartados anteriores.

Sin embargo, el rechazo a formar la conciencia según los criterios objetivos de moralidad o bien quedaría encuadrado en lo señalado en el párrafo anterior, porque en realidad la persona quiere recurrir a esos métodos ilícitos, o bien podría tratarse de una incapacidad consensual del can. 1095 si la negativa a recibir formación es manifestación de falta de discreción de juicio sobre los derechos y obligaciones esenciales del matrimonio (can. 1095, 2º), o imposibilidad de asumir las obligaciones esenciales del matrimonio por causa de naturaleza psíquica (can. 1095, 3º).

En cualquier caso, lo que nos parece claro es que la conciencia recta y su formación según los criterios del Magisterio de la Iglesia, no tiene una entidad que pueda ser individualizada como elemento esencial distinto de otros dentro del *bonum prolis* pues, como acabamos de ver, o coincide totalmente con otros elementos ya definidos claramente como tales por el Código, o bien pertenece al ámbito de la capacidad consensual, pero no del bien de la prole.

Por tanto, podemos concluir que la identificación entre *bonum prolis* y paternidad responsable no es recíproca. Todo lo que decimos del bien de la prole es igualmente afirmado sobre la paternidad responsable, pero no todo lo que implica la paternidad responsable pertenece de modo esencial al *bonum prolis*. No se trata tampoco de que uno se sitúe dentro del otro, sino que la paternidad responsable posee elementos que se encuadran dentro de otros bienes del matrimonio. El ejercicio responsable de la paternidad es una exigencia que sólo es posible poner en acto mediante la práctica conjunta de los diversos bienes del matrimonio.

2.3 *La paternidad responsable y la exclusión temporal de la prole*

Hemos visto cómo el ejercicio de la paternidad responsable permite a los esposos la limitación del número de hijos en función de distintas circunstancias que ellos mismos deben valorar, las cuales resultan extremadamente gravosas para su matrimonio. La decisión que los esposos tomen al respecto puede consistir en la limitación del número de hijos, o bien de su distanciamiento en un período determinado o indeterminado de tiempo, según sean dichas circunstancias y la previsibilidad de su cambio o no. A esta decisión puede llegarse no solamente durante el estado de vida del matrimonio (*in facto esse*), sino que puede estar tomada ya en el consentimiento matrimonial (*in fieri*).

En su manifestación externa esta paternidad responsable se presenta como la voluntad de los esposos de evitar la prole durante un tiempo, o a partir de un determinado momento de la vida matrimonial, o una vez alcanzado un determinado número de hijos. Por eso, en muchas ocasiones es difícil saber si lo que los esposos pretenden es ejercer la paternidad responsable o, por el contrario, han excluído temporalmente el *bonum prolis*, invalidando su matrimonio, puesto que sus manifestaciones externas coinciden plenamente. Aquí se sitúa la pregunta formulada por la doctrina sobre la distinción entre paternidad responsable y abuso del derecho a la procreación[63]. Por su parte, la jurisprudencia no ha profundizado mucho en la temática de la paternidad responsable como tal, sino que se ha centrado en ella al estudiar la distinción entre el derecho y el ejercicio del mismo[64], e incluso se llega a afirmar que ésta es una cuestión que pertenece sólo a la esfera moral y que afecta sólo al matrimonio *in facto esse*[65]. Sin embargo, una sentencia *coram* Burke señala que la exclusión temporal puede significar el ejercicio de la paternidad responsable siempre y cuando la decisión sea bilateral y los medios utilizados sean lícitos, pues la contracepción es incompatible con el amor conyugal[66]. La afirmación de esta sentencia expone claramente

---

[63] Cf. J.M. SERRANO RUIZ, «L'esclusione della prole», 162; P.J. MARTÍNEZ ROBLES, «Procreación responsable», 224; G. RICCIARDI, «Procreazione responsabile», 186; G. CANDELIER, «Le bonum prolis», 237.

[64] Cf. P. BIANCHI, «L'esclusione della prole», 125.

[65] Cf. P. BIANCHI, «L'esclusione della prole», 126.

[66] «Si haec temporanea exclusio ex communi consilio inter partes fit, nuptias non invalidat. [...] Tale consilium non semper prudens erit pro ulteriori firmitate necnon felicitate consortii coniugalis; hoc non obstante –praesupposito usu mediorum quae licita sunt- in compluribus casibus potest correspondere illi "paternitati responsabile" quae in recentiori doctrina magisterii exponitur. [...] E contra, si adsit *unilateralis* exclusio prolis ad indeterminatum tempus (quae quidem absoluta fieri potest si certae

dónde reside la frecuente confusión entre paternidad responsable y exclusión de la prole que, a continuación, vamos a intentar aclarar.

Lo primero que podemos decir es que tanto la responsabilidad como la simulación tienen su origen en la conciencia y la intención, por eso se manifiestan en ocasiones como la misma realidad[67]. Distinguir cuándo se trata de una o de otra supone, entonces, comprobar tanto la conciencia como la intención[68].

Candelier señala que el ejercicio de la paternidad responsable puede ser realmente una exclusión temporal si la decisión de diferir la procreación es tomada unilateralmente, sin el consentimiento de la otra parte[69]. Ya hemos afirmado que la necesidad de tomar las decisiones de común acuerdo, comprendida en la paternidad responsable, nos parece que se sitúa fuera del ámbito del *bonum prolis*. El criterio para distinguir la exclusión de la responsabilidad creemos que no es la bilateralidad de la decisión sino la voluntad contraria al mismo *bonum prolis*. Aunque la decisión haya sido tomada de modo unilateral, si no supone que la parte ha excluído la totalidad del derecho al acto conyugal realizado de modo natural y apto para la generación de la prole, ni su conservación y educación, creemos que el matrimonio será válido. Además, puede existir una decisión bilateral que excluya el derecho mismo durante un período de tiempo. Siendo esta decisión bilateral, no por ello el matrimonio será válido, sino nulo porque el derecho es «permanente, ininterrumpido y no intermitente»[70].

Otro criterio que nos parece importante, y no distinto del todo del anterior, como veremos, es el del recurso a métodos ilícitos para evitar el nacimiento de la prole. El acto conyugal realizado de modo natural y su aptitud para la procreación son elementos esenciales del *bonum prolis*, pero configuran también la paternidad responsable. Por eso, en este caso, nos encontraremos ante una exclusión temporal del *bonum prolis*, si esa decisión estaba ya tomada en el matrimonio *in fieri*, pero también

---

condiciones non adimpletur), tunc consensu praestitus inadaequatus est», *coram* Burke, 15 diciembre 1994, in *RRD* 86, 721, n. 11.

[67] J.M. SERRANO RUIZ, «L'esclusione della prole», 162: «Poichè abbiamo a che fare con la *responsabilità* e per tanto con la coscienza e l'intenzione, siamo molto in linea con l'ipotesi di esclusione».

[68] Cf. J.M. SERRANO RUIZ, «L'esclusione della prole», 162.

[69] Cf. G. CANDELIER, «Le bonum prolis», 234. Dice el autor comentando una *coram* Burke, 19 octobris 1995: «Mais si cette décision est unilatérale, prise sans avoir consulté le partenaire, sans l'avoir averti, sans avoir obtenu son acquiescement, le risque est grand qu'il y ait là une restriction faite au droit de l'autre et donc une cause d'invalidité du mariage».

[70] Cf. Pío XII, *Allocutio*, 29 octubre 1951, 845.

ante un ejercicio irresponsable de la paternidad[71]. Decíamos que este criterio no es distinto del todo del anterior por cuanto supone la voluntad consensual positiva de recurrir a dichos métodos, aún por un período de tiempo limitado. Eso supone no transmitir el derecho durante ese tiempo, por lo que en realidad no se transmite nunca[72] y el matrimonio es nulo.

Martínez Robles afirma la vigencia del *ius ad procreationem responsabilem*[73]. Según este autor, el *bonum prolis* consiste en el *ius ad actus per se aptus ad prolis generationem*, pero realizado éste de modo responsable, es decir, con los elementos característicos de la paternidad reponsable que hemos señalado. Estando básicamente de acuerdo en esto, insistimos en manifestar una divergencia. Como hemos señalado más arriba, creemos que la exigencia de la bilateralidad en la valoración y decisión sobre la oportunidad o no de aumentar o limitar el número de hijos es una exigencia que se sitúa fuera del ámbito del *bonum prolis*. Por eso, identificar el bien de la prole con todos los términos del ejercicio de la paternidad responsable puede provocar inseguridad jurídica. Los supuestos en los cuales una de las partes decidiera por sí sola este ejercicio responsable de la paternidad, o bien son en el fondo una exclusión del derecho al acto conyugal, lo cual ya está contemplado en el derecho como exclusión del *bonum prolis*, o si no supone exclusión del derecho, sino que se mantiene dentro de los parámetros de validez del consentimiento, es un ejercicio de la libertad de la persona que nadie puede impedir. En este sentido, la afirmación del *ius ad procreationem responsabilem* nos resulta, en el primer caso superflua, y en el segundo confusa por asignar al bien de la prole una realidad que pertenece al *bonum coniugum*.

Una última valoración relacionada con la paternidad responsable es la de la diferencia entre la cláusula de continencia periódica y el recurso a la contracepción. A nuestro modo de ver la diferencia entre ambas no se basa sólo en criterios antropológicos[74], sino también jurídicos, según lo expuesto más arriba. No se trata sólo del valor del ejercicio de la virtud de la castidad frente a un modo moralmente ilícito de regular la natalidad[75]. Por tanto, insistimos, el criterio de verificación del con-

---

[71] Cf. P.J. MARTÍNEZ ROBLES, «Procreación responsable», 224.
[72] Porque, repetimos una vez más, el derecho es permanente, ininterrumpido y no intermitente.
[73] Cf. P.J. MARTÍNEZ ROBLES, «Procreación responsable», 228.
[74] Cf. H. FRANCESCHI, «Il *bonum prolis* nello stato di vita matrimoniale», 51.
[75] De hecho, a los cónyuges que, usando métodos lícitos, pretenden evitar la concepción de un nuevo hijo se les podría achacar de igual modo una mentalidad contra-

tenido de la voluntad siempre es el mismo: si incluso en los períodos en los que se pretenda vivir la continencia la otra o ambas partes no tendría el derecho a exigir la realización de la cópula de modo natural y apta *per se ad prolis generationem*. En la continencia periódica podría darse esta exclusión del derecho, aunque no necesariamente deba ser así. En el recurso a medios ilícitos siempre se excluye el derecho porque los medios ilícitos afectan al modo natural de relizar la cópula conyugal y a su aptitud para generar la prole.

2.4 *Reflexión práctica*

En este subapartado queremos solamente señalar algunos puntos del ejercicio de la paternidad responsable que nos parecen interesantes desde el punto de vista práctico.

En primer lugar, el modo en que las partes ejerciten esta paternidad viene determinado por el recurso a métodos lícitos de regulación de la natalidad. Estos métodos pueden ser naturales o artificiales, pero en este último caso, deben ser moralmente lícitos. El empleo de los métodos naturales está positivamente aceptado por la Iglesia[76] y científicamente demostrada su eficacia[77]. Sobre los métodos artificiales moralmente válidos hablaremos más adelante en este mismo capítulo.

---

ceptiva, de la misma manera que se puede recurrir a la continencia periódica por motivos egoístas o de comodidad, sin graves motivos que lo justifiquen. Cf. H. FRANCESCHI, «Il *bonum prolis* nello stato di vita matrimoniale», 51, nt. 49.

[76] En el mensaje de 3 de octubre de 2008 al Congreso con motivo de la celebración del 40 aniversario de la *Humanae vitae*, Benedicto XVI, después de afirmar que el amor conyugal tiene un medio específico de comunicarse, que es la procreación de los hijos, y que evitarlos supone negar la verdad íntima del amor esponsal, afirma sobre los métodos naturales: «E' vero, d'altronde, che nel cammino della coppia possono verificarsi delle circostanze gravi che rendono prudente distanziare le nascite dei figli o addirittura sospenderle. Ed è qui che la conoscenza dei ritmi naturali di fertilità della donna diventa importante per la vita dei coniugi. I metodi di osservazione, che permettono alla coppia di determinare i periodi di fertilità, le consentono di amministrare quanto il Creatore ha sapientemente iscritto nella natura umana, senza turbare l'integro significato della donazione sessuale. In questo modo i coniugi, rispettando la piena verità del loro amore, potranno modularne l'espressione in conformità a questi ritmi, senza togliere nulla alla totalità del dono di sé che l'unione nella carne esprime. Ovviamente ciò richiede una maturità nell'amore, che non è immediata, ma comporta un dialogo e un ascolto reciproco e un singolare dominio dell'impulso sessuale in un cammino di crescita nella virtù». BENEDICTO XVI, Mensaje, 3 octubre 2008, 1.

[77] Así leemos en una ponencia del V Congreso de la Sociedad Española de Contracepción celebrado en Santander en el año 2000: «Tal y como se ha comprobado a través de los estudios europeos sobre la eficacia de los métodos naturales que combinan dos o más indicadores de fertilidad, en nuestro medio, estos métodos tienen una

CAP. VII: ELEMENTOS ESENCIALES DEL *BONUM PROLIS* 267

Lo que sí nos parece interesante señalar ahora es que la realización del acto conyugal, exclusivamente durante los períodos agenésicos, está permitido moralmente por el Magisterio de la Iglesia siempre que sea por motivos graves, como hemos visto (GS 50 y HV 10). En todo caso, la voluntad de recurrir a estos períodos nunca puede consistir en la no transmisión del derecho al acto conyugal durante los mismos. Siempre habrá que verificar cual es el contenido verdadero de la voluntad consensual para distinguir entre exclusión del derecho o regulación de su ejercicio. El criterio de verificación es el que ya detallamos en el capítulo anterior y que fue concretado por Pío XII[78]. Por eso, hay que comprobar si durante esos períodos la otra parte no tendría ni siquiera el derecho a exigir la realización del acto de modo natural y *aptus per se ad prolis generationem*.

Un modo en el que este derecho no quedaría lesionado sería el de aplicar la distinción que estudiamos entre el derecho que se transmite y el que se recibe. Como dijímos en el capítulo anterior[79], no es lo mismo transmitir que recibir; el que transmite un derecho se obliga a ejercitarlo, pero al recibirlo de otro siempre se es libre de ejercitarlo o no. Por eso, creemos que no se excluye el *bonum prolis* cuando, incluso por acuerdo mutuo, las partes, en el matrimonio *in fieri*, deciden no exigirse la realización del acto conyugal fuera de los períodos agenésicos, pero con la voluntad de realizarlo si la otra parte al final lo pide. Basada en los criterios señalados en todo este apartado, esta decisión sería un modo de ejercer la paternidad responsable.

Por otra parte, hemos visto que tanto la doctrina como la jurisprudencia consideran justamente que la paternidad responsable tiene mucho que ver con el ejercicio del derecho al acto conyugal. Situándose éste en el matrimonio *in facto esse*, sí que queremos insistir en el hecho de que ya en el matrimonio *in fieri* puede existir una decisión y, por tanto, una voluntad al respecto. Es aquí donde hemos visto que se plantean las dudas sobre si la paternidad responsable puede constituir o no

---

tasa de fallos baja, similar a la eficacia práctica de los demás métodos reversibles de planificación familiar, y se deberían introducir sin demora en nuestras consultas de planificación familiar, para que las mujeres y las parejas puedan ampliar la elección libre e informada. No obstante, hay que reseñar que es imprescindible contar con personal adiestrado en su manejo, ya que su enseñanza tiene algunas características que les hace diferentes al resto de los métodos que se dispensan en la práctica cotidiana». E. BARRANCO CASTILLO – F. SOLER – M.T. MIRANDA, «Análisis de la eficacia de los métodos naturales», 30 [8].

[78] Cf. Pío XII, *Allocutio*, 29 octubre 1951, 845.
[79] Cf. *supra*, cap. VI, 2.2, nt. 39.

una exclusión del *bonum prolis*. Creemos que con la exposición que hemos realizado hasta aquí hemos aclarado bastante los puntos más complejos de esta cuestión. Desde el punto de vista práctico, nos parece muy importante aplicar dichos criterios, sobre todo durante la preparación al matrimonio. No es infrecuente que en los escrutinos previos al matrimonio las partes manifiesten su intención de ejercitar la paternidad responsable. No excluyen el tener hijos, pero sí que quieren hacerlo de modo ordenado y según las circunstancias se lo permitan. Sin embargo, en la práctica pastoral muchas veces no se va mucho más allá y detrás de esta afirmación puede existir la voluntad positiva de usar métodos ilícitos o de hacer un uso abusivo del matrimonio hasta el punto de que se estaría excluyendo no sólo la realización del acto conyugal de modo natural y su aptitud para generar la prole, sino también la transmisión del mismo derecho, aún por tiempo limitado[80]. Con la excusa de una paternidad responsable mal entendida se estaría realizando un matrimonio nulo.

3. Las técnicas de reproducción artificial y asistida

Una vez analizada la realización del acto conyugal de modo natural y el ejercicio de la paternidad responsable, el paso siguiente de nuestro estudio consiste en el análisis de lo métodos de reproducción artificial y asistida. En primer lugar nos centraremos en ver en qué consisten, para después centrarnos en la influencia que tienen sobre el *bonum prolis* y el consentimiento matrimonial.

3.1 *La reproducción artificial*

La exigencia de la realización del acto conyugal de modo natural no es elemento exclusivo de la consumación del matrimonio, puesto que los dos sentidos, procreativo y unitivo, de dicho acto son inseparables entre sí[81]. La primera consecuencia de esto es que toda técnica que para conseguir la concepción de un hijo separe estos dos significados del acto conyugal es moralmente ilícita. Desde el punto de vista jurídico, la exigencia misma de la realización del acto conyugal de modo natural es elemento esencial del intercambio del consentimiento matrimonial, por lo que los esposos adquieren el derecho y el deber de realizar el acto conyugal tanto en su sentido procreativo como unitivo.

---

[80] Esto último incluso por medio de la continencia periódica si por ella queda afectado el derecho a exigir la realización de la cópula conyugal. Cf. V. REINA, *La clausula de continencia periódica*, 58.

[81] Cf. Congregación para la Doctrina de la Fe, Instrc. *Donum Vitae*, II, 4.

CAP. VII: ELEMENTOS ESENCIALES DEL *BONUM PROLIS*

El uso de las técnicas de reproducción artificial tiene su razón de ser en las situaciones de esterilidad o de posible contagio de ciertas enfermedades. En uno y otro caso, lo que se produce es la sustitución de la cópula conyugal por una técnica biomédica por medio de la cual se consigue la fecundación.

No vamos a entrar en el detalle de cada una de estas técnicas por que no es importante para el objetivo de nuestro estudio, simplemente nos basta aquí con señalar que no puede ser considerado como contenido ni esencial ni no esencial del *bonum prolis* el recurso a la fecundación artificial, ya sea heteróloga u homóloga, por la razón que acabamos de exponer: la sustitución de la realización del acto conyugal de modo natural y apto *per se ad prolis generationem*, por una técnica de fecundación artificial[82].

De igual modo hay que considerar ajeno al *bonum prolis* toda fecundación efectuada por medio técnico, tras la realización del acto conyugal de modo natural. Aquí el medio técnico sustituiría a la fecundación natural, por lo que sería contrario a la intrínseca aptitud *ad prolis generationem* característico del acto conyugal. Una técnica artificial, que fuera empleada no solamente fuera del cuerpo de la madre, sino incluso dentro del mismo, pero que produjera la fecundación de modo no natural, es decir, dentro de los instrumentos de laboratorio, y una vez conseguida la fecundación el cigoto fuera depositado en el útero para su normal desarrollo, sería sustitutiva del acto apto *ad prolis generationem*. Cosa distinta es la ayuda técnica para que esta fecundación se realice en el ámbito natural de los órganos sexuales internos de la mu-

---

[82] A. STANKIEWICZ, «L'esclusione della procreazione», 313: «Le ipotesi precedenti [FIVET omologa, AID (fecondazione eterologa con sperma o ovuli procedenti di donatori esterni alla coppia), FIVET eterologa, la maternità sostitutiva e lo *ius* alla fecondazione asessuata], sono incompatibili con la "intentio polis", insita nell'ordine oggettivo, poichè privano gli sposi della disposizione dell'animo "a cooperare con l'amore del Creatore e del Salvatore", sia dell'attuazione della connesione inscindibile dei significati unitivo e procreativo della sessualità umana». Por ello, nos parece importante hacer la siguiente precisión. La razón de que el recurso a esas técnicas no pueda ser considerado elemento del *bonum prolis* creemos que reside no tanto en su carácter artificial, sino en la propia sustitución del acto conyugal, como afirma Stankiewicz. Tanto desde el punto de vista moral como desde el canónico, la relevancia la tiene la sustitución de la cópula, aunque evidentemente ésto sea hecho por medio de un método artificial. Como veremos, hay técnicas que por medio de una intervención no natural consiguen corregir determinados tipos de esterilidad sin llegar a sustituir la realización de la cópula, sino que sólo la ayudan. Estas técnicas, tanto en lo moral como en lo jurídico, son aceptables con algunas condiciones que detallaremos en su momento.

jer. En este caso, la fecundación natural no se vería sustituída, sino tan sólo ayudada[83].

3.2 *La reproducción asistida*

Por reproducción asistida se entiende el empleo de técnicas biomédicas, no sustitutivas del acto conyugal ni de la fecundación natural fruto del mismo, que ayudan a la procreación de la prole. Esto tiene consecuencias jurídicas relevantes, especialmente en lo que se refiere al *bonum prolis*. Desde el punto de vista moral son admisibles por lo que acabamos de señalar. Ya sean «instrumentales o farmacológicas no rompen la conexión existente entre unión conyugal y procreación como una cooperación simultánea e inmediata entre los cónyuges, expresión del don recíproco que según la Sagrada Escritura realiza la unión "en una sola carne" (DoV II, 6)»[84]. La reciente Instrucción *Dignitas personae* se expresa con mucha claridad y concreción al respecto en su n. 13:

> Son ciertamente lícitas las intervenciones que tienen por finalidad remover los obstáculos que impiden la fertilidad natural, como por ejemplo el tratamiento hormonal de la infertilidad de origen gonádico, el tratamiento quirúrgico de una endometriosis, la desobstrucción de las trompas o bien la restauración microquirúrgica de su perviedad. Todas estas técnicas pueden ser consideradas como *auténticas terapias*, en la medida en que, una vez superada la causa de la infertilidad, los esposos pueden realizar actos conyugales con un resultado procreador, sin que el médico tenga que interferir directamente en el acto conyugal. Ninguna de estas técnicas reemplaza el acto conyugal, que es el único digno de una procreación realmente responsable[85].

Veamos a continuación en qué manera el empleo de estas técnicas puede influir en el *bonum prolis*. En primer lugar la aplicación de estas técnicas como ayuda del acto conyugal presupone la existencia de un matrimonio válido. En caso contrario no se podría hablar de acto conyugal[86]. En segundo lugar, es necesario que exista un problema de esterilidad. Aunque no nos referimos aquí a las técnicas capaces de vencer la perpetuidad del impedimento de impotencia del can. 1084,

---

[83] En el apartado siguiente estudiaremos una técnica (GIFT) sobre la cual la doctrina moral no tiene clara su licitud, precisamente por que existe la duda de si sustituye a la fecundación natural o sólo la ayuda.
[84] J.J. PUERTO GONZÁLEZ, «La doctrina del humano modo», 533.
[85] CONGREGACIÓN PARA LA DOCTRINA DE LA FE, Instrc. *Dignitas personae*, 13. La traducción es la oficial de www.vatican.va.
[86] Cf. J.J. PUERTO GONZÁLEZ, «La doctrina del humano modo», 536.

los criterios por los cuales dichas técnicas son aceptadas son igualmente aplicables a las técnicas de reproducción asistida, como vemos a continuación[87].

Las técnicas empleadas deben ser moralmente lícitas, lo cual ya ha quedado expuesto. Además, no deben ser peligrosas para la vida y, por último, no pueden consistir en medios extraordinarios. Como señala Navarrete, estos criterios coinciden con los que se exigen para la determinación de la perpetuidad del impedimento de impotencia[88]. Por esa razón, nos parece conveniente que nos detengamos a examinar el peligro para la vida y el carácter extraordinario que estas técnicas pueden suponer, a la luz de lo que doctrinalmente está asumido sobre la impotencia.

Tanto el peligro para la vida como el carácter extraordinario son conceptos relativos a las personas concretas sobre las cuales se va a actuar clínicamente[89]. Una misma técnica puede incidir de modo diverso sobre personas distintas, tanto a nivel físico como psíquico[90]. Por eso, la valoración de esta incidencia en la persona concreta será la que determine su idoneidad o no[91].

Por otro lado, el carácter extraordinario de dichas técnicas depende no sólo de circunstancias temporales y locales, sino también de situaciones personales o subjetivas[92], como por ejemplo dificultades de tipo económico o personales concepciones morales o éticas que pueden hacer extraordinarios para una determinada persona medios que no lo serían para la gran mayoría de la gente[93]. También la valoración de estas circunstancias será la que determine su idoneidad.

---

[87] Cf. J.J. PUERTO GONZÁLEZ, «La doctrina del humano modo», 537.

[88] U. NAVARRETE, «Novae methodi technicae procreationis humanae», 88: «In campo canonico illae tantum methodi technicae foecundationis artificialis assumi posunt, ideoque habere possunt momentum iuridicum, quae has induant qualitates: a) sint in se moraliter licitae; b) ne sint vitae periculosae; c) ne sint medium extraordinarium. Hae vero conditiones eodem sensu intelegendae sunt ac quando agitur de conceptu "perpetuitatis" seu "incurabilitatis" impedimenti impotentiae».

[89] Cf. K.C. BOCCAFOLA, *The requirment of perpetuity*, 139.

[90] Cf. J.J. PUERTO GONZÁLEZ, «La doctrina del humano modo», 538.

[91] De hecho, el empleo de estas técnicas de reproducción tiene unas repercusiones psicológicas importantes y mayores que las aplicadas a otras patologías diferentes de la infecundidad. Cf. J.J. PUERTO GONZÁLEZ, «La doctrina del humano modo», 539.

[92] Cf. P.A. BONNET, «L'impedimento di impotenza», 154.

[93] K.C. BOCCAFOLA, *The requirment of perpetuity*, 139: «Subjective attitudes which are capable of objective evaluation –such as irrational fear of a non-dangerous operation, religious faith, exaggerated modesty – could also render actually extraordinary for a certain individual means which would be ordinary for the average person».

En este sentido, hay que afirmar que estériles en sentido canónico son aquellos que por un lado pueden realizar el acto conyugal (no son impotentes), pero no pueden engendrar hijos, ni siquiera recurriendo a estas técnicas realizadas según las condiciones de licitud moral, ausencia de riesgo para la vida de la persona y de carácter ordinario[94].

3.3 *La exigibilidad de las técnicas de reproducción asistida*

Una vez estudiados los elementos que concurren en la utilización de las técnicas de reproducción asistida, surge la pregunta de si el recurso a dichas técnicas, con las condiciones que hemos explicado, es exigible como elemento esencial del *bonum prolis*.

Lo primero que hay que recordar es que nos movemos dentro del ámbito de la esterilidad, que en ningún caso supone impedimento para contraer matrimonio (can. 1084§3). Es decir, el hecho concreto de que se pueda vencer o no una situación de esterilidad no afecta, en principio, a la validez del matrimonio, a diferencia de la impotencia, donde su no perpetuidad hace que no surja el impedimento.

Ahora bien, esta indiferencia de la esterilidad con respecto a la validez del matrimonio no significa que el derecho-obligación al acto conyugal que se transmite en el consentimiento matrimonial no lleve anejo el recurso a dichas técnicas, utilizadas según lo criterios señalados. En este sentido se manifiesta claramente Navarrete cuando afirma que es propio de la alianza conyugal el derecho-deber de procrear por medio de la cópula realizada de modo natural, ayudada si fuera necesario, por medios moralmente lícitos, no peligrosos para la vida y no extraordinarios que hagan más facil la fecundación[95].

Se entiende que la necesidad de esta ayuda estriba en hacer más fácil la fecundación, lo cual no excluye que dentro de esa facilidad se incluya la misma posibilidad de la fecundación, que sin esa ayuda resultaría imposible. La clave es que con esos medios, realizados en las condicio-

---

[94] Cf. U. NAVARRETE, «Novae methodi technicae procreationis humanae», 89.

[95] U. NAVARRETE, «Novae methodi technicae procreationis humanae», 98: «Ratio est quia traditio-acceptatio, quae propria est foederis coniugii, secum fert praeter ius-obligationem, perpetua et exclusiva, ad actus per se aptos ad prolis generationem, ius-obligationem non procreandi nisi ex semine coniugis, et quidem non nisi per copulam modo naturali peractam, coadiuvatam, si necesse fuerit, mediis moraliter licitis, vitae non periculosis nec extraordinariis, ut foecundatio facilior reddatur». En su momento vimos también como Pío XII se manifestaba a favor del empleo de medios artificiales que ayuden tanto a la realización natural del acto conyugal como a la consecución de su fin natural. Cf. PÍO XII, *Allocutio*, 29 septiembre 1949, 560, cf. *supra*, cap. IV, 2.1.2.b).

CAP. VII: ELEMENTOS ESENCIALES DEL *BONUM PROLIS*

nes señaladas, la fecundación que era imposible o muy difícil de conseguir, se convierte en posible según criterios de normalidad y de licitud moral. Es precisamente en esto en lo que se basa la distinción entre esterilidad en sentido biológico y esterilidad en sentido jurídico-canónico. En sentido biológico el estéril es la persona que no alcanza la fertilidad ni siquiera mediante el recuro a técnicas de fecundación artificial, homóloga pero también heteróloga, en todas sus modalidades[96]. Desde el punto de vista jurídico-canónico estéril es la persona que no alcanza la fertilidad ni siquiera mediante el recurso a técnicas de reproducción asistida, moralmente lícitas, empleadas según las condiciones ya señaladas, como hemos explicado en el epígrafe anterior[97].

A continuación Navarrete señala que la específica donación-aceptación de la propia sexualidad que los esposos se transmiten en el consentimiento matrimonial comprende la donación-aceptación, perpetua y exclusiva de la propia capacidad generativa[98]. Por tanto, la pregunta sobre la exigibilidad del recurso a dichos métodos se sitúa en el ámbito de la capacidad generativa de las partes. Ésta capacidad puede tener una limitación natural, pero si esta limitación resulta corregible por medios adecuados, como se ha señalado, la superación de dicha limitación ¿resulta ser algo obligado para el que la sufre y exigible, con pleno derecho, por la otra parte? Navarrete no responde explícitamente a esta cuestión. Tampoco lo hace Sauchelli, quien también se limita a ofrecer el concepto de esterilidad canónica, pero no se manifiesta sobre la exigibilidad o no de dichos métodos.

Esta pregunta no es fácil de responder. En primer lugar, como avanzábamos antes, el vencimiento o no de la esterilidad no afecta a la validez del matrimonio. Según esto, se podría decir que el recurso a dichos métodos no es exigible en el consentimiento matrimonial. En este sentido se expresa Candelier quien, por un lado, está de acuerdo con lo manifestado por Navarrete, pero considera que el recurso a dichos métodos, aún siendo lícito y sin peligro para la vida, resulta siempre extraordinario, por lo que no puede ser exigido. Este carácter extraordinario lo sitúa en el hecho de que la intención exigible a las partes en el consentimiento sólo debe versar sobre lo que es natural, por eso, considera

---

[96] Cf. F. SAUCHELLI, «La Rota Romana e la procreazione artificiale», 578.

[97] Cf. F. SAUCHELLI, «La Rota Romana e la procreazione artificiale», 578. El autor señala, además, el consentimiento mutuo de las partes y que estas técnicas no afecten a la continuidad que debe existir entre el acto sexual y el nacimiento del embrión. Esto último consideramos que ya está incluído en la licitud moral de la técnica empleada.

[98] Cf. U. NAVARRETE, «Novae methodi technicae procreationis humanae», 99.

que no hay exclusión del *bonum prolis* cuando en el consentimiento matrimonial se rechaza el recurso a dichos métodos[99].

Sin embargo, nos parece que esta reflexión no es acertada. Creemos que aquí hay que aplicar de igual modo los criterios empleados sobre la extraordinariedad en lo métodos que curan la impotencia. Éstos, como vimos, son siempre artificiales, pero su carácter extraordinario depende de las circunstancias personales, económicas, sociales y éticas de la persona, no de la naturalidad del método empleado.

Por otra parte, el empleo de estas técnicas no es contrario a la intrínseca aptitud del acto conyugal para generar la prole, puesto que sólo lo ayuda. El acto conyugal no se ve sustituído, sino que gana en aptitud para generar la prole. Por esta razón, consideramos que esta ayuda técnica se sitúa dentro de la prole *in suis principiis*, no dentro de la prole *in se ipsa*[100].

Si enfocamos el problema desde el *ius procreandi* y la *intentio prolis*, como contenidos mínimos que se exigen en el consentimiento matrimonial, cabe afirmar lo siguiente. La voluntad de tener hijos implica la donación-aceptación de la propia capacidad generativa, pues bien, consideramos que esa capacidad generativa incluye la ayuda técnica que se realice según los criterios indicados de moralidad, ausencia de riesgo y no extraordinariedad. El carácter extraordinario significa que no se le puede exigir a la parte que se someta al tratamiento, pero a la inversa, significa que cuando el método es ordinario está obligado a someterse al mismo[101]. De lo contrario, la *intentio prolis* resultaría ser un elemento no exigible del contrato matrimonial. Por todo ello nos

---

[99] G. CANDELIER, «Le bonum prolis», 240: «Cette manière naturelle n'exclut pas, à notre avis, le recours éventuel à une assistnce médicale pour faciliter ou rendre possibles les effets de l'acte conjugal, c'est-à-dire la fécondation. Cette assistance est licite et sans danger. Il n'y a toutefoi aucune obligation d'y recourir puisqu'elle est tout de même un moyen qui jusqu'ici reste extraordinaire». *Ibid.*, 241: «On peut donc se demander s'il y a exclusion du *bonum prolis* chez celui qui, au moment du consentement, refuse pour l'avenir tout recours à une assistance médicale même s'il se découvre que c'est le seul moyen d'avoir des enfants. La réponse à donner semble être négative. [...] l'intention ne doit pas dépasser ce qui est "naturel"».

[100] En sentido contrario al nuestro se manifiesta el autor que acabamos de citar: «D'autre part, la naissance effective d'un enfant, ou même la possibilité d'une naissance, est sans incidens sur la validité du mariage». G. CANDELIER, «Le bonum prolis», 241.

[101] K.C. BOCCAFOLA, *The requirement of perpetuity*, 137: «The special characteristic of extraordinary means, however, is that one cannot be obliged to use it, though he may if he so desires».

parece que, el recurso a dichas técnicas de reproducción asistida, es elemento esencial del consentimiento matrimonial[102].

Esta afirmación que acabamos de hacer se entiende mejor con la siguiente precisión. Si bien la consecución de la fertilidad no afecta a la validez del matrimonio, la negativa a recurrir a dichos métodos puede ser signo de una voluntad contraria al *bonum prolis*[103]. El hecho de que los criterios de aplicación de estos métodos sean relativos no quiere decir que sean totalmente subjetivos. La valoración de las circunstancias personales se hace conforme a criterios, que aunque poseen un cierto grado de subjetividad, son en sí mismos objetivos[104]. De lo contrario, toda negativa a corregir la esterilidad por medios moralmente lícitos, no peligrosos y ordinarios encontraría siempre su justificación en que subjetivamente se atribuye el carácter extraordinario al medio empleado, cuando en realidad se podría estar encubriendo una verdadera voluntad contraria a la prole.

Por otra parte, que el riesgo para la vida y el carácter extraodinario sean criterios relativos que pueden variar de unas personas a otras, implica la dificultad objetiva de determinar cuándo la voluntad contraria al recurso a dichos métodos supone una verdadera exclusión del *bonum prolis*, o simplemente es el resultado de un juicio justo del entendimiento sobre los riesgos y circunstancias de la vida de la persona que hacen extraordinario, cuando no arriesgado, el empleo de dichas técnicas de reproducción asistida. Esta dificultad puede verse aumentada si

---

[102] En este mismo sentido se manifestaba ya Huizing: «Immo opinamur vinculo matrimoniali esse essentiale ius et debitum relativum exigendi ut removeantur defectus naturales qui conceptionem vel partum impediant, utique iuxta normas quae in theologia morali de illo iure et debito receptae sunt. Unde invalidum censemus matrimonium initum sub condicione non sanandi sterilitatem quae levi operatione sanari posset, sive ipsa pars steriles sive altera hanc condicionem imposuerit». P. HUIZING, «Bonum prolis ut elementum essentiale», 717. También vimos que Viladrich coincidía con esta afirmación. Cf. P.J. VILADRICH, «Comentario al c. 1101», 1349, cf. *supra*, cap. V, 3. 4.

[103] De hecho puede ocurrir que quien se sabe estéril, pero con esterilidad vencible canonicamente, no quiera tener hijos para lo cual no necesita utilizar medios anticonceptivos o abortivos, sino simplemente no corregir la esterilidad que padece.

[104] Así, por ejemplo, Boccafola afirma, con respecto a la perpetuidad de la impotencia, que se identifica con la extraordinariedad de los medios para vencerla, que: «Perpetuity, then, is relative to objective circumstances present at the time of the marriage». K.C. BOCCAFOLA, *The requirment of perpetuity*, 129. Y más adelante añade: «It will be relative insofar as the objective circumstances of any situation of impotence can vary. It will be also relative because a true concept of perpetuity can be determined on the basis of the norm of the average person in those circumstances». *Ibid.*, 132.

las partes no tenían una información adecuada sobre los riesgos o ventajas que pueden obtener con dichos tratamientos, aunque por otro lado, esta misma mala información puede poner de manifiesto con más facilidad una voluntad contraria al *bonum prolis*.

En la sede judicial se deberá verificar el contenido de la voluntad contrayente con respecto a la posibilidad de vencer algunos tipos de esterilidad por medio de la reproducción asistida, sin descartar la posibilidad de que incluso una persona estéril pueda tener voluntad contraria al *bonum prolis* en el momento de contraer matrimonio[105].

3.4 *Algunas técnicas de reproducción asistida*

Para una mejor comprensión de la incidencia de las técnicas de reproducción asistida en la voluntad consenual de las partes, ofrecemos a continuación una breve exposición de algunas de las técnicas empledas actualmente, pero sin la pretensión de agotar el argumento, pues excedería los límites de nuestro estudio.

Como ya hemos indicado, las técnicas de reproducción asistida son aquellas que no sustituyen la realización de la cópula conyugal, ni consiguen la fecundación de manera artificial, sino que ayudan a que una y otra se realicen de modo natural. Es precisamente esto, junto con el respeto del derecho a la vida del embrión, lo que las hace moralmente lícitas[106] y dependiendo de las circunstancias personales de quien sufre un problema de esterilidad serán exigibles o no.

En primer lugar nos encontramos con los tratamientos de inducción y estimulación de la ovulación o de la espermatogénesis. Consisten unicamente en un complemento químico-hormonal previo a la cópula conyugal que incrementa las posibiliddes de la fecundación. Es el método que menos trabas morales presenta[107].

Previo a la realización de la cópula es también el empleo de la cirugía para corregir algunos tipos de esterilidad de origen orgánico. Estas técnicas tienden a corregir la esterilidad femenina y tienen diferente impacto sobre el cuerpo de la mujer, pero también distinta efectividad desde el punto de vista de los embarazos logrados[108].

---

[105] Cf. J. WERCKMEISTER, «Les nouvelles formes de fécondation artificielle», 329.

[106] Cf. D. TETTAMANZI, *Nuova bioetica cristiana*, 200.

[107] Son tratamientos hormonales previos a la realización de la cópula y no necesitan ninguna intervención posterior a ésta. Cf. J.J. PUERTO GONZÁLEZ, «La doctrina del humano modo», 552, nt. 114.

[108] Para un estudio detallado de estas técnicas quirúrgicas cf. R. MARANA, «Le terapie chirurgiche», 227-236.

Una vez realizada la cópula de modo natural, existen varias posibilidades de ayudar a la fecundación. La inseminación asistida consiste en recoger una muestra del esperma eyaculado durante la cópula conyugal realizada *humano modo* y transferirla a partes más internas del aparato genital femenino para facilitar la fecundación[109]. Otra técnica parecida es la que transfiere el esperma directamente al tercio proximal de la trompa (LTOT), para facilitar a los espermatozoides asténicos o de baja movilidad la fecundación del óvulo[110].

Por último, existe una técnica cuya licitud moral es discutida todavía entre la doctrina. Se conoce con el nombre de GIFT y consiste en lo siguiente. Tras la realización de la cópula conyugal se recoge el esperma y se introduce en un catéter. En este mismo catéter se introduce también un óvulo maduro obtenido por laparoscopia o por aspiración del contenido folicular bajo guía ecográfica, tras un proceso de estimulación ovárica[111]. Para evitar que la fecundación se produzca en el catéter, los gametos son situados dentro del mismo con una burbuja de aire por medio, y así son transferidos a las trompas de Falopio. La posible fecundación se realiza, de este modo, dentro del cuerpo de la mujer[112].

Las dificultades morales que presenta esta técnica nacen, en pimer lugar, del hecho de ser una técnica sobre la cual no se pronuncian ni la *Humanae vitae* ni la *Evangelium vitae*, puesto que no estaba todavía desarrollada en el momento en que ambos documentos fueron publicados. Sin embargo, esto no es un impedimento invencible para su valoración moral por medio de los criterios morales en ellos establecidos[113]. Para Tettamanzi la dificultad estriba en determinar la relación entre el acto conyugal y el tratamiento técnico. Si éste último es sólo una simple ayuda al acto conyugal o si, por el contrario, es el acto conyugal el que se convierte en una ayuda para la propia GIFT,

---

[109] Cf. J.J. PUERTO GONZÁLEZ, «La doctrina del humano modo», 553.

[110] Cf. J.J. PUERTO GONZÁLEZ, «La doctrina del humano modo», 553; J.J. GARCÍA FAÍLDE, «Incidencia de las técnicas de reproducción», 269.

[111] Esta estimulación ovárica se realiza tras un tratamiento hormonal, que puede provocar una serie de complicaciones que obligan a un seguimiento estricto de la condición endocrina de la mujer. Cf. M. LÓPEZ BARAHONA, «L'embrione umano», 141.

[112] Cf. M.L.DI PIETRO, «La fecondazione artificiale», 14. Sin embargo, la autora señala que es posible que sean varios los óvulos introducidos en el catéter, por lo que se podría producir la fecundación de varios de ellos. En el mismo sentido, cf. M. LÓPEZ BARAHONA, «L'embrione umano», 140-141.

[113] Cf. D. TETTAMANZI, *Nuova bioetica cristiana*, 199.

siendo el niño concebido el fruto de la tecnica empleada y no el fruto del amor conyugal[114].

Para Spagnolo, en cambio, si bien al desarrollarse la fecundación en el interior del oganismo de la mujer se trataría de una técnica perfectamente moral, la duda surge de la observación de los resultados clínicos. En concreto, refiere el autor que:

> En efecto, los resultados referidos acerca del éxito de la GIFT muestran que el número de nacimientos que se logran con esta técnica son inferiores con respecto a los embarazos clínicos que comienzan, lo que significa que durante el embarazo mismo se determina una pérdida embrional no justificable, ni siquiera por analogía con lo abortos espontáneos en los embarazos iniciados «naturalmente». Efectivamente, en la GIFT la misma técnica utilizada juega un papel importante en la determinación de estas pérdidas fetales; […] así como también la incidencia de anomalías cromosómicas de los óvulos, que causa en los embriones alteraciones incompatibles con la vida[115].

Es decir, estaría en juego la salvaguarda del derecho a la vida del embrión, puesto que es la propia técnica la que provoca un elevado número de pérdidas fetales[116].

Otras técnicas que se puedan ir descubriendo y/o perfeccionando según el avance de la investigación médica serán susceptibles de ser examinadas según lo criterios señalados para determinar no sólo su moralidad sino también su exigibilidad desde el punto de vista jurídico-canónico. En todo caso, «no hay que perder la esperanza de hallar nue-

---

[114] Cf. D. TETTAMANZI, *Nuova bioetica cristiana*, 200.

[115] A.G. SPAGNOLO, «Fecundación artificial», 611. El autor continúa diciendo: «Introducir los gametos dentro de las trompas en lugar de hacerlo en la probeta tiene como consecuencia sólo el hecho de que se permanece con "la duda" acerca del número exacto de embriones que comienzan a vivir hasta que los que logran llegar a la cuarta semana se hacen sentir clínicamente. El hecho de no saber nada durante esas cuatro semanas precedentes, no puede dejar tranquilo al honrado hombre de ciencia que sabe lo que significa crear las condiciones para que dos gametos, masculino y femenino, puedan encontrarse y qué acontecimiento extraordinario se determina a partir de ese momento». *Ibid.* 612.

[116] Algunas cifras concretas son: «Per quanto riguarda l'efficacia della GIFT, […] se il calcolo è fatto sul totale dei trasferimenti effettuati si ha un'efficacia in termini di gravidanze che va dal 10,5 % al 25,2 % (con una media del 17,85 %)». M.L.D. PIETRO, «La fecondazione artificiale», 15. Además, a esta tasa del 82 % de fallo hay que añadir los posibles óvulos fecundados pero que no han llegado a ser relevantes clinicamente, es decir, que pueden haber sido fecundados pero o bien no se han llegado a implantar en el útero, o un vez implantados fueron abortados espontáneamente. *Ibid.*, 15.

vas técnicas que, sin suplir el coito, faciliten o posibiliten la concepción para que determinados esposos estériles alcancen a convertirse en padre y madre de sus propios hijos genéticos»[117].

4. La conservación y educación de la prole

4.1 *La conservación de la prole*

A lo largo de lo capítulos anteriores hemos comprobado cómo en la doctrina aparece siempre la obligación de conservar la vida de la prole concebida como algo propio del *bonum prolis*. Así, por ejemplo, el mismo san Agustín, al formularlo habla de la necesidad de no sólo procrear a los hijos sino también de conservar y educar la prole[118]. Esta afirmación ha sido repetida, como vimos, por toda la tradición teológica y canónica hasta nuestros días, en los cuales también la jurisprudencia es clara al respecto: el *bonum prolis* entendido en sus principios consiste no sólo en la realización del acto conyugal de modo natural, sino también en las obligaciones de los cónyuges sobre la prole en lo que se refiere a su concepción, nacimiento y conservación de su vida[119].

---

[117] J.J. GARCÍA FAÍLDE, «Incidencia de las técnicas de reproducción», 269. En el mismo sentido se expresa DP, 13: «Para responder a las expectativas de tantos matrimonios estériles, deseosos de tener un hijo, habría que alentar, promover y facilitar con oportunas medidas legislativas el *procedimiento de adopción* de los numerosos niños huérfanos, siempre necesitados de un hogar doméstico para su adecuado desarrollo humano. Finalmente, hay que observar que merecen ser estimuladas las investigaciones e inversiones dedicadas a la *prevención de la esterilidad*».

[118] Cf. *supra*, cap. I, 3.3.

[119] Valga como ejemplo, entre muchos, la siguiente afirmación de Pinto sobre los elementos que caracterizan la exclusión de la prole: «Iurisprudentia N. F. constanter docuit quaenam elementa complectatur prolis exclusio in suo principio, ad iuris praesumptionem destruendam, praecipientem conformitatem interni animi consensus (cf. can. 1101§1) cum eius externae manifestationis signis seu verbis:

"a) intentionem penitus non tradendi 'ius coniugii' seu ius ad actus coniugales (cf. can. 1086§2) ad prolis generationem aptos (cf. can. 1081§2), ne proles enascatur;

b) intentionem impediendi ordinationem actus coniugalis ad prolem procreandam, id est 'cum coniugale commercium vel praevidetur vel efficitur vel ad suos naturales exitus ducit, id tanquam finem obtinendum aut vitam adhibendam intendat, ut procreatio impediatur' (Litt. Enc. *Humana vitae*, n. 14);

c) intentionem directae interruptionis omnis 'generationis iam conceptae', praesertim per 'abortum directum' (*ibid.*).

His enim in facti speciebus reiectum manet non tantum bonum prolis in se seu materialiter sumptum [...] sed bonum prolis in suis principiis seu formaliter sumptum, et quidem bonum prolis physicum, quod praeter ius-debitum peragendi actum coniugalem naturalem continet quoque iura et obligationes coniugum circa prolem concipien-

No es, por tanto, necesario que nos detengamos con profusión sobre este particular. Tan sólo queremos recordar que es elemento esencial del *bonum prolis* la obligación de conservar la vida de la prole concebida y/o nacida, así como la de evitar cualquier acto que esté directamente encaminado a acabar con su vida, es decir, el recurso al aborto, o una vez nacida el infanticidio o el abandono de la misma.

La omisión de aquellos actos directamente contrarios a la prole no presenta ninguna complejidad. Quien al contraer matrimonio se reserva el derecho de recurrir al aborto para evitar el nacimiento de la prole, contrae invalidamente[120]. En cambio, los actos tendentes a la conservación de la prole han suscitado alguna reflexión doctrinal sobre la cual nos parece interesante detenernos brevemente.

En primer lugar, hay que afirmar que la conservación de la prole se considera incluída dentro del *bonum physicum prolis*[121]. Pues bien, la conservación de la vida de la prole supone, en ocasiones, el recurso a técnicas médicas sin las cuales la vida de la prole correría un grave riesgo. En este sentido, Pompedda se cuestiona si el *ius ad actus coniugales* debe ser entendido de tal manera que incluya el derecho-obligación de recurrir a intervenciones sobre los embriones, que reunan las condiciones de licitud moral: que los embriones conserven su vida e integridad, que no sean sometidos a peligros desproporcionados, pero que tiendan a curar la enfermedad, mejorar su estado de salud o asegurar su supervivencia. Además, los métodos empleados no deben resultar extraordinarios[122].

El razonamiento que sigue el autor nos parece confuso por lo que afirmamos a continuación. En primer lugar, parte de la necesidad de plantear el tema no desde el punto de vista negativo (lo que no está

---

dam, edendam et in vita conservandam" (coram Stankiewicz, sent. diei 13 maii 1978, RRDec., vol. LXX, p. 299)», *coram* Pinto, 21 mayo 1999, in *RRD* 91, 403, n. 6.

[120] *Coram* Erlebach, 29 octubre 1998, in *RRD* 90, 685, n. 16: «Expressio "ius ad actus per se aptos ad prolis generationem" intelligenda est in sensu iuridico, scilicet cum omnibus consectariis essentialibus. Ergo si quis –speciali modo mulier- non excludit per se actus sexuales ex quibus revera concipi potest proles, sed sibi reservat facultatem libere recurrendi ad abortum, hoc revera componi non potest, neque in essentialibus, cum bono prolis».

[121] *Coram* Huber, 20 diciembre 1995, in *RRD* 87, 749, n. 7: «Si distinguimus in bono proli id, quod est essentiale, ab esi, quae sunt integrantia vel accidentalia, dicere debemus bonum prolis essentialiter comprehendere ius et correlativam obligationem ad actus matrimonii proprios peragendos. Hoc bonum amplectitur iuxta constantem iurisprudentiam canonicam etiam bonum physicum prolis, id est ius et officium ad proles forte conceptae nativitatem eiusque in vitae conservationem et educationem».

[122] Cf. M.F. POMPEDDA, «Nuove metodiche di intervento», 161.

contenido en el consenso), sino en sentido positivo, es decir, lo que hay que entender que es contenido o elemento esencial del consentimiento. A continuación se centra en la afirmación del carácter relativo de la extraordinariedad de lo métodos empleados que, como vimos, son relativos al tiempo, el lugar y la persona[123]. Pues bien, la conclusión a la que llega consiste en negar la obligatoriedad del recurso a dichos métodos, con las condiciones que reiteradamente hemos expuesto, por considerar que a lo único que los esposos están obligados por la transmisión del derecho-obligación es a lo que personalmente pueden aportar, es decir, la realización de modo natural del acto conyugal y su consecuencia natural de la fecundación. Cualquier intervención artificial sobre la prole ya concebida excede este carácter natural y resulta, por tanto, extraordinaria[124].

La confusión del razonamiento la encontramos en dos puntos. El primero consiste en afirmar la extraordinariedad según criterios de tiempo, lugar y persona, para después obviar éstos e identificar el carácter extraordinario con la artificialidad, que es absolutamente ajena al tiempo, al lugar y a la persona. El segundo punto nos parece también de gran relevancia. La exigencia de consumar el matrimonio *humano modo* se sitúa en el ámbito de la realización del acto conyugal y la posterior fecundación, es decir, dentro de la prole *in suis principiis*. En cambio, la intervención médica sobre los embriones es evidente que hay que situarla dentro de la prole ya concebida, es decir, en la prole *in se ipsa*, quedando fuera de la exigencia de consumar el matrimonio *humano modo*, tal y como se concibe para la realización del acto conyugal y la fecundación[125]. Por eso, consideramos que el razonamiento de Pompedda no es acertado en este punto. El autor concluye afimando que no se puede exigir a las partes el recurso a dichos tratamientos, pero por lo que hemos expuesto, tenemos que cuestionar dicha afirmación.

Si aceptáramos esta tésis correríamos el peligro de establecer una distinción entre lo que significa la conservación de la prole antes de su

---

[123] Cf. M.F. POMPEDDA, «Nuove metodiche di intervento», 161-162.

[124] Cf. M.F. POMPEDDA, «Nuove metodiche di intervento», 162. Vemos cómo la exigencia de realizar la cópula consumativa de modo natural se convierte en elemento distorsionador que desenfoca el razonamiento cuando se identifica con el carácter ordinario de los métodos que se emplean para conservar la vida de la prole concebida. Ya vimos al tratar la reproducción asistida cómo también ahí se producía la misma distorsión. Cf. *supra*, cap. VII, 3. 3, nt. 98.

[125] Eso no significa que se pueda emplear cualquier método, pues el derecho no puede obviar la moral. Simplemente nos limitamos a señalar que no es aplicable lo que jurídicamente se exige para la realización de la cópula consumativa a la prole que ya ha sido concebida.

nacimiento y después del mismo. Dicha distinción no sería justa pues la dignidad personal y humana del embrión es la misma antes de nacer que una vez nacido, por lo que establecer la frontera del alumbramiento como criterio para aplicar métodos artificiales, destinados a la conservación de la prole, no puede ser aceptada ni moral ni jurídicamente[126]. Cosa distinta es que dichos métodos sólo se puedan emplear con algunas limitaciones, como hemos visto, pero creemos que aplicar la exigencia de realizar la cópula consumativa de modo natural a la conservación de la prole concebida, para concluir que sólo lo natural es ordinario, es no sólo improcedente, sino que además va en detrimento de la dignidad humana de la prole.

Por último, cabe señalar que la voluntad contraria a aplicar métodos curativos proporcionados para conservar la vida de la prole concebida puede ser también signo de una voluntad contraria al *bonum prolis*. Es verdad que quien no tiene voluntad de tener hijos no esperará a que se produzca la necesidad de someter a la prole concebida a un tratamiento médico del cual depende su vida, para manifestar dicha voluntad. Antes habrá tratado de impedir la concepción o bien si esta no se pudo impedir, habrá intentado poner fin a la gestación. Pero tampoco sería coherente que habiendo intentado todo lo anterior, llegado el momento de necesitar el recurso a una determinada terapia, la parte no solamente no ponga obstáculos a la misma, sino que favorezca positivamente dicho tratamiento. También aquí habrá que verificar en sede judicial el contenido concreto de la voluntad contrayente.

4.2 *La educación de la prole*

El último punto que se comprende dentro del *bonum prolis* es el de la educación de los hijos. El concepto canónico de ésta, se sitúa dentro del ámbito del bien de la prole, como un concepto sobre el cual ni la doctrina, ni la jurisprudencia se manifiestan de modo unívoco. En el capítulo anterior vimos que el Código de 1983 señala distintos elementos de la

---

[126] Así, por ejemplo, dice la *Donum vitae*: «La doctrina recordada ofrece el criterio fundamental para la solución de los diversos problemas planteados por el desarrollo de las ciencias biomédicas en este campo: puesto que debe ser tratado como persona, en el ámbito de la asistencia médica el embrión también habrá de ser defendido en su integridad, cuidado y sanado, en la medida de lo posible, como cualquier otro ser humano». CONGREGACIÓN PARA LA DOCTRINA DE LA FE, Instrc. *Donum vitae*, I, 1. Es evidente que la Instrucción habla aquí de la licitud moral, no de su exigibilidad jurídica, pero creemos que aceptar sólo lo natural como lo exigible para la conservación del embrión produce una diferencia con respecto a la prole ya nacida que tiene graves consecuencias morales.

educación de los hijos, que es una obligación y un derecho de sus padres. Además, el propio Código insiste en la necesidad de educar en la fe católica, en consonancia con el magisterio pontificio más reciente[127].

Con respecto al *bonum prolis*, la discusión doctrinal y jurisprudencial se ha centrado en determinar exactamente qué aspecto de la educación de los hijos es jurídicamente relevante, es decir, esencial y mínimamente requerido para la validez del consentimiento matrimonial[128].

Para una mayor claridad de la exposición asumimos la clásica distinción entre el *bonum physicum prolis* y el *bonum morale prolis*.

4.2.1 El bien físico de la prole

Bajo esta denominación se contempla, desde el punto de vista canónico, todo aquello que refiere a la conservación de la prole concebida y/o nacida, desde el punto de vista corporal y material, así como una educación humana básica[129]. Es decir, el cuidado, alimentación y conservación de la prole y su educación humana entendida como capacitación de la prole para vivir autónomamente en su ámbito social propio[130].

Esta doctrina era común bajo la vigencia del Código anterior, y así se ha mantenido con el nuevo Código manifestándose, por tanto, de acuerdo en afirmar que este bien físico de la prole es elemento esencial del consentimiento matrimonial, por lo que su exclusión hace nulo el matrimonio[131]. También la jurisprudencia se manifiesta en términos similares, como vimos en el apartado anterior al hablar de la conservación de la prole[132].

---

[127] Cf. *supra*, cap VI, 3. 2; can. 226§2, 793§1, 795, 798 y 1136. Para una breve profundización en el derecho-deber de los padres de educar a los hijos, según los cánones señalados, así como el papel socializador de la familia, cf. F. PETRONCELLI HÜBLER, «Diritti e doveri della famiglia».

[128] Cf. S. MASTROTTO, *L'educazione della prole*, 9.

[129] Cf. S. MASTROTTO, *L'educazione della prole*, 31.

[130] S. MASTROTTO, *L'educazione della prole*, 46: «Col termina "umano" non intendiamo né morale, né religioso; intendimo parlare della vita fisica di un uomo che vive in relazione ad altri uomini del suo ambiente primitivo o evoluto che esso sia».

[131] Cf. P. PELLEGRINO, *Il consenso matrimoniale*, 236. A. STANKIEWICZ, «L'esclusione della procreazione», 318.

[132] Cf. *supra*, nt. 118-120. G. MACARIO, *Educazione della prole*, 90: «Il *bonum prolis* fisico esprime tradizionalmente il concetto del sevizio alla trasmissione e alla conservazione della vita umana; comprende oltre al concepimento, la nascita e la conservazione in vita della prole, e giustamente viene chiamato *prima educatio* o *educatio physica, naturalis*. / Questa è la posizione canonisticamente più diffusa, ed è

Alguna postura doctrinal ha mantenido que esta obligación de la educación de la prole es algo ajeno al matrimonio mismo porque se orienta hacia terceros, es decir, a los hijos, por lo que no puede constituir un elemento esencial del consentimiento matrimonial entre las partes. Sin embargo, la postura mayoritaria de la doctrina justifica su aceptación en el hecho de que este derecho-deber educativo de los cónyuges no es separable, en el sistema canónico, del *totius vitae consortium* que los esposos constituyen por el pacto conyugal, tal y como explícitamente recoge el can. 1055§1[133]. Además, la *intentio prolis* exigida en el consentimiento matrimonial incluye la acogida de la prole como persona humana, es decir, según su dignidad. Por eso es exigible, como contenido mínimo de la voluntad, la educación humana de la prole[134].

4.2.2 El bien moral de la prole

Si en lo referente al bien físico de la prole no hay divergencias doctrinales ni jurisprudenciales no ocurre lo mismo, en cambio, con respecto al bien moral o espiritual de la prole. Hasta la promulgación del Código actual la reflexión doctrinal había sido pacífica, salvo algunas pequeñas excepciones entre los decretalistas y los comentaristas del Código Pío-Benedictino. La opinión mayoritaria era la de no considerar como elemento esencial del consentimiento el *bonum spirituale* de la prole, llegándose a la conclusión de que la voluntad de educar a la prole en la infidelidad o en la herejía no invalidaba el matrimonio[135]. La jurisprudencia, por su parte, siempre ha considerado que el *bonum spirituale prolis* no es esencial al objeto formal del consentimiento[136].

Sin embargo, con la promulgación del Código de 1983 han surgido algunas posturas que afirman la necesidad de que la voluntad contrayente no excluya la educación moral, e incluso católica, de la prole para la validez del consentimiento[137]. Veamos los argumentos a favor y en contra.

---

sotenuta anche dalla giurisprudenza Rotale, affermando che l'*educatio prolis* è in rapporto con la validità del matrimonio».

[133] Cf. A. STANKIEWICZ, «L'esclusione della procreazione», 319.

[134] A. STANKIEWICZ, «L'esclusione della procreazione», 319: «Si tratta quindi del "quid minimum essentiale" della educazione, in cui si congiungono il diritto-dovere alla trasmissione della vita umana e il diritto-dovere alla sua conservazione, accoglienza e crescita, come persona umana, nella comunità coniugale».

[135] Cf. A. STANKIEWICZ, «L'esclusione della procreazione», 321.

[136] Cf. A. VANZI, *L'incapacità educativa dei coniugi*, 59.

[137] Esta postura es defendida, entre otros, por: Schmidt, Bonnet, De Maere, Picozza, Gherro, Seco Caro, Smith Foster, Zuanazzi, Mendonça. Cf. A. VANZI, *L'incapacità educativa dei coniugi*, 63, nt. 210 y 212.

Los autores que afirman la necesidad de considerar como contenido mínimo del consentimiento la voluntad de educar la prole en la fe católica basan su argumentación en el hecho de que el matrimonio entre dos bautizados se sitúa en un nivel diferente del matrimonio entre no bautizados. Esto implica una diversidad de fines y de derechos-obligaciones que se transmiten, los cuales provienen del carácter sobrenatural del sacramento[138]. De hecho, este carácter sacramental, según D'Auria, refiere a la Nueva Alianza, por la cual no se puede exigir sólo aquello que es necesario por derecho natural, sino que se requiere que no se excluya la educación moral o religiosa de la prole, porque no sólo se exluiría un derecho humano fundamental de la prole, sino un elemento constitutivo al cual se ordena el matrimonio desde la perspectiva de la fe[139].

Para Picozza, ese derecho humano fundamental es una obligación primaria y radical, mientras que la educación en la fe católica constituye una obligación primaria derivada del carácter sacramental del matrimonio, y que es intransferible e indeclinable por parte de los padres[140]. Este autor concluye afirmando que el can. 1055 es susceptible de ser interpretado de modo que se considere la educación católica de la prole como obligación esencial del matrimonio sacramento[141].

En contra de la exigencia de la educación específicamente católica se sitúa Stankiewicz quien afirma que el derecho–obligación educativo de los cónyuges se enmarca dentro de la iniciación de la vida humana, entendido esto en su globalidad, y no como una dimensión particular de la responsabilidad educativa, en especial con respecto a la fe católica[142]. Es decir, existe una conexión necesaria entre iniciación de la vida física y educación, por parte de los progenitores. Sin embargo, la específica educación a la fe católica refiere directamente al bautismo, es decir, al nacimiento espiritual a la vida de la gracia, pero no al inicio de la vida física de la prole[143].

---

[138] Cf. A. VANZI, *L'incapacità educativa dei coniugi*, 63.
[139] A. D'AURIA, *Il Matrimonio nell diritto della Chiesa*, 217: «[I contraenti] escluderebbero un preciso elemento costitutivo cui è ordinato per sua natura il matrimonio nell'ottica della fede e per tanto il loro consenso si dirigerebbe verso una realtà diversa dal matrimonio proposto dall'ordinamento con la conseguente nullità del loro coniugio».
[140] Cf. P. PICOZZA, «L'esclusione dell'obbligo dell'educazione della prole», 281.
[141] P. PICOZZA, «L'esclusione dell'obbligo dell'educazione della prole», 291: «Si può correttamente affermare che nel can. 1055 possa ricomprendersi l'educazione cattolica della prole come obligazione essenziale che nasce direttamente dal fatto che il matrimonio è stato elevato "alla dignità di sacramento"».
[142] Cf. A. STANKIEWICZ, «L'esclusione della procreazione», 322.
[143] Cf. A. STANKIEWICZ, «L'esclusione della procreazione», 323.

A continuación, considera el autor que en el caso de los matrimonios mixtos el mismo can. 1125 distingue la promesa de cumplir la obligación de educar en la fe católica (can. 1125, 1º), de la instrucción de lo esposos sobre los fines y propiedades del matrimonio, que no pueden ser excluídos (can. 1125, 3º). Por todo ello, el autor rechaza la inclusión de la obligación de educar en la fe católica a la prole como elemento esencial del consentimiento y señala el riesgo de la postura contraria, pues podría poner en duda la validez de los matrimonios de los bautizados no católicos, por su intención de educar en la fe no católica. Esto iría contra la praxis de la Iglesia y contra su espíritu ecuménico[144].

No habiendo partido, Stankiewicz, de la afirmacíon de la necesidad de la educación moral, su postura definitiva, en cambio, consiste en aceptar, como contenido mínimo esencial del derecho-deber de la educación, la apertura general a la dimensión religiosa y moral de esta educación, como consecuencia de la tendencia humana natural a amar el bien y evitar el mal y a la comunión con Dios (GS 16 y 19), pero no una educación específica en la fe católica[145].

No nos es necesario profundizar más, en este estudio, en cada una de estas posturas, a parte de que nos exigiría entrar en los diversos aspectos que concurren en la educación de la prole, así como los posibles actos contrarios a la misma prole o a su educación[146]. Tan sólo queremos señalar una reciente reflexión doctrinal que resulta bastante clarificadora.

Vanzi considera que se debe revisar la clásica distinción entre *bonum physicum prolis* y *bonum spirituale prolis* según la cual sólo el bien físico de la prole es elemento esencial del consentimiento matrimonial, mientras que el bien espiritual, aún perteneciendo al *bonum prolis*, no tiene relevancia jurídica en el momento del consentimiento[147].

El autor parte de la antropología filosófica cristiana y del Magisterio que consideran al hombre como una realidad unitaria capaz de transcenderse a sí misma y de orientarse a Dios. Por eso la educación humana comprende también esta misma dimensión moral o religiosa. En consecuencia, también la educación moral o religiosa forma parte de la esencia natural del matrimonio, porque la misma dimensión religiosa de la persona abarca todas las facetas de la vida[148].

---

[144] Cf. A. STANKIEWICZ, «L'esclusione della procreazione», 323.

[145] Cf. A. STANKIEWICZ, «L'esclusione della procreazione», 324.

[146] Para un desarrollo detallado de esta problemática, cf. A. VANZI, *L'incapacità educativa dei coniugi*, 114-159.

[147] Cf. A. VANZI, *L'incapacità educativa dei coniugi*, 162-163.

[148] A. VANZI, *L'incapacità educativa dei coniugi*, 166: «Se l'educazione è il prolungamento e completamento della procreazione è all'interno di questa visione spiri-

Por último, Vanzi señala la distinción entre el *munus* educativo y la *missio* educativa de los cónyuges. Al *munus* educativo pertenece la educación humana de la prole, abarcando ésta como hemos dicho, la educación moral y religiosa. Sin embargo, la educación católica de la prole pertenece a la misión educativa de los cónyuges sobre los hijos, que nace, no del consentimiento matrimonial, sino de la condición cristiana de los padres[149].

Por eso, concluye el autor, sólo la educación humana entendida como cuidado psicofísico, moral y religioso de la prole es elemento esencial del matrimonio y, por tanto de su consentimiento, mientras que la educación católica forma parte del *bonum prolis*, pero carece de relevancia jurídica capaz de invalidar dicho consentimiento si fuese excluída de la voluntad contractual[150].

La postura de Vanzi nos parece coincidente con la de Stankiewicz, si bien este último no señala explícitamente el carácter natural de la religiosidad, sino que, sólo al final de su argumentación, refiere una cita del Concilio Vaticano II sobre el carácter moral y religioso del hombre, como hemos visto. Los que defienden la relevancia jurídico-canónica de la educación en la fe católica, encuentran la clave argumentativa en el carácter sacramental, sobrenatural, del matrimonio entre bautizados. Para Vanzi, por el contrario, este carácter sacramental tiene como consecuencia sólo la *missio* educativa de los padres, que en ningún caso puede inavalidar el consentimiento. En cambio, para los defensores de la exigencia de la educación católica esta misión se encuadra dentro del *munus* educativo, que sí que puede invalidar el consentimiento matrimonial. En lo que coinciden ambas posturas es en que al ser lo moral y religioso algo propio de la naturaleza humana, la obligación de educar de este modo a los hijos se extiende por igual al matrimonio entre bautizados como al matrimonio entre no bautizados y, por tanto, no sacramental.

Creemos que la postura de Vanzi es acertada, mientras que la exigencia de la educación en la fe católica no. La razón de nuestra toma de posición surge de la lectura reiterada del discurso de Juan Pablo II a la Rota Romana de 2001. Traemos aquí lo mismo que señalamos en el

---

tuale del matrimonio e della stessa procreazione che vogliamo connettere il concetto di educazione umana, come cura psicofisica, morale e religiosa della prole. La dimensione religiosa è intrinseca all'essenza naturale del matrimonio ed informa tutti gli aspetti di questa, tra i quali anche l'educazione, poiché l'asspetto religioso è inerente alla stessa struttura ontologica dell'uomo capace di aprirsi al trascendente».

[149] Cf. A. VANZI, *L'incapacità educativa dei coniugi*, 167.
[150] Cf. A. VANZI, *L'incapacità educativa dei coniugi*, 167.

capítulo anterior[151] en referencia al carácter sacramental del matrimonio. El Pontífice subrayaba claramente que exigir para el sacramento requisitos intencionales o de fe que fueran más allá de la voluntad de esposarse según el plan divino del «principio», significaría querer separar el matrimonio de los cristianos del de los no cristianos, pero eso se opondría profundamente al verdadero sentido del diseño divino, según el cual, es justamente la realidad creacional la que es un misterio grande en referencia a Cristo y a la Iglesia[152].

Según el can. 1055, es esta realidad natural la que es elevada por Cristo a la dignidad de sacramento. Exigir una voluntad específica de educar en la fe católica, resulta ser un elemento adicional de la voluntad que se exige a los bautizados, a diferencia de los no bautizados. Es justamente esta diferencia la que nos parece que es contraria a lo manifestado por Juan Pablo II en el citado discurso.

Por lo que se refiere a la jurisprudencia, tan sólo señalamos que en líneas generales se ha decantado por afirmar como esencial el *bonum physicum prolis*, quedando excluída toda referencia a la educación moral de la prole[153]. En todo caso conviene indicar que la jurisprudencia ha tratado poco la educación de la prole. Este tema aparece siempre enmarcado dentro del *bonum prolis* y en las pocas referencias que hay a la educación moral de la prole, ésta aparece siempre como elemento del bien de la prole, pero su exclusión no invalida el consentimiento matrimonial[154].

5. La influencia del Sida (AIDS) sobre el *bonum prolis*

Un último apartado de este capítulo sobre los elementos esenciales del *bonum prolis* lo queremos dedicar a estudiar la influencia que el Sida puede tener sobre el consentimiento matrimonial con respecto a la procreación de los hijos. La razón de centrarnos en esta enfermedad se debe a que hoy en día es la enfermedad que más interrogantes plantea en lo que se refiere al matrimonio, en general y en relación a los hijos, en particular. También nos ha parecido interesante hacerlo en este capítulo, para poder observar con mayor facilidad las consecuencias que

---

[151] Cf. *supra*, cap. VI, 3.2, nt. 51.
[152] Cf. JUAN PABLO II, *Allocutio*, 1 febrero 2001, n. 8.
[153] J.A. CEBALLOS SOLÍS, *La educación de la prole*, 162: «La educación moral, religiosa, social y cultural no constituyen parte del objeto del consentimiento, por lo tanto no son de la esencia del matrimonio. La jurisprudencia justifica esta afirmación a partir de la explicación de que la educación de la prole en la religión, sea católica, acatólica o en la infidelidad (paganismo), no es de la sustancia del matrimonio».
[154] Cf. J.A. CEBALLOS SOLÍS, *La educación de la prole*, 162.

esta enfermedad puede tener sobre los distintos elementos esenciales del bien de la prole. En este sentido, esta enfermedad se presenta como un paradigma extremo que puede servir de modelo para resolver los interrogantes que otras patologías o deficiencias pueden presentar en relación al *bonum prolis* y la voluntad consensual del matrimonio.

No podemos hacer un análisis exhaustivo del tema, por lo que tan sólo nos limitamos a señalar aquello que más directamente incide en los dos aspectos que acabamos de indicar.

5.1 *El Sida, hoy*

El Sida es una enfermedad reciente que, sin embargo, se ha extendido con rapidez en todo el mundo. Desde que en 1979 fuera reconocida como enfermedad, en poco más de diez años las cifras de personas contagiadas crecieron a un ritmo vertiginoso[155]. Según un informe del Programa Conjunto de las Naciones Unidas sobre el VIH/SIDA (ONUSIDA) y la Organización Mundial de la Salud (OMS) del año 2006 el número total de personas en el mundo contagiadas de Sida ascendía a 39,5 millones, de los cuales 4,3 se habían contagiado ese mismo año[156].

La forma de contagio es por vía hemática, ya sea a través de jeringuillas infectadas o por transfusiones de sangre, mediante relaciones sexuales tanto heterosexuales como homosexuales y la llamada tansmisión vertical, de la madre infectada al feto[157]. Estos dos últimos modos de transmisión son los que inciden en la voluntad contractual matrimonial de modo directo, sin embargo, el modo en que la persona haya contraído la enfermedad es indiferente en lo que respecta a la valoración de la capacidad de la persona infectada para contrar matrimonio. Por eso, nos encontramos ante dos realidades cuyo estudio conviene separar: la capacidad para contraer matrimonio y la relación entre el Sida y el *bonum prolis*.

De modo genérico señalamos ahora la evolución de la enfermedad. El Sida se desarrolla en cuatro fases hasta que la persona fallece. La primera fase (infección) transcurre mayoritariamente de manera asintomática, pero con manifestaciones de fiebre, malestar general, engro-

---

[155] Cf. K.-T. GERINGER, «Zur Ehefähigkeit von AIDS-Infizierten», 140; G. ZUANAZZI, «AIDS: aspetti epidemiologici», 20: «L'OMS ritiene che fino al 1993 il virus abbia contagiato, nel mondo, oltre 14 milioni di persone».

[156] Cf. ORGANIZACIÓN MUNDIAL DE LA SALUD, «Situación de la epidemia de SIDA», 1 [7].

[157] Cf. U. NAVARRETE, «AIDS e consenso», 133.

samiento de los ganglios o erupciones cutáneas que remiten a las pocas semanas.

La segunda fase es completamente asintomática y puede durar más de diez años o agotarse en un breve período de algunos meses. La tercera se denomina ARC (*Aids Related Complex*) y los síntomas son linfoadenopatía generalizada, fiebre continua o intermitente, diarrea, inapetencia, pérdida progresiva de peso, sudoración extrema y cansancio. Por último, la cuarta fase es en la que propiamente se puede decir que la persona está enferma de Sida. A los síntomas anteriormente descritos se añaden otras infecciones como consecuncia del deterioro del sistema inmunitario, tumores, y complicaciones neuropsiquiátricas. La muerte de la persona se produce por la concurrencia de las enfermedades descritas más que por el propio virus y la duración de esta fase oscila entre 4-5 meses y 2-3 años[158].

5.2 *Sida y matrimonio canónico*

La enfermedad de Sida plantea algunos interrogantes a la reflexión canónica. En primer lugar, se trata de una enfermedad para la cual no existe actualmente ningún remedio capaz de conseguir una curación definitiva. La previsión de vida del enfermo es variable pero no alcanza los 15 años desde que se produce el contagio hasta el desenlace de la última fase[159]. Otro factor importante es el de que provoca distintas perturbaciones psíquicas en la persona, especialmente como reacción a la propia enfermedad que pueden afectar a su capacidad consensual[160]. Por último, la transmisión por medio de la relación sexual suscita la duda sobre la idoneidad del enfermo de Sida para contraer matrimonio.

En concreto lo que la doctrina se pregunta es si la posibilidad de contagiar al otro cónyuge y a la prole no es suficiente para considerar ilícito el matrimonio contraído con quien es portador del VIH[161]. Veamos a

---

[158] Cf. G. ZUANAZZI, «AIDS: aspetti epidemiologici», 25-26.
[159] Cf. U. NAVARRETE, «AIDS e consenso», 136.
[160] Cf. U. NAVARRETE, «AIDS e consenso», 136.
[161] En concreto Pompedda señala hasta seis preguntas al respecto: «1. È lecito per una persona sieropositiva contrarre matrimonio avendo poi rapporti coniugali che espongono il coniuge al rischio del contagio? 2. È lecito per una persona sieropositiva contrarre matrimonio, rinunciando poi all'uso del matrimonio? 3. È lecito per una persona sieropositiva contrarre matrimonio decidendo di far uso del preservativo per diminuire il rischio di contagiae il coniuge? 4. È lecito per una persona sana accetare i rapporti coniugali col coniuge sieropositivo sapendo che ciò espone a rischio la propria salute? 5. È lecito per un coniuge sieropositivo o per due sposi entrambi sieropositivi decidere di ricercare il concepimento dato il rischio che il bambino sia sieropositivo?

continuación cómo resuelve la doctrina este dilema que se presenta tanto desde el punto de vista moral como canónico.

En la reflexión doctrinal encontramos tres posturas al respecto. En un primer grupo podemos englobar a los autores que se han manifestado favorables a la incapacitación de los portadores del VIH. De esta manera, todo matrimonio celebrado por una persona infectada por el VIH habría que considerarlo nulo. En concreto, Geringer afirma que nadie puede obligarse a algo que es moralmente reprobable[162]. Por ello, un portador del VIH es incapaz para contaer matrimonio con una persona no infectada[163]. Por otro lado, el matrimonio entre dos personas infectadas del VIH sería problemático por la posibilidad de contagiarlo a la prole. En este caso, el autor argumenta que según la enseñanza sobre la paternidad responsable del Concilio Vaticano II la pareja infectada de VIH no tiene ni derecho ni obligación de procrear los hijos[164]. En este sentido, no habría razón para impedir su matrimonio, siempre y cuando los métodos empleados estén permitidos. Sin embargo, el autor concluye que, como el riesgo de que con cada relación sexual las propias partes agraven su infección, toda persona infectada de VIH es absolutamente incapaz para contraer matrimonio, independientemente de que la otra parte esté infectada o no[165].

En términos parecidos se manifiesta Funder quien señala que quizás se debería hablar de una *impotentia moralis* basada en el peligro de contagiar a la otra parte y a la prole[166].

En parte coincidente, pero también en parte discrepante, se manifiesta Pompedda. La coincidencia se refiere a la duda de que algo moralmente reprobable pueda ser admitido como válido desde el punto de vista canónico[167]. De hecho, el autor afirma la necesaria vinculación y

---

6. È lecito per due persone sieropositive o per un sieropositivo con un sano contrarre matrimonio […] rinunciando positivamnte alla generazione di figli per il pericolo che essi siano malati?». M.F. POMPEDDA, «Problematiche di Diritto canonico», 58.

[162] K.-T. GERINGER, «Zur Ehefähigkeit von AIDS-Infizierten», 144: «Es gilt auch, dass sich niemand mit rechtlicher Wirkung zu etwas verpflichten kann, was moralisch verwerflich ist; eine solche Verpflichtungserklärung wäre nicht nur verboten, sondern ebenfalls rechtlich unwirksam».

[163] Cf. K.-T. GERINGER, «Zur Ehefähigkeit von AIDS-Infizierten», 146.

[164] Esta afirmación nos parece incorrecta, como veremos a continuación.

[165] Cf. K.-T. GERINGER, «Zur Ehefähigkeit von AIDS-Infizierten», 147-148.

[166] Cf. A. FUNDER, «AIDS-Krankheit», 363.

[167] M.F. POMPEDDA, «Problematiche di Diritto canonico», 60: «In fondo, il problema sembra essere questo: ove un diritto-dovere, oppure una capacitas contrahendi, oppure una voluntas contrahendi comportasse radicalmente, per sé, necessariamente una sostanziale grave e diretta violazione di una legge morale, che obblighi grave-

dependencia del derecho con respecto a los principios teológico-morales, lo cual presenta la duda del reconocimiento de la capacidad para contrarer[168].

La discrepancia se sitúa en la afirmación sobre el derecho-obligación de procrear. Siguiendo la doctrina común, Pompedda afirma que, si bien el matrimonio no concede un *ius ad prolem*, el matrimonio está ordenado por naturaleza al acto conyugal apto para la generación de la prole, por lo que la incapacidad para realizarlo (can. 1084) o la exclusión del derecho al mismo (can. 1101) suponen necesariamente la nulidad del matrimonio[169].

Con respecto a si el Sida puede constituir un capítulo autónomo de nulidad matrimonial, el autor señala que el Sida tan sólo puede suponer un capítulo autónomo en la medida en que constituya una incapacidad de asumir las obligaciones que, o bien se refieren al *bonum coniugum* o bien afectan al *bonum prolis*[170]. Sin embargo, concluye que en lo referente a la *voluntas contrahendi*, si esta no es contraria a la ley moral, es decir, que se respete la paternidad responsable y el fin del matrimonio, el matrimonio será válido. En caso contrario, cuando la voluntad pretenda disponer arbitrariamente del objeto del matrimonio, estaríamos ante un capítulo de nulidad específico[171].

En segundo lugar, nos encontramos con otros autores que afirman, a tenor del can. 1058, que no estando expresamente prohibido por el derecho, una persona portadora del VIH puede celebrar válidamente el matrimonio. Así, por ejemplo, Coleman señala que una prohibición al matrimonio para una persona con Sida o portadora del VIH no puede ser entendida como un impedimento en sentido estricto, pues los interrogantes que plantea son de carácter moral más que canónico, si bien, a tenor del can. 1077§1, puede prohibir el Obispo diocesano, caso por caso, dicho matrimonio[172].

Por su parte, Bianchi afirma que como es incierto que el Sida se oponga *per se* a la validez del matrimonio, puesto que en principio no incapacita para el consenso, ni para la cópula conyugal, ni para las obligaciones esenciales del matrimonio, dicha incerteza impide estable-

---

mente, nella prospettiva del diritto canonico, nella sua idelità, nella ssua natura e specificità, potrebbero quel diritto-dovere, quella capacitas, quella voluntas essere validamente riconosciuti?».

[168] Cf. M.F. POMPEDDA, «Problematiche di Diritto canonico», 61.
[169] Cf. M.F. POMPEDDA, «Problematiche di Diritto canonico», 55.
[170] Cf. M.F. POMPEDDA, «Problematiche di Diritto canonico», 69.
[171] Cf. M.F. POMPEDDA, «Problematiche di Diritto canonico», 70.
[172] Cf. G. COLEMAN, «Can a person with AIDS», 265.

cer una presunción de incapacidad para el matrimonio para los portadores del VIH o enfermos de Sida[173].

En términos parecidos se expresa Franceschi quien incluso afirma la justificación del matrimonio de un enfermo de Sida o de un seropositivo, por ejemplo, como remedio de la concupiscencia[174]. Con respecto a la procreación, el autor afirma que no siempre la prole resulta contagiada y que cada vez se reduce más el número de contagios de la madre al hijo[175]. Por ello, concluye el autor, no necesariamente los enfermos de Sida son incapaces de contraer matrimonio[176].

Aznar apunta que no se puede prohibir de forma automática el acceso al matrimonio a personas afectadas por el VIH/SIDA, aunque «dadas las condiciones y características de esta enfermedad, hay muchas probabilidades de que los contrayentes opten por un matrimonio que, canónicamente, es nulo, a pesar de su buenas intenciones»[177].

Por su parte, Boni afirma que en la reflexión teológico-moral no hay unanimidad a la hora de calificar el acto conyugal por parte de portadores del VIH o enfermos de Sida como una violación de la ley moral. Este es el caso en el que por medio de dicho acto se pretende evitar un mal mayor como sería la incontinencia o el adulterio. Por ello, no se puede hablar de una *impotentia coeundi* ética o *inhabilitas* o *incapacitas*. Lo que sí señala la autora es la posibilidad del matrimonio con pacto de castidad, pacto que debe ser revocable incluso unilateralmente[178].

Sanders, por último, afirma que la nulidad del matrimonio no puede ser invocada solamente por que una o las dos partes estén infectadas o padezcan el Sida, es decir, esas situaciones no bastan para fundamentar la nulidad del matrimonio, sino que son sólo una causa indirecta de la misma[179]. También señala el autor que el argumento de la sobreinfección por relaciones sexuales entre infectados ha quedado obsoleto[180].

---

[173] Cf. P. BIANCHI, «AIDS e matrimonio canonico», 374

[174] Cf. H. FRANCESCHI, «AIDS e capacità matrimoniale», 89.

[175] Cf. H. FRANCESCHI, «AIDS e capacità matrimoniale», 89.

[176] Cf. H. FRANCESCHI, «AIDS e capacità matrimoniale», 90.

[177] F.R. AZNAR GIL, «AIDS/SIDA y matrimonio canonico», 156-157.

[178] Cf. G. BONI, «AIDS ed esclusione del bonum prolis», 219-223, nt. 175. Este pacto de castidad es un ejemplo de lo que señalábamos en el capítulo anterior al indicar la posibilidad de renunciar a ejercer el derecho recibido, pero quedando la parte obligada a cumplir con el débito conyugal cuando la otra parte lo requiera. Cf. *supra*, cap. VI, 2.2.

[179] F. SANDERS, *AIDS als Herausforderung für die Theologie*, 305: «Auch die Ehe von HIV-Infizierten und AIDS-Kranken kann von einem kirchlichen Gericht annulliert werden, jedoch wird der Klagegrund in solchen Fällen nicht in einen direkten Zusammenhang mit der Infektion zu bringen sein, in dem Sinne etwa, dass die Ehe

Una tercera postura doctrinal es la de Navarrete. El autor explica la diferencia entre derecho positivo, la moral y el derecho natural. Lo que desde el punto de vista del derecho positivo puede ser ilícito o incluso nulo, no tiene por qué serlo desde el punto de vista moral y viceversa. Sin embargo esta distinción es compleja por lo que al derecho natural se refiere[181]. Por esa razón el autor afirma que, teniendo en cuenta la perspetiva antropológica con la que el Vaticano II ha presentado el matrimonio, una persona infectada de Sida no está en grado de constituir la comunidad de vida y amor propia del matrimonio, dado lo contagioso de la enfermedad, sus efectos devastantes y el resultado de muerte en breve tiempo que conlleva la misma. En ese sentido, el Sida es contrario al *bonum* del otro cónyuge[182]. Por ello, afirma Navarrete que tal matrimonio sería nulo *ipso iure naturali*[183].

Sin embargo, el autor concluye que desde el punto de vista de la medicina y de la jurisprudencia no parece que un matrimonio pueda ser acusado de nulidad directamente por el hecho de que uno de los cónyuges sea seropositivo o esté infectado de Sida. Por eso, las causas de la nulidad habrá que buscarlas en otro capítulos previstos en el Código como la impotencia (can. 1084), las incapacidades descritas en el can. 1095, el error doloso o simple, (can. 1097 y 1098), o la simulación (can. 1101§2)[184].

5.3 *Sida y bonum prolis*

La segunda parte del problema del Sida con respecto al matrimonio viene dada por la posibilidad del llamado contagio vertical, es decir, de la madre al hijo en gestación. Desde el punto de vista médico hay que decir que este contagio se produce por parte de la madre, mientras que no se ha registrado ningún caso en el que la infección se haya produci-

---

annulliert würde, allein weil ein oder beide Partner bereits bei der kirchlichen Trauung HIV-positiv waren. Die Nichtigkeit der Ehe lässt sich nicht aus HIV-spezifischen Gründen herleiten. Das Faktum einer HIV-Infektion kann daher nur indirekt Gegenstand einer Ehenichtigkeitsklage sein».

[180] Cf. F. SANDERS, *AIDS als Herausforderung für die Theologie*, 308.
[181] Cf. U. NAVARRETE, «AIDS e consenso», 138.
[182] U. NAVARRETE, «AIDS e consenso», 140: «La malattia del'AIDS è così contraria al "bonum" dell'altro coniuge e così negativa sotto tutti i punti di vista rispetto al raggiungimento delle finalità proprie del matrimonio che il paziente sembra non sia oggettivamente atto per il raggiungimento – nemmeno in gado minimo – di nessuno dei beni e delle finalità dell'istituto matrimoniale».
[183] Cf. U. NAVARRETE, «AIDS e consenso», 144.
[184] Cf. U. NAVARRETE, «AIDS e consenso», 145.

do directamente por parte del padre sin contagiar a la madre. Es decir, no hay una contribución directa del padre en la transmisión vertical, lo cual significa una reducción considerable de las posibilidades de contagio cuando la madre no está infectada, si bien puede resultarlo de la propia relación que da lugar a la concepción de la prole[185].

Por otro lado, la transmisión del virus se produce en la mayor parte de los casos en la proximidad o durante el parto, cuando la placenta va perdiendo progresivamente sus características específicas de barrera. Incluso, la tasa de transmisión en los nacidos por cesárea es considerablemente inferior respecto de aquellos nacidos por parto vaginal, llegándose a cifrar esta reducción en un 50%[186]. Otro riesgo de transmisión vertical se produce durante la lactancia porque el virus es segregado junto con la leche materna, creciendo el riesgo de contagio[187]. Pero tanto el parto por cesárea como la lactancia con leche no materna son dos posibilidades cuyo recurso no puede considerarse actualmente como de carácter extraordinario, por lo que se puede afirmar que en un futuro cercano se pueden reducir a cero las posibilidades de transmisión vertical del VIH o Sida pediátrico[188].

Por tanto, la posibilidad de contagiar a la prole resulta ser menor de lo que en principio se podría pensar ante la presencia del VIH en uno o en ambos cónyuges.

Por lo que se refiere al ejercicio de la paternidad responsable, la presencia del VIH no significa más que una causa que puede motivar la reducción del numero de hijos o su distanciamiento, pero nunca podrá justificar la no transmisión del derecho al acto conyugal apto *per se* para la procreación de la prole[189], pues de lo contrario el matrimonio sería nulo.

5.4 *Resumen*

A todo lo dicho hasta ahora tan sólo nos queda añadir que debido a las diferencias doctrinales expuestas no podemos afirmar que el hecho de ser portador del VIH o estar en la fase propiamente de enfermedad del Sida, suponga un impedimento para contraer matrimonio. Con Navarrete, pensamos que podría tratarse de un impedimento de derecho natural – más por el posible contagio a la otra parte que por la posibili-

---

[185] Cf. G. BONI, «AIDS ed esclusione del bonum prolis», 194.
[186] Cf. G. BONI, «AIDS ed esclusione del bonum prolis», 196.
[187] Cf. G. BONI, «AIDS ed esclusione del bonum prolis», 198.
[188] Cf. G. BONI, «AIDS ed esclusione del bonum prolis», 198.
[189] Cf. G. COMOTTI, «Ordinatio ad prolem del matrimonio», 112-113.

dad de transmitirlo a la prole -, pero que hoy por hoy no puede presentarse como capítulo de nulidad autónomo.

En todo caso nos parece que, si en algún momento se constituyera como impedimento y, por tanto, como capítulo de nulidad autónomo el ser portador del VIH o padecer de Sida, se le podrían aplicar los mismos criterios que determinan la perpetuidad o no de la impotencia. Es decir, si los avances médicos permitieran en el futuro curar esta enfermedad en cualquiera de sus fases o sólo en alguna de ellas, la verificación de que las técnicas empleadas para ello sean moralmente lícitas, no peligrosas para la vida y de carácter no extraordinario, permitirían afirmar la no perpetuidad de la enfermedad y, por tanto, la consiguiente validez del consentimiento matrimonial.

Por último, sólo resta decir que, la presencia del VIH o el desarrollo de la enfermedad, en uno o ambos cónyuges, puede llevar a celebrar un matrimonio en el cual el *bonum prolis* quede excluído de la voluntad contrayente si las partes se proponen evitar absolutamente la prole o si no transmiten el derecho al acto conyugal *modo naturali ponendos* y apto *per se* para la procreación de la prole o si tienen la voluntad de recurrir a la fecundación artificial o de eliminar la prole que haya podido ser contagiada con el VIH. El escrutinio previo a la celebración del matrimonio debe verificar el contenido de la voluntad contrayente ante la presencia del VIH o el desarrollo de la enfermedad. Según sea esta voluntad se podría impedir la celebración de las nupcias, incluso como prohibición del Ordinario del lugar contemplada en el can. 1077§1.

Pensamos que estos criterios expuestos con respecto al Sida son aplicables, *mutatis mutandis*, a otras patologías, deficiencias e incluso dependencias, que puedan padecer uno o ambos cónyuges en el momento del consentimiento matrimonial (*in fieri*). De la misma manera que en épocas anteriores la doctrina adoptó la enfermedad de la lepra como paradigma que ayudara en la reflexión sobre el matrimonio y el bien de la prole[190], la actual condición del Sida hace que pueda servir actual-

---

[190] U. NAVARRETE, «AIDS e consenso», 127-128: «La materia [la lebbra] acquistò una importanza tale da esigere succesivi interventi legislativi dei Papi. Gregorio IX dedicò un titolo *De coniugio leprosorum* (X.4,8) delle sue Decretali, nel quale accolse due decretali di Alessandro III (1159-1181), e una di Urbano III (1185-1189), che segnano le basi fondamentali della dottrina e della prassi posteriori sul trattamento da dare ai lebbrosi nei confronti del matrimonio *in fieri* e della vita coniugale. / Per analogia poi la dottrina e anche la prassi applicò gli stessi principi ad altre malattie che apparvero in Europa nei secoli XV-XVIII non meno gravi della lebbra, quali il

mente para la reflexión y resolución de los interrogantes suscitados por otras circunstancias en las cuales, el ejercicio de los elementos esenciales del *bonum prolis*, puede poner en peligro, o causar graves daños a la vida de los cónyuges o de la prole.

6. Conclusión

A lo largo de este capítulo hemos ido desgranando los elementos que conforman el *bonum prolis*. Del estudio detallado de los mismos podemos concluir que forman parte del contenido esencial del bien de la prole y, por tanto, además de la *intentio prolis*, son exigibles en el momento del consentimiento los siguientes elementos:

– Con respecto a la realización del acto conyugal de modo natural: la voluntad de realizarlo de este modo, rechazando el uso de cualquier tipo de anticonceptivos que, o bien disocien los significados unitivo y procreativo del acto conyugal, o bien impidan la concepción de la prole o provoquen su eliminación tras ser concebida. Así mismo, el rechazo al recurso a los métodos de reproducción artificial, tanto homóloga como heteróloga, que disocian de igual manera los significados señalados del acto conyugal. Por último, evitar cualquier tipo de ignorancia, violencia o error sobre la procreación o el mismo acto conyugal, sean éstos para evitar la prole o para conseguirla.

– En relación a la paternidad responsable: la voluntad de ejercerla, según los criterios señalados, es decir, valorando las circunstancias personales en las cuáles se desarrolla la vida conyugal, sin llegar a excluir en ningún período la transmisión del derecho al acto conyugal. Y según sea esta valoración, aumentar o limitar el número de hijos.

– Con respecto a las técnicas de reproducción artificial y asistida: la voluntad de recurrir a las técnicas de reproducción asistida, para vencer determinados tipos de esterilidad, siempre que se cumplan los criterios de moralidad, ausencia de riesgo para la vida y que sean de carácter ordinario.

– En referencia a la conservación y educación de la prole: por un lado, la voluntad de cuidar y conservar la prole concebida, rechazando todo lo que implique el fin de su gestación con peligro de muerte. Por ello, es exigible el sometimiento a técnicas artificiales destinadas a con-

---

"morbus gallicanus", il "morbus napolitanus" e altre gravi malattie veneree, più contagiose della lebbra».

servar la vida de la prole concebida, siempre que respeten los criterios señalados. La educación de la prole nacida comprende no sólo su aspecto físico, es decir, su cuidado, alimentación y conservación en vida, sino también su educación moral y religiosa en sentido amplio, es decir, no específicamente católica, pero sí concorde a su dignidad de persona humana, naturalmente abierta a la trascendencia.

CAPÍTULO VIII

La exclusión del *bonum prolis* como causa de nulidad

En el último capítulo de este estudio sobre el *bonum prolis* queremos centrar nuestra atención en el fenómeno de la exclusión del mismo. Como hemos visto, el bien de la prole es un elemento esencial del matrimonio cuya exclusión invalida el consentimiento matrimonial, a tenor del can. 1101§2.

En el capítulo anterior hemos detallado los elementos que conforman de modo esencial el bien de la prole. Ahora se trata de ver cómo tiene que ser la voluntad de una o ambas partes sobre dichos elementos esenciales para que el matrimonio sea válido, pero también en qué consiste el acto positivo de voluntad que según el canon 1101§2 se exige para cosiderar que se ha simulado el matrimonio. A lo largo de la exposición del argumento hemos afirmado continuamente la necesidad de verificar el contenido de la voluntad contractual para determinar la validez de la misma. Ahora nos preguntamos cómo alcanza la voluntad dicho contenido y cómo se verifica el mismo en sede judicial para poder declarar la nulidad del consentimiento por causa de su simulación.

Por ello, en primer lugar nos centraremos brevemente en el concepto de simulación tanto total como parcial. En segundo lugar consideraremos lo que es el acto positivo de voluntad, cuya comprensión, además, nos clarificará el proceso de formación de la misma. Estrechamente unido a aquél se nos presenta la estructura interna de la voluntad simulante, es decir, nos centraremos en la *causa contrahendi* y la *causa simulandi*. Como veremos, ambas deben ser distintas una de la otra pero, a la vez, se relacionan entre sí de un modo coherente, de tal modo que esta misma correspondencia entre una y otra permite reconocer el hecho de la simulación. Por último, estudiaremos el esquema probatorio que la jurisprudencia ha desarrollado para la verificación de la simulación.

No pretendemos estudiar a fondo este fenómeno de la simulación sino tan sólo estos elementos enumerados –concepto de simulación, acto positivo de voluntad, estructura de la simulación y prueba de la misma– que no son específicos de la exclusión del *bonum prolis*, sino que valen también para la exclusión de la fidelidad y la sacramentalidad. Por ello, en nuestra reflexión nos serviremos también de la doctrina y la jurisprudencia general al respecto, si bien nunca desviaremos nuestra atención de aquello que, específicmente, pueda afectar al bien de la prole.

1. Concepto y tipos de simulación

Según el can. 1057§1 «matrimonium facit partium consensus inter personas iure habiles legitime manifestatus, qui nulla humana potestate suppleri valet». La voluntad de las partes, manifestada en el consentimiento, es la causa eficiente del matrimonio. Sobre esta voluntad exteriorizada por las partes establece el can. 1101§1 una presunción *iuris tantum* según la cual su manifestación externa concuerda con la voluntad interna de la persona[1]. Dicha presunción señala dos realidades. En primer lugar, que lo que se presume es el normal y deseable comportamiento de un cristiano en una materia tan grave como la del matrimonio. Pero en segundo lugar, la presunción señala la posibilidad real y jurídica de que se produzca una discordancia conocida y querida entre la voluntad interna y la manifestación externa de la misma. Es esta discordancia la que produce la nulidad del matrimonio[2].

Este fenómeno se conoce con el nombre de exclusión dentro del ámbito del derecho matrimonial canónico, como señala el propio can. 1101§2[3]. Sin embargo, el fenómeno como tal no es exclusivo del derecho matrimonial, sino que se presenta también dentro del derecho penal, en concreto en lo referente a la celebración de los sacramentos[4]. En este caso el Código habla de simulación, término que describe mejor el fenómeno, por cuanto una persona simula ser sacerdote. Se produce una apariencia en el ser, no en el el querer, que es lo que de hecho se poduce en el consentimiento matrimonial. Por tanto, ambos términos reflejan realidades parecidas, pero cada una viene descrita mejor con

---

[1] Can. 1101§1: «Internus animi consenus praesumitur conformis verbis vel signis in celebrando matrimonio adhibitis».

[2] Cf. A. D'AURIA, *Il Matrimonio nell diritto della Chiesa*, 210.

[3] Can. 1101§2: «At si alterutra vel utraque pars positivo voluntatis actu excludat matrimonium ipsum vel matrimonii essentiale aliquod elementum, vel essentialem aliquam proprietatem, invalide contrahit».

[4] Cf. can. 1379.

los términos empleados respectivamente: exclusión (voluntad) para el matrimonio, simulación (ser) para otros sacramentos[5].

Sin embargo, dentro del ámbito matrimonial también se usa el término simulación. Tanto la jurisprudencia rotal como la tradición canónica han venido usando este término a la par que la ley se refiere al mismo fenómeno con la palabra exclusión, como hemos visto[6].

La simulación, por tanto, se verifica cuando una o ambas partes manifiestan externamente la voluntad de realizar un determinado negocio jurídico, mientras que internamente no sólo falta esta voluntad, sino que existe una voluntad contraria a dicho negocio jurídico o alguno de sus elemento esenciales[7]. En el caso del matrimonio, el citado can. 1101§2 habla no sólo de elementos esenciales sino también de propiedades esenciales.

Es importante señalar también que nos encontramos ante una única voluntad, que es la interna. La simulación indica precisamente que la voluntad manifestada en el consentimiento no es la verdadera voluntad que la persona tenía al contraer el matrimonio. Esto que para el ordenamiento civil resulta irrelevante salvo en los casos de error o miedo[8], en el derecho canónico y, en especial en el ámbito del derecho matrimonial, es de vital importancia, puesto que de lo contrario, se estaría supliendo la voluntad de las partes en contra de lo establecido por el apenas citado can. 1057§1.

1.1 *La simulación total*

La simulación total consiste en la exclusión del matrimonio mismo por la voluntad contrayente tal y como señala el can. 1101§2. Es decir, no se quiere que el vínculo matrimonial se establezca entre las partes. Para ello se necesita, por un lado, que exista una voluntad positivamen-

---

[5] Cf. J.J. GARCÍA FAÍLDE, *La nulidad matrimonial hoy*, 89.
[6] Cf. A. STANKIEWICZ, «De iurisprudentia rotali», 199-200; J.J. GARCÍA FAÍLDE, *La nulidad matrimonial hoy*, 89.
[7] Cf. A. D'AURIA, *Il Matrimonio nell diritto della Chiesa*, 211.
[8] Cf. J.J. GARCÍA FAÍLDE, *La nulidad matrimonial hoy*, 91. Sin embargo, hay que señalar que en el ámbito civil se reconoce la simulación, pero sólo la bilateral, que adquiere el nombre de reserva mental o dolo. La simulaión unilateral sólo está contemplada en el ámbito canónico. A. STANKIEWICZ, «Concretizzazione del fatto simulatorio», 260: «La simulazione canonica intesa in questi termini ovviamente si distacca dal concetto della simulazione civile, la quale, come è noto, non ammette alcuna specie unilaterale, denominata già a partire dal diritto intermedio "riserva mentale" ed in seguito considerata talvolta come "scherzo o dolo", benchè condivida con essa un aspetto essenziale, cioè la divergenza tra volontà interna e l'esterna dichiarazione».

te contraria al contrato matrimonial mismo pero, por otro, que a dicha exlusión se le haya dado la apariencia contraria, es decir, la de querer el vínculo matrimonial[9].

En este sentido podemos scñalar cuatro elementos esenciales de la simulación total. En primer lugar se destaca la *voluntariedad*[10]. Se trata de un acto voluntario al que no determinan sus motivaciones, ni siquiera el error, aunque estas puedan hacerlo explicable o verosímil, principalmente a efectos de prueba. La simulación es un defecto del consentimiento que se origina libre y conscientemente en la propia voluntad del sujeto. Se trata de un acto positivo de voluntad que es lo que distingue la simulación del error, la ignorancia o la incapacidad. Es necesaria una acción voluntaria de simular, por lo que no bastan los anhelos, los deseos, los motivos, los intereses, los fines y beneficios que tiene, sufre o goza un sujeto. En todo caso explican el impulso a hacerlo, pero no son el acto voluntario de hacerlo y no prueban que el sujeto lo haya hecho. En este acto positivo de voluntad nos centraremos en el apartado siguiente.

En segundo lugar, la voluntariedad consiste en intención de *falseamiento*[11] del verdadero contenido conyugal del signo nupcial. Esto es así por lo ya afirmado más arriba de que no existen dos voluntades, sino sólo una, la interna, que en su manifestación externa resulta falseada. De este modo se crea una apariencia de querer el matrimonio, pero el objeto de la voluntad es otro distinto. De la misma manera que el consentimiento no contiene dos voluntades autónomas pero concordes, tampoco la simulación, que consiste en un falso consentimiento, requiere dos voluntades. En realidad la simulación es una ausencia de verdad conyugal esencial en la voluntad interna de una o ambas partes, ausencia consciente y querida.

En tercer lugar, se produce una *suplantación*[12], una sustitución de la verdadera voluntad de conyugarse[13]. El can. 1101§1 contiene una presunción *iuris tantum* sobre la validez de lo expresado en la celebración del matrimonio. Necesariamente esta presunción admite prueba en contrario porque el signo externo o ceremonia nupcial, por sí mismo, no

---

[9] Cf. A. STANKIEWICZ, «De iurisprudentia rotali», 204.
[10] Cf. P.J. VILADRICH, «Comentario al c. 1101», 1330-1331
[11] Cf. P.J. VILADRICH, «Comentario al c. 1101», 1333-1334.
[12] Cf. P.J. VILADRICH, «Comentario al c. 1101», 1335.
[13] Sin embargo, Stankiewicz se manifiesta contrario a esta afirmación porque eso supondría admitir que existía una verdadera voluntad matrimonial previa, cuando en la simulación, por el acto positivo de la voluntad tal voluntad matrimonial nunca llega a existir. Cf. A. STANKIEWICZ, «La simulazione», 654.

tiene poder eficiente. La exclusiva *intentio celebrandi* no es eficiente porque no es el acto de voluntad que define el can. 1057§2. La voluntad interna debe versar sobre el contenido de la institución matrimonial, no sobre la forma en que se realiza. Por eso, el consentimiento simulado suplanta la única voluntad de conyugarse por otra voluntad interna a la que le falta la íntegra verdad esencial del matrimonio.

Y, en cuarto lugar, para que exista simulación total, es necesario que el objeto de la exclusión recaiga sobre el matrimonio mismo, es decir, *sobre el vínculo conyugal*[14]. Entendido como el bien en común más esencial y básico que comparten los esposos, es el bien substancial constitutivo de su identidad conyugal. Dicho de otro modo, el vínculo conyugal es la comunicación posible de su complementariedad sexual en el modo de ser y de convivir que en justicia se deben entre sí. Es un vínculo de carácter jurídico que determina una copertenencia recíproca y que supone una identidad común.

1.2 *La simulación parcial*

A diferencia de la simulación total, en la parcial existe la voluntad de establecer el vínculo matrimonial, pero no se tiene voluntad de obligarse o de cumplir con las obligaciones que nacen del vínculo[15]. Es lo que el can. 1101§2 señala como la exclusión de un elemento esencial del matrimonio o una propiedad esencial del mismo. Con respecto a los elementos esenciales de la simulación total señalados en el subapartado anterior, la simulación parcial coincide en los tres primeros (voluntariedad, falseamiento y suplantación), pero se diferencia en el objeto, que en este caso no es el vínculo conyugal sino sus propiedades o elementos esenciales. Por tanto, requiere de igual modo un acto positivo de voluntad, pero debe versar sobre las propiedades de la unidad o indisolubilidad o sobre cualquiera de los tres bienes del matrimonio: la fidelidad, la prole o el sacramento[16].

Para algunos autores lo que se produce en la simulación parcial es una limitación del consentimiento. El simulante pretende realizar el matrimonio pero lo configura según su arbitrio de modo diverso a como lo establece el ordenamiento jurídico, eliminando alguna de sus propiedades o elementos esenciales, de tal modo que pretende un matrimonio

---

[14] Cf. P.J. VILADRICH, «Comentario al c. 1101», 1338-1339.
[15] Cf. A. STANKIEWICZ, «De iurisprudentia rotali», 204.
[16] Cf. A. STANKIEWICZ, «De iurisprudentia rotali», 205; P.J. VILADRICH, «Comentario al c. 1101», 1344.

diverso de lo que canónicamente se entiende como tal[17]. Por ello, como expresa D'Auria, la divergencia no se produce entre la voluntad interna del contrayente y su manifestación externa, sino entre la voluntad del contrayente y lo que el matrimonio es y exige[18]. Esto es lo que en la jurisprudencia se ha llamado voluntad matrimonial atípica que invalida igualmente el consentimiento[19]. Sin embargo, como señala Stankiewicz, la existencia de esta divergencia supone una verdadera simulación del consentimiento, aunque ésta no venga acompañada de la conciencia del efecto invalidante que de ella deriva[20].

Con respecto al *bonum prolis* ya hemos señalado en el capítulo anterior cuáles son los elementos esenciales del mismo cuya exclusión invalida el consentimiento. Por ello, no ahondamos más aquí sobre el tema sino que nos remitimos a lo allí expuesto. Por lo que se refiere a la simulación temporal del *bonum prolis*, tan solo es necesario recordar lo que también afirmamos en el capítulo VI: el criterio para determinar la validez del matrimonio lo estableció Pío XII cuando, en el ya mencionado discurso a la Comadronas católicas, afirmó que el derecho que se transmite en el consentimiento es permanente, ininterrumpido y no intermitente[21].

Por tanto, la exclusión temporal del *bonum prolis* se sitúa dentro de la distinción entre la transmisión del derecho y su ejercicio. Si uno o los dos cónyuges no transmitieron el derecho a los actos conyugales, aún por un tiempo limitado, de tal manera que en ese período de tiempo la otra parte no tuviera ni siquiera el derecho de exigir dicho acto, el matrimonio será nulo[22]. Casos típicos de esta exclusión temporal son el

---

[17] Cf. A. D'AURIA, *Il Matrimonio nell diritto della Chiesa*, 211.

[18] Cf. A. D'AURIA, *Il Matrimonio nell diritto della Chiesa*, 212.

[19] *coram* Stankiewicz, 29 enero 1981, in *RRD* 74, 47, n. 5: «At voluntas (pseudo) matrimonialis atypica validum vinculum coniugale producere non valet, cum aliquod bonum essentiale, id est prolis, fidei vel sacramenti matrimonio detrahat».

[20] A. STANKIEWICZ, «Concretizzazione del fatto simulatorio», 260: «Tale divergenza infatti si verifica in ogni tipo di simulazione canonica nel momento della celebrazione del matrimonio, ossia nella manifestazione del segno nuziale, quando il simulante con la dichiarazione apparente del suo consenso sembra agli altri di voler concludere il matrimonio secondo le norme canoniche, accettando tutta la sua struttura essenziale, ma con l'atto positivo di volontà interna esclude il matrimonio stesso o almeno qualche sua propietà o qualche suo elemento essenziale. Tale divergenza non deve essere necessariamente accompagnata dalla consapevolezza degli effetti giuridici da essa derivanti, cioè della nullità del consenso, specie nella simulazione parziale».

[21] Cf. Pío XII, *Allocutio*, 29 de octubre de 1951, 845. *supra*, cap. VI, 2.2.

[22] «Nupturiens ordinationem matrimonii ad prolem excludit si ex obiecto suipsius consensus reiecit ius-officium ad actus coniugales per se aptos ad prolis generationem

retraso de tener los hijos al inicio de la vida conyugal por diferentes razones, o la limitación del número de hijos de tal modo que, una vez alcanzado el número deseado, se evita la procreación. De igual modo, cualquier otra restricción que tenga como efecto la no transmisión del derecho. Como siempre, habrá que verificar en sede judicial cuál era la verdadera voluntad del contrayente que afirma haber simulado el consentimiento para comprobar si transmitió el derecho de modo permanente, ininterrumpido y no intermitente, o si por el contrario, aún por tiempo limitado, lo excluyó.

2. **El acto positivo de voluntad**

El can. 1101§2 establece la necesidad del acto positivo de voluntad para que haya simulación del consentimiento. Veamos en qué consiste.

2.1 *La voluntad*

Aunque en este estudio no podemos profundizar mucho en el proceso psicológico de la formación de la voluntad, sí que nos parece interesante presentar, al menos brevemente, en qué consiste y los elementos que la componen. Nos servimos para ello de la exposición de Pompedda quien adopta la definición de voluntad de Rosmini. Según dicho autor, la voluntad es aquella potencia activa, por la que la persona actúa no motivada por una inclinación, sino que tras los objetos de su mente, actúa con conocimiento, según las razones que contempla. Por eso, se puede afirmar que la voluntad no puede operar sin conocimiento previo o sin razones según las cuales la persona delibera, elige y quiere[23]. Por ello, en el ámbito del matrimonio «el acto humano del consentimiento matrimonial presupone un mínimo de conocimiento intelectivo teórico de la naturaleza del matrimonio»[24].

---

vel ipsam procreationem ex proprio coniuge per actum proprium unionis coniugalis». *coram* Caberletti, 23 julio 1999, in *RRD* 91, 584, n. 6.

[23] Cf. M.F. POMPEDDA, «Intelletto e volontà», 217. La referencia de Rosmini, en nt. 1: «A. ROSMINI, *Principi della scienza morale*, Brescia 1970, p. 90». En la misma línea recoge también Pompedda la opinión de Marcozzi, según la cual: «La volontá è il potere di autodeterminarsi in virtù di motivi appresi dalla ragione. [...] La volontà è un potere distinto da ogni altra componente della psiche. È differente anche dalle tendenze intellettive o spirituali perchè può determinarsi anche in opposizione a queste, se ha motivi per farlo. È invece impossibile che la volontà si determini senza motivi». M.F. POMPEDDA, «Intelletto e volontà», 217, nt. 1, V. MARCOZZI, *Antropología psicologica*, 4ª Ed. Roma 1978, pp. 269-270.

[24] J.J. GARCÍA FAÍLDE, *La nulidad matrimonial hoy*, 21. El autor continúa diciendo: «Por eso el can. 1057 párr. 2 no puede ser entendido sin haber comprendido previa-

Ahora bien, no es fácil esclarecer la interactuación de voluntad y libertad. En la historia del pensamiento ha habido distinta soluciones. Para autores como Leibniz, Sócrates y Platón la acción de la voluntad está completamente determinada por el intelecto y sus conocimientos. Para Freud, sin embargo, la acción de la voluntad está sometida a los instintos[25], por lo que el acto voluntario sería el resultado de una compleja combinación de las funciones psíquicas, es decir, el pensamiento, los sentimientos, los instintos, percepciones y recuerdos[26].

Pero más allá de la psicología el Derecho canónico se basa en los presupuestos de la Antropología cristiana que considera la capacidad de la persona de decidir libremente. Este ejercicio de la libertad se realiza como un proceso con fases distintas, cuyos momentos principales son, según Santo Tomás, la deliberación, el juicio y la elección. Para autores modernos, en cambio, son cuatro los pasos de la elección voluntaria: motivación (reconocimiento de las alternativas posibles), deliberación (valoración de las posibilidades de elección), decisión (elección de una determinada alternativa) y realización (puesta en acto de la decisión tomada). En definitiva, lo que se manifiesta en este proceso es que en todo momento el proceso resolutivo es un ejercicio conjunto de intelecto y voluntad. El acto libre, por tanto, es el resultado de un proceso complejo de dialogo entre intelecto y voluntad[27]. La elección «se desenvuelve a la luz de la inteligencia pero es un acto de la voluntad; la inteligencia da la orientación pero la voluntad es la que decide y en esta decisión radica precisamente el punto esencial del acto de la elección»[28].

---

mente el can. 1096 párr. 1, que trata el problema de la ignorancia de la identidad del matrimonio».

[25] Cf. M.F. POMPEDDA, «Intelletto e volontà», 219.

[26] Cf. M.F. POMPEDDA, «Intelletto e volontà», 220.

[27] Cf. M.F. POMPEDDA, «Intelletto e volontà», 222-223.

[28] J.J. GARCÍA FAÍLDE, *La nulidad matrimonial hoy*, 22. Más adelante concluye el autor: «a) En tanto somos libres en cuanto podemos elegir. b) En tanto podemos elegir en cuanto podemos autodeterminarnos. c) En tanto podemos autodeterminarnos en cuanto nada se interfiera, ni interno ni externo a nosotros, que nos imposibilite dejar de hacer algo o que nos cree una necesidad de hacer algo. d) En tanto podemos también autodeterminarnos en cuanto podemos formar el llamado juicio práctico-práctico acerca de qué nos conviene o no nos conviene, en la situación concreta en que nos encontramos, aquello que proyectamos. e) En tanto podemos formar ese juicio en cuanto podemos deliberar sobre si eso proyectado me conviene porque es bueno para mi o no me conviene porque es malo para mi "hic et nunc". f) En tanto podemos hacer esta deliberación en cuanto tenemos a nuesta disposición razones (motivaciones) de obrar, de no obrar, de obrar esto, de obrar esto otro. g) En tanto disponemos

2.2 *El acto positivo*

Como acabamos de afirmar, el acto supone la puesta en práctica de lo decidido. Por tanto se distingue de la mera inclinación o de una voluntad habitual o genérica o de una esperanza, previsión o deseo[29]. La calificación del acto como positivo es interpretada por algunos como la distinción entre acto simple o intención y la condición. Es decir, el acto positivo de voluntad debe tener la fuerza de una condición[30]. Sin embargo, algunos autores consideran que la calificación del acto de voluntad como positivo es una tautología porque todo acto de voluntad es siempre positivo[31], lo cual puede llevar a equívocos que se podrían haber evitado si el legislador no hubiera dado ninguna calificación al acto de voluntad[32]. Otros, en cambio, critican que la norma canónica dé mayor relevancia al acto de la simulación que al del consentimiento válido por cuanto el primero debe ser positivo, mientras que el segundo basta con que sea un acto volitivo[33].

En todo caso, lo que es claro es que para que se dé el fenómeno de la simulación tiene que existir una determinación, un acto soberano de la voluntad, que es más fuerte que una tendencia u otras motivaciones,

---

de esas razones en cuanto tenemos un conocimiento intelectivo teórico adecuado sobre el tema del que se trata». *Ibid*, 25.

[29] Cf. A. STANKIEWICZ, «De iurisprudentia rotali», 218-219.

[30] Cf. A. STANKIEWICZ, «Concretizzazione del fatto simulatorio», 270.

[31] Cf. A. STANKIEWICZ, «Concretizzazione del fatto simulatorio», 271. En este sentido, por ejemplo, se expresa M. WEBER, *Die Totalsimulation*, 59: «Actus voluntatis drückt doch klar eine Bewegung, eine Tat des Willens aus, die aber nur aus Überlegung folgt. Ein Willensakt ist also immer ein bewußter und überlegter tatsächlich gesetzer Willensakt. Nichts anders drückt das Adjektiv positivus aus und nichts anders, als der Begriff Willensakt für sich allein schon bedeutet, kann es ausdrücken».

[32] Estos equívocos nacen del hecho de que una parte de la jurisprudencia aceptaba como irritante el acto implícito mientras que otra parte separaba claramente el acto expreso del implícito. Por su parte, tanto el can. 1086§2/17 como el can. 1101§2/83 establecen la nulidad no sólo por la existencia de una reserva demostrable, sino también cuando se acepta que esta reserva, aún no siendo demostrable, obliga a una convalidación privada a tenor del can. 1159§2/83. «Möglicherweise hätten diese Mißverständnisse vermieden werden können, wenn sich der Gesetzgeber damit begnügt hätte, einfach einen Willensakt zu fordern, ohne ihn näher zu bestimmen. Denn von einem Willensakt kann man ja schon an sich nur dann sprechen, wenn er tatsächlich gesetzt worden ist; das "positiv" ist daher durchaus entbehrlich. Möglich wäre aber auch, dass der Gesetzgeber mit diesem Attribut doch eine Absicht verfolgt hat; vielleicht wollte er die Tatsählichkeit des Willensaktes deshalb besonders unterstreichen, um ihn ganz deutlich von unerheblichen Willenshaltung abzugrenzen». M. WEBER, *Die Totalsimulation*, 62.

[33] Cf. A. STANKIEWICZ, «Concretizzazione del fatto simulatorio», 273.

que excluya o el matrimonio mismo o algunos de sus elementos o propiedades esenciales[34].

La determinación simulatoria de la voluntad ha planteado en la tradición canónica la duda de si dicha determinación tiene que ir acompañada de otra que pretenda celebrar el matrimonio. De modo especial la duda surge con respecto a la simulación parcial, en concreto si tiene que existir un acto positivo de voluntad dirigido a la celebración del matrimonio y otro específico dirigido a excluir algún elemento o propiedad esencial del mismo[35]. Actualmente el grueso de la doctrina se sitúa en la consideración de un único acto positivo de voluntad, tanto para la simulación total como para la parcial, del cual puede diferir la manifestación externa, que como tal, no consiste en otra voluntad diferente sino en una manifestación de la misma vacía y aparente[36].

---

[34] Cf. A. STANKIEWICZ, «Concretizzazione del fatto simulatorio», 274. «Etenim, ut actus positivus voluntatis simulantis capax fit eliminandi actum humanum validi consensus matrimonialis, necesse est ut tantam in se contineat virulentiam qua palam patefaciat effectus suae actionis destructive (i. e. ruinas), non tantum pandens abruptum convictum aut circumstantias infelices matrimonii aut facinora post nuptias verificata, quam potius manifestans absonas inclinationes animi ipsius contrahentis ad rectum matrimonium perficiendum una cum aperto proposito eiusdem minime validum matrimonialem contractum volendi, seu detegens claro modo inaequivocam voluntatem contrahentis matrimonium naturae ac iuris qualitatibus vestitum omnino respuendi una simul cum causa ob quam id patraverit». coram Ragni, 3 abril 1984, in RRD 76, 229, n. 5.

[35] Cf. A. STANKIEWICZ, «Concretizzazione del fatto simulatorio», 275

[36] A. STANKIEWICZ, «Concretizzazione del fatto simulatorio», 279: «In verità se nella simulazione del consenso accettiamo il concetto di divergenza tra l'atto di volontà interna contraria al matrimonio e la manifestazione o l'esternazione della volizione matrimoniale secondo le esigenze del rito nuziale, in qualsiasi modo non si tratta di due volontà distinte. Il segno nuziale, come giustamente viene affermato, non contiene nessuna volontà propria e autonoma, nessun nuovo e distinto *voluntarium*, ma soltanto la manifestazione esterna, percepibile, *ore tantum seu verbis*, che diventa "legitima" (c. 1057§1) nel contesto di conformità con la volontà interna matrimoniale, vuota invece ed apparente nel caso di mancata volontà interna veramente matrimoniale a causa della sua esclusione».

H. FRANCESCHI, «L'esclusione della prole», 159-160: «Nel consenso simulato non si può parlare di una volontà di contrarre il matrimonio e di una volontà positiva di esclusione, che cancellerebbe la prima. Allo stesso modo in cui nel consenso valido non ci sono due atti positivi di volontà —la volontà di donarsi e la volontà di realizzare l'atto di manifestazione del consenso come volontà diversa—, nel consenso simulato la scissione tra realtà e apparenza non si ha tra due volontà che si trovano allo stesso livello, ma tra la realizzazione del segno nuziale esterno e una volontà interna che non si corrisponde con la vera volontà di donazione coniugale con tutti i suoi elementi: cioè, non ci sono due volontà interne che riguardano il progetto matrimoniale: voglio veramente Tizia come moglie e voglio sposarla, ma non voglio in essa, con

Se distingue también el acto positivo de voluntad, por el cual se simula el matrimonio, de la voluntad de abusar del mismo. En este caso, no hay una voluntad claramente contraria al matrimonio o a alguno de sus elementos o propiedades esenciales, sino la voluntad de utilizarlo según su conveniencia, pero admitiendo plenamente la constitución del mismo y los efectos anejos al consentimiento. Por ello, se presume que la exclusión temporal de la prole no constituye la simulación del matrimonio, aunque esta presunción admite prueba en contrario[37].

Por tanto, el acto positivo de voluntad consiste en un acto puesto en existencia, realmente hecho con una concreta deliberación, de tal modo que desde el punto de vista del foro externo y de la adquisición de la certeza moral de la existencia de la simulación, es objetivamente comprobable mediante la declaración y el comportamiento inequívoco del simulante[38].

3. La estructura interna de la simulación

Tanto en el fenómeno simulatorio como en el consentimiento válido, existe una única voluntad de la persona. En la simulación, el acto positivo de voluntad exige una suficiente motivación, es decir, un interés específico del simulante por el cuál, éste falsifica objetiva y voluntariamente el contenido conyugal del consentimiento matrimonial[39]. La

---

atto positivo, una proprietà o un elemento essenziale della coniugalità. La realtà sarebbe piuttosto: voglio costituire il segno esterno nuziale per unirmi a Tizia ma, allo stesso tempo, con una volontà ben determinata, voglio un progetto di vita che è radicalmente incompatibile con la verità che dovrebbe essere manifestata tramite il segno nuziale nel quale le volontà dei contraenti costituiscono il patto coniugale con tutte le sue caratteristiche, proprietà ed elementi essenziali».

[37] «Actus positivus voluntatis ius denegans semper sedulo distinguendus est a matrimonii abusu, qui consensum non iritat, quia abusus cum iure concesso coexistere, immo bene componi potest. / Non infitiamur temporaneam prolis exclusionem per se, iuxta praesumptionem a iurisprudentia statutam, ad abusum iuris concessi restringi, sed agitur de simplici praesumptione quae, contrariam admittens probationem, aptis probantibusque argumentis destrui potest. / Et revera si quis, quamcumque ob causam, denegat comparti ius ad tempus determinatum vel indeterminatum petendi ac exigendi naturales copulas completas, indubium est eius matrimonialem consensum intrinsece vitiari, dummodo consilium hoc ante nuptias coeptum fuerit. Nam ius, inde ab initio tradendum, ad tempus futurum remittitur. / Id generatim habetur ubi de conditionata vel hypothetica exclusione agitur, quae nonnumquam verificatur quando subiectus dubiis, anxietatibus ac psychicis deordinationibus affectus, pertimeat, et quidem non sine fundamento, ne infirmam prolem generet». *coram* Bruno, 28 mayo 1993, in *RRD* 85, 426, n. 3.

[38] Cf. A. STANKIEWICZ, «Concretizzazione del fatto simulatorio», 283.

[39] Cf. A. STANKIEWICZ, «La simulazione», 654.

falsificación del consentimiento señala ya los dos elementos en los que se estructura la simulación: la *causa contrahendi* o *celebrandi* y la *causa simulandi* que, a su vez, puede ser próxima o remota[40].

En el apartado siguiente nos centraremos en la prueba de la simulación, uno de cuyos elementos consiste en explicar tanto la *causa simulandi* como la *causa contrahendi*. Ahora, en los epígrafes que siguen, estudiamos cada una de ellas como elementos que constituyen el fenómeno de la simulación, pero necesariamente al hablar de la prueba de la simulación, haremos referencia a este apartado.

3.1 *La* causa simulandi

La *causa simulandi* es la razón por la cual una persona decide excluir del consentiminto el mismo matrimonio o alguno de sus elementos o propiedades esenciales. Ésta puede ser próxima o remota, pero no puede faltar para que el matrimonio sea declarado nulo por simulación del consentimiento y debe ser distinta de la *causa contrahendi*[41].

La *causa simulandi* remota se refiere a todas aquellas circunstancias que están en la base de la determinación de la voluntad que llevan a ésta a simular del consentimiento. En el caso de la exclusión del *bonum prolis* esta causa remota puede consistir en una mentalidad contraria a los hijos, bien sea por egoísmo, comodidad o conveniencia, pero puede influir también la propia educación recibida por la parte simulante u otras circunstancias por las cuales una persona puede situarse de modo apriorístico en contra de la generación y educación de la prole[42]. En

---

[40] Cf. A. STANKIEWICZ, «La simulazione», 654.

[41] «Inter probationis elementa, praeter confessionem iudicialem et extraiudicialem ipsius simulantis, concordibus testium depositionibus confirmatam, potissimum locum obtinet simulationis causa proxima et remota, a contrahendi causa distincta. / At si in processu canonico simulationis causa omnino falsa appareat, tale factum assertae simulationi in causa huiusmodi innixae omnem credibilitatem fidemque detrahit. / Quin immo, procumbente ita causa simulandi, etiam veridicentia testimoniorum super falsa causa simulationem exstruentium haud dubie evanescit». *coram* Stankiewicz, 22 febrero 1996, in *RRD* 88, 125, n. 16.

[42] «Gravis causa simulandi iuxta iurisprudentiam rotalem habentur inmoderatus egoismus atque vitae hedoniticae effrenatum desiderium devitandi omnia onera et responsabilitates ex filiorum generatione derivantes». *coram* Huber, 6 mayo 1997, in *RRD* 89, 376, n. 7.

«Inter causas simulandi sufficientes recenseri possunt: "Le angoscie legate alla maternità" quae manifestare valent "come paura della morte o venire mobilitate da sentimenti di inadeguatezza nei confronti di tale compito". "Il rifiuto inconscio della maternità è, il più delle volte, conseguenza dell'inacettazione del proprio ruolo femminile in seguito ad un difficile processo di identificazione con la figura materna".

términos generales, se puede afirmar que las motivaciones que más peso tienen a la hora de determinar la voluntad en contra de la prole, son aquellas que tienen un nexo estructural con la persona y la personalidad del contrayente, más que las que, por el contrario, aparecen como extrínsecas y contingentes, como, por ejemplo, las condiciones laborales y profesionales, susceptibles, a menudo, de evolucionar previsiblemente hacia un voluntad favorable a los hijos[43].

Sin embargo, la causa remota no basta por sí sola para reconocer la existencia del fenómeno simulatorio. Es necesario que se dé también la *causa simulandi* próxima que es la que determina la voluntad de excluir. Es decir, se trata de la causa que determina a la voluntad a decidirse por excluir del consentimiento, insistimos, el matrimonio mismo o uno de sus elementos o propiedades esenciales[44]. Dicho de otro modo, la causa próxima coincide con el acto positivo de voluntad, por el cual se priva al consentimiento matrimonial del contenido exigido por el legislador. Esta voluntad debe ser estudiada no sólo de modo objetivo, es decir, como voluntad contraria al matrimonio, sino también se ha de estudiar el aspecto subjetivo de la misma, las circunstancias concretas de su persona y el modo en que ha adoptado dicha voluntad[45]. Debe

---

Huiusmodi sensus ita increscere valent ut gignant "le cosidette sterilità psicogene accompagante da alterazioni organiche a carattere psicosomatico". "Oltre alle alterazioni affettive dell'atto sessuale, che possono essere la causa o l'effetto della sterilità, il rifiuto della maternità può fare scattare delle difese organiche quali ad esempio la soppressione della funzione ovarica con inibizione dell'ovulazione (unde amenorrhoea), lo spasmo che chiude le trombe di Fallopio e persino una alterazione del ciclo con l'ovulazione durante la mestruazione" (G. Lo Cascio, *Aspetti psicologici della sterilità coniugale*, in F. Marchesi – E. Cittadini, *Fertilità e sterilità*, 1972, pp. 563-565)». *coram* Pinto, 28 octubre 1983, in *RRD* 75, 560, n. 4.

[43] Cf. P. BIANCHI, «L'esclusione della prole», 136. B. BOCCARDELLI, «La prova della simulazione», 230: «Tale causa deve qualificarsi come adeguata e proporzionalmente grave; esa, più che dalle dichiarazione del simulante, deve risultare dall'indole, dall'educazione, dalla personalità del medesimo, dalla sua "forma mentis", dalla cultura, dalla condotta morale e religiosa, dalla profesione che egli esercita. [...] I suddetti elementi costituiscono, secondo la distinzione introdotta dalla giurisprudenza, la "causa remota simulandi"».

[44] Cf. B. BOCCARDELLI, «La prova della simulazione», 230: «Così ad esempio, il dubbio razionale e positivo, relativo al rischio della propria infelicità coniugale, il reale timore del parto, l'esistenza di una condizione morbosa nei contraenti (malattie ereditarie), simili e altri dubbi sono stimati causale adeguata e influente ai fini della simulazione totale o parziale».

[45] «Aestimanda est in primis causa praesumptae exclusionis boni prolis non solummodo obiective considerata, sed praesertim animo nupturientis definita. Si nempe ille omnem prolem apta et proportionata causa, a se ita determinata, excludere et coniugio ineundo voluerit, ut matrimonium diversimode contrahere respuerit, exclusio-

demostrarse su existencia para que se alcance la certeza moral sobre la simulación, no bastando para ello, la ausencia efectiva de la prole, ya sea por que se ha evitado su concepción o por que se ha abortado a la ya concebida[46].

En lo referente a la exlusión del *bonum prolis* nos encontramos con que la voluntad contraria a los hijos es prevalente sobre el mismo matrimonio, de tal modo que se «está dispuesto a renunciar al matrimonio, que proyecta celebrar, antes que renunciar a su decisión contraria a la procreación»[47]. Esta prevalencia de la voluntad resulta más clara en la exclusión perpetua de la prole. Por ello, la jurisprudencia presume que ante esta voluntad de no tener ningún hijo, lo que realmente se ha excluído del consentimiento es el derecho mismo a los actos conyugales ordenados por su naturaleza a la procreación[48].

Sin embargo, en la exclusión temporal de la prole, tanto en la intención de diferir lo hijos desde el momento de la celebración del matrimonio hasta que se cumplan determinadas condiciones de vida matrimonial, personal o profesional, como la intención de no tener más hijos

---

nem iuris eumdem intendisse censendum est». *coram* Di Felice, 15 noviembre 1986, in *RRD* 78, 636, n. 4.

[46] «Recusatio prolis ut irritantem effectum pariat perfici debet positivo voluntatis actu (can. 1101§1), qui si non necessario requirit voluntatem explicitam cum implicita sufficiat (cf. coram Staffa, decisio diei 31 maii 1955, RRDec., vol. XLVII, p. 467, n. 2) continere debet determinationem voluntatis potius matrimonio valedicere quam illud celebrare filio vel filiis donatum. / Positivus voluntatis actus realem ac substantialem limitationem consensus implicat et consequenter ut tale habendum non est desiderium, etsi vehemens, filios non habendi vel manifestata mens filios incommodum et fastidium praebere, libertatem coniugum cohibere aut obstaculum constituere in curriculo artis bene perficiendo. Item dicas de iteratis sermonibus inter amicos, immo et coram comparte, iactatis defectivae responsabilitatis signum esse hisce temporibus et hac in societate filios procreare cum iidem nonnisi infelicem vitam viverent. / Frequentissime uti decretiorum argumentum adducitur tum proles de facto non genita tum absoluta absentia praegnantiae tum forte patratus abortus. / Apodicticum et irrefutabile autem argumentum non constituit absentia prolis et graviditatis cum praeter, immo contra coniugum vehemens optatum et studiosam voluntatem, contingere possit. / Pariter idem fore patratus abortus non unicam exigit interpretationem aut una patitur causam remotam vel proximam cum abortus "semper quidem graviter improbandus, non necessario absolutam voluntatem et perpetuam contra prolem univoce implicet et contingentes causas de se non excludat, uti difficultatem in gestatione ex parte mulieris vel nondum autonomam, commodam aptamque domum apparatam vel difficultates ordinis oeconomici, officii vel professionis nondum solutas etc" (coram infrascripto Ponente, decisio diei 18 decembris 1996, Vicariatus Apost. Alexandrini Aegypti, A. 128/96, n. 2)». coram Funghini, 15 abril 1997, in *RRD* 89, 281, n. 3.

[47] J.J. GARCÍA FAÍLDE, *La nulidad matrimonial hoy*, 144.

[48] Cf. J.J. GARCÍA FAÍLDE, *La nulidad matrimonial hoy*, 146.

a partir de un determinado momento, la presunción versa sobre la limitación del ejercicio del derecho, lo cual nunca puede producir la nulidad del consentimiento[49].

Todas estas presunciones admiten prueba en contrario. De modo concreto se suele identificar como verdadera exclusión del *bonum prolis* la exclusión temporal del mismo que suponga una intención condicionada del consentimiento. Por ejemplo, si la condición versa sobre un acto futuro, puesto que, según el can. 1102§1: «Matrimonium sub condicione de futuro valide contrahi nequit». Esta voluntad condicionad puede ser tanto unilateral como bilateral, puesto que la fuerza de la condición no reside en su bilateralidad sino en el hecho de que se trata de una intención prevalente, es decir, no se transmite el derecho aún de modo temporal. El hecho de que exista un acuerdo o pacto entre las partes es sólo un indicio, pero por sí sólo no prueba la exclusión temporal del *bonum prolis*[50]. Cuando hablemos de la prueba de la simulación volveremos sobre esto.

3.2 *La* causa contrahendi

La parte simulante, aunque ha decidido su voluntad contra el matrimonio o uno de sus elementos o propiedades esenciales, tiene también una razón por la cual accede a celebrar el matrimonio, creando la consiguiente apariencia de validez del mismo[51]. Esta razón ha de ser necesariamente de una fuerza menor que la *causa simulandi*, pues de lo contrario significaría que se quiere celebrar verdaderamente el matrimonio, con todos sus elementos y propiedades, en cuyo caso no habría simulación sino consentimiento válido[52]. Por ello, su motivación ha de ser extrínseca al matrimonio, porque la voluntad no pretende a éste sino sólo su apariencia, la cual le reporta un beneficio[53].

---

[49] Cf. J.J. GARCÍA FAÍLDE, *La nulidad matrimonial hoy*, 146-150.
[50] Cf. J.J. GARCÍA FAÍLDE, *La nulidad matrimonial hoy*, 148.
[51] B. BOCCARDELLI, «La prova della simulazione», 232: «È ovvio che la ragione di escludere un determinato "ius" o bene del matrimonio concorre sempre con una determinata "causa contrahendi", altrimenti, si eviterebbero le nozze».
[52] «De hoc vero constabit ex voluntate prevalente quatenus, accurate perpensis cunctis adiunctis, praesertim vero collata causa simulandi cum causa contrahendi, iuxta nupturientis aestimationem, certo liquerit qui contrahens maluerit: utrum valido matrimonio se ligare, vel prolem excludere». *coram* Pinto, 13 marzo 1987, in *RRD* 79, 112, n. 4.
[53] «Qui scilicet matrimonium contrahit non propter fines ex natura sua cum connubio conexos, sed verbi gratia, merae utilitatis oeconomicae causa, eapropter is nondum praesumi aut putari debet consensum simulavisse; si aliter nupturiens probetur prae sua voluntate unice eum finem extrinsecum habuisse in contrahendo, tunc con-

Entre la *causa simulandi* y la *causa contrahendi* se debate la voluntad del simulante. Ambas deben estar presentes en el proceso formativo de la voluntad y en la estimación del simulante el resultado debe ser prevalente la exclusión de la prole con respecto a la celebración de un matrimonio válido[54].

4. La prueba de la simulación

Abordamos ahora el tema del esquema probatorio adoptado para verificar la presencia del acto positivo de voluntad por el cual se simula el matrimonio. Debido a la complejidad que supone probar el fenómeno simulatorio[55], pues requiere reconocer que lo manifestado en el consentimiento no coincidía con la verdadera voluntad, la cual quedó oculta, la jurisprudencia ha desarrollado un esquema probatorio cuyos elementos siguen una sucesión lógica, como veremos a continuación. Este esquema consta de tres fases: la confesión de la simulación, la explicación de la misma y su confirmación[56]. La finalidad de estas tres fases es

---

sensus haud fuit in matrimonium latus». *coram* Boccafola, 14 mayo 1996, in *RRD* 88, 381, n. 6.

[54] «Quia nullitas solummodo oritur ex non traditio vel acceptato iure ad actus per se aptos, ad comprobandam huius boni exclusionem non sufficit demonstrare prolem semper fuissem vitatam, nam constare debet hoc fuisse factum ob non traditum vel acceptatum ius ipsum, non autem ob exclusum tantummodo iuris exercitium, iure tradito et acceptato. De hoc vero constabit ex voluntate prevalente quatenus, accurate perpensis cunctis adiunctis, praesertim vero collata causa simulandi cum causa contrahendi, iuxta nupturientis aestimationem, certo liquerit qui contrahens maluerit: utrum valido matrimonio se ligare, vel prolem excludere. Quodsi hic ultimum praevaluerit, ad probationem necesse est ut accedat tenacia insuperabilis in hac voluntate adimplenda, ex praenuptiali intentione orta (cf. D. Staffa, *De conditione contra matrimonii substantiam*, 1955, nn. 24, 25, 26)». *coram* Pinto, 13 marzo 1987, in *RRD* 79, 112, n. 4.

[55] Como afirma Faltin: «Probatio simulationis est difficillissima, at non impossibilis». *coram* Faltin, 9 abril 1987, in *RRD* 79, 256, n. 8.

[56] «Nihilominus, nuda confessio exclusionis boni fidei haud sufficit ad nullitatem matimonii declarandam. Necesse contra est res demonstretur aliis quoque probationibus quas inter Ut de excluso boni fidei iuridice constet, sequentia haberi debent: / a) Simulationis confessio, facte tempore non suspecto, testibus fide dignis demonstrata aut documentis fidem facientibus. Immo "animus ab operibus operantis dignoscitur…Nam licet ex verbis bene dignoscantur animus et intentio hominis... facta tamen sunt fortiora ad demonstrandum huiusmodi animu quam verba" (Barbosa, Tractatus varii. I. De axiomatibus iuris, Axioma XXVII). Facta tamen talia esse debent quae explicari nequeant ex motivis post matrimonium ortis, sed tantummodo ex intentione in contrahendo habita. / b) Simulationis explicatio, desumpta ex causis tum simulandi tum contrahendi, debita ratione habita adiunctorum simulantis. / c) Simulationis confirmatio, proveniens ex circumstantiis antecedentibus, concomitantibus et subsequen-

la de reconstruir la efectiva voluntad negocial del sujeto, pero al mismo tiempo, se presenta flexible en su valoración conjunta, señalando diversas aproximaciones cognoscitivas a la voluntad de la parte[57].

4.1 *La confesión de la simulación*

Se refiere este primer elemento a la confesión del simulante, que puede ser judicial y extrajudicial. Según el can. 1536§1, la confesión de una de las partes releva a las demás de la carga de la prueba, siempre que se trate de un asunto privado y que no entre en juego el bien público. Es evidente que el matrimonio no es un asunto privado y que, en todo caso, afecta al bien público, tanto por su carácter sacramental como social. Por este motivo, la confesión judicial del simulante no puede tener nunca valor de prueba plena. Conforme al parágrafo segundo del citado canon, esta confesión sí que tiene valor probatorio, pero nunca por sí sola puede conferir al juez certeza moral sobre la cuestión tratada. Se necesitan otra serie de pruebas e indicios que la acompañen para conseguir esa finalidad, a tenor del can. 1679[58].

La confesión extrajudicial del simulante es también necesaria para asegurar el conocimiento de su verdadera voluntad. Esta confesión debió ser hecha en un tiempo anterior a la boda o, como mínimo, con anterioridad al proceso judicial y realizada a personas dignas de confianza cuya credibilidad será valorada en el proceso. Consistiría en la manifestación externa de la simulación realizada, o pensada en realizar, en un momento en que no se plantea la petición de la nulidad, y que después es referida en el proceso por testigos, cuya valoración será la correspondiente a toda prueba testifical (can. 1572). De la declaración de los testigos y de la confesión de las partes, deberá el juez deducir si esta declaración extrajudicial fue realizada con la intención

---

tibus" (coram Pinto, decisio diei 9 aprilis 1973, RRDec, vol LXV, pp. 360s., n. 4)». *coram* Alwan, 18 febrero 1997, in *RRD* 89, 119, n. 17.

[57] Cf. P. BIANCHI, «L'esclusione della prole», 128.

[58] «Ad hunc finem assequendum non sufficit asserti simulantis iudicialis confessio, cui in causis boni publici vis plenae probationis tribui nequit, nisi alia accedant elementa quae ea amnino corroborent (can. 1536§2). Agitur sane de elementis probatoriis, sicut de simulationis causa próxima et remota atque de circumstantiis, quae assertam exclusionem boni fidei corroborare valent, non vero de aliis elementis, ad probationem haud pertinentibus, obscurare ac indeterminatae naturae, sicut quidam contendunt. Insuper, nisniprobationes aliunde plenae habeantur, iudex, ad partium depositiones ad normam can. 1536 aestimandas, etiam testes de partium credibilitate adhibere potest, praeter alia adiuncta et adminicula (can. 1679)». *coram* Stankiewicz, 21 marzo 1997, in *RRD* 89, 228, n. 15.

de obtener la nulidad o no. O dicho de otro modo, si resulta sospechosa o no de ser falsa[59].

Si de la voluntad simulatoria existe documento que da cuenta fidedigna de esta intención del contrayente, puede ser aportado como prueba documental y como tal se valorará en el conjunto de las demás aportaciones (can. 1541–1543).

Una última cuestión es la que se puede producir si el simulante se niega a confesar durante el proceso. La ausencia de la confesión judicial puede ser suplida por la declaración de testigos si de tales declaraciones es posible, junto con los demás elementos de prueba, llegar a la certeza moral de que el matrimonio es nulo[60].

4.2 *La explicación de la simulación*

Al hablar de la estructura de la simulación ya nos referimos a la *causa simulandi* y a la *causa contrahendi*. Vimos la relación que existe entre ambas y la necesidad de que existan las dos para poder reconocer la simulación del consentimiento[61].

La explicación de la simulación consiste en la aclaración del modo en que estas dos causas han actuado en la formación de la voluntad del simulante[62]. Esta explicación es el contenido tanto de la confesión de la parte, también la extrajudicial, como de la declaración de los testigos.

---

[59] «Ad probationem quod attinet sufficiat hic memorare momentum tum iudicialis cum extraiudicialis confessionis partium, quae fide dignae sint, tempore insuspecto factae, necnon praesentia gravis ac aptae causae exclusionem prolis inducentis». *coram* Bruno, 30 marzo 1984, in *RRD* 76, 219, n. 6.

[60] «Confessio iudicialis simulantis suppleri potest probationibus eruendis ex illius confessione extraiudiciali testibus ante nuptias aut saltem perdurante coniugio, sed tempore adhuc insuspecto facta. Nam fieri potest quod simulans ante matrimonium altum silentium servaverit circa sua proposita matrimonialia, ne commoda, quae sibi e nuptiarum celebratione obtinenda proposuerat, amitteret». *coram* Bruno, 18 abril 1997, in *RRD* 89, 337, n. 6.

[61] «Quapropter, probata gravitate causae simulandi, inspectis circumstantiis, quae non aliter explicari possunt ac per simulationem consensus, si accedant confessio iudicialis ac extraiudicialis, tempore haud suspecto, facta a parte, et a testibus fide dignis iudicialiter relatae, tunc de morali certitudine non est ambigendum neque de partiali simulatione consensus». *coram* Ragni, 2 mayo 1989, in *RRD* 81, 325, n. 5.

[62] «Probatio simulationis, maxime exclusionis boni prolis, non est facilis, sed minime impossibilis, quia praesumptio iuris admittit probationem contrariam, quae habetur quando simul concurrunt: 1) confessio simulantis, prasertim extraiudicialis, tempore non suspecto facta et a testibus vel documentis aptis in iudicio relata; 2) proportionata causa simulandi quae praevaluerit causae contrahendi; 3) Complexus circumstantiarum antecedentium, concomitantium et subsequentium». *coram* Giannechini, 24 febrero 1987, in *RRD* 79, 63, n. 3.

En ellas tienen que ponerse de manifiesto las circunstancias tanto objetivas como subjetivas del simulante, por las cuales, en la estimación sobre la celebración del matrimonio[63], previa al consentimiento, decide celebrarlo, pero excluyendo del mismo el bien de la prole[64]. Es decir, debe manifestarse claramente que el sujeto era más propenso a celebrar un matrimonio desordenado (sin prole) que un matrimonio ordenado (con prole)[65]. Por eso, es necesario conocer la estimación subjetiva del simulante sobre las circunstancias que concurrían en el momento de prestar el consentimiento[66]. No basta con intenciones genéricas de evitar la prole o de desear liberarse de la vigilancia paterna. Hay que comprobar la relación de causa-efecto entre las circunstancias en las que se encontraba el simulante y la estimación, según criterios objetivos y subjetivos, que él mismo hace de ellas, llevándole a determinar su voluntad en favor de la prestación de un consentimiento del cual quedan excluídos o el matrimonio mismo o alguna de su propiedades o elementos esenciales[67]. A su

---

[63] «Ad detegendam illam radicalem, dum sit, voluntatem destituendi matrimonium illa quam agnoscimus suam propriissimam et singularissimam finalitatem unum quid cum ipsomet foedere constituenetm, Nostra iurisprudentia solita est arguere per analysim confessionis praesumpti praesumptaeve excludentis, tempore non suspecto factae et a testibus fide dignis vallatae; per aestimationem causae quae ad excludendum duceret; necnon per excussionem adiunctorum, quae matrimonium comitata sunt». *coram* Serrano, 15 mayo 1998, in *RRD* 90, 381, n. 4.

[64] Así, por ejemplo, ante el padecimiento de una enfermedad, habrá que valorar la enfermedad concreta de que se trate, la gravedad de la misma y la estimación subjetiva del simulante, no bastando el peligro objetivo que la misma comporte, sino que es necesario comprobar la verdadera voluntad de la parte afectada, pues aún existiendo un peligro objetivo por causa de enfermedad grave, no necesariamente la voluntad tiene que ser la de excluir la prole. Ocurre también a la inversa: el padecimiento de una enfermedad no grave, en la estimación subjetiva de la parte, puede llevar a una voluntad simulatoria. Cf. *coram* Funghini, 17 febrero 1988, in *RRD* 80, 108, n. 4.

[65] P. BIANCHI, «L'esclusione della prole», 134: «La *causa simulandi* deve persuadere che il soggetto fosse più propenso a un matrimonio disordinato (nel caso, senza prole) che a un matrimonio rettamente ordinato (nel caso, con prole)».

[66] Cf. J.J. GARCÍA FAÍLDE, *La nulidad matrimonial hoy*, 149-150.

[67] B. BOCCARDELLI, «La prova della simulazione», 230-231: «È essenziale provare la gravità della "ratio simulandi" in rapporto al soggetto simulante; è nell'apprezzamnto di questa volontà che si determina il movente della simulzione; [...] sono intenzioni irrilevanti in questa materia: il generico progetto di non aver figli o il proposito di rinviare la nascita, con il conseguente intento di abusare negli atti coniugali. / Tali intenzioni, dunque, a meno che non siano smentite da argomenti contrari, non ledono il consenso matrimoniale, fino a quando non si giunga ad un atto positivo di volontà che escluda o limiti il consenso espresso. / È determinante invece conoscere quale sia stato il fine pratico che il nubente si è proposto contraendo le nozze. [...] / Il fondamento reale della "causa simulandi" poggia infatti sulla concreta attuazione in cui viene a trovarsi il simulante, in un rapporto di causa ed efetto proprio

vez, las circunstancias posteriores a la celebración del matrimonio y el comportamiento durante el matrimonio *in facto esse* ayudan a comprender la prevalencia de la voluntad simulante[68].

4.3 *La confirmación de la simulación*

El estudio del desarrollo del matrimonio *in facto esse* es el contenido de la tercera fase del esquema probatorio. La confirmación de la simulación se produce por el estudio de las circunstancias antecedentes, coetáneas y consecuentes a la celebración del matrimonio. Por medio de ellas se podrá verificar la existencia tanto de la *causa simulandi* como de la *contrahendi*; la fuerza de cada una de ellas, que ya hemos dicho que es determinante conocer; la credibilidad que merecen, tanto las partes como los testigos; la sospecha o no sobre la confesión extrajudicial; etc.

La investigación del desarrollo del matrimonio *in facto esse*, junto con la declaración de los testigos, adquiere mayor importancia cuando, durante el proceso, falta la confesión del simulante. En ningún caso se podrá prescindir de conocer la estimación subjetiva del simulante sobre la *causa simulandi* y la *causa contrahendi*, si bien, para ello, sólo se tengan las declaraciones de testigos y el desarrollo de la vida matrimonial[69].

En particular, puede resultar esclarecedor el uso, y la exigencia del mismo a la otra parte, de métodos anticonceptivos obstinadamente y sin interrupción durante toda la vida matrimonial[70]. Sin embargo, por sí

---

di tale situazione, consistente in un compleso di fattori oggettivi e soggettivi, a provocare la "mala voluntas contra matrimonii substantiam"».

[68] Cf. J.J. GARCÍA FAÍLDE, *La nulidad matrimonial hoy*, 150.

[69] «Deficienti adserti simulantis confessione, probatio impossibilis non est tenenda. Hisce in casibus maioris momenti est confessio extraiudicialis, quae ex allatis in iudicio elementis colligitur. / Aliae extraiudiciales declarationes praetensae partis simulantis, ubi dantur, procul dubio momentum suum retinent. / Si adsertus simulans simulationem denegat, videat iudex, utrum id faciat amore veritatis motus an potius aliis motivis compellatur. / Dein ponderanda est contrahendi causa, quae interdum reponitur in mulieris graviditate, quin absit amor inter sponsos. / Praeterea, oportet cribare simulandi causam, quae semper dimitienda est in aestimatione simulantis, seu subiective. / Tandem, attente consideranda sunt controversi matrimonii adiuncta antecedentia, concomitantia, subsequentia, quae probationi obstant vel probationem corroborant atque complent. Exclusio intentionis prolis praesertim ex pertinacia et perpetuitate servati propositi devitandi prolem evincitur». *coram* Huber, 24 noviembre 1995, in *RRD* 87, 636, n. 7

[70] «Probatio exclusionis prolis, maxime exclusiones temporaneae, non facilis est, quia praesumptio iuris ac irusprudentiae admittit probationem contrariam. Omnia facta ac adiuncta antecedentia, concomitantia et subsequentia una cum confessionibus partium tempore non suspecto perpendi, post ponderationem proportionis causae

sola esta actitud no significa la existencia de una voluntad prevalente sobre el matrimonio. Estos actos son posteriores al consentimiento, por lo que la voluntad puede ser posterior al mismo[71]. Lo mismo ocurre con el recurso al aborto de la prole concebida[72], la ruptura del matrimonio por parte de quien afirma la simulación ante la insistencia de la otra parte de conseguir descendencia o la exigencia de cohabitar como hermanos.

De igual manera puede presentarse unida a la exclusión del *bonum prolis* la exclusión de la indisolubilidad, incluso las causas para una y otra exclusión pueden ser las mismas. También esto habrá que verificarlo y valorarlo en su justa medida[73].

---

simulandi cum causa contrahendi, oportet. / Ad rem, in una coram Bruno, R. P. D. Ponens ita enumeravit elementa probationis in casu: 'Morali cum certitudine teneri potest ius ad prolem contrahentem exclussise, si ex actis saltem constet: a) procreationem eventui futuro absolute alligatam esse, cuius verificatio determinatum temus implicat, uti, v. gr., felici exitui coniugii, aut mutationi indolis compartis; b) simulantem per totum tempus vitae coniugalis, saltem ad aliquos annos protractae, pervicaciter et sine interruptione usum contraceptivorum sollicitasse ac adhibuisse; c) prolem, ab altera parte explicite sollicitatam, mordicus denegatam fuisse, aut simulantem, fortuita ac invisa praegnantia detecta, hostilem reactionem manifestasse et abortum vindicasse aut exigisse' (decisio diei 1 februarii 1991, RRDec. vol LXXXIII, pp. 68s., n. 5)». *coram* Alwan, 14 enero 1997, in *RRD* 89, 4, n. 11.

[71] «Nostris temporibus, ob morum corruptelam, praesertim in sensibus societatum opulentia fuscatis, non desunt qui, coram iudice ecclesiastico asseverare soleant se noluisse prolem, nullitatem sui matrimonii arguentes ex eiusdem abusu, vel ex dilatione ad tempus procreationis filiorum, vel ex eorum ad libitum limitatione. / Ast auctoritas est pervicacem recusationem copulae coniugalis, vel nefarium onanismum, vel impedimentum processus biologici generationis, licet de patrata, non attingere de se ius ad actus coniugales, sed solum afficere iuris iam traditi et acceptati exercitium, ideoque vinculo iam constabilito non officere, cum esse rei non pendeat a suo usu (S. Thomas, *Summa Theol.*, I Pars III Suppl., qu. XLIX, art.3)». *coram* Masala, 24 enero 1989, in *RRD* 81, 35, n. 4.

[72] «Lacessitus abortus, per se, haud semper exclusionem prolis probare potest, quia abortus diversas ob rationes accidere potest. Coniuges, revera, communi consensu valerent seligere abortum ob periculum valetudinis matris vel ob absentiam animi propitii ad novum filium in familia acceptandum vel ob communem voluntatem parentum ad prolis generationem procrastinandam etc., ast haud semper ob ipsam exclusionem prolis. Ut abortus tamquam probatio exclusionis boni prolis considerari valeat, probetur oportet quod imprimis praegnatio fortuito evenit, et, insuper, abortus non naturalis, sed provocatus fuit ex sollicitatione, pertinacia aut opera partis simulantis, iuxta actum positivum voluntatis excludendi procretionem prolis». *coram* Alwan, 14 enero 1997, in *RRD* 89, 4-5, n. 12.

[73] «Inter exclusiones indissolubilitatis et prolis arcta interest saepe conexio, eo senso quod exclusio indissolubiltais etiam exclusionem prolis provocet: / Ita denotetur sat arcta relatio intre indissolubilitatis exclusionem et prolis reiectionem siquidem, ut

Todas estas circunstancias, por sí solas, no otorgan la certeza moral de la simulación que es un mínimo necesario para poder declarar la nulidad. Este mínimo necesario es objetivo porque se funda sobre la realidad de los hechos. Sin embargo, del conjunto de todos los elementos de prueba sí que se puede alcanzar dicha certeza[74], por lo que es necesario recorrer todas las fases del esquema probatorio[75].

---

patet, onus procreandae prolis saepe respuatur, si reiiciatur matrimonii perpetuitas, data intima et moraliter necessaria connexione communis vitae perseverantis cum prolis exsistentia. Unde indissolubilitatis exclusio generatim secumfert boni exclusionem prolis». *coram* Civili, 20 junio 1989, in *RRD* 81, 437, n. 5.

[74] Pío XII, *Allocutio*, 1 octubre 1942, 340: «La certezza promana quindi in questo caso dalla saggia applicazione di un principio di assoluta sicurezza e di universale valore, vale a dire del principio della ragione sufficiente. Se dunque nella motivazione della sua sentenza il giudice afferma che le prove addotte, considerate separatamente, non possono dirsi sufficienti, ma, prese unitamente e come abbracciate con un solo sguardo, offrono gli elementi necessari per addivenire ad un sicuro giudizio definitivo, si deve riconoscere che tale argomentazione in massima è giusta e legittima. / Ad ogni modo, questa certezza va intesa come certezza obbiettiva, cioè basata su motivi oggettivi».

[75] Como ejemplo y resumen de todo el esquema probatorio traemos aquí una cita extensa de la parte *in facto* de una *coram* Funghini que nos resulta interesante porque encontramos en ella una argumentación clara de cómo aparecen los distintos elementos que permiten alcanzar la certeza moral de la simulación del consentimiento:

«Causa simulandi, gravis et proportionata atque a causa contrahendi bene distincta, non deest in casu. Nam partes mutuo amore et aestimatione ductae ad nuptia pervenerunt, dum causa simulandi invenienda est in sui commodi ac rerum studosa natura viri, in eius tristi et aegra consumptia infantia necnon in peculiari genre laboris mercaturae, ab eo exercitae, quae frequentes absentias e coniugali domo exigens, graves difficultates pro apta ac congruenti filiorum educatione constituebat. / Conventus, assertus simulans, rationem exclusionis sobolis sua ex parte ita illustrat: "Escludevo in forma assoluta, allora i figli... per le vicende della mia fanciullezza e quelle legate al mio lavoro e forse anche per l'egoismo personale... I figli richiedevano per la loro educazione una responsbile esperanza e io non ero in grado di garantirla". / Et revera vir fere semper cum avis vivere coactusquia pater in nosocomium psychiatricum receptus erat: "Causa la malattia di mio padre –deponit Conventus- sono vissuto sempre con i nonni". "Non ho mai conosciu il padre di mio marito –ait Actrix- perché ricoverato in Ospedale Psichiatrico". / Actrix depositionem viri comprobat etiam quoad causam exclusionis: "Figli non sono nati dal nostro matrimonio perché mio marito non ne ha voluti... motivando il rifiuto dicendo che i figli erano per lui una seccatura, che avrebbero creato solo difficoltà". / Conveniunt testes, qui directe a Convento nedum factum exclusionis cuiuscumque prolis acceperunt, sed et causam denuntiatae exclusionis. [...] / Patet igitur ex actis et probatis causam simulandi, atenta etiam indole ac viri personalitate, satis gravem ac proportionatam fuisse ad simulatum consensum provocandum. / Insuperabilem difficultatem haud constituit factum genitae prolis ex parte Conventi cum muliere quacum in praesentiarum vivit, si prae oculis habetur Conventum ad hanc decisionem post viginti sex annos a celebratis

5. Conclusión

De todo lo expuesto hasta ahora concluimos algo que ya hemos avanzado. Del conjunto de todos los medios de prueba y su valoración conforme a derecho debe obtenerse la certeza moral de que uno o los dos contrayentes, mediante un acto positivo de la voluntad, excluyeron, del matrimonio que celebraron, el derecho a los actos aptos de por sí para la generación y educación de la prole, y esta voluntad era prevalente sobre el matrimonio mismo, de tal modo que, si alguna de las partes le hubiera exigido ese derecho a la otra, el matrimonio no se hubiera celebrado.

Y, además, es importante señalar, que en este apartado de la prueba, ningún hecho, por sí sólo, prueba nada. A la confesión judicial del simulante hay que añadir la extrajudicial que necesita una valoración sobre su credibilidad. En segundo lugar, la *causa simulandi* y la *causa contrahendi* mostrarán la lógica de la decisión adoptada y explicarán porque se manifestó públicamente algo distinto de lo realmente querido. Esto se consigue tanto de la confesión de las partes como de la declaración de testigos, pero si resultan contradictorias o desmienten la *causa simulandi* alegada por el simulante, no producirán certeza moral de la exclusión. Por último, las circunstancias anteriores, coetáneas y posteriores corroborarán o no esta lógica de la simulación.

Puede ocurrir que, ya en la vida matrimonial, se usen ininterrumpidamente métodos anticonceptivos y si, a pesar de eso, quedara embarazada la mujer, se solicite pertinazmente el aborto o la disolución del matrimonio. Pero si la confesión del simulante o la declaración de los

---

nuptiis cum Actrice pervenisse, scilicet postquam idem maturitatem adeptus est, post mutatum genus laboris necnon acerbam et aerumnosam experientiam huius matrimonii. / Circumstantiae postnuptiales favent patratae simulationi. / Vir perdurante tota vita coniugali ad procreationem vitandam constanter et pertinaciter coitu interrupto usus est. / Mulier ob sibi denegatam a marito maternitatem in gravem animmi dimissionem incidit, quae per plures annos psychiatricas curas exegit. / Deceptio mulieris et obstinata ac pervicax denegatio prolis ex parte Conventi coniuges duxit quoque ad vitam communem ducendam tamquam fratrem et sororem et naufragium matrimonii provocavit. / Lamentatur enim Actrix: "Il nostro matrimonio è fallito perché mio marito negandomi la gioia della maternità, si è dimostrato diverso da quello che io avevo ritenuto; non lo vedevo più né come sposo, né come padre di famiglia. Questo fatto mi ha fatto sentire profondamente defraudata... Abbiamo vissuto insieme per tanti anni come fratello e sorella". / Comprobat Conventus: "La nostra vita era ridotta a un rapporto non più coniugale, ma un rapporto di fratello e sorella, eravamo diventati estranei l'un l'altra". (cf. etiam Gilbertam, Annam et Nadiam)». *coram* Funghini, 15 abril 1997, in *RRD* 89, 298-300, nn. 22-23.

testigos u otras circunstancias, por ejemplo de carácter médico, no dan razón suficiente de la *causa simulandi*, el recurso al aborto o la intención de disolver el matrimonio no significan, por sí solos, que existiera esa voluntad, porque pueden tener su origen en otras causas diferentes o éstas ser posteriores al consentimiento. Y porque también puede ocurrir al revés, que existiendo voluntad prevalente de excluir en el momento del consentimiento, después, por otras razones, esa voluntad cede ante el hijo que se espera y no se atenta contra él ni contra el vínculo, y, sin embargo el matrimonio es nulo. Por consiguiente, la simulación posee una lógica interna que es la que debe ser probada de tal modo que, si esta lógica se rompe, especialmente en los dos primeros elementos de prueba (confesión y razonamiento o explicación de la simulación), no puede alcanzarse la certeza moral que permita declarar nulo el matrimonio.

En cuanto a la temporalidad de la exclusión no cambia el criterio expuesto. Se tiene que probar la existencia de la voluntad prevalente de excluir el derecho mismo aunque sólo sea por tiempo limitado. Si la temporalidad de la exclusión del derecho no afectara a la validez del matrimonio se estaría afirmando, de modo implícito, que los contrayentes pueden decidir que su matrimonio no esté ordenado a la prole durante un tiempo, lo que resulta contradictorio en sí mismo, al tratarse de un fin esencial del matrimonio[76] sobre el cual los contrayentes no tienen potestad de decidir.

---

[76] Cf. can. 1055.

CONCLUSIÓN

A lo largo de los distintos capítulos de este estudio hemos ido ofreciendo las conclusiones correspondientes. El lector, por tanto, ha podido ya acercarse a una primera síntesis del progreso de nuestra investigación. El camino recorrido en la parte histórica nos ha permitido conocer la evolución del concepto y contenido del *bonum prolis*. De modo especial hemos analizado su primera formulación por parte de san Agustín y su vigencia hasta nuestros días.

La reflexión teológica y canónica de las distintas épocas ha girado en torno a diversos aspectos del sacramento del matrimonio, pero el *bonum prolis*, no ha sido el objeto directamente pretendido en dichos estudios sino que siempre ha aparecido de modo accesorio al ser una realidad que, en su esencia, era pacífica como propia del matrimonio. Vimos, a este respecto, cómo culturas ajenas a la tradición cristiana coincidieron desde el principio en señalarlo como finalidad de la institución matrimonial.

Es en la época contemporánea, especialmente a partir de la promulgación del Código Pío-Benedictino, cuando los distintos estudiosos y también la jurisprudencia, hablan con profusión sobre la procreación y educación de los hijos, que en el texto codicial aparece explícitamente como fin primario del matrimonio, además de señalar el objeto del contrato matrimonial como la entrega del *ius in corpus* (can. 1081).

La renovación efectuada por el Concilio Vaticano II se vió plasmada en la nueva redacción del Código de 1983, actualmente en vigor. Aunque la terminología ha cambiado, el Código actual mantiene la afirmación del *bonum prolis* como elemento esencial del matrimonio, cuya exclusión de la voluntad contractual de las partes provoca la invalidez del mismo.

En la parte sistemática hemos podido estudiar en detalle los distintos elementos esenciales que constituyen el bien de la prole. En concreto se trata, además de la *intentio prolis* o prole *in suis principiis*, de la realización del acto conyugal de modo natural y apto para la procreación de la prole; el ejercicio de la paternidad responsable que consiste en la voluntad de aumentar el número de hijos en la medida en que el desarrollo de la vida matrimonial y familiar lo permita, según la valoración que deben realizar los propios esposos; el recurso a las técnicas de reproducción asistida que permiten vencer algunos tipos de esterilidad, sin sustituir la realización del acto conyugal y la concepción de la prole de modo natural; el cuidado y conservación de la prole concebida y su educación humana y religiosa en sentido amplio, es decir, no específicamente católica.

Más allá de estos elementos esenciales contiene el *bonum prolis* otros elementos que forman parte también del *bonum coniugum*. La procreación y educación de los hijos requiere el común acuerdo de los cónyuges en las distintas decisiones que se deben tomar al respecto. De modo especial, es en la educación de los hijos y su acompañamiento durante las primeras fases de su desarrollo vital donde encontramos estos elementos, que encuentran su ejercicio en el matrimonio *in facto esse*. Es aquí donde se sitúa, por ejemplo, la iniciación en la vida cristiana de los hijos, así como otras decisiones que afectan a su educación.

Iniciábamos este estudio con la meditación de Juan Pablo II ante los frescos de la Capilla Sixtina. El Pontífice concluía dicha meditación afirmando que Adán y Eva, después de concebir el primer hijo sabían que habían pasado el umbral de la más grande responsabilidad. Al concluir este estudio confiamos haber ayudado a comprender, desde el punto de vista de la ciencia canónica, el significado de esta responsabilidad encomendada a los esposos de procrear y educar a los hijos, imagen y semejanza de Dios, que es el único dueño y señor de la Vida.

SIGLAS Y ABREVIATURAS

a./aa.	articulum, articuli
AAS	*Acta Apostolicae Sedis*
Adh. Ap.	Adhortatio Apostolica
AdIC	Adnotationes in ius canonicum
AfkK	*Archiv für katholisches Kirchenrecht*
AIDS	Acquired Immunodeficiency syndrome
AnGr	Analecta Gregoriana
ASS	*Acta Sanctae Sedis*
BAC	Biblioteca de Autores Cristianos
BGPhM	Beiträge zur Geschichte der Philosophie des Mittelalters
BP	Biblioteca de Patrística, ed. M. Merino Rodríguez, Madrid 1986-
can.	canon, cánones
c./cap.	capítulo
C.	*Codex*
CCE	Catechismus Catholicae Ecclesiae
CCL	Corpus Christianorum. Series latina
CDF	Congregación para la Doctrina de la Fe
CDMPCPF	Curso de Derecho matrimonial y procesal canónico para profesionales del foro
CIC	Codex Iuris Canonici
CICFontes	*Codicis Iuris Canonici Fontes*, ed. P. Gasparri – J. Serédi, Romae 1923-1939
COD	*Conciliorum Oecumenicorum Decreta*, ed. G. Alberigo et alii, Bologna 2002
ComEx	*Comentario Exegético al Código de Derecho Canónico*, ed. A. Marzoa – J. Miras – R. Rodríguez-Ocaña, Pamplona 1997
Const. Ap.	Constitución Apostólica
Const. Past.	Constitución Pastoral
CSEL	Corpus Scriptorum Ecclesiasticorum Latinorum, Vindobonae 1866-

D.	*Digesta*
D-H	*El Magisterio de la Iglesia.* Enchiridion Symbolorum *definitionum et declarationum de rebus fidei et morum*, ed. H. Denzinger – P. Hünermann, Barcelona 2000
d.a.	dictum ante
DDC	*Dictionnaire de Droit Canonique*, ed. R. Naz, Paris 1935-1958
Decl.	Declaración
Decr.	*Decreto*
DirEccl	*Il Diritto Ecclesiastico*
dist.	*distinctio*
DoV	*Donum vitae*, Instrucción de la Sagrada Congregación para la Doctrina de la Fe sobre el respeto de la vida humana naciente y la dignidad de la procreación, 22 febrero 1987
DP	*Dignitas personae*, Instrucción de la Sagrada Congregación para la Doctrina de la Fe sobre algunas cuestiones de Bioética, 8 septiembre 2008
DTC	*Dictionnaire de Thelogie Catholique*, ed. A. Vacant – E. Maginot, Paris 1903-1950
DTD	*Diccionario de Teología Dogmática*, ed. W. Beinert, Barcelona 1990
EF	*Enciclopedia Filosofica*, ed. L. Pareyson, Centro di Studi Filosofici di Gallarate, Roma 1979
Enc.	Encíclica
EncD	*Enciclopedia del Diritto*, ed. F. Calasso, Varese 1958-1981
Ep.	Epistola
EphIC	*Ephemerides Iuris Canonici*
Exh. Ap.	Exhortación Apostólica
FC	*Familiaris consortio*, Exhortación Apostólica postinodal de Juan Pablo II sobre la familia, 22 noviembre 1981
FIVET	Fecundación *in vitro* con transferencia de embriones
Forum	*Forum.* A Review of Canon Law and Jurisprudence
FP	Fuentes Patrísticas
GE	*Gravissimum educationis*, Declaración del Concilio ecuménico Vaticano II sobre la educación cristiana, 28 octubre 1965
GIFT	Gamete Intrafallopian Transfer
Gr	*Gregorianum*
GS	*Gaudium et spes*, Constitución pastoral del Concilio ecuménico Vaticano II sobre la Iglesia en el mundo contemporáneo, 7 diciembre 1965
HV	*Humanae vitae*, Encíclica de Pablo VI sobre la propagación de la prole humana, 25 julio 1968
Ibid.	Ibidem

Inst.	Institutiones
Instrc.	Instrucción
IusCan	*Ius Canonicum*
IusEccl	*Ius Ecclesiae*
Jurist	*The Jurist*
lib.	Libro
LTOT	Low Tube Oocyte Transfer
MANSI	*Sacrorum Conciliorum nova et amplissima collectio*, ed. I.D. Mansi, Florentia – Venetiis 1759-1798
MonEccl	*Monitor Ecclesiasticus*
Ms. Vat. Lat	Manuscrito Vaticano Latino
MThSt	Münchener theologische Studien
n./nn.	número, números
nt.	nota, notas
Periodica	*Periodica de re canonica*
PL	Patrologiae Cursus Completus, Series latina
q./qq.	quaestio, quaestiones
QM	*Quaderni della Mendola*
QDE	*Quaderni di Diritto Ecclesiale*
QSR	*Quaderni Studio Rotale*
RasMD	*Rasegna di Morale e Diritto*
RevDC	*Revue de Droit Canonique*
REDC	*Revista Española de Derecho Canónico*
RRD	*Rotae Romanae Tribunal Decisiones seu Sententiae*
SCS Oficii	Sagrada Congregación del Santo Oficio
SEC	Sociedad Española de Contracepción
SIDA	Síndrome de Inmuno-deficiencia adquirida
SD	*Sacra Doctrina*
ST	*Sal Terrae*
StCan	*Studia Canonica*
StG	Studi Giuridici
Supl.	*suplemmentum*
TG.DC	Tesi Gregoriana, Serie Diritto Canonico
ThGl	*Theologie und Glaube*
u./un.	único
VIH	Virus de la Inmuno-deficiencia humana
vol.	volumen
X	Decretales de Gregorio IX

BIBLIOGRAFÍA

1. **Fuentes**

1.1 *Concilios ecuménicos y particulares*

CONCILIO ECUMÉNICO DE FLORENCIA, Sesión VIII, 22 noviembre 1439, in COD, 534-559.

CONCILIO ECUMÉNICO DE TRENTO, Sesión VII, 3 marzo 1547, in COD, 684-689.

———, Sesión XXIV, 11 noviembre 1563, in COD, 753-755.

———, Sesión XXIV, 11 noviembre 1563, Decr. *Tametsi*, in COD, 755-759.

CONCILIO ECUMÉNICO VATICANO II, Const. Past. *Gaudium et spes*, sobre la Iglesia en el mundo contemporáneo, 7 diciembre 1965, *AAS* 58 (1966) 1025-1120

———, Decl. *Gravissimum educationis*, sobre la educación cristiana, 28 octubre 1965, *AAS* 58 (1966) 728-739

CONCILIO DE ELVIRA, in J. HARDOUIN, *Acta Conciliorum et Epistolae Decretales ac Constitutiones Summorum Pontificum*, 1, Paris 1725, 247-258.

Concilio de Arlés, in Mansi, 2, 463-477.

1.2 *Romanos Pontífices*

NICOLÁS I, *Responsa ad Consulta bulgarorum*, in *PL* 119, 978-1016; D-H 643 (334).

PÍO IV, Bula *Benedictus Deus*, 26 enero 1564, in D-H 1847-1850.

BENEDICTO XIV, Ep. *Redditae sunt nobis*, 17 septiembre 1746, in CICFontes II, n. 372, 41-43.

PÍO IX, *Syllabus complectens praecipuos nostrae aetatis errores*, 8 diciembre 1864, *AAS* 3 (1864) 168-176.

LEÓN XIII, Enc. *Arcanum*, 10 febrero 1880, *AAS* 12 (1880) 385-402.

PÍO XI, Enc. *Casti connubii*, 31 diciembre 1930, *AAS* 22 (1930) 539-592.

PÍO XII, *Allocutio adstantibus Prelatis Auditoribus*, 3 octubre 1941, *AAS* 33 (1941) 421-426.

———, *Allocutio ad Prelatos Auditores*, 1 octubre 1942, *AAS* 34 (1942) 338-343.

———, *Allocutio participantibus conventus internationalis quarti medicorum catholicorum*, 29 septiembre 1949, AAS 41 (1949) 557-561.

———, *Allocutio iis quae interfuerunt Conventui Unionis Catholicae Italicae inter Ostetrices*, 29 octubre 1951, AAS 43 (1951) 835-854.

———, *Oratio ob sollemnem Dogmaticam Definitionem corporeae in caelum Assumptionis B. Mariae V.*, 2 noviembre 1950, AAS 42 (1950) 784-792.

JUAN XXIII, *Sollemnis Allocutio*, 25 enero 1959, *AAS* 51 (1959) 65-70.

PABLO VI, Enc. *Humanae vitae*, 25 julio 1968, *AAS* 60 (1968) 481-503.

———, Adh. Ap. *Quinque iam anni*, 8 diciembre 1970, *AAS* 63 (1971) 97-106.

JUAN PABLO II, Enc. *Evangelium vitae*, 25 marzo 1995, *AAS* 87 (1995) 401-522.

———, Const. Ap. *Sacrae disciplinae leges*, 25 enero 1983, *AAS* 75/II (1983) VII-XIV.

———, Exh. Ap. *Familiaris consortio*, 22 noviembre 1981, *AAS* 74 (1982) 81-191.

———, *Allocutio ad Romanae Rotae Tribunal*, 1 febrero 2001, *AAS* 93 (2001) 358-365.

———, Udienza generale, 22 agosto 1984, in *Insegnamenti di Giovanni Paolo II*, VII/2, Città del Vaticano 1984, 227-237.

———, Udienza generale, 5 septiembre 1984, in *Insegnamenti di Giovanni Paolo II*, VII/2, Città del Vaticano 1984, 320-330.

BENEDICTO XVI, Mensaje, «Al congresso internazionale nel 40° anniversario dell'Enciclica *Humanae Vitae*», 3 octubre 2008, *L'Osservatore romano*, 4 octubre 2008, 1.

1.3 *Curia Romana*

SAGRADA CONGREGACIÓN DEL SANTO OFICIO, Decr. *De finibus matrimonii*, 1 abril 1944, *AAS* 36 (1944) 103.

CONGREGACIÓN PARA LA DOCTRINA DE LA FE, Decr. *Circa impotentiam quae matrimonium dirimit*, 13 mayo 1977, *AAS* 69 (1977) 426.

———, Instrc. *Donum vitae*, 22 febrero 1987, *AAS* 80 (1988) 70-102.

CONGREGACIÓN PARA LA DOCTRINA DE LA FE, Instrc. *Dignitas personae*, 8 septiembre 2008, *AAS* 100 (2008) 858-887.

CONGREGACIÓN PARA LOS SACRAMENTOS, Carta circular *De processu super matrimonio rato et non consumato*, 20 diciembre 1986, *Communicationes* 20 (1988) 78-84.

1.4 *Padres de la Iglesia*

Didaché, in J.J. AYÁN CALVO, ed., FP 3, Madrid 1992, 19-111.

Discurso a Diogneto, in D. RUIZ BUENO, ed., *Padres Apostólicos y Apologistas Griegos (s. II)*, BAC 629, Madrid 2002, 653-663.

Doctrina de los Apóstoles, in J.J. AYÁN CALVO, ed., FP 3, Madrid 1992, 115-123.

AGUSTÍN DE HIPONA, *Contra adversarium legis et prophetarum*, CCL 49, 35-131.

———, *De adulterinis coniugiis*, II, CSEL 41, 382-410.

———, *De bono coniugali*, CSEL 41, 185-231.

———, *De Civitate Dei*, CSEL 40, I.

———, *De Genesi ad litteram*, CSEL 28, I.

———, *De nuptiis et concupiscentia*, CSEL 42, 205-319.

———, *De sancta virginitate*, CSEL 41, 233-302.

AMBROSIO DE MILÁN, *De viduis*, in F. GORI, ed., *Opera omnia di Sant'Ambrogio*, 14/1, Milano 1989, 245-319.

———, *De virginitate*, in F. GORI, ed., *Opera omnia di Sant'Ambrogio*, 14/2, Milano 1989, 12-107.

———, *Exhortatio virginitatis*, in F. GORI, ed., *Opera omnia di Sant'Ambrogio*, 14/2, Milano 1989, 198-271.

ATENÁGORAS, *Legación a favor de los cristianos*, in D. RUIZ BUENO, ed., *Padres Apostólicos y Apologistas Griegos (s. II)*, BAC 629, Madrid 2002, 1347-1388.

CLEMENTE DE ALEJANDRÍA, *El Pedagogo*, in J.J. AYÁN CALVO, ed., FP 5, Madrid 1994.

———, *Stromata*, in J.J. AYÁN CALVO, ed., FP 10, Madrid 1998.

GREGORIO MAGNO, *In septem psalmos poenitentiales expositio*, PL 79, 550-658.

JUSTINO, *Apología* I, in D. RUIZ BUENO, ed., *Padres Apostólicos y Apologistas Griegos (s. II)*, BAC 629, Madrid 2002, 1019-1071.

MINUCIO FÉLIX, *Octavio*, BP 52, Madrid 2000.

PSEUDO-BERNABÉ, *Epístola*, ed. J.J. Ayán Calvo, FP 3, Madrid 1992, 127-231.

TERTULIANO, *Ad uxorem*, CCL 1, 371-394.

———, Adversus Marcionem, CCL 1, 437-726.

———, *De anima*, CCL 2, 779-869.

———, *De Exhortatione chastitatis*, CCL 2, 1013-1035.

1.5 *Fuentes de Derecho Romano y Canónico*

Inst. 1, 9, 1, in *Corpus Iuris Civilis*, I, *Institutiones et Digesta*, in TH. MOMMSEN – P. KRUEGER, ed., Berolini apud Weidmannos 1922^{14}, 4.

D. 23, 2, 1, in *Corpus Iuris Civilis*, I, *Institutiones et Digesta*, in TH. MOMMSEN – P. KRUEGER, ed., Berolini apud Weidmannos 1922^{14}, 330.

D. 23, 2, 4, in *Corpus Iuris Civilis*, I, *Institutiones et Digesta*, in TH. MOMMSEN – P. KRUEGER, ed., Berolini apud Weidmannos 1922^{14}, 330.

D. 24, 1, 32, 13, in *Corpus Iuris Civilis*, I, *Institutiones et Digesta*, in TH. MOMMSEN – P. KRUEGER, ed., Berolini apud Weidmannos 1922^{14}, 352.

D. 35, 1, 15, in *Corpus Iuris Civilis*, I, *Institutiones et Digesta*, in TH. MOMMSEN – P. KRUEGER, ed., Berolini apud Weidmannos 1922^{14}, 540.

C. 5, 60, 3, in *Corpus Iuris Civilis*, II, *Codex*, in P. KRUEGER, ed., Berolini apud Weidmannos 1914^{9}, 231.

GRACIANO, *Decretum*, in A. RICHTER – A. FRIEDBERG, ed., *Corpus Iuris Canonici*, vol. I, Lipsiae 1881.

GREGORIO IX, *Decretales*, in A. RICHTER – A. FRIEDBERG, ed., *Corpus Iuris Canonici*, vol. II, Lipsiae 1881, 5-928.

BONIFACIO VIII, *Liber Sextus Decretalium*, in A. RICHTER – A. FRIEDBERG, ed., *Corpus Iuris Canonici*, vol. II, Lipsiae 1881, 933-1124.

CLEMENTE V, *Constitutiones*, in A. RICHTER – A. FRIEDBERG, ed., *Corpus Iuris Canonici*, vol. II, Lipsiae 1881, 1129-1200.

JUAN XXII, *Extravagantes*, in A. RICHTER – A. FRIEDBERG, ed., *Corpus Iuris Canonici*, vol. II, Lipsiae 1881, 1205-1236.

Extravagantes communes, in A. RICHTER – A. FRIEDBERG, ed., *Corpus Iuris Canonici*, vol. II, Lipsiae 1881, 1237-1312.

Codicis Iuris Canonici Fontes, ed. P. GASPARRI – J. SERÉDI, Romae 1923-1939.

1.6 *Fuentes jurisprudenciales*

SUPREMO TRIBUNAL DE LA SIGNATURA APOSTÓLICA, *coram* Staffa, 29 noviembre 1975, *Periodica* 66 (1977) 299-325.

TRIBUNAL DE LA ROTA ROMANA

Sentencias relativas al *bonum prolis*, entre los años 1983-2000. El listado se compone sólo de la totalidad de las Sentencias publicadas en la colección *RRD*. Aunque todas han sido objeto de nuestro estudio, sólo las que se señalan con (*) son citadas en el texto. De cada una de ellas se indica si la resolución es favorable o contraria a la declaración de nulidad.

coram Huot, 17 febrero 1983, in *RRD* 75, 20-32: *pro nullitate*.
* *coram* Bruno, 15 abril 1983, in *RRD* 75, 163-176: *pro nullitate*.
coram Jarawan, 24 mayo 1983, in *RRD* 75, 312-315: *pro nullitate*.
* *coram* Stankiewicz, 26 mayo 1983, in *RRD* 75, 323-332: *pro vinculo*.
coram Parisella, 16 junio 1983, in *RRD* 75, 341-357: *pro vinculo*.
coram Fiore, 25 junio 1983, in *RRD* 75, 371-378: *pro nullitate*.
coram Bruno, 28 octubre 1983, in *RRD* 75, 538-548: *pro vinculo*.
coram Pinto, 28 octubre 1983, in *RRD* 75, 549-557: *pro nullitate*.
* *coram* Pinto, 28 octubre 1983, in *RRD* 75, 558-564: *pro nullitate*.
coram Jarawan, 12 noviembre 1983, in *RRD* 75, 616-624: *pro nullitate*.
coram Ragni, 6 diciembre 1983, in *RRD* 75, 688-694: *pro nullitate*.
coram Parisella, 15 deciembre 1983, in *RRD* 75, 702-706: *pro vinculo*.
coram Parisella, 16 febrero 1984, in *RRD* 76, 95-98: *pro nullitate*.
coram De Jorio, 22 febrero 1984, in *RRD* 76, 108-114: *pro vinculo*.
coram Masala, 28 febrero 1984, in *RRD* 76, 152-155: *pro nullitate*.
* *coram* Bruno, 30 marzo 1984, in *RRD* 76, 217-226: *pro nullitate*.
* *coram* Ragni, 3 abril 1984, in *RRD* 76, 227-237: *pro vinculo*.
coram Stankiewicz, 24 mayo 1984, in *RRD* 76, 286-294: *pro vinculo*.
coram Pompedda, 4 diciembre 1984, in *RRD* 76, 572-577: *pro nullitate*.
coram Giannecchini, 11 diciembre 1984, in *RRD* 76, 611-619: *pro nullitate*.
coram Ragni, 18 diciembre 1984, in *RRD* 76, 620-630: *pro vinculo*.
coram Serrano, 11 enero 1985, in *RRD* 77, 11-18: *pro vinculo*.
coram Pompedda, 29 enero 1985, in *RRD* 77, 52-64: *pro vinculo*.
coram Giannechini, 15 febrero 1985, in *RRD* 77, 65-75: *pro nullitate*.
coram Masala, 19 febrero, 1985, in *RRD* 77, 105-116: *pro nullitate*.
coram Jarawan, 19 febrero 1985, in *RRD* 77, 117-121: *pro nullitate*.

* *coram* Giannechini, 25 junio 1985, in *RRD* 77, 324-333: *pro nullitate.*
coram Agustoni, 15 octubre 1985, in *RRD* 77, 435-454: *pro nullitate.*
coram Funghini, 30 octubre 1985, in *RRD* 77, 461-467: *pro nullitate.*
coram Funghini, 27 noviembre 1985, in *RRD* 77, 558-568: *pro nullitate.*
coram Masala, 17 diciembre 1985, in *RRD* 77, 622-628: *pro vinculo.*
coram Ragni, 21 enero 1986, in *RRD* 78, 23-37: *pro vinculo.*
* *coram* Palestro, 29 enero 1986, in *RRD* 78, 76-89: *pro nullitate.*
coram Ragni, 4 marzo 1986, in *RRD* 78, 163-173: *pro nullitate.*
coram Davino, 11 abril 1986, in *RRD* 78, 233-240: *pro vinculo.*
coram Funghini, 16 abril 1986, in *RRD* 78, 254-281: *pro vinculo.*
coram Jarawan, 16 abril 1986, in *RRD* 78, 282-286: *pro nullitate.*
* *coram* Masala, 29 abril 1986, in *RRD* 78, 318-327: *pro vinculo.*
coram Corso, 21 mayo 1986, in *RRD* 78, 328-333: *pro nullitate.*
coram Colagiovanni, 27 mayo 1986, in *RRD* 78, 343-350: *pro nullitate.*
coram Di Felice, 6 junio 1986, in *RRD* 78, 372-377: *pro nullitate.*
coram Pinto, 20 junio 1986, in *RRD* 78, 391-397: *pro nullitate.*
coram Colagiovanni, 8 julio 1986, in *RRD* 78, 425-435: *pro vinculo.*
coram Fiore, 15 octubre 1986, in *RRD* 78, 526-537: *pro nullitate.*
coram Jarawan, 24 octubre 1986, in *RRD* 78, 551-556: *pro nullitate.*
coram Serrano, 24 octubre 1986, in *RRD* 78, 557-568: *pro nullitate.*
coram Funghini, 12 noviembre 1986, in *RRD* 78, 606-624: *pro vinculo.*
* *coram* Di Felice, 15 noviembre 1986, in *RRD* 78, 634-641: *pro nullitate.*
coram De Lanversin, 19 noviembre 1986, in *RRD* 78, 642-649: *pro vinculo.*
coram Serrano, 28 noviembre 1986, in *RRD* 78, 681-687: *pro vinculo.*
coram Funghini, 10 diciembre 1986, in *RRD* 78, 698-713: *pro nullitate.*
coram Ragni, 16 diciembre 1986, in *RRD* 78, 714-726: *pro vinculo.*
coram Giannecchini, 20 diciembre 1986, in *RRD* 78, 776-788: *pro vinulo.*
* *coram* Giannechini, 24 febrero 1987, in *RRD* 79, 61-74: *pro vinculo.*
coram Pinto, 6 marzo 1987, in *RRD* 79, 92-97: *pro nullitate.*
* *coram* Pinto, 13 marzo 1987, in *RRD* 79, 111-120: *pro vinculo.*
coram Pinto, 27 marzo 1987, in *RRD* 79, 169-186: *pro nullitate.*
coram Doran, 30 marzo 1987, in *RRD* 79, 187-194: *pro vinculo.*
* *coram* Faltin, 9 abril 1987, in *RRD* 79, 250-267: *pro nullitate.*
coram Funghini, 3 junio 1987, in *RRD* 79, 350-359: *pro nullitate.*
coram Pompedda, 8 junio 1987, in *RRD* 79, 367-371: *pro vinculo.*

coram Ragni, 16 junio 1987, in *RRD* 79, 372-381: *pro nullitate*.
coram Doran, 34 julio 1987, in *RRD* 79, 515-522: *pro nullitate*.
coram Jarawan, 30 septiembre 1987, in *RRD* 79, 523-530: *pro nullitate*.
coram Davino, 15 octubre 1987, in *RRD* 79, 531-537: *pro nullitate*.
coram Masala, 20 octubre 1987, in *RRD* 79, 545-553: *pro vinculo*.
coram Masala, 27 octubre 1987, in *RRD* 79, 568-572: *pro vinculo*.
coram Serrano, 29 octubre 1987, in *RRD* 79, 590-596: *pro vinculo*.
* *coram* Stankiewicz, 29 octubre 1987, in *RRD* 79, 597-605: *pro vinculo*.
coram Burke, 5 noviembre 1987, in *RRD* 79, 617-621: *pro vinculo*.
coram Huot, 10 noviembre 1987, in *RRD* 79, 622-631: *pro vinculo*.
coram Doran, 4 diciembre 1987, in *RRD* 79, 718-732: *pro nullitate*.
coram Burke, 16 diciembre 1987, in *RRD* 79, 733-739: *pro vinculo*.
* *coram* Giannecchini, 18 diciembre 1987, in *RRD* 79, 754-76: *pro nullitate*.
coram Colagivanni, 4 febrero 1988, in *RRD* 80, 75-82: *pro vinculo*.
* *coram* Funghini, 17 febrero 1988, in *RRD* 80, 106-115: *pro vinculo*.
coram Masala, 23 febrero 1988, in *RRD* 80, 116-127: *pro vinculo*.
coram De Lanversin, 24 febrero 1988, in *RRD* 80, 157-165: *pro nullitate*.
* *coram* Stankiewicz, 24 marzo 1988, in *RRD* 80, 184-192: *pro vinculo*.
coram Pompedda, 11 abril 1988, in *RRD* 80, 193-197: *pro nullitate*.
coram Burke, 11 abril 1988, in *RRD* 80, 211-220: *pro vinculo*.
coram Corso, 14 abril 1988, in *RRD* 80, 231-241: *pro vinculo*.
coram Colagiovanni, 19 abril 1988, in *RRD* 80, 260-267: *pro vinculo*.
* *coram* Palestro, 18 mayo 1988, in *RRD* 80, 295-311: *pro nullitate*.
coram Jarawan, 18 mayo 1988, in *RRD* 80, 312-316: *pro nullitate*.
coram Ragni, 31 mayo 1988, in *RRD* 80, 366-378: *pro nullitate*.
coram Davino, 14 julio 1988, in *RRD* 80, 471-479: *pro nullitate*.
coram Colagiovanni, 11 octubre 1988, in *RRD* 80, 514-522: *pro nullitate*.
coram Doran, 28 octubre 1988, in *RRD* 80, 589-598: *pro nullitate*.
coram De Lanversin, 8 noviembre 1988, in *RRD* 80, 615-622: *pro nullitate*.
coram Ragni, 29 noviembre 1988, in *RRD* 80, 701-711: *pro vinculo*.
coram Boccafola, 5 diciembre 1988, in *RRD* 80, 712-717: *pro vinculo*.
coram Burke, 12 diciembre 1988, in *RRD* 80, 735-744: *pro vinculo*.
coram Serrano, 13 ianuarii 1989, in *RRD* 81, 1-8: *pro vinculo*.
coram Boccafola, 16 enero 1989, in *RRD* 81, 9-15: *pro nullitate*.
* *coram* Masala, 24 enero 1989, in *RRD* 81, 33-41: *pro vinculo*.

coram Stankiewicz, 28 febrero 1989, in *RRD* 81, 160-175: *pro vinculo.*
* *coram* Ragni, 2 mayo 1989, in *RRD* 81, 323-332: *pro nullitate.*
coram Colagiovanni, 13 junio 1989, in *RRD* 81, 4132-422: *pro vinculo.*
* *coram* Civili, 20 junio 1989, in *RRD* 81, 436-443: *pro nullitate.*
coram Colagiovanni, 18 julio 1989, in *RRD* 81, 514-524: *pro nullitate*
coram Doran, 16 octubre 1989, in *RRD* 81, 589-604: *pro nullitate.*
coram Burke, 6 novembre 1989, in *RRD* 81, 632-642: *pro vinculo.*
coram Funghini, 8 noviembre 1989, in *RRD* 81, 643-656: *pro nullitate.*
coram Pompedda, 27 noviembre 1989, in *RRD* 81, 717-723: *pro nullitate.*
coram Burke, 30 noviembr 1989, in *RRD* 81, 733-742: *pro vinculo.*
coram Burke, 5 diciembre 1989, in *RRD* 81, 743-754: *pro vinculo.*
coram Davino, 25 enero 1990, in *RRD* 82, 19-25: *pro vinculo.*
coram Davino, 25 enero 1990, in *RRD* 82, 26-32: *pro nullitate.*
coram De Lanversin, 21 febrero 1990, in *RRD* 82, 108-119: *pro vinculo.*
coram Doran, 22 febrero 1990, in *RRD* 82, 126-137: *pro nullitate.*
coram Burke, 1 marzo 1990, in *RRD* 82, 176-189: *pro vinculo.*
coram Ragni, 6 marzo 1990, in *RRD* 82, 190-200: *pro vinculo.*
coram Ragni, 12 junio 1990, in *RRD* 82, 501-511: *pro nullitate.*
coram Civili, 26 junio 1990, in *RRD* 82, 565-571: *pro nullitate.*
coram De Lanversin, 27 junio 1990, in *RRD* 82, 572-581: *pro vinculo.*
coram Pompedda, 3 julio 1990, in *RRD* 82, 582-587: *pro nullitate.*
coram Jarawan, 4 julio 1990, in *RRD* 82, 588-594: *pro vinculo.*
coram Bruno, 20 julio 1990, in *RRD* 82, 658-675: *pro nulitate.*
coram Serrano, 26 octubre 1990, in *RRD* 82, 745-752: *pro vinculo.*
coram Colagiovanni, 20 noviembre 1990, in *RRD* 82, 803-812: *pro nullitate.*
coram Bruno, 1 febrero 1991, in *RRD* 83, 66-75: *pro nullitate.*
* *coram* Stankiewicz, 7 marzo 1991, in *RRD* 83, 147-160: *pro nullitate.*
coram Faltin, 24 mayo 1991, in *RRD* 83, 331-341: *pro vinculo.*
coram De Lanversin, 26 junio 1991, in *RRD* 83, 421-429: *pro vinculo.*
coram Pompedda, 23 octubre 1991, in *RRD* 83, 564-567: *pro nullitate*
coram Serrano, 13 deciembre 1991, in *RRD* 83, 756-775: *pro nullitate.*
coram Jarawan, 8 enero 1992, in *RRD* 84, 1-10: *pro vinculo.*
coram Colagiovanni, 28 abril 1992, in *RRD* 84, 194-202: *pro nullitate.*
coram Davino, 14 mayo 1992, in *RRD* 84, 254-262: *pro nullitate.*
* *coram* Palestro, 27 mayo 1992, in *RRD* 84, 279-305: *pro nullitate.*

coram Stankiewicz, 29 mayo 1992, in *RRD* 84, 306-321: *pro nullitate.*
coram Boccafola, 11 junio 1992, in *RRD* 84, 344-348: *pro nullitate.*
coram De Lanversin, 10 noviembre 1992, in *RRD* 84, 535-548: *pro nullitate.*
coram Civili, 25 noviembre 1992, in *RRD* 84, 568-576: *pro nullitate.*
coram Civili, 9 diciembre 1992, in *RRD* 84, 638-645: *pro nullitate.*
coram Fiore, 25 febrero 1993, in *RRD* 85, 55-63: *pro nullitate.*
coram Bruno, 12 marzo 1993, in *RRD* 85, 144-150: *pro vinculo.*
coram Serrano, 26 marzo 1993, in *RRD* 85, 262-270: *pro vinculo.*
coram Palestro, 19 mayo 1993, in *RRD* 85, 380-401: *pro pro vinculo.*
* *coram* Bruno, 28 mayo 1993, in *RRD* 85, 425-433: *pro nullitate.*
coram Funghini, 7 julio 1993, in *RRD* 85, 519-533: *pro nullitate.*
coram Davino, 2 agosto 1993, in *RRD* 85, 615-620: *pro vinculo.*
coram Giannecchini, 19 noviembre 1993, in *RRD* 85, 683-694: *pro vinculo.*
* *coram* Huber, 26 noviembre 1993, in *RRD* 85, 723-736: *pro nullitate.*
* *coram* Stankiewicz, 17 diciembre 1993, in *RRD* 85, 773-797: *pro vinculo.*
coram De Lanversin, 26 enero 1994, in *RRD* 86, 47-55: *pro nullitate.*
* *coram* Giannechini, 26 abril 1994, in *RRD* 86, 195-205: *pro vinculo.*
* *coram* De Lanversin, 15 junio 1994, in *RRD* 86, 313-323: *pro nullitate.*
coram Huber, 16 junio 1994, in *RRD* 86, 324-336: *pro vinculo.*
coram Giannecchini, 21 junio 1994, in *RRD* 86, 345-356: *pro nullitate.*
coram Bruno, 21 julio 1994, in *RRD* 86, 403-410: *pro vinculo.*
coram Huber, 27 octubre 1994, in *RRD* 86, 532-544: *pro vinculo.*
* *coram* Burke, 15 diciembre 1994, in *RRD* 86, 718-725: *pro nullitate.*
coram Giannecchini, 28 marzo 1995, in *RRD* 87, 240-251: *pro vinculo.*
coram De Lanversin, 5 abril 1995, in *RRD* 87, 252-259: *pro nullitate.*
coram Ragni, 4 julio 1995, in *RRD* 87, 449-466: *pro nullitate.*
coram Burke, 19 octubre 1995, in *RRD* 87, 557-566: *pro nullitate.*
* *coram* Huber, 24 noviembre 1995, in *RRD* 87, 634-640: *pro vinculo.*
coram Civili, 18 diciembre 1995, in *RRD* 87, 694-705: *pro nullitate.*
* *coram* Bruno, 19 diciembre 1995, in *RRD* 87, 731-739: *pro nullitate.*
* *coram* Huber, 20 diciembre 1995, in *RRD* 87, 747-757: *pro nullitate.*
coram Serrano, 19 enero 1996, in *RRD* 88, 34-41: *pro nullitate.*
* *coram* Stankiewicz, 22 febrero 1996, in *RRD* 88, 116-140: *pro vinculo.*
coram Funghini, 26 marzo 1996, in *RRD* 88, 315-333: *pro vinculo.*
coram Ragni, 30 mayo 1996, in *RRD* 88, 407-423: *pro vinculo.*

coram Pinto, 11 octubre 1996, in *RRD* 88, 622-629: *pro nullitate*.
* *coram* Alwan, 14 enero 1997, in *RRD* 89, 1-13: *pro vinculo*.
* *coram* Funghini, 15 abril 1997, in *RRD* 89, 279-302: *pro nullitate*.
* *coram* Huber, 6 mayo 1997, in *RRD* 89, 373-384: *pro nullitate*.
coram Pompedda, 6 junio 1997, in *RRD* 89, 467-483: *pro vinculo*.
coram Civili, 25 junio 1997, in *RRD* 89, 523-529: *pro vinculo*.
coram Stankiewicz, 24 julio 1997, in *RRD* 89, 636-656: *pro vinculo*.
coram Caberletti, 23 octubre 1997, in *RRD* 89, 737-743: *pro vinculo*.
coram Serrano, 14 noviembre 1997, in *RRD* 89, 804-810: *pro nullitate*.
coram Sable, 2 abril 1998, in *RRD* 90, 312-321: *pro nullitate*.
* *coram* Serrano, 15 mayo 1998, in *RRD* 90, 379-384: *pro vinculo*.
coram Alwan, 7 julio 1998, in *RRD* 90, 498-511: *pro vinculo*.
coram Sable, 14 octubre 1998, in *RRD* 90, 592-601: *pro nullitate*.
coram Funghini, 26 octubre 1998, in *RRD* 90, 642-656: *pro vinculo*.
* *coram* Erlebach, 29 octubre 1998, in *RRD* 90, 678-688: *pro nullitate*.
coram Monier, 6 noviembre 1998, in *RRD* 90, 708-720: *pro nullitate*.
* *coram* Boccafola, 14 enero 1999, in *RRD* 91, 1-8: *pro nullitate*.
* *coram* Pinto, 21 mayo 1999, in *RRD* 91, 401-407: *pro nullitate*.
coram Serrano, 9 julio 1999, in *RRD* 91, 526-532: *pro nullitate*.
* *coram* Caberletti, 23 julio 1999, in *RRD* 91, 574-591: *pro nullitate*.
coram Turnaturi, 15 octubre 1999, in *RRD* 91, 598-608: *pro nullitate*.
coram Huber, 27 octubre 1999, in *RRD* 91, 626-635: *pro vinculo*.
coram Boccafola, 18 noviembre 1999, in *RRD* 91, 665-676: *pro nullitate*.
coram López-Illana, 15 enero 2000, in *RRD* 92, 25-53: *pro vinculo*.
coram Turnaturi, 20 enero 2000, in *RRD* 92, 54-63: *pro nullitate*.
coram Bottone, 16 febrero 2000, in *RRD* 92, 166-174: *pro vinculo*.
coram Monier, 18 febrero 2000, in *RRD* 92, 185-194: *pro nullitate*.
coram Defilippi, 30 marzo 2000, in *RRD* 92, 276-291: *pro vinculo*.
coram Sciacca, 6 abril 2000, in *RRD* 92, 307-315: *pro vinculo*.
coram Huber, 26 mayo 2000, in *RRD* 92, 400-413: *pro nullitate*.
coram Sable, 29 mayo 2000, in *RRD* 92, 440-450: *pro nullitate*.
coram Caberletti, 13 julio 2000, in *RRD* 92, 489-506: *pro nullitate*.
coram Huber, 15 diciembre 2000, in *RRD* 92, 730-740: *pro nullitate*.

Sentencias sobre la simulación del matrimonio:
* *coram* Boccafola, 14 mayo 1996, in *RRD* 88, 379-386: *pro nullitate*.

* *coram* Alwan, 18 febrero 1997, in *RRD* 89, 114-127: *pro nullitate*.

* *coram* Stankiewicz, 21 marzo 1997, in *RRD* 89, 221-234: *pro vinculo*.

* *coram* Bruno, 18 abril 1997, in *RRD* 89, 335-341: *pro nullitate*.

2. Autores

ABELLÁN, P., *El fin y la significación sacramental del matrimonio desde S. Anselmo hasta Guillermo de Auxerre*, Granada 1939.

ACEVEDO QUIROZ, L.H., *Controversia sobre la inseparabilidad del contrato y el sacramento en el matrimonio cristiano. Estudio histórico-jurídico*, Bogotá 1978.

AHERN, M., «The marital right to children. A tentative re-examination», *StCan* 8 (1974) 91-107.

ALBERTO MAGNO, *De Sacramentis*, Aschendorf 1958.

ANSELMO DE LAÓN, «Sentenzen», in F.P. BLIEMETZRIEDER, ed., *BGPhM*, 18/3, Münster 1919.

ARENA, A.M., «The Jurisprudence of the Sacred Roman Rota: Its development and Direction after the Second Vatican Council», *StCan* 12 (1978) 265-293.

AZNAR GIL, F.R., «AIDS/SIDA y matrimonio canonico», *CDMPCPF* 14, Salamanca 1998, 113-158.

―――, *El nuevo derecho matrimonial canónico*, Salamanca 1983.

BAÑARES, J.I., «Comentario al c. 1055», in A. MARZOA – J.MIRAS – R. RODRÍGUEZ-OCAÑA, ed., *ComEx*, III/2, Pamplona 1997, 1038-1044.

BAÑARES, J.I., «Comentario al c. 1056», in A. MARZOA – J.MIRAS – R. RODRÍGUEZ-OCAÑA, ed., *ComEx*, III/2, Pamplona 1997, 1045-1054.

BARBADO, F. – RAMÍREZ, S., «Introducción al tratado del Matrimonio», in F. BARBADO – S. RAMÍREZ, ed., *Suma Teológica de Santo Tomás de Aquino*, vol. 15, *Supl*. q. 34-66, Madrid 1956, 157-171.

BARRANCO CASTILLO, E. – SOLER, F. – MIRANDA, M.T., «Análisis de la eficacia de los métodos naturales. Fallos de los métodos naturales», [visitado: 29/02/2008], http://www.sec.es/publicaciones/congresos/Vcongreso/libro/p2a.pdf.

BAUDOT, D., *L'inseparabilité entre le contrat et le sacrament de mariage. La discussion après le Concile Vatican II*, AnGr 245, Roma 1987.

BEATRICE, P.F., «Continenza e matrimonio nel cristianesimo primitivo (secc. I-II)», in R. CANTALAMESSA, ed., *Etica sessuale e matrimonio nel cristianesimo delle origini*, Milano 1976, 3-68.

BIANCHI, P., «AIDS e matrimonio canonico», *QDE* 4 (1991) 370-375.

BIANCHI, P., «L'esclusione della prole nella giurisprudenza della rota romana dal CIC 1983», *Prole e matrimonio canonico*, StG 62, Città del Vaticano 2003, 99-152.

BOCCAFOLA, K.C., *The requirment of perpetuity for the impediment of impotence*, AnGr 200, Roma 1975.

BOCCARDELLI, B., «La prova della simulazione del consenso matrimoniale», *La simulazione del conseno matrimoniale canonico*, StG 22, Città del Vaticano 1990, 221-236.

BONFANTE, P., *Instituzioni di diritto romano*, Torino 1946.

BONI, G., «AIDS ed esclusione del *bonum prolis*», *Prole e matrimonio canonico*, StG 62, Cittá del Vaticano 2003, 179-259.

BONNET, P.A., «Essenza, proprietà essenziali, fini e sacramentalità (cann. 1055-1056)», in P.A. BONNET – C. GULLO, ed., *Diritto Matrimoniale Canonico*, I, StG 56, Città del Vaticano 2002, 95-153.

———, «L'*ordinatio ad bonum prolis* quale causa di nullità matrimoniale», *DirEccl* 95 (1984) 301-350.

———, «L'impedimento di impotenza (can. 1084 CIC)», *Gli impedimenti al matrimonio canonico*, StG 19, Città del Vaticano 1989, 95-158.

BRUNNER, H. – VON SCHWERIN, C., *Historia del Derecho Germánico*, Barcelona 1936.

BUENAVENTURA, *Breviloquium*, in PP. COLLEGII S. BONAVENTURAE, ed., *Tria opuscula seraphici doctoris S. Bonaventurae*, Florencia 1911, 33-285.

———, *Commentaria in quatuor libros sententiarum magistri Petri Lombardi*, IV, Florentia 1889.

BURKE, C., «Matrimonial consent and the *bonum prolis*», *MonEccl* 114 (1989) 397-404.

———, «Saint Augustine and conjugal sexuality», [visitado: 02/02/2006], http://www.churchinhistory.org/pages/booklets/augustine.pdf.

CABERLETTI, G., *L'oggetto essenziale del consenso coniugale nel matrimonio canonico*, Brescia 1986.

CANDELIER, G., «Le bonum prolis: doctrine et évolution de la jurisprudence», *StCan* 34 (2000) 197-246.

CAPPELLO, F.M., *De Sacramentis*, III, Roma 1933.

CAROZZI, G., *La famiglia nel pensiero di Pio XII*, Milano 1952.

CASTRO SÁENZ, A., «Consentimiento y consorcio en el matrimonio romano y en el canónico: un estudio comparativo», [visitado: 02/02/2006], http://www.scielo.cl/scielo.php?pid=S0716-54552001002300003&script =sci_arttext&tlng=es%23199.

CEBALLOS SOLÍS, J.A., *La educación de la prole en la estructura jurídica del matrimonio*, Mérida (México) 2006.

COLEMAN, G., «Can a person with AIDS marry in the Catholic Church?», *Jurist* 49 (1989) 258-266.

COMOTTI, G., «Ordinatio ad prolem del matrimonio e scelta di non procreare: alcune riflessioni canonistiche in tema di procreazione responsabile», in S. GHERRO – G. ZUANAZZI, ed., *Matrimonio canonico e AIDS*, Torino 1995, 91-115.

D'AURIA, A., *Il Matrimonio nell diritto della Chiesa*, Roma 2003.

DEL RE, N., *I codici vaticani della* Summa decretorum *di Uguccione da Pisa*, Roma 1938.

DUGGAN, C., «Papal Judges Delegate and the Making of the 'Nex Law' in the Twelfth Century», in C. DUGGAN, ed., *Decretals and the creation of 'New Law' in the Twelfth Century*, I, Aldershot 1998, 172-199.

ERDÖ, P., *Introducción a la historia de la Ciencia Canónica*, Buenos Aires 1993.

FANTAPPIÈ, C., *Introduzione storica al diritto canonico*, Bolonia 2003.

FEDELE, P., «L'*ordinatio ad prolem* e i fini del matrimonio con particolare riferimento alla costituzione "Gaudium et spes" del Concilio Vaticano II», *EphIC* 23 (1967) 62-134.

FERNÁNDEZ REGATILLO, E., «Matrimonio con pacto de no tener hijos», *ST* 45 (1957) 239-240.

FERRATA, G.B., «Brevi note sull'oggetto del consenso e l'amore nel matrimonio dai testi biblici al Codex Iuris Canonici», in V. FAGIOLO, ed., *Annali di Dottrina e Giurisprudenza Canonica, I, L'amore coniugale*, I, Città del Vaticano 1971, 232-248.

FOURNIER, P. – LE BRAS, G., *Histoire des collections canoniques en occident, depuis les fausses décrétales jusqu'au décret de Gratien*, I-II, París 1931.

FRANCESCHI, H., «AIDS e capacità matrimoniale: approccio storico al problema delle malattie infettive nel matrimonio», in S. GHERRO – G. ZUANAZZI, ed., *Matrimonio canonico e AIDS*, Torino 1995, 77-90.

———, «Il *bonum prolis* nello stato di vita matrimoniale e le conseguenze canoniche in caso di separazione o di nullità matrimoniale», *Prole e matrimonio canonico*, StG 62, Città del Vaticano 2003, 29-64.

———, «La giurisprudenza di merito sull'esclusione della prole nel recente volume delle decisioni rotali dell'anno 1995», *QSR* 11 (2001) 81-112.

———, «L'esclusione della prole nella giurisprudenza rotale recente», *IusEccl* 11 (1999) 146-165.

FUNDER, A., «AIDS-Krankheit und kanonische Ehefähigkeit», *ThGl* 88 (1998) 354-364.

GANOCZY, A., «Maniqueísmo», *in DTD*, 420-421.

GARCÍA FAÍLDE, J.J., «Incidencia de las técnicas de reproducción artificial asistida en la exclusión de la prole y de la fidelidad», *CDMPCPF* 12, Salamanca 1996, 267-283.

———, *La nulidad matrimonial hoy*, Barcelona 1994.

GARCÍA Y GARCÍA, A., *Historia del Derecho Canónico*, 1, El primer milenio, Salamanca 1967.

GASPARRI, P., *Tractatus canonicus de Matrimonio*, I-II, París 1904.

GAUDEMET, J., *Il matrimonio in occidente*, Torino 1989.

GEREST, R.C., «Mistero e problemi del matrimonio nei primi cinque secoli della Chiesa», *SD* 13 (1968) 19-59.

GERINGER, K.-T., «Zur Ehefähigkeit von AIDS-Infizierten», *AfkK* 156 (1987) 140-148.

GERPE GERPE, M., *La potestad del Estado en el matrimonio de cristianos y la noción contrato sacramento*, Salamanca 1970.

GHISONI, L., *La rilevanza giuridica del metus nella consumazione del matrimonio*, TG.DC 47, Roma 2000.

GIAQUINTA, G., «De simulatione partiali ob exclusionem boni prolis», *EphIC* 4 (1948) 131-147.

GIL HELLÍN, F., «La familia, al servicio de la vida», *Comentario interdisciplinar a la "Evangelium vitae"*, Madrid 1996, 655-668.

GODEFROY, L., «Mariage, I, Le mariage d'apres la sainte écriture», *in DTC* 9/2, 2044-2077.

———, «Mariage, II, Le mariage au temps des pères», *in DTC* 9/2, 2077-2123.

GRAZIANI, H., «Jus ad prolem», *EphIC* 7 (1951) 214-219.

HINCMAR DE REIMS, *Epístola XXII*, PL 126, 132-153.

HUBER, J., «De structura consensus matrimonialis apud romanos», *Periodica* 69 (1980) 461-479.

HUGO DE SAN VÍCTOR, *De sacramentis christiana fidei*, PL 176, 173-618.

HUIZING, P., «Bonum prolis ut elementum essentiale obiecti formalis consensus matrimonialis», *Gr* 43 (1962) 657-722.

IGLESIAS, J., *Derecho romano. Instituciones de derecho privado*, Barcelona 1979.

ISIDORO DE SEVILLA, *Etimologías*, BAC 647, Madrid 2004.

JEDIN, H., *Historia del Concilio de Trento*, 4/2, Pamplona 1981.

JEMOLO, C.A., *Il matrimonio nel diritto canonico. Del Concilio di Trento al Codice del 1917*, Bologna 1993.

JOMBART, E., «Biens du mariage», *in DDC*, 2, 842-853.

JUAN DUNS SCOTO, *Reportata parisiensia*, Opera omnia, II/2, Alberobello 1999.

KAHLER, H., *Absentia consensus. Der fehlende Mindestwille zur Ehe als Ehenichtigkeitsgrund*, AdIC 14, Frankfurt 1999.

KOWAL, J., «Breve annotazione sul bonum coniugum come capo di nullità», *Periodica* 96 (2007) 59-64.

KRAUS, G., «Errores teológicos sobre la gracia», *in DTD*, 247-250.

KURTSCHEID, B., *Historia iuris canonici. Historia institutorum*, I, Roma 1941.

LANGEMEYER, G., «Concupiscencia», *in DTD*, 132-134.

LE BRAS, G., «Mariage, III, La doctrine du mariage chez les théologiens et les canonistes depuis l'an mille», *in DTC*, 9/2, 2123-2317.

LÓPEZ BARAHONA, M., «L'embrione umano nelle applicazioni delle tecniche riproduttive artificiali», in J.D.D. VIAL CORREA – E. SGRECCIA, ed., *La dignità della procreazione umana e le tecnologie riproduttive. Aspetti antropologici ed etici*, Città del Vaticano 2005, 140-148.

LÓPEZ MONTERO, R., *Totius hominis salus. La antropología del Adversus Marcionem de Tertuliano*, Madrid 2006.

MACARIO, G., *Educazione della prole: fine del matrimonio canonico*, Roma 2002.

MANSI, J.D., *Sacrorum Conciliorum nova, et amplissima collectio*, Venecia 1798.

MANTUANO, G., *Essenza del matrimonio e oggetto del consenso matrimoniale nella dottrina canonista postridentina. La causa del negozio matrimoniale*, Modena 1965.

MARANA, R., «Le terapie chirurgiche della sterilità femminile», in J.D.D. VIAL CORREA – E. SGRECCIA, ed., *La dignità della procreazione umana e le tecnologie riproduttive. Aspetti antropologici ed etici*, Città del Vaticano 2005, 225-236.

MARTÍNEZ ROBLES, P.J., «Procreación responsable y bien de la prole», *CDMPCPF*, 15, Salamanca 2000, 197-234.

MASTROTTO, S., *L'educazione della prole come elemento essenziale dell'oggetto formale del conseno matrimoniale*, Roma 1984.

MELLI, R., «Breve Commentarium ad Literas Circulares *De Processu super matrimonio rato et non consummato* missas a Congregatione pro Sacramentis die 20 decembris 1986», *MonEccl* 112 (1987) 430-434.

MENDONÇA, A., «The Theological and Juridical Aspects of Marriage», *StCan* 22 (1988) 265-304.

MIGUÉLEZ DOMÍNGUEZ, L., «Comentario a los can. 1012-1143», in A. ALONSO LOBO – L. MIGUÉLEZ DOMÍNGUEZ – S. ALONSO MORÁN, ed., *Comentarios al Código de Derecho Canónico*, II, Madrid 1963, 425-738.

MOLINÉ, E., *Los Padres de la Iglesia. Una guía introductoria*, Madrid 1995.

MOSTAZA RODRÍGUEZ, A., «La exclusión del *bonum prolis* y del *bonum fidei*», *CDMPCPF* 9, Salamanca 1990, 333-359.

MOTILLA, A., «La idea de la codificación en el proceso de formación del Codex de 1917», *IusCan* 28 (1988) 681-720.

MUÑOZ GARCÍA, J.F., *El matrimonio, misterio y signo. Siglos XVII y XVIII*, Pamplona 1982.

NARON, M.A., «Bonum prolis in Rotal Jurisprudence», [visitado: 07/02/2007], www.clsp.org.ph/docs/2002-naron-bonum-pdf.

NAVARRETE, U., «AIDS e consenso matrimoniale», *Forum* 13-14 (2003) 126-145.

——, «El matrimonio canónico a la luz del Concilio Vaticano II: cuestiones fundamentales y desarrollos doctrinales», in *Derecho matrimonial canónico. Evolución a la luz del Concilio Vaticano II*, BAC 666, Madrid 2007, 1159-1192.

——, «I beni del matrimonio: elementi e propietè essenziali», in *La nuova legislazione matrimoniale canonica*, StG 10, Città del Vaticano 1986, 89-100.

——, «Il matrimonio: patto naturale e realtà sacramentale», in *Matrimonio e disciplina ecclesiastica: XXI Incontro Studio*, QM 3, 1996, 9-30.

——, «Influsso del diritto romano sul diritto matrimoniale canonico», in *Atti del colloquio romanistico-canonistico 1978*, Roma 1979, 299-318.

——, «Matrimonio y culturas: hacia el matrimonio occidental moderno», *REDC* 51 (1994) 461-476.

——, «Novae methodi technicae procreationis humanae et ius canonicum matrimoniale», *Periodica* 77 (1988) 77-107.

——, *Structura iuridica matrimonii secundum Concilium Vaticanum II*, Roma 1994².

OCHOA, X. – DÍEZ, L., ed., *S. Raimundus de Pennaforte. Summa de matrimonio*, 1/C, Roma 1978.

OJETTI, G., «Il pensiero tradizionale della Chiesa circa l'elemento costitutivo del matrimonio fino al Concilio di Trento», *RasMD* 1 (1935) 67-94.

ORGANIZACIÓN MUNDIAL DE LA SALUD, «Situación de la epidemia de SIDA. Diciembre 2006», [visitado: 25/04/2008], http://data.unaids.org/pub/EpiReport/2006/2006_EpiUpdate_es.pdf.

PARIS, M., *La dottrina del matrimonio nel pensiero di Tertulliano*, Bosa 1970.

PEDRO ABELARDO, *Epitome Theolgia cristiana*, PL 178, 1685-1758.

PEDRO DAMIANI, Opusculum XLI, *De tempore celebrandi nuptias*, PL 145, 659-667.

PEDRO LOMBARDO, *Sententiae in IV libris distinctae*, 2, Grottaferrata 1981³.

PELLEGRINO, P., *Il consenso matrimoniale nel Codice di diritto canonico latino*, Torino 1998.

PETRONCELLI HÜBLER, F., «Diritti e doveri della famiglia nell'educazione cristiana», *MonEccl* 112 (1987) 101-111.

PICOZZA, P., «L'esclusione dell'obbligo dell'educazione della prole», in *Prole e matrimonio canonico*, StG 62, Città del Vaticano 2003, 277-291.

PIETRO, M.L.DI, «La fecondazione artificiale: aspetti scientifici», in *Progresso biomedico e Diritto matrimoniale canonico*, Padova 1992, 3-36.

PIVANO, B., «De essentia matrimonii ad mentem patrum. Caput secundum. Auctores ab Hincmaro Rhemensi ad Ivonem Carnotensem», *RasMD* 5 (1939) 139-155.

PLÖCHL, W.M., *Storia del Diritto Canonico*, I-II, Milano 1963.

POMPEDDA, M.F., «Intelletto e volontà nel consenso matrimoniale canonico: nuove prospettive giurisprudenziali sul rapporto intelletto-volontà?», in *Studi di Diritto matrimoniale canonico*, II, Milano 2002, 217-247.

———, «La nozione di matrimonio *rato e consumato* secondo il can. 1061,1 del C.I.C e alcune questioni processuali di prova in merito», *MonEccl* 110 (1985) 339-364.

———, «Nuove metodiche di intervento sulla vita umana e Diritto matrimoniale canonico», in *Progresso biomedico e Diritto matrimoniale canonico*, Padova 1992, 89-182.

———, «Problematiche di Diritto canonico in relazione all'AIDS», in S. GHERRO – G. ZUANAZZI, ed., *Matrimonio canonico e AIDS*, Torino 1995, 49-72.

PONCE DE LEÓN, B., *De sacramento matrimonii tractatus*, Lugduni 1640.

PRETE, B., *Matrimonio e continenza nel cristianesimo delle origini: studio su 1 Cor. 7, 1-40*, Brescia 1979.

PUERTO GONZÁLEZ, J.J., «La doctrina del humano modo y las técnicas biomédicas de reproducción asistida», *REDC* 57 (2000) 519-558.

PUTRINO, G., «Il consenso matrimoniale condizionato», in *Matrimonio e disciplina ecclesiastica: XXI Incontro Studio*, QM 3, 1996, 101-113.

RAGUSA, T., «Intentio contra bonum prolis», *EphIC* 7 (1951) 290-296.

RAIMUNDO DE PEÑAFORT, *Summa de Matrimonio*, in OCHOA, X. – DÍEZ, L., ed., *S. Raimundus de Pennaforte. Summa de matrimonio*, 1/C, Roma 1978.

RAVA, A., *Il requisito de la rinnovazione del consenso nella convalidazione semplice del matrimonio (can. 1157§2). Studio storico-giuridico*, TG.DC 49, Roma 2001.

REIFFENSTUEL, A., *Ius canonicum universum clara methodo juxta titulos quinque librorum decretalium in questiones distributum*, IV, Roma 1832.

REINA, V., *La clausula de continencia periódica en el contrato matrimonial*, Pamplona 1961.

REUTER, A., *Sancti Aurelii Augustini doctrina de bonis matrimonii*, AnGr 27, Roma 1942.

RICCIARDI, G., «Procreazione responsabile ed esclusione del *bonum prolis*», in *La simulazione del conseno matrimoniale canonico*, StG 22, Città del Vaticano 1990, 175-187.

ROBLEDA, O., «Divortium. Ius romanum et teoria generalis», *Periodica* 58 (1969) 351-414.

———, *El matrimonio en Derecho Romano*, Roma 1970.

ROJAS DONAT, L., «Para una historia del matrimonio occidental. La sociedad romano-germánica. Siglos VI-XI», [visitado: 02/02/2006], http://redalyc.uaemex.mx/redalyc/pdf/299/29900106.pdf.

ROSSI, P., *De historia evolutione doctrinae distinctionis inter ius et usum iuris in contractu matrimoniale*, Roma 1959.

ROUCO VARELA, A.M., *Teología y Derecho. Escritos sobre aspectos fundamentales de Derecho Canónico y de las relaciones Iglesia-Estado*, Madrid 2003.

RUIZ BUENO, D., ed., *Padres Apostólicos y Apologistas Griegos (s. II)*, BAC 629, Madrid 2002.

SABLE, R.M., «Tradere et accipere: quaedam problemata de mutuo consensu circa ius ad prolem in causis matrimonialibus», *Periodica* 84 (1995) 757-778.

SALERNO, F., *La definizione del matrimonio canonico nella dottrina giuridica e teologica dei sec. XII-XIII*, Milano 1965.

SAMEK LODOVICI, E., «Sessualità, matrimonio e concupiscenza in sant'Agostino», in R. CANTALAMESSA, ed., *Etica sessuale e matrimonio nel cristianesimo delle origini*, Milano 1976, 213-272.

SÁNCHEZ, T., *De sancto matrimonii sacramento*, Viterbii 1737.

SANDERS, F., *AIDS als Herausforderung für die Theologie. Eine Problematik zwischen Medizin, Moral und Recht*, Essen 2005.

SAUCHELLI, F., «La Rota Romana e la procreazione artificiale», *DirEccl* 108 (1997) 573-580.

SCALA, F., *Saggio storico critico sul Corpo del Diritto Canonico ossia evoluzione storica del diritto canonico nel medio evo*, Napoli 1904.

SCHMALZGRUEBER, F., *Ius ecclesiasticum universum brevi methodo ad discentium utilitatem explicatum*, IV, Roma 1844.

SCHUPFER, F., *Il diritto privato dei popoli germanici con speciale riguardo all'Italia*, Città di Castello 1907.

SCICLUNA, C.J., *The essential definition of marriage according to the 1917 and 1983 Codes of Canon Law*, Lanham-New York-London 1995.

SERRANO RUIZ, J.M., «L'esclusione della prole e la sua assolutezza: il problema della paternità responsabile», in *Prole e matrimonio canonico*, StG 62, Città del Vaticano 2003, 153-166.

SOTO, J.M., *El matrimonio in fieri en la doctrina de San Ambrosio y San Juan Crisóstomo. Estudio comparativo*, AnGr 202, Roma 1976.

SPAGNOLO, A.G., «Fecundación artificial e inicio de la vida humana», in *Comentario interdisciplinar a la* Evangelium vitae, Madrid 1996, 599-615.

STAFFA, D., *De conditione contra matrimonii substantiam*, Roma 1955.

———, «De iure et eius exercitio relate ad bonum prolis», *EphIC* 7 (1951) 288-289.

STANKIEWICZ, A., «Concretizzazione del fatto simulatorio nel *positivus voluntatis actus*», *Periodica* 87 (1998) 257-286.

———, «De iurisprudentia rotali recentiore circa simulationem totalem et partialem», *MonEccl* 122 (1997) 189-234.

———, «La prole come finalità del matrimonio. Dal can. 1013 § 1 del C.I.C. 1917 al can. 1055 § 1 del C.I.C. 1983», in *Prole e matrimonio canonico*, StG 62, Città del Vaticano 2003, 11-28.

———, «La simulazione del consenso in generale», *IusEccl* 14 (2002) 639-654.

———, «L'esclusione della procreazione ed educazione della prole», in *Diritto matrimoniale canonico*, II. Il Consenso, StG 61, Città del Vaticano 2003, 301-324.

STICKLER, A.M., *Historia iuris canonici latini. Institutiones Academicae*, Historia Fontium, Torino 1950.

TEJERO, E., *El matrimonio misterio y signo. Siglos XIV al XVI*, Pamplona 1971.

TETTAMANZI, D., *Nuova bioetica cristiana*, Casale Monferrato 2000.

TIBILETTI, C., *Verginità e matrimonio in antichi scrittori cristiani*, Napoli 1969.

TINTI, M., «Il consenso matrimoniale condizionato, con particolare riferimento alle condizioni "de praeterito et de praesenti"», in *Diritto matrimoniale canonico*, II, Il consenso, StG 61, Città del Vaticano 2003, 439-473.

TOMÁS DE AQUINO, *Commento alle Sentenze di Pietro Lombardo*, 9, Bologna 2001.

———, «De ente et essentia», in *Sancti Thomae Aquinatis Opera omnia*, XVI, Parma 1865, New York 1950, 330-337.

———, *Suma Teológica*, vol. 10, 2-2 q. 141-189, Madrid 1955.

———, *Suma Teológica*, vol. 12, 3 q. 27-59, Madrid 1955.

———, *Suma Teológica*, vol. 15, *Supl.* q, 34-66, Madrid 1956.

———, *Summa contra gentiles*, III, Marietti 1961.

———, «Super primam epistolam ad Corinthios lectura», in R. CAI, ed., *Super epistolas S. Pauli Lectura*, Roma 1953, 231-435.

TORQUEBIAU, P., «Corpus Iuris Canonici», *DDC*, 4, 610-635.

VANNI ROVIGHI, S., «Pietro Lombardo», *EF*, 6, 534-535.

VANZI, A., *L'incapacità educativa dei coniugi verso la prole come incapacità ad assumere gli oneri essenziali del matrimonio (can. 1095, 3º)*, TG.DC 73, Roma 2006.

VERMIGLIOLI, P., *Lezioni di diritto canonico esposte secondo l'ordine dei titoli delle decretali di Gregorio IX*, 4, Perugia 1838.

VILADRICH, P.J., «Comentario al c. 1101», in A. MARZOA – J.MIRAS – R. RODRÍGUEZ-OCAÑA, ed., *ComEx*, III/2, Pamplona 1997, 1322-1380.

VILLIEN, A., «Décrétales», *DTC*, 4, 1, 206-212.

———, «Gratien. Vie et Oeuvre», *DTC*, 6, 2, 1727-1731.

VLAMING, T.M. – BENDER, L., *Praelectiones iuris matrimonii*, Bussum 1950.

VOLTERRA, E., «Matrimonio (Diritto romano)», in *EncD*, 25, 726-807.

WEBER, M., *Die Totalsimulation. Eine Untersuchung aufgrund der Rechtsprechung der Römischen Rota*, MThSt III/45, St. Ottilien 1994.

WERCKMEISTER, J., «Les nouvelles formes de fécondation artificielle dans une sentence récente de la rote», *RevDC* 45 (1995) 321-330.

WERNZ, F.X., *Ius Decretalium ad usum praelectionum in scholis textus canonici sive iuris decretalium*, IV, Roma 1904.

YVES DE CHARTRES, *Panormia*, PL 161, 1037-1344.

ZUANAZZI, G., «AIDS: aspetti epidemiologici e clinici», in *Matrimonio canonico e AIDS*, Torino 1995, 19-33.

ZUANAZZI, I., «Valori fondamentali del matrimonio nella società di oggi: la filiazione», in *Matrimonio canonico e realtà contemporanea*, StG 68, Città del Vaticano 2005, 175-211.

ÍNDICE DE AUTORES

Abellán: 93-96
Acevedo: 103, 104, 120, 121
Adnes: 174
Agustín de Hipona: 35, 38-46, 56, 60-64, 67, 70-75, 81, 85, 91-93, 100, 130, 166, 221, 279, 323
Agustoni: 207, 226
Ahern: 158
Alberto Magno: 85, 86, 106
Alejandro III: 103
Almainus: 130
Alwan: 315, 319
Ambrosio de Milán: 19, 35-38, 55, 67
Anné: 183, 207
Anselmo de Laón: 60, 64, 67-69
Antonio de Butrio: 112
Arena: 207, 208
Arendt: 178
Atenágoras: 28
Ayán Calvo: 27
Ayrinhac-Lydon: 174
Aznar Gil: 120, 121, 123, 175, 193, 214, 217, 293
Baffolis: 130
Baldo de Ubaldis: 112, 113
Bañares: 209, 211, 214
Barbado: 78, 79
Barranco Castillo: 267
Baudot: 103, 104, 121-123
Beatrice: 26, 27

Bejan: 183, 208
Bellarmino: 121, 125, 133
Bender: 154, 162-164, 176
Benedicto XIV: 122
Benedicto XVI: 266
Berlingò: 236
Bernárdez Cantón: 174, 204
Bernardo de Pavía: 93
Bersini: 251
Bertola Tanquerey: 174
Bianchi: 263, 292, 293, 311, 315, 317
Blat: 178
Boccafola: 227, 271, 274, 275, 314
Boccardelli: 311, 313, 317
Boggiano Pico: 174
Bonet: 179
Bonfante: 16
Boni: 293, 295
Bonifacio VIII: 102, 111
Bonnet: 205, 211, 212, 222, 223, 225, 226, 238, 271, 284
Brennan: 183
Brunner: 49-52
Bruno: 207, 232, 309, 316, 319
Bucero: 116
Buenaventura: 75-78, 104-106
Burchardo de Worms: 58, 90
Burke: 39-41, 211, 223, 263, 264
Caberletti: 234, 305

Candelier: 223, 229, 230, 232, 263, 264, 273, 274
Canestri: 180, 183
Cappello: 161, 162, 174, 177-179
Carozzi: 172
Castaño: 236
Castro Sáenz: 48
Ceballos Solís: 288
Chelodi: 178
Chiapetta: 251
Cicerón: 28
Cittadini: 311
Civili: 320
Claeys Bouuaert-Simenon: 174, 176
Clemente de Alejandría: 29, 30, 33
Clemente V: 102
Coleman: 292
Colli-Lanzi: 174
Comotti: 295
Constantino: 35, 53
Conte a Coronata: 178
Conway: 176
Covarrubias: 130
D'Auria: 285, 300, 301, 304
D'Avack: 205
de Jorio: 180, 181
De Maere: 284
De Smet: 176
de Vio: 121
del Re: 93
di Felici: 183, 207
Díaz Moreno: 205
Díez: 99
Doms: 175
Duggan: 89, 90
Duns Scoto: 86, 87, 104
Egan: 207
Enrique VIII: 116
Erasmo de Rotterdam: 113
Erdö: 66, 89, 93, 94, 124, 134, 137, 140, 144, 149, 185
Erlebach: 280
Esteban de Tournay: 93
Eustacio: 31
Ewers: 180, 208
Fagiolo: 205, 208, 231
Faltin: 314
Fantappiè: 14, 57, 65-67, 87, 88, 101, 102, 111, 112, 114, 117, 124, 133, 137, 138, 140, 144, 149
Farrugia: 174
Favale: 205
Fedele: 190, 204
Felice: 204, 312
Ferraro: 208
Ferrata: 22, 24, 83, 96, 179, 205
Ferreres: 174
Fliesser: 178
Fournier: 58, 60
Fraghi: 176
Franceschi: 232, 241, 242, 265, 266, 293, 308
Francisco de Zabarella: 112
Freud: 306
Fruge: 204, 205
Fumagalli Carulli: 204, 205, 253
Funder: 291
Funghini: 227, 312, 317, 320, 321
Ganoczy: 39
García Faílde: 277, 279, 301, 305, 306, 312, 313, 317, 318
García y García: 14, 26
Gasparri: 138, 144-147, 178
Gaudemet: 45, 51, 57, 59, 65, 67, 88, 103, 114-119, 125
Gerest: 15, 31
Geringer: 289, 291
Gerpe: 103, 104, 120, 122
Gherro: 237, 284
Ghisoni: 129, 248, 253
Giacchi: 37, 158, 176, 204, 205
Giannechini: 316
Giaquinta: 157, 178
Gil Hellín: 256
Gilberto Porretano: 71
Godefroy: 23, 24, 26, 31, 32, 34-36, 54, 55

Graciano: 8, 37, 58, 87-93, 99, 101, 102, 105, 107, 109
Graziani: 157, 158, 178, 204, 205
Gregorio Magno: 55, 67
Gregorio VII: 66, 111
Gregorio IX: 8, 58, 88, 96-99, 101-103, 107, 108, 121, 134, 147, 176, 296
Guillermo de Ockam: 120
Gutiérrez: 205
Hardouin: 35
Häring: 204
Heard: 179, 181
Helvidio: 32
Hervada: 251
Heylen: 204
Hincmar de Reims: 59
Huber: 18, 19, 227, 233, 280, 310, 318
Hugo de san Víctor: 70, 71
Hugucio: 93, 94, 109
Huizing: 174-183, 247, 275
Huot: 207
Hürth: 174
Iglesias: 17, 19, 20
Inocencio III: 96, 103, 112
Iorio: 174
Isidoro de Sevilla: 55, 56, 97
Jedin: 124
Jemolo: 159, 161, 178, 179
Jerónimo: 32
Jombart: 42, 178
Jone: 177, 178
Juan de Andrés: 112
Juan de Capistrano: 113
Juan Eck: 117
Juan Pablo II: 5, 7, 185, 186, 196-201, 237, 287, 288, 324
Juan XXII: 102
Juan XXIII: 185
Juliano: 61, 91
Jullien: 180, 183
Justiniano: 21
Justino: 28

Kahler: 224
Kaiser: 204
Knecht: 174, 178
Kowal: 213
Kozul: 205
Kraus: 40
Krempel: 175
Kurtscheid: 25, 54, 56-58
la Due: 205
Lamas: 180
Langemeyer: 40
le Bras: 57, 59, 60, 68-70, 103, 105, 123, 150
Leclerc: 204, 205
Leibniz: 306
Lener: 204, 205
León Magno: 54
León XIII: 122, 138-140, 148, 164
Lesage: 205
López Barahona: 277
López Illana: 204, 205
López Montero: 32
López Zarzuelo: 251
Luca: 205, 213
Lüdicke: 236
Lutero: 114-116, 120
Macario: 283
Mahoney: 178
Manes: 39
Mans: 176
Mansi: 36, 114
Mantuano: 150, 205
Marana: 276
Marc: 178
Marchesi: 311
Marción: 31, 32, 34
Marcozzi: 305
Marsilio de Padua: 120
Martin: 174
Martínez Robles: 259, 263, 265
Masala: 208, 227, 319
Massimi: 181
Mastrotto: 283
Mattioli: 180, 208

Melchor Cano: 120
Melli: 252
Mendonça: 212, 213, 241, 284
Merkelbach: 174, 178
Miguélez Domínguez: 151-153, 155, 160
Minucio Félix: 28
Miranda: 267
Missaglia: 205
Modestino: 16
Molina Melia: 204
Moliné: 28, 46
Moneta: 236, 251
Morrisey: 205
Mosiek: 204, 205
Mostaza: 230, 233, 235, 239
Motilla: 137, 138
Muñoz García: 129
Naron: 179-182, 207
Navarrete: 15, 18, 48, 49, 189-193, 204-206, 247, 248, 250, 251, 253, 254, 271-273, 289, 290, 294-296
Nicolás I: 58
Noldin: 178
Ochoa: 99
Ojetti: 17, 54, 59, 60, 70
Olivares: 205
Örsy: 204, 213, 251
Pablo VI: 171, 186, 193-196, 236, 256, 257, 260
Palazzini: 174
Palestro: 229, 232, 255
Palmer: 204
Paris: 33, 34
Paucapalea: 93
Payen: 174, 177, 178
Pecorari: 180
Pedro Abelardo: 69, 70
Pedro Damiani: 59
Pedro Lombardo: 71-75, 77, 79, 81, 84, 88
Pelagio: 40
Pellegrino: 231, 283

Pesch: 174
Petroncelli: 283
Picozza: 284, 285
Pietro: 71, 93, 277, 278
Pinna: 180, 181, 183
Pinto: 207, 208, 212, 228, 231, 233, 279, 280, 311, 313-315
Pío IV: 121
Pío IX: 122
Pío X: 138
Pío XI: 164-167
Pío XII: 156, 167-173, 184, 187, 188, 234, 264, 267, 272, 304, 320
Pivano: 55, 59, 60
Platón: 30, 306
Plöchl: 15, 46, 57, 99
Pompedda: 207, 208, 248-251, 253, 280, 281, 290-292, 305, 306
Pomponio: 20
Ponce de León: 125, 129-133
Prete: 24, 25
Prümmer: 178
Pseudo-Bernabé: 27
Puerto González: 247, 248, 250-254, 270, 271, 276, 277
Putrino: 216
Raad: 207
Ragni: 308, 316
Ragusa: 156
Raia: 174
Raimundo de Peñafort: 96, 99-101
Ramírez: 78, 79
Rava: 49, 51
Rebello: 121
Regatillo: 174, 178, 235
Reiffenstuel: 125, 133, 134
Reina: 205, 234, 268
Reuter: 42, 43
Ricciardi: 256-259, 263
Roberto Flamesbury: 93
Robinson: 204
Robleda: 16, 18, 21, 204
Rojas Donat: 47, 50, 51, 53

Rojo: 236
Rolando: 93
Rosmini: 305
Rossi: 155
Rouco Varela: 13
Ruiz Bueno: 28, 29
Sabattani: 180, 183
Sable: 225
Salerno: 105-107
Samek Lodovici: 41, 42, 44, 45
San Pablo: 23-25, 30, 32, 81, 92, 114, 116, 237
Sánchez: 121, 125-129, 234
Sanders: 293, 294
Sanson: 204, 205
Sauchelli: 273
Scala: 89, 90, 96
Schäfer: 174, 178
Schmalzgrueber: 125, 133-136
Schmidt: 284
Schupfer: 50, 52, 53
Scicluna: 150-154, 173-175, 180-182, 189, 190, 192, 193, 204-213
Seco Caro: 284
Serrano: 205, 258-261, 263, 264, 317
Sicardo de Cremona: 93
Sipos: 176
Sixto IV: 102
Smith Foster: 284
Sócrates: 306
Soler: 267
Solieri: 181
Soto: 17, 19, 36-38
Spagnolo: 278
Staffa: 156, 179-181, 183, 206, 232, 312, 314
Stankiewicz: 207, 224, 225, 228-231, 235-238, 269, 280, 283-287, 301-304, 307-310, 315
Stickler: 26, 102

Suárez: 121, 124
Tancredo: 93
Tejero: 112-117
Teodoro de Meza: 116
Tertuliano: 31-34
Tettamanzi: 276-278
Thomas: 205
Tibiletti: 32, 33
Timlin: 178, 179
Tinti: 217
Tomás de Aquino: 46, 69, 75, 78-84, 106, 109, 222
Tomás Walden: 113
Torquebiau: 90, 97, 102
Triebs: 178
Ulpiano: 16, 47
Van Welie: 178
Vanni Rovighi: 71
Vannicelli: 205
Vanzi: 284-287
Vasquez: 121
Vela: 205
Vermeersch: 174, 178
Vermiglioli: 98, 99
Viladrich: 214-216, 236, 275, 302, 303
Villien: 89, 90, 96
Vitali: 236
Vlaming: 154, 162-164, 178
Volterra: 17, 18, 20, 21
von Schwerin: 49-52
Vromant: 176
Weber: 307
Werckmeister: 276
Wernz: 140-144
Wiclef: 113, 114
Wynen: 155-157, 160, 179, 182
Yves de Chartres: 60-64, 67, 90, 91
Zalba: 177, 204, 205
Zeiger: 177, 178
Zuanazzi, G.: 289, 290
Zuanazzi, I.: 240, 284

ÍNDICE GENERAL

Introducción 7

Parte I: El *bonum prolis* en la tradición canónica

Capítulo I: *La Tradición apostólica y patrística (siglos I-XI)* 13
1. El comienzo de la Iglesia.. 14
   1.1 Las fuentes del Derecho 14
   1.2 El marco jurídico romano 15
   1.3 La tradición veterotestamentaria y la enseñanza de Cristo............. 22
   1.4 La predicación de los Apóstoles 23
2. La aportación de los Padres sobre el matrimonio 26
   2.1 Los Padres de la Iglesia en los tres primeros siglos................... 26
   2.2 Los errores rigoristas 30
   2.3 Los errores laxistas 32
   2.4 Tertuliano 32
3. Los siglos IV-VI 35
   3.1 La primera legislación eclesiástica sobre el matrimonio............... 35
   3.2 San Ambrosio 36
   3.3 San Agustín 38
      3.3.1 La argumentación contra los maniqueos........................... 39
      3.3.2 La argumentación contra los pelagianos 39
      3.3.3 El *bonum prolis* y los demás bienes del matrimonio 41
      3.3.4 La vigencia de la doctrina agustiniana
             en la tradición canónica 45
   3.4 La caída del imperio occidental y la influencia germánica 46
      3.4.1 La evolución del matrimonio romano................................ 47
         a) Semejanzas entre el matrimonio canónico y el romano..... 47
         b) Diferencias entre el matrimonio canónico y el romano..... 48
      3.4.2 El matrimonio germánico 49
      3.4.3 La influencia cristiana en el matrimonio germánico............. 53
   3.5 La legislación eclesiástica posterior al imperio 53
4. Los siglos VII-XI.. 56

    4.1 La preparación de la reforma canónica.. 58
    4.2 La *Panormia* de Yves de Chartres... 60
        4.2.1 Las segundas nupcias y la indisolubilidad del matrimonio ... 61
        4.2.2 La voluntad necesaria en el consentimiento 61
        4.2.3 Los bienes del matrimonio.. 62
5. Conclusión 62

CAPÍTULO II: *La reforma canónica (siglos XII y XIII)* 65

1. Contexto histórico... 65
2. La Teología sobre el matrimonio.. 67
    2.1 Anselmo de Laón († 1117) 67
    2.2 Pedro Abelardo († 1142) 69
    2.3 Hugo de San Víctor († 1141).. 70
    2.4 Pedro Lombardo († 1160) 71
    2.5 San Buenaventura († 1274) 75
    2.6 Santo Tomás de Aquino († 1274).. 78
    2.7 San Alberto Magno († 1280) 85
    2.8 Beato Juan Duns Scoto († 1308) 86
3. La canonística clásica 87
4. El *Decreto* de Graciano 89
    4.1 La finalidad de la obra de Graciano... 89
    4.2 Las disposiciones sobre el *bonum prolis* 91
5. Las *Sumas Canónicas* posteriores al *Decreto* 93
6. Las *Decretales* de Gregorio IX 96
7. San Raimundo de Peñafort 99
8. El Corpus Iuris Canonici 101
9. El matrimonio, contrato y sacramento 102
10. El uso del término matrimonio en los siglos XII-XIII 105
11. Conclusión 107

CAPÍTULO III: *Doctrina, Magisterio y Legislación hasta 1917* 111

1. Marco histórico hasta el Concilio de Trento... 111
2. Los canonistas y teólogos de los siglos XIV y XV................................. 112
3. Los concilios de la época... 113
4. La doctrina protestante sobre el matrimonio 114
5. La reacción católica anterior al Concilio de Trento............................... 116
6. El Concilio de Trento... 117
7. La inseparabilidad entre el contrato y el sacramento del matrimonio 119
8. La Segunda escolástica 124
    8.1 Tomás Sánchez († 1610) 125
    8.2 Basilio Ponce de León († 1629) 129
    8.3 Anacleto Reiffenstuel († 1703).. 133
    8.4 Francisco Schmalzgrueber († 1735).. 134

ÍNDICE GENERAL

9. El período previo a la primera Codificación	137
9.1 Las circunstancias que influyeron en la Codificación de 1917	137
9.2 León XIII (1878-1903)	139
9.3 Francisco Javier Wernz († 1914)	140
9.4 Pedro Gasparri († 1934)	144
10. Conclusión	147

CAPÍTULO IV: *El Código de 1917 y los años previos al Concilio* 149

1. El Código de 1917	149
1.1 La noción de matrimonio	150
1.2 Los fines, propiedades y bienes esenciales del matrimonio	152
1.2.1 La cuestión del *ius* y el *usum iuris*	154
1.2.2 La distinción entre *ius ad prolem* e *ius ad actus per se aptos*	156
1.3 El matrimonio simulado	158
1.4 El matrimonio condicionado	160
2. Magisterio, Doctrina y Jurisprudencia hasta el Concilio Vaticano II	164
2.1 El Magisterio pontificio	164
2.1.1 Pío XI (1922-1939)	164
2.1.2 Pío XII (1939-1958)	167
a) El *ius* y el *usum iuris*	167
b) La regulación artificial de la natalidad	171
2.2 La Doctrina canónica	173
2.2.1 Objeto y fines del matrimonio	174
2.2.2 Los elementos esenciales del *bonum prolis*	175
a) El derecho y el deber sobre los actos conyugales perfectos	176
b) La omisión de actos que corrompan su efecto	177
c) El bien físico de la prole	177
d) El bien físico y espiritual de la prole	179
2.3 La Jurisprudencia	179
2.3.1 El *ius in corpus*	179
2.3.2 El *ius* y el *usum iuris*	180
2.3.3 Los fines del matrimonio	182
3. Conclusión	183

CAPÍTULO V: *Del Concilio Vaticano II al Código de 1983* 185

1. El Concilio Vaticano II	186
1.1 El consentimiento matrimonial	188
1.2 Los fines del matrimonio	189
1.3 Los bienes del matrimonio	190
1.4 El amor conyugal	191
2. Magisterio, Doctrina y Jurisprudencia después del Vaticano II	193
2.1 El Magisterio Pontificio	193
2.1.1 Pablo VI: la Encíclica *Humanae vitae*	193

             a) El amor conyugal 194
             b) La paternidad responsable 195
             c) Los significados unitivo y procreativo del acto conyugal . 196
      2.1.2 Juan Pablo II 196
             a) *Familiaris consortio* 196
             b) Las catequesis sobre el amor humano 197
             c) La Encíclica *Evangelium vitae* 199
             d) La Instrucción *Donum vitae* de la CDF 201
   2.2 La Doctrina canónica anterior al Código de 1983 203
   2.3 La Jurisprudencia.. 206
3. El Código de 1983 208
   3.1 El matrimonio *in fieri* 209
   3.2 El matrimonio *in facto esse* 209
   3.3 Los elementos esenciales del matrimonio 211
   3.4 La simulación o exclusión de la prole 214
   3.5 El matrimonio condicionado 216
4. Conclusión 217

PARTE II: LA ESENCIA DEL *BONUM PROLIS*

CAPÍTULO VI: *El* bonum prolis, *elemento esencial y fin del matrimonio* ... 221

1. La distinción entre esencia, fines y propiedades esenciales 222
   1.1 La esencia del matrimonio.. 222
   1.2 Los fines del matrimonio 224
   1.3 Las propiedades esenciales del matrimonio 225
2. El *bonum prolis* como elemento esencial del matrimonio..................... 226
   2.1 El acto de amor conyugal y el *ius procreandi* 226
   2.2 La distinción entre el derecho, el uso del derecho y/o su abuso...... 231
3. El *bonum prolis* como fin del matimonio 235
   3.1 La prole como finalidad del matrimonio en el CIC 1983 235
   3.2 La prole en el estado de vida matrimonial.................................... 238
4. Conclusión 242

CAPÍTULO VII: *Elementos del contenido esencial del* bonum prolis 245

1. El *ius ad actus coniugales modo naturali ponendos* 246
   1.1 Significado de la expresión «modo humano».............................. 247
   1.2 Elementos biológicos de la cópula conyugal................................ 249
   1.3 Elementos cognoscitivo-intelectivos de la cópula conyugal 250
   1.4 Elementos volitivos de la cópula conyugal 252
   1.5 La cópula conyugal realizada *humano modo* y el *bonum prolis* 254
2. La paternidad responsable 256
   2.1 Qué es la paternidad responsable.. 257
   2.2 Paternidad responsable y *bonum prolis* 260

2.3 La paternidad responsable y la exclusión temporal de la prole	263
2.4 Reflexión práctica..	266
3. Las técnicas de reproducción artificial y asistida	268
3.1 La reproducción artificial	268
3.2 La reproducción asistida...	270
3.3 La exigibilidad de las técnicas de reproducción asistida	272
3.4 Algunas técnicas de reproducción asistida	276
4. La conservación y educación de la prole	279
4.1 La conservación de la prole	279
4.2 La educación de la prole...	282
4.2.1 El bien físico de la prole	283
4.2.2 El bien moral de la prole..	284
5. La influencia del Sida (AIDS) sobre el *bonum prolis*	288
5.1 El Sida, hoy	289
5.2 Sida y matrimonio canónico	290
5.3 Sida y *bonum prolis*	294
5.4 Resumen	295
6. Conclusión	297
CAPÍTULO VIII: *La exclusión del* bonum prolis *como causa de nulidad*....	299
1. Concepto y tipos de simulación	300
1.1 La simulación total	301
1.2 La simulación parcial	303
2. El acto positivo de voluntad	305
2.1 La voluntad...	305
2.2 El acto positivo	307
3. La estructura interna de la simulación	309
3.1 La *causa simulandi*	310
3.2 La *causa contrahendi*	313
4. La prueba de la simulación	314
4.1 La confesión de la simulación	315
4.2 La explicación de la simulación	316
4.3 La confirmación de la simulación	318
5. Conclusión	321
CONCLUSIÓN..	323
SIGLAS Y ABREVIATURAS	325
BIBLIOGRAFÍA	329
1. Fuentes...	329
1.1 Concilios ecuménicos y particulares	329
1.2 Romanos Pontífices	329
1.3 Curia Romana	330

    1.4 Padres de la Iglesia 331
    1.5 Fuentes de Derecho Romano y Canónico....................................... 332
    1.6 Fuentes jurisprudenciales 333
2. Autores... 339

ÍNDICE DE AUTORES 349

ÍNDICE GENERAL 355

TESI GREGORIANA

Desde 1995, la colección «Tesi Gregoriana» pone a disposición del público algunas de las mejores tesis doctorales elaboradas en la Pontificia Universidad Gregoriana. Los autores se encargan de la composición, según las normas tipográficas establecidas y controladas por la Universidad.

Volúmenes Publicados [Serie: Derecho Canónico]

[Voll. 1-30 cf. *www.unigre.it /TG/diritto.htm*]

31. RUBIYATMOKO, Robertus, *Competenza della Chiesa nello scioglimento del vincolo del matrimonio non sacramentale. Una ricerca sostanziale sullo scioglimento del vincolo matrimoniale*, 1998, pp. 300.

32. BROWN, J. Phillip, *Canon 17 CIC 1983 and the Hermeneutical Principles of Bernard Lonergan*, 1999, pp. 436.

33. BAFUIDINSONI, Maloko-Mana, *Le* munus regendi *de l'évêque diocésain comme* munus patris et pastoris *selon le Concile Vatican II*, 1999, pp. 280.

34. POLVANI, Carlo Maria, *Authentic Interpretation in Canon Law. Reflections on a Distinctively Canonical Institution*, 1999, pp. 388.

35. GEISINGER, Robert, *On the Requirement of Sufficient Maturity for Candidate to the Presbyterate (c. 1031 §1), with a Consideration of Canonical Maturity and Matrimonial Jurisprudence (1989-1990)*, 1999, pp. 276.

36. VISIOLI, Matteo, *Il diritto della Chiesa e le sue tensioni alla luce di un'antropologia teologica*, 1999, pp. 480.

37. CORONELLI, Renato, *Incorporazione alla Chiesa e comunione. Aspetti teologici e canonici dell'appartenenza alla Chiesa*, 1999, pp. 456.

38. ASTIGUETA, Damián G., *La noción de laico desde el Concilio Vaticano II al CIC 83. El laico: «sacramento de la Iglesia y del mundo»*, 1999, pp. 300.

39. OLIVER, James M., *Ecumenical Associations: Their Canonical Status, with Particular Reference to the United States of America*, 1999, pp. 336.

40. BRUGNOTTO, Giuliano, *L'«aequitas canonica». Studio e analisi del concetto negli scritti di Enrico da Susa (Cardinal Ostiense)*, 1999, pp. 284.

41. TINTI, Myriam, *Condizione esplicita e consenso implicitamente condizionato nel matrimonio canonico*, 2000, pp. 220.

42. KALLENBACH, Gerald A., *Ein Kirchenamt im Dienst der Verkündigung. Die Rechtsstellung des Religionslehrers*, 2000, pp. 388.

43. MIRAGOLI, Egidio, *Il Consiglio Pastorale Diocesano secondo il Concilio e la sua attuazione nelle diocesi lombarde*, 2000, pp. 260.

44. ROMANO, Maria Teresa, *La rilevanza invalidante del dolo sul consenso matrimoniale (can. 1098 C.I.C.): dottrina e giurisprudenza*, 2000, pp. 252.

45. MARCHETTI, Gianluca, *La curia come organo di partecipazione alla cura pastorale del Vescovo diocesano*, 2000, pp. 556.

46. MALECHA, Paweł, *Edifici di culto nella legislazione canonica e concordataria in Polonia*, 2000, pp. 328.

47. GHISONI, Linda, *La rilevanza giuridica del* metus *nella consumazione del matrimonio*, 2000, pp. 212.

48. MOSCARIELLO, Giovanni, *«Error qui versetur circa id quod substantiam actus constituit» (can. 126). Studio storico-giuridico*, 2001, pp. 284.

49. RAVA, Alfredo, *Il requisito della rinnovazione del consenso nella convalidazione semplice del matrimonio (can. 1156§2). Studio storico-giuridio*, 2001, pp. 340.

50. FERNÁNDEZ CONDE, María Teresa, *La misión profética de los laicos del Concilio Vaticano II a nuestros días. El laico, «signo profético» en los ámbitos de la Iglesia y del mundo*, 2001, pp. 356.

51. SALVATORI, Davide, *L'oggetto del magistero definitivo della Chiesa alla luce del m.p.* Ad Tuendam Fidem: *il can. 750 visto attraverso i Concilî vaticani*, 2001, pp. 466.

52. ZAMBON, Adolfo, *Il consiglio evangelico della povertà nel ministero e nella vita del presbitero diocesano*, 2002, pp. 400.

53. CELIS BRUNET, Ana Maria, *La relevancia canónica del matrimonio civil a la luz de la teoría general del acto jurídico. Contribución teórica a la experiencia jurídica chilena*, 2002, pp. 396.

54. PAWŁOWSKI, Andrzej, *Il «bonum fidei» nella tradizione canonica e la sua esclusione nella recente giurisprudenza rotale*, 2002, pp. 408.

55. GRAZIAN, Francesco, *La nozione di amministrazione e di alienazione nel Codice di Diritto Canonico*, 2002, pp. 324.

56. BOLCHI, Elena Lucia, *La consacrazione nell'Ordo Virginum. Forma di vita e disciplina canonica*, 2002, pp. 450.

57. MULLANEY, Michael J., *Incardination and the Universal Dimension of the Priestly Ministry. A Comparison Between CIC 1917 and CIC 1983*, 2002, pp. 276.

58. CABRERA LÓPEZ, Rubén, *El derecho de asociación del presbítero diocesano,* 2002, pp. 236.

59. HEINZMANN, Marcelo Cristian, *Le leggi irritanti e inabilitanti. Natura e applicazione secondo il CIC 1983,* 2002, pp. 232.

60. UGGÉ, Bassiano, *La fase preliminare/abbreviata del processo di nullità del matrimonio in secondo grado di giudizio a norma del can. 1682 §2,* 2002, pp. 368.

61. SAJE, Andrej, *La forma straordinaria e il ministro della celebrazione del matrimonio secondo il Codice latino e orientale,* 2003, pp. 276.

62. COLOMBO, Giovanna Maria, *«Sapiens aequitas». L'equità nella riflessione canonistica tra i due codici,* 2003, pp. 452.

63. SEQUEIRA, Domingos, *Os presbíteros diocesanos e o seu envolvimento na política: proibição e excepção. Estudo histórico-canónico-teológico,* 2004, pp. 384.

64. GAVIN, Fintan, *Pastoral Care in Marriage Preparation (Can. 1063). History, Analysis of the Norm, and Its Implementation by Some Particular Churches,* 2004, pp. 240.

65. BESSON, Éric, *La dimension juridique des sacrements,* 2004, pp. 386.

66. WALKER VICUÑA, Francisco, *La facultad para confesar,* 2004, pp. 270.

67. TKHOROVSKYY, Mykhaylo, *Procedura per la nomina dei Vescovi. Evoluzione dal CIC 1917 al CIC 1983,* 2004, pp. 276.

68. MANTARAS RUIZ-BERDEJO, Federico, *Discernimiento vocacional y derecho a la intimidad en el candidato al presbiterado diocesano,* 2004, pp. 492.

69. DOTTI, Federica, *Diritti della difesa e contraddittorio: garanzia di un giusto processo? Spunti per una riflessione comparata del processo canonico e statale,* 2005, pp. 290.

70. DE BERTOLIS, Ottavio, *Origine ed esercizio della potestà ecclesiastica di governo in San Tommaso,* 2005, pp. 214.

71. DE OLIVEIRA, Mário Rui, *O direito a viver do Evangelho. Estudo jurídico-teológico sobre a Sustentação do Clero,* 2006, pp. 368.

72. CIERKOWSKI, Stanisław, *L'impedimento di parentela legale. Analisi storico-giuridica del diritto canonico e del diritto statale polacco,* 2006, pp. 584.

73. VANZI, Alberto, *L'incapacità educativa dei coniugi verso la prole come incapacità ad assumere gli oneri essenziali del matrimonio (can. 1095, 3°),* 2006, pp. 344.

74. GIRAUDO, Alessandro, *L'impedimento di età nel matrimonio canonico (can. 1083). Evoluzione storica e analisi delle problematiche attuali della dottrina e della prassi,* 2007, pp. 470.

75. SOSNOWSKI, Andrzej, C.R., *L'impedimento matrimoniale del voto perpetuo di castità (can. 1088 C.I.C.). Evoluzione storica e legislazione vigente,* 2007, pp. 336.

76. DELLAVITE, Giulio, *«Munus pascendi»: autorità e autorevolezza. Leadership e tutela dei diritti dei fedeli nel procedimento di preparazione di un atto amministrativo*, 2007, pp. 388.

77. ANAYA TORRES, Juan Miguel, *La expulsión de los religiosos. Un recorrido histórico que muestra el interés pastoral de la Iglesia*, 2007, pp. 550.

78. MAZZOTTI, Stefano, *La libertà dei fedeli laici nelle realtà temporali (c. 227 C.I.C.)*, 2007, pp. 336.

79. PIŁAT, Zbigniew, *Rilevanza giuridica delle interpellazioni e delle cauzioni nello scioglimento del matrimonio*, 2007, pp. 302.

80. SMITH, Gregory N., *The Canonical Visitation of Parishes. History, Law and Contemporary Concerns*, 2008, pp. 366.

81. GORBATYKH, Vitaliy, *L'impedimento della parentela spirituale nella Chiesa Latina e nelle Chiese Orientali. Studio storico-canonico*, 2008, pp. 352.

82. HUBERT, Patrick, *«De praesumptionibus iurisprudentiae». Zur Entwicklung ständiger richterlicher Vermutungen in der neueren Rota-Rechtsprechung und deren Anwendung an untergeordneten Gerichten*, 2009, pp. 320.

83. HALLEIN, Philippe, *Le défenseur du lien dans les causes de nullité de mariage. Étude synoptique entre le code et l'Instruction «Dignitas connubii», fondée sur les travaux des commissions préparatoires de l'Instruction*, 2009, pp. 728.

84. CEREZUELA GARCÍA, Carlos A., *El contenido esencial del* bonum prolis. *Estudio histórico-jurídico de Doctrina y Jurisprudencia*, 2009, pp. 364.